图1　番茅村区位示意图1

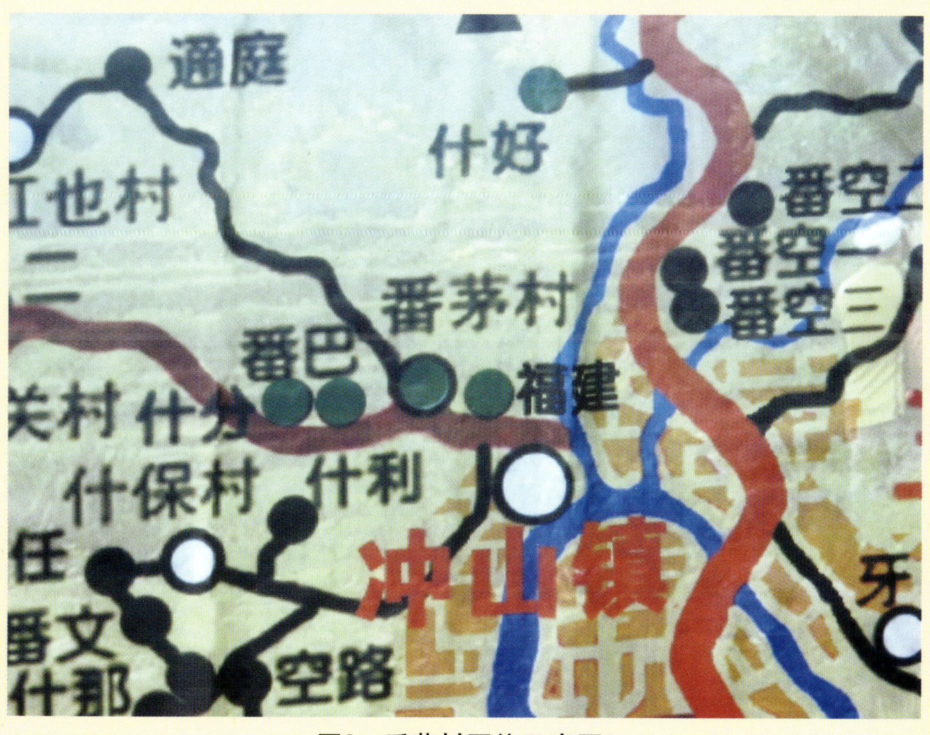

图2　番茅村区位示意图2

图3　冲山镇领导与中央民族大学经济学院师生座谈

图4　中央民族大学经济学院师生与冲山镇领导合影

图5　番茅村村委会成员与中央民族大学经济学院师生座谈

图6　中央民族大学经济学院师生与番茅村村委会成员合影

图7　番茅村全景

图8　正在修建的穿过番茅村的国道

图9　番茅村委会卫生室

图10　村中的小卖部

图11　番茅村村民在山上的饮用水源

图12　正在培育的秧苗

图13　正在犁地的村民

图14　番茅村山上的生态林

图15　培育橡胶苗

图16　番茅村党支部书记黄运清示范割胶

图17　流淌的橡胶水

图18　培育中的槟榔苗

图19　香茅村中的槟榔林

图20　卖槟榔的老人

图21　村里的椰子树

图22　削皮后的椰子

图23　田边种植的甘蔗

图24　番茅村的玉米地

图25　村中的菜地

图26　香蕉树

图27　村民喂养的猪

图28　村民放养的牛

图29　村民饲养的鸡

图30　鼓风机

图31　割胶刀

图32　犁田机

图33　摩托车

图34　拖拉机

图35　脱谷机

图36　番茅大队旧址

图37　番茅村民居

图38　黎锦传承人刘香兰

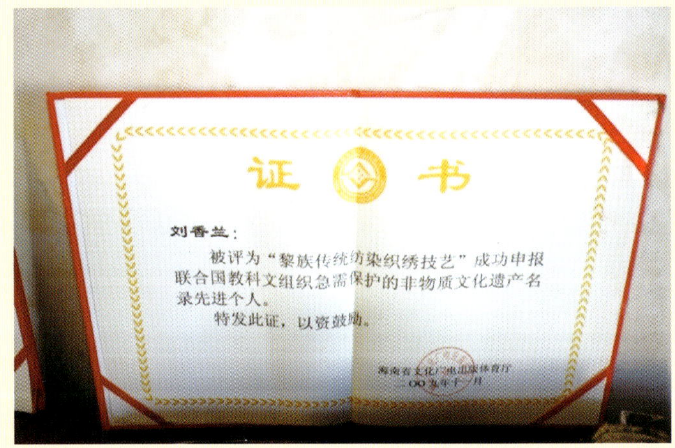

证书

刘香兰：

被评为“黎族传统纺染织绣技艺”成功申报联合国教科文组织急需保护的非物质文化遗产名录先进个人。

特发此证，以资鼓励。

海南省文化广电出版体育厅
二〇〇九年十一月

图39　刘香兰获得的证书

图40　黎锦

图41　黎族服饰

图42　黎族民歌民间传承人王照灵

图43　五指山市文体局局长刘宏杰（左二）

图44　五指山市农业科技服务站站长陈恒德

图45　第一调研小组入户调查

图46　第二调研小组入户调查

图47　第三调研小组入户调查

图48　第四调研小组入户调查

中国民族经济村庄调查丛书

番茅村调查

（黎族）

王玉芬　主　编
田东霞　副主编

北京

图书在版编目（CIP）数据

番茅村调查／王玉芬主编．—北京：中国经济出版社，2012.1
（中央民族大学“985”工程中国民族经济村庄调查丛书）
ISBN 978－7－5136－1224－1

Ⅰ.①番…　Ⅱ.①王…　Ⅲ.①乡村—黎族—民族经济—调查报告—五指山市　Ⅳ.①F327.665

中国版本图书馆 CIP 数据核字（2011）第 229623 号

出版发行： 中国经济出版社（100037·北京市西城区百万庄北街 3 号）
网　　址： www.economyph.com
责任编辑： 孙　岩　王思思（电话：010－68359418）
责任印制： 常　毅
封面设计： 张志伟
经　　销： 各地新华书店
承　　印： 河北省高碑店市鑫宏源印刷包装有限责任公司
开　　本： 170mm×240mm　1/16　**印张：** 29.25　**彩插：** 20 张　**字数：** 495 千字
版　　次： 2012 年 3 月第 1 版
印　　次： 2012 年 3 月第 1 次印刷
印　　数： 3000 册
书　　号： ISBN 978－7－5136－1224－1/F·9112　**定价：** 58.00 元

中央民族大学

“211 工程”中国少数民族经济发展研究项目

“985 工程”中国民族地区经济社会发展哲学社会科学创新基地

中国民族经济村庄调查丛书　编委会

本书写作分工

主　　编： 王玉芬

副 主 编： 田东霞

第一部分： 王玉芬　田东霞　吴桂林　段静静　宋　奇

第二部分： 王玉芬　田东霞　王玉玲　马　淮　王　华　吴艳珍　秦丹萍　朱　丹　张　帆　郭若思　李　睿　曲　筝　胡元珏　刘云喜　许　衡　王路平　安征宇　燕　伟　李昌武

第三部分： 王玉芬　田东霞　王玉玲　马　淮　王　华　吴艳珍　秦丹萍　朱　丹　张　帆　郭若思　李　睿　曲　筝　胡元珏　宋　奇　侯春辉　陈秀丽　冯志刚　李洪强　马博伦

总　序

村庄，是农民的聚居地，也是农民生产和生活的社会形式。村庄形成于农业文明时代，在中国最为典型和普遍，迄今依然是中国基本的社会单位。所有中国人，或是生于长于村庄，或是父祖辈来自村庄。村庄是中华民族的根基，是我们走向现代化的立脚点和必须改变其内容和形式的地方。认知中国的现实和历史，一个重要环节就是了解村庄。

中国的民族经济，包括以下层次：一是以中华民族为主体的经济；二是中华民族五十六个支民族的经济；三是少数民族地区的经济。不论从哪个层次的研究，都必须涉及村庄这个基本单位。以往的民族经济研究和行政管理研究，对于村庄的关注，主要是在总体性的统计及对策方面，鲜有对某一村庄的专注系统调查。这种情况使我们所从事的理论探讨总显得有些飘浮，言不及意，大而不当。反思许久，不能不下决心从小处做起，将村庄调查作为根基，扎实做去。恰"九八五"项目实施，经费有所保障，故组织本创新基地近百名教师带二百名博士、硕士研究生和高年级本科生，结十五调查组，计划用六七年的暑、寒假，从五十六个支民族中各选一两个典型村庄，深入调查，总百余村，每村一书，为中国民族经济三个层次研究，为政府行政决策，提供基础资料。

百余村，不及中国村庄万分之一。我们的村庄调查虽只是抽样性质，但却是探根摸底，力求深入、真实、详细。二〇〇八年夏各组分赴河北、内蒙古、宁夏、云南、广西调查点，历经一月左右，获初步资料。因为首次，困难颇多，思路和方法也要不断调整，秋、冬写作时又各自补充调查。时间虽短，但师生与村官、村民情谊颇深，既为调查提供条件，又为后续补充予以协助。各地党、政机构，对调查全力配合。无此，则调查难以进行。这套丛书，实为共同努力之成果，并赖中国经济出版社黄允成社长、孙岩主任鼎力支持，得以出版。本调查还要持续数年，望读者批评，我们再努力。

劉永佶

二〇〇九年三月十八日

前　言

黎族是我国56个民族大家庭中的一员。黎族是我国岭南民族之一，源于古代百越的一支。西汉曾以“骆越”、东汉以“里”、“蛮”，隋唐以“俚”、“僚”等名称泛称中国南方的一些少数民族。海南岛的黎族先民也包括在这些泛称之内。“黎”这一专有族称始于唐末，到宋代才固定下来，沿用至今。黎族使用黎语，属于汉藏语系壮侗语族黎语支，不同地区方言不同，也有不少黎族群众兼通汉语。黎族过去无文字，中华人民共和国成立后，国家帮助黎族等少数民族创制了拼音文字方案，以乐东县抱由镇保定村话的语音为标准音，设计了拉丁字母形式的《黎文方案》（草案），于1957年2月在海南黎族苗族自治州首府通什镇召开的“黎族语言文字问题科学讨论会”上通过，并逐步加以试行和推广。研究黎族语言的学者根据黎语的特点，把黎语分为五大方言：哈、杞、润、美孚、赛。番茅村黎语属于杞，“杞”原作“岐”，杞使用人口约占黎族总人口数的24%。

黎族主要居住在海南省，贵州省的部分地区也有分布。根据2000年第五次全国人口普查统计，黎族人口数为1247814人。[①] 黎族中93%的人口聚居在海南省的琼中、保亭、乐东、白沙、东方、昌江、陵水、三亚、通什（现在的五指山市）[②] 等自治县市境内，其余散居在海南省的万宁、屯昌、琼海、澄迈、儋县、定安等县。黎族文化是黎族在长期历史发展中积累下来而形成的，该民族历史悠久，人民勤劳勇敢，在长期的生产实践中，创造出特色鲜明的民族文化氛围。黎族人性格豪爽、能歌善舞，黎族的歌舞有其独特的魅力。现在，在海南“竹竿舞”已成为海南最富有特色的舞蹈表演。黎族大多数节日与汉族相同，传统节日有春节和“三月三”等。春节与汉族过春节的情形

① 中国民族信息年鉴编委会．中国民族信息年鉴［M］．北京：中国年鉴出版社，2006：685.

② 海南省1987年1月25日建通什市，2001年8月18日由通什市更名为五指山市。

基本一致，而“三月三”则是黎族特有的节日。农历三月初三是黎族人民一年一度的盛会。会场一般设在开阔的橡胶林里，头上绿叶蔽天，脚下“叶毯”铺地，幽邃、凉爽、安谧。难怪“三月三”就成了当地人自由选择配偶的节日，因而被称为“爱情节”。黎族没有形成统一的宗教，各地均以祖先崇拜为主，也有自然崇拜，个别地区还残留着氏族图腾崇拜的痕迹，属于原始宗教类型的信仰。现在黎族人之中也有少数人信仰道教、基督教。黎族主要聚居地——海南岛地区地处亚热带，风景秀丽，四季常青。这里雨量充沛，土壤肥沃，物产丰富。有些地区水稻一年可三熟，玉米、番薯等终年都可种植。这里也是我国热带经济作物的主要产地，有椰子、槟榔、剑麻、香茅、可可、咖啡、橡胶、油棕、腰果等。香蕉、菠萝、菠萝蜜、芒果等热带水果产量很高。铁、铜、锡、水晶、磷、钨、石灰石等矿产储藏丰富。沿海良港多，渔业、盐业及石油、天然气资源非常丰富。出产珍珠、珊瑚、玳瑁等珍贵的水产品。该地区森林覆盖率75%，森林中木本植物1400多种，高级珍贵木材150多种，药用植物1000多种，开发前景极为广阔。该地区动物种类繁多，野生动物524种，占全国动物种类总数的22%，是天然的动植物园，有独特的旅游、探险、科考、度假、疗养等价值。新中国成立以来，特别是中国共产党十一届三中全会以后，黎族地区的社会面貌发生了翻天覆地的变化，政治、经济、文化等各个领域的建设事业都有了巨大的进步，取得了举世瞩目的辉煌成就。新中国成立前，黎族以农业为主，属稻作、犁耕农业文化类型，种植稻、薯、玉米等农作物，兼有狩猎、捕鱼、采集和林业等多种经营，也有手工业、饲养业和商业，但商品生产和贸易很不发达。在五指山腹心地带1.3万多人口的地区，到新中国成立前夕还没有成为完全独立的生产单位，仍保留“合亩制”① 的生产方式。新中国成立后，在党和政府的帮助下，废除民族压迫制度，黎族人民和各族人民一样成为自己命运的主人。政府在黎族地区推行民族区域自治政策，黎族地区工业、农业、交通运输、邮电通信、文教卫生事业都得到了很快发展。1988年海南建省后，海南岛被批准为我国最大的经济特区，海南省率先提出并基本建立了社会主义市场经济体制，其

① “合亩”（黎语称“纹茂”，意为“大伙做工”）是农业生产的单位，以“亩头为首”，由若干户有血缘关系的“亩众”组合而成。主要生产资料耕地和牛只，基本上是合亩公有和几户伙有，但一律交由合亩统一使用，在亩头主持下进行集体劳动，基本上按户平均分配产品。

对外开放步伐逐步加快，给黎族地区的经济建设提供了良好的外部条件和难得的机遇，使海南黎族人民实现了经济上的腾飞。2001 年，亚洲博鳌论坛在海南召开成立大会，选定琼海市博鳌镇为永久性会址，这对海南的旅游、房地产和临海经济产生了很大的影响和积极的带动作用。2008 年 4 月，海南省提出了海南国际旅游岛的建设计划，得到了国务院的批准。2010 年 1 月 4 日，国务院发布《关于推进海南国际旅游岛建设发展的若干意见》，并将国际旅游岛建设上升为国家战略，这为海南经济的发展尤其是海南旅游业的发展提供了难得的机遇和空间。

海南省五指山市冲山镇辖区内的番茅村是一个具有典型的黎族风格和特征的村寨。番茅村是距离五指山市城区最近、处于城乡结合部的黎族聚居村寨。与它相邻的五指山市（原名通什市）位于海南岛中南部腹地，于 1987 年 1 月 25 日建市，2001 年 8 月 18 日由通什市更名为五指山市，是海南省中部少数民族地区文化教育中心。平均海拔 316 米，总人口 10.7 万人，其中农业人口 5.7 万人，市区人口 5 万人，总面积 1168 平方公里，下辖冲山、毛阳、南圣、番阳、畅好、毛道、水满 7 个乡镇，59 个村委会，329 个村民小组，辖区内有琼州大学、民族师范学校、工业学校、农业学校、卫生学校等 8 所大中专院校，民族研究所等 3 家省级科研机构，省民族歌舞团等文艺团体及国营畅好农场。五指山市是原海南黎族苗族自治州首府所在地，是海南省旅游资源最集中的地区之一和海南热带山地风光旅游的中心城市，属于海南省六大旅游中心系统之一，其独特的热带自然景观、气候条件和民族风情闻名于世，具有不可替代的旅游开发价值。五指山市是全省海拔最高的城市，有象征海南岛的最高峰五指山，其主峰高达 1867 米，为海南第一峰，主体面积 211 平方公里，素有“海南屋脊”之称，被国际旅游组织列为 A 级旅游点，市区有五指山峡谷漂流旅游区、太平山旅游区，水满黎苗风情观光区、黎锦生产基地和民族博物馆。五指山市还是黎族苗族歌舞表演和工艺品制作的主要发源地，是每年“三月三”庆典的最主要场所，旅游业已成为最具生机、最富活力的优势产业。近年来，五指山市委、市政府以建设浓郁民族风情生态旅游城市为目标，突出生态和民族两大特色，以市场为导向，以效益为中心，以改革开放为动力，立足山区资源优势，大力发展山区热带特色农业，加速发展生态、风情旅游业，搞活第三产业，加快产业升级，全面实施特色经济、基础设施、生态建设和科技兴市四大发展战略，取得显著成效，国民经济的总体实力不断增强。辖区内的冲山镇位于五指山市中南部，辖河北东、河北西、河南东、河南西4个居委会，下辖番茅村、什保村、红雅村、福利村、牙日村、应示村、番慢村、福安村、番香村、牙畜村、报龙村、太平村、什会村、番寨村、福关村、南定村等16个村民委员会。72个自然村90个村民小组，还有2个冲山镇农场，1个农科站，总面积达176.25平方公里，其中耕地面积7173亩，水田面积4250亩，总人口达59845人，其中农业人口10945人，居民人口48255人，其中黎族人口占80%以上，224国道穿过冲山镇境内。该镇是五指山市辖区面积最大、人口最多的乡镇。镇委、镇政府驻地位于五指山市区，海拔320米，其四面环山，气候宜人，四季如春，素有“翡翠山城”、“南国夏宫”之美誉，是市委、市政府打造“华夏养生之都”的核心区域。冲山镇经过这些年的改革发展，社会、经济、文化、科教、卫生事业都得到了长足的进步。农村基础设施不断改善，完成乡村公路硬化19.4公里。加快农村通信设施建设，冲山镇村委会一级电话覆盖率100%。建设4个村委会的农田整治项目，改造农田2650亩，新建沼气池56座。完成了3个村级文化活动设施配置，民房改造工作超额完成，2009年完成民房改造110户。企业与农民合作项目进一步扩大，番茅织锦合作规模不断扩大，乡村旅游项目正在抓紧申报。“天山绿田”、“天康生物工程”、名杰房地产等10多家企业进驻该镇投资发展，征地面积1271亩。社会事业明显进步，番茅村旧文化室修缮一新，作为农村文物保护和农家书屋示范推广点，创建番茅等黎族织锦村，传承和发展黎锦文化产业，增加农民收入。农村医疗卫生条件明显改善，参加新型农村合作医疗人数达到了14586人，参合率达到99.5%。教育水平全面提高，冲山镇有镇中心学校1所，完全小学7所，教学点3个，在校教职员工152人，其中教师149人，在校学生1213人，实行九年义务教育，全部免除学生学杂费课本费，适龄儿童入学率达到了100%。架设远程教育站点14个，实现远程教育“村村通”工程推进目标。生态保护工作取得了很大成效，全镇护林面积27万亩，封山育林13万亩，生态公益林地14万亩，该镇辖区内的阿陀岭省级生态林及市郊周边保护林区管护工作有序进行，冲山镇林改总面积11万多亩。冲山镇下辖的番茅村，位于五指山市区以西，北临海榆中线214国道，距市区500米路程，管辖番茅、什分、福建、番巴、什好五个村民小组，317户1259人，现有党员56名，革命功臣4名，五保户4名。番茅村委会是黎族聚居的村委会，黎族占其总人口的

99%，汉族和苗族不到10人。现有农田面积418亩，坡地面积4780亩，其中种植橡胶1153亩23060株，槟榔68亩7480株，农田除水稻种植外，还兼种番薯、瓜菜、豆类等经济作物。坡地多种植香蕉、胡椒、玉米、石榴等经济作物，营造马占经济林木626亩，农村织锦业、酿酒业、养殖业等产业蓬勃发展。2009年全村经济总收入400多万元，其中农业收入200多万元，林业收入80多万元，牧业收入70多万元。外出劳务收入40多万元，农民人均纯收入约3000元。番茅村是冲山镇濒临五指山市郊的一个村委会，也是一个地理位置优越，交通便利、信息畅通的村民委员会。正是由于番茅村委会是黎族聚居的村委会，再加上拥有美丽的自然风光和悠久辉煌而又厚重的历史，因此，由王玉芬教授带队的中央民族大学经济学院"985工程"中国民族经济村庄调查组，决定把番茅村作为此次黎族村庄调查的目的地。我们视番茅村为海南乃至全国的黎族农村经济发展的缩影，对其下辖的福建村民小组和番巴村民小组进行了非常详尽的实地考察和全方位调研，本书就是此次调查的产物。

番茅村有着深厚、悠久而又辉煌的历史文化基础。它是中国第一个由原始的"合亩制"社会（顾名思义，全村人同吃同住同劳动，共同抵御风险，共同分享劳动成果）直接进入社会主义社会的黎族村寨。"番茅"有茅草、荒山的意思，据说该村已有上千年的历史，是黎族的祖先们沿海漂流到此居住下来而形成的。番茅村，原名报什村，据说该村由福建省甘蔗园漂洋过海，从昌化江入海口上岸，经东方市、乐东县境内沿河而上到五指山腹地定居，迄今为止已有上千年历史。该村于1954年成立番茅农业社，成为广东省第一个少数民族合作社①，1958年改为番茅大队，1984年改为番茅管理区，后来改为番茅村委会至今。在20世纪60年代全国农业学大寨的前夕，番茅村的变革就已经开始，1954年该村成立了海南黎族地区第一个合作社——"番茅初级农业生产合作社"，村中至今保留着黎族第一个农业合作社的苏式建筑——番茅大队旧址。这栋苏式建筑建于1957年，曾经是20世纪50年代番茅初级农业生产合作社办公、学习的场所，后来这里就变成了"番茅大队"办公室。50多年来，番茅大队旧址这栋苏式建筑曾经接待过周恩来、朱德、

① 1951年4月，成立广东省人民政府海南行政公署，1987年撤销海南行政区和海南黎族苗族自治州，1988年海南建省。

叶剑英、华国锋、贺龙、许世友等多位党和国家领导人以及外国友人共36人。现在每年都接待许多中外来宾和游客，这里见证着番茅生产大队作为奔向社会主义社会先进典型的辉煌历程，也留下了那个年代的番茅村黎族同胞许多珍贵的记忆。

番茅村有农业学大寨的辉煌历史。走进番茅村，全村看不到一间茅草房，却见一排排斑驳的苏式平房。村里今年80岁的符林际老人，清晰地记得20世纪50年代广东省的农业科技专家指导番茅村科学种田，推广三犁三耙的深耕种植技术，将一年一季稻变为一年二季稻，一举解决了贫困山区黎族百姓的吃饭难题。1956年，“番茅初级农业生产合作社”升级为“番茅高级农业生产合作社”，当年粮食总产量增加近一倍，成为黎族“合亩制”地区农业合作化的一面旗帜。符林际说，番茅村脱贫后，成为远近闻名的“样板村”，慕名参观学习的人络绎不绝，陈永贵曾于20世纪70年代到该村视察参观，朝鲜、日本、马来西亚等地的国际友人也曾来此参观考察。番茅村是一个少有的“大寨式”少数民族村寨，被称为“小大寨”。番茅村的历史地位不仅仅因为其先进的农业生产经验，也有带领黎族村寨破旧革新的壮举，番茅村曾经大胆革新，带头打破落后的迷信禁忌，第一时间迎来思想的解放。番茅村的第一任党支部书记、农业合作社的第一任社长王元昌很受村里人敬仰，他率先打破“亩头”禁忌，带领黎村百姓科学种田。所谓“亩头”禁忌是指黎村百姓每逢插秧、割稻前都要请村中最有威望的人选定良辰吉日，不吃盐、不睡觉，口念咒语，第一个下地劳动后，其他村民才能继续耕种，有时会因为所谓的吉日未到而耽误耕种。当年，王元昌第一个冲破禁忌，随后越来越多的村民勇敢跟上，打破迷信的枷锁。番茅村曾有过黎族地区第一个橡胶种植园、第一个菠萝种植场……那时的番茅村每天都在发生巨变，先进的理念，大胆的尝试，让番茅村成为海南少数民族地区改革的试验田，被黎族同胞认定为成功改革的范例。

番茅村是海南乃至全国闻名的黎族织锦村。有3000年历史的黎锦工艺，被誉为中国纺织史上的“活化石”，2006年被列为中国第一批国家级非物质文化遗产。黎锦古称“吉贝布”、“崖州被”，是黎族的一种特色花布，远在春秋时期就盛行，是中国最早的棉纺织品。2009年10月3日，联合国教科文组织第四次政府间委员会常规会议批准“黎族传统纺染织绣技艺”进入首批急需保护的非物质文化遗产名录，真正成为世界非物质文化遗产。黎锦从此开始走向世界。在市场经济下，番茅村农民悄然改变着村民的传统价值观念，找准市场，发展黎锦产业。目前，番茅村设有专门的黎锦纺织生产室，全村妇女个个都会织黎锦。该村目前共有织锦能手21人，其中1人（刘香兰）获得了“全国非物质文化遗产黎锦编织技艺代表性传承人”荣誉称号。在番茅村织锦室内我们看到，由刘香兰、黄慧琼、黄琼花三位女党员带领21名农村妇女组成的织锦队，一边和黎族姐妹们唱着黎族织锦歌，一边在赶制一批黎锦。该村年生产黎锦产品1万多件，远销新加坡、中国香港、海口、三亚等国内外和地区。据番茅村村民介绍，番茅村一带的杞黎继承传统擅长纺织。织锦能手刘香兰说：“在黎族的五大方言区内，杞黎尤其擅长双面织，该技术织法复杂，经纬交错，代表了黎族纺织技术的最高峰，而这一切都从单面织的麻纺织工艺中传承下来，只有复原麻纺织工艺，才能为黎锦织法的日后创新打下基础。”为了对黎族织锦文化艺术做到有效保护和代代传承，政府在村里设立了黎锦传习所，只有62户人家的福建村，经常在传习所参加织锦的妇女，就有100多人，年纪最大的有六七十岁，最小的只有9岁。刘香兰告诉我们，“市里派来的老师，教我们编织新的花样，还帮助我们设计新的产品”。番茅村村民自发地组织起来，从事黎锦技艺传承和制作，老艺人主动招徒授艺，将精湛技艺传授给年轻人。建立传习所，保护传承人这些民间社区的自发行为，起到了对黎锦技艺进行研究、保护、传播、教育和普及的作用。海南省五指山市近年来加大对非物质文化遗产黎锦的扶持力度，番茅村织锦室内一派织机繁忙的景象，黎锦让黎族群众看到了脱贫致富的希望。

番茅村是五指山市冲山镇的生态文明示范村。番茅村委会辖区内森林覆盖率为85%，无污染环境的企业和污染事件的发生，生态环境保持良好。近几年来，冲山镇政府开展突出以文明生态村建设为载体，连片推进社会主义新农村建设。在连片建设文明生态村工作上，番茅村被定为生态文明示范村建设的重点，采取多方配合通力协作，精心打造番茅生态文明示范村。在建设工作上，五指山市级机关、村委会干部及社会各界齐心协力筹集投入资金，建设农村硬化公路、村行道、排水沟、环村路、篮球场、公共厕所、文化室、改造民房、铺设广场和绿地、安装路灯、新盖村卫生室，农村基础设施得到了改善，达到了“美化、绿化、亮化”的要求，村容村貌焕然一新。执行卫生管理制度，把卫生区划给每个村小组负责，村委会按照每个村小组的农户实际情况分段划分管理，实行哪个村小组的路段，就由哪个村小组来负责，哪一户卫生区，就由哪一户负责绿化和管理，牛栏、猪圈、兔室、鸡舍统一在村外定点建栏饲养，确保环境卫生整洁干净。村委会班子和村干部每周检查1次，每季度评比1次，年终奖优罚劣，从而调动了村民讲卫生管环境的积极性。实行民主管理，在村委会院内设置橱窗，有村务公开栏、学习专栏、计划生育栏等固定宣传栏和宣传标语。番茅村社会治安稳定，该村实行村干部轮流坐班制度，保持24小时有人值班，随时受理农民上访事件，进一步加强农村矛盾纠纷排查调节工作，把矛盾化解在基层，化解在萌芽状态。成立本村的治安巡逻队，加强巡逻，维护好本村的治安稳定，发现问题，及时上报镇值班室和派出所；开展法制宣传活动，通过电影下乡等多种形式宣传法律知识，进行法制教育宣传效果明显，近两年来全村无治安案件发生，经济发展，社会持续稳定；番茅村通过市委组织部的支持，投入12万元建设村级组织活动场所120平方米，解决了村级组织“无室议事”和党员干部无活动场所的难题；番茅村支部还从集体经济中拿出10万元，建成宣传长廊21米；还通过市民政局支持，投入12万元修缮1954年建造的苏联式旧文化室，找回了当年朱德、叶剑英、许世友、陈永贵等老一辈党和国家领导人视察时的珍贵照片57张，并放大张贴在墙上供村民阅览。这座被列为文物保护的建筑物，在国家新闻出版总署、省市文化局以及省新华书店等的帮助下，现在已建成农家书屋，配套图书2000多册，供村民阅读学习。农家书屋工程是党和国家实施的五大重点文化惠民工程之一，是农村公共文化服务体系的重要组成部分，为社会主义新农村建设发挥了积极作用；针对番茅中心小学场地小、教室少、教师住房紧张问题，村党支部把价值900万元的集体土地30亩无偿让给了学校搞建设，而村党支部仅留3亩地来建文化室，确保了中心小学校容校貌上规模，上档次。该村中心小学新建教学楼一栋，在校学生159人。番茅村地处市郊，山多地少，建设用地紧缺，村“两委”决定把番茅小学附近的一块山地作为建设用地，但由于村集体经济薄弱，没有资金平整场地，工程迟迟不能动工。后经市委组织部协调，由市教科局和冲山镇共同出资15万元平整场地10亩，不仅解决了场所建设用地问题，而且帮助番茅中心小学解决了长期没有操场的难题；番茅村不断提升旧文化室的利用功能，在建设农村书屋的基础上，又于2009年开始规划建设乡村生态博物馆项目，使之成为今后村党建场所、教育基地、旅游景点和有级别的乡村生态博物馆。目前，博物馆的筹备工作正在紧锣密鼓地开展中，因为这个村落的历史文化深厚，资源丰富，场地等条件也已经具备了。据调查，冲山镇的番茅村委会有国家级非物质文化遗产传承人刘香兰，也有许多像她一样的织锦能手；这里有全国乃至世界闻名的织锦传习所；这里还有20世纪50年代成立的中国黎族地区唯一的农村合作社，它是第一个由原始“合亩制”社会直接进入社会主义社会的黎族村寨；村里的一栋苏式建筑被列为文物保护单位，这栋苏式建筑建于1957年，曾经是20世纪50年代番茅初级农业生产合作社办公、学习的场所，后来这里就变成了“番茅大队”办公室。这里见证着番茅生产大队作为奔向社会主义社会先进典型的辉煌历程，所以该村计划将番茅村建成中国黎族地区唯一的乡村博物馆。番茅村党支部书记黄运清接受我们调查采访时介绍，关于筹建乡村博物馆，他已召集了村里的党员开会讨论过，大家都挺支持的。他说：“全体党员都通过、同意了，建设乡村博物馆，我们这里有优势。将来这里变成了旅游景点，对促进这里的经济发展将有很大的帮助。”据冲山镇党委书记黄石卿介绍，海南省目前还没有乡村博物馆，特别是少数民族乡村博物馆。五指山的黎族村庄有了自己的博物馆后，许多面临失传的民间文化、民间技能就能被保护起来或得到更好的传承。博物馆设有展厅、织锦队、歌舞队、酿酒坊、研究室等。在黄石卿的构想中，将来，该镇将把乡村博物馆建设成为一个旅游景点，建成农家乐，在把黎族的文化向客人展示的同时，还将向客人展销织锦和酒类等，这样不但可以提高村民的历史意识和责任意识，还可增加村民的经济收入。在调研过程中，我们为番茅村黎族祖先留下的珍贵的织锦艺术而感到欣慰，也为番茅黎族村悠久而又辉煌的历史感到自豪，更为勤劳勇敢和充满智慧的当代黎族番茅村人感到骄傲。

尽管番茅村是五指山市非常知名的生态文明示范村，有着悠久而又辉煌的历史，并取得了经济建设方面的一些成就，然而我们在调研中也发现，番茅村在经济发展过程中，仍然存在一些制约其经济健康发展的不利因素和问题：第一是该村离市区较近，山多地少，耕地和建设用地都比较紧张，人均居住面积较低，村里许多小伙子因住房问题而找不到对象。第二是由于可耕地少，村里大量劳动力闲置，许多年轻力壮的小伙子整天找不到事做而酗酒、睡懒觉，对剩余劳动力的安置和寻找出路是该村目前面临的最急迫和最关键的问题。第三是关于教育的问题，尽管村里有一所中心小学，校舍也比较新，九年制义务教育普及情况良好，但是由于该村居民对教育的认知程度较低，加上办学经费不足、教学设备落后，电脑等多媒体设备很少，师资队伍里英语、体育、美术等课程教师短缺等因素，使该村的整体受教育水平比较低，每年只有部分初中生升入中专或职高，有能力上大学的极少，全村学历结构偏低。第四是黎族人的基本素质有待提高，很多人思想和意识跟不上社会进步，有相当一部分农民不愿意融入新时代，不研究如何科学种田、种橡胶。再加上农业投入资金不足，很多周期较长的经济作物例如橡胶，他们只种不管，导致产业结构调整缓慢。第五是在经济发展过程中逐步出现了城乡差别和贫富差距拉大的现象，使一部分村民产生失落感，对政府产生一些不满和怨言。第六是镇政府和村委会在执政和工作过程中，由于执政理念的偏差，存在搞政绩工程（1992 年的通什飞机场建设）的短期和临时性行为，征地过程中没有考虑失地农民的生产生活如何保证以及农民后代的发展问题等，引发了一些社会矛盾和问题。虽然番茅村在经济发展过程中存在这样或那样的问题，但是这里聚居的黎族人民有很强的传承民族文化的使命感，有坚毅的民族精神和世代相传的民族智慧，有党和政府的扶持和引导，我们相信番茅村的明天会更美好。

五指山市和冲山镇各级政府部门的领导对我们深入番茅村入户调研给予了高度重视。2010 年 7 月 7 日，我们调研小组一行 16 人到达海南省三亚市，五指山市文化局刘宏杰局长亲自到机场、火车站迎接师生，并于当晚在五指山市冲山镇政府举行了欢迎晚宴。五指山市文化局刘宏杰局长、冲山镇党委书记黄石卿、镇长王桂新、副镇长高亮等党政领导同志亲临晚宴并在现场表示热情地欢迎和盛情地接待。当晚就举行了由五指山市文化局刘宏杰局长亲自主持的一次简短沟通会议，会上把此次进村入户调研的地点确定为距离五指山市区仅有 500 米路程的番茅黎族聚居村，并明确由市文化局牵头并负责协调。在 7 月 8 日到 7 月 13 日的整个进村入户调查期间，由镇党委和镇政府的领导和相关工作人员，具体负责与村寨的沟通及一切相关事宜。冲山镇党委书记黄石卿明确指出，此次进村入户调查，涉及对番茅村的正面宣传和对黎族村寨的经济、社会发展情况的调查，涉及如何更好地推进黎族村寨社会主义新农村建设事业的发展，一定要把它提到镇党委、镇政府的议事日程上来，全力配合调研小组的工作，把调研的前期准备工作和相关资料收集工作做得深入细致。7 月 8 日上午，调研组一行在冲山镇高亮副镇长的陪同下，在番茅村农村书屋（原番茅村大队旧址），与番茅村村委会委员和村民代表进行了座谈。番茅村委会的党支部书记黄运清介绍了番茅村的历史变迁，以及近几年来番茅村的经济社会整体发展概况。镇妇联的妇女主席、村妇女主任，以及番巴、福建两个村民小组组长出席了座谈会，会上明确了入户调查的重点家庭和代表人物，并向村委会索取了相关资料。7月8日下午到7月12日，调研小组进行入户调查，分别对48户人家和19个代表人物做了问卷调查及访谈。7月13日上午，在冲山镇政府办公楼会议室，调研小组与镇政府相关领导进行了座谈，在座谈会上，首先听取了黎族老校长全面介绍了冲山镇整个黎族村寨教育改革发展的几个历史阶段和简单概况，此后又听取了镇党委书记黄石卿同志关于冲山镇社会经济发展概况的全面介绍，了解了整个村镇发展经济的突出优势和存在的主要制约因素，使我们对调研过程中遇到的问题有了更深刻的认识和理解。同时，镇政府各部门向我们提供了相关资料。正是在当地各级党政部门领导的关心和帮助下，尤其是在市文化局和冲山镇政府两个单位领导和全体工作人员的鼎力帮助下，在番茅村委会的认真配合和村民的全力协助下，我们的调研工作才能顺利展开和圆满完成。我们十分诚恳地对为本次调研活动提供帮助的刘宏杰、黄石卿、王桂新、高亮、黄运清、刘香兰等各级党政领导同志，表示最诚挚的敬意和衷心的感谢。

参加调研活动的所有老师和同学都十分重视此次调研任务。在下去调研之前，调研小组全体成员多次召开会议，商量调研方案，查阅与海南黎族相关的各种文献资料，了解黎族民族风情和宗教习俗，为调研活动做好了充分准备。在调研小组负责人的带领下，调研组成员认真拟订了本次调研活动的详细计划，精心设计了本次调研活动的访谈提纲和入户调查问卷。在具体调研过程中，在冲山镇政府和番茅村委会的密切配合和直接帮助下，调研组成员走街串巷入户作问卷调查、进行人物专访、拍摄照片，顶着炎炎烈日，深入田间地头实地考察，和村民们亲切交谈，打成一片，培养了深厚的感情。调研组成员每天回到宿舍，还要整理当天的调研资料，查找调研过程中的不足，研究第二天的调研活动安排和细节。参加这次调研的老师和学生通过几天的入户走访，实地考察，分析问题的能力都有所提高。参加此次调研活动的师生根据番茅村的情况作了分工，一共分了四个小组，第一组由此次调研活动的总领队王玉芬教授负责对番茅村的整体发展概况进行调研，以收集关于番茅村的历史变迁、土地制度、传统种植业、特色产业、科技教育文化、支持经济发展的相关政策等方面的宏观总体材料；第二组由王玉玲老师负责对福建村民小组进行实地问卷调查和代表人物访谈；第三组由马淮老师和王华老师负责对番巴村民小组的典型农户进行问卷调查和实地访谈；第四组由吴艳珍和田东霞老师负责对番巴村民小组的代表人物和个体户进行问卷调查和实地走访。在具体调研过程中，每一位成员都恪尽职守，认真询问被调查对象的各方面情况并填写问卷，细心收集数据，用心观察村寨的实际现状，力求做到全面、细致、客观、真实地去反映番茅村黎族人民的生产生活现状。

中央民族大学经济学院“985 工程”中国民族经济村庄调查从 2008 年开始已经进行了三年，我们曾经对两个村庄（汉族、基诺族，书已出版）进行过调查，这是我们第三次深入到少数民族地区村庄进行调查。此次调查尽管我们竭尽所能，采取了问卷调查、实地考察、入户走访、重点人物访谈，召开座谈会等多种田野调查方式，但受时间所限，对番茅村的调查和研究尚停留在粗浅的层次上，所得出的关于该村经济社会发展方面的结论也难免会有失偏颇。但我们希望通过此次调研，能基本反映这个黎族少数民族村寨的发展概况，同时力求尽可能反映调研过程中所观察到和发现的问题，并提出我们的一些思考和建议，以期能对当地经济的健康和谐发展尽微薄之力。

番茅村经济调查组
2011 年 6 月

目　录

第一部分　村庄

一、番茅村概况

（一）五指山市概况

五指山是海南岛的象征，也是我国名山之一。该山位于海南岛中部，峰峦起伏成锯齿状，形似五指，故名五指山。五指山市位于海南岛中南部腹地，是海南省中部少数民族的聚居地，素有“不到五指山，不算到海南”的美誉。五指山市周围群山环抱，森林茂密，所以有“翡翠山城”之称。市区平均海拔 328.5 米，是海南省海拔最高的山城。市区总面积达 1169 平方公里，人口 10.7 万人。五指山市属于典型的热带山区气候，年平均气温 22.4℃，年平均降雨量为 1690 毫米，年平均相对湿度为 84%，冬暖夏凉，空气湿润，是有名的度假胜地，有“天然别墅”之称。昌化江上游支流南圣河从东向西蜿蜒，流贯全城区，不但为周边村镇提供了充足的灌溉水源，也成为五指山市除五指山外的另一标志。

五指山市原名通什市，自古代建制通什原属保亭管辖。1950 年春，通什获得解放。1952 年初海南黎族苗族自治州成立，第二年，自治州首府从乐东县抱由镇迁驻通什。从此，通什便成为自治州首府所在地。1986 年 6 月经国务院批准，1987 年 1 月 25 日正式宣布成立通什市（县级市）。2001 年因其境内有海南第一高山五指山更名为五指山市。五指山市原有 9 个乡镇，分别为：冲山镇、毛阳镇、番阳镇、南圣镇、毛道乡、水满乡、畅好乡、保国乡、红山乡。2002 年 8 月 2 日，五指山市乡镇行政区划调整工作会议召开，分别将冲山镇与红山乡、畅好乡与保国乡合并，分设新的冲山镇与畅好乡，至此，五指山市原有 9 个乡镇撤并为 7 个乡镇，总辖 4 个镇、3 个乡、4 个社区、59

个行政村，境内有1个国有农场（国营畅好农场），我们调研所在的番茅村即位于它所辖四镇之一的冲山镇。

五指山市为海南岛中部地区的中心城市和交通枢纽。境内资源丰富，高岭土、大理石、花岗岩、石墨矿、矿泉水等都具有很高的开采价值。全市森林覆盖率75%，其中木本植物1400多种，高级珍贵木材150多种，药用植物1000多种，另有特产五指山野生水满茶，五指山兰花100多种，森林资源开发前景广阔。除植物外五指山动物种类繁多，境内有野生动物524种，占全国动物总数的22%。更为难得的是许多生物物种属五指山区所独有，是天然的动植物园，有独特的旅游、探险、科考价值。五指山市境内之所以适宜多种动植物生长除气候因素外就是得益于其丰富的水资源，五指山市境内有大小河流32条，平均流量6.5亿立方米，水电蕴藏量7万多千瓦，目前仅利用14%。已建成的毛阳河梯级电站是海南省“4321”重点水利工程，总装机容量为25000千瓦，年发电量为8000万度。

依托于丰富的资源，五指山市经济迅猛发展。2009年上半年全市生产总值27002万元，按可比价格计算，比上年同期增长9.6%。其中，第一产业增加值6546万元，增长11.4%，拉动经济增长2.6个百分点；第二产业增加值3315万元，增长20.3%，拉动经济增长2.5个百分点；第三产业增加值17141万元，增长6.9%，拉动经济增长4.5个百分点。

经济的发展为文化事业的发展奠定了更坚实的基础。五指山市是原海南黎族苗族自治州首府所在地，是海南中部文化、教育中心。辖区内有琼州大学、广播电视大学及民族师范学校、工业、技工、农业、卫生、农垦师范六所中专学校，省民族研究所、省民族博物馆等文化科研单位。进入21世纪，五指山市提出建设热带雨林精品民族文化城的构想，相继召开了多次如何打造热带雨林精品民族文化城研讨会，并成功举办了黎族、苗族“三月三”民族文化艺术节，展示了五指山文化产业发展的广阔前景和热带雨林精品民族文化城建设的初步成果。由驻五指山市的海南省民族歌舞团创作和编导的人偶剧《鹿回头》、黎族歌舞诗《达达瑟》、黎族神话舞剧《甘工鸟》等艺术精品享誉全国。

（二）冲山镇概况

冲山镇是五指山市所辖 7 个乡镇之一，镇政府就建在五指山市区内，与市政府仅一河之隔。冲山镇下辖 4 个居委会、16 个村民委员会。4 个居委会为：河北东、河北西、河南东、河南西；16 个村民委员会为：番茅村、什保村、福关村、红雅村、福利村、牙日村、应示村、番慢村、福安村、番香村、牙畜村、报龙村、太平村、什会村、番寨村、南定村。72 个自然村，90 个村民小组，2 个镇农场（冲山农场、红山农场），1 个镇农科站。辖区总面积 176.25 平方公里，其中耕地面积 7173 亩，水田面积 4250 亩；总人口 59845 人，其中农业人口 10945 人，城市人口 48900 人。在总人口中有汉族、黎族、苗族等民族，其中黎族占 80% 以上，是五指山市面积最大、人口最多的城关之镇。

冲山镇具有独特的自然优势和良好的投资环境，境内有 6 个旅游景点和 1000 多种南药、名茶和地下矿藏物品。目前，全镇共有 1000 多亩五指山野菜、一万多亩林地、牧草地，开发前景极好。造纸厂、涂料厂、塑料厂、民间艺术品加工厂等乡镇企业相继开工，发展势头良好。全镇基本形成四大产业链的发展新格局，即养殖业、水果种植业、商品瓜菜产业、橡胶林业。目前，商品瓜菜和橡胶林业已发展至 5600 亩，年产量为 1800 吨，水果种植业发展至 9011 亩，产量为 3590 吨，成为该镇的主导产业。2009 年，全镇农业总产值 4499.47 万元，（上年同比，下同）增长 4.36%；地方财政收入完成 230 万元，增长 9.3%；农民人均纯收入 2768 元，增长 4.01%。同时农村经济也取得较快发展，2009 年粮食总产量 5248.28 吨，尖椒、高山蔬菜及其他常规瓜菜累计 5907.44 亩，油茶、橡胶等种植面积 38658 亩，畜禽养殖规模 4.5 万头（只），胆木等南药 1580 亩。联营合作项目不断扩大规模。什保农家乐、南天经济林、番茅织锦等合作规模不断扩大，乡村旅游项目正在逐步实施。发放粮食直补、农资综合直补、良种补贴、能繁母猪补贴、农机补贴等各类政策性扶持资金 2446.9 万元。

全镇通公路的村委会 16 个，达到 100%；饮用自来水的村委会 16 个，达到 100%，民房改造 3175 户，占全镇农业户总数的 93.7%。有文化室的村委会 13 个，占 81%；有医疗卫生所的村委会 5 个，占 31%。

在经济发展的同时，文化卫生状况也得到了根本的改善。全镇现有中心学校 2 所，教学点 10 个，在校教职工 143 人，在校学生 601 人；有乡镇卫生院 2 所，医务人员 11 名。全镇参加农村新型合作医疗人数 14586 人，参加城镇居民基本医疗保险 14959 人，实现了小病不出村，大病有报销，人人基本享有医疗卫生保障。

（三）番茅村概况

1. 区位

“区位”一词多用于城市发展理论中，用来表示一个城市在地理位置上所具有的优势，即“区位优势”。区位优势一方面指某事物的位置，另一方面指某事物与其他事物的空间联系。农业工业生产活动，城市的形成和发展必须有一个确定的空间位置，也离不开与其他事物的联系，这种联系可以分为两大类：一是与自然环境的联系，二是与社会经济环境的联系。因此生产活动、城市的形成和发展实际是综合了自然和社会经济两大要素的结果。要分析生产活动、城市形成和发展的规律，就要从作用于生产活动和城市形成的自然和社会经济要素着手，这就是所谓的区位优势研究。其实只要是一个经济体，无论是城市或农村，都离不开其自然和社会经济环境，必然要在两者构成的框架内发展。所以我们也可以在对村庄经济的分析中应用区位优势分析，这样就综合了自然和社会经济两大发展要素。

番茅村隶属于海南省五指山市冲山镇。五指山市位于海南岛中南部腹地，是海南省中部少数民族的聚居地。当地素有“不到五指山，不算到海南”的说法，是海南有名的“翡翠山城”，更因为一曲《我爱五指山，我爱万泉河》而享誉全国。而冲山镇是五指山市所辖 7 个乡镇之一，位于五指山市区，是五指山市面积最大，人口最多的城关之镇。

番茅村整体呈方形，水田围绕在村庄周围，东依市区，西靠红雅村，南接什保村，北邻国道 214 线（海榆中线），而且有一条贯村而过的市级公路正在修建中。距离五指山市约 500 米，交通相当便利。

五指山市位于昌化江上游支流南圣河畔，气候温和，属热带山区气候，冬暖夏凉，气候可谓得天独厚。整个五指山地区年平均气温为 22.4℃、年平均降雨量为 1690 毫米、年平均相对湿度为 84%，山清水秀，四季如春，有

"天然别墅"之称。但跟全国大多数地区一样由于整体环境遭到破坏，今年降雨量相对较少，[①] 番茅村的农作物产量受干旱影响很大。我们调研期间只下了一场大雨，据说还是市政府为了缓解旱情而实施的人工降雨。按照以往年份惯例现在五指山地区应该已经进入雨季，今年雨季却迟迟未来。

相对于气候上的优越性，番茅村的地质条件较差。五指山市属于山区地貌，全市周围群山环抱，森林茂密。番茅村三面环山，田地主要分布在村边比较平坦的地方，其他绝大多数土地都属于坡地。

综上所述，番茅村具有很好的区位优势。首先具有良好的气候条件，这是农业发展的必备要素；其次交通便利，俗话说"背靠大树好乘凉"，紧挨着市区就等于紧挨着市场与物流，农产品流通的成本相对其他村子来说较低，有更多机会了解城市需求，依托城市需求发展自己；最后五指山市政府、冲山镇政府都建在五指山市市区内，贴近当地政治中心，更容易得到关注。据我们调查也确实如此，从新中国成立开始番茅村就一直是作为一个参观学习的典型，许多国家的领导人、学者、专家都曾到村中作过调查访问。但是这些区位优势并没有转化为实际的经济效益，仍然只是发展的潜在优势。

产生这种现象有多方面的原因，而且自然资源和社会资源没有得到充分利用的原因也有所不同。从自然资源的角度来说，番茅村与我国很多北方农村不一样的是，它所拥有的自然资源是气候资源，而不是矿产资源或者土地资源。作为一个老的资源储藏大国和一个日渐崛起的资源消耗大国，中国人已经开始切身感受到矿产资源的稀缺与举足轻重，很多贫穷的山村都因为某种矿藏资源的发现而一夜暴富，或者至少使本地人完成了自己的原始积累，所以中国北方农民很擅长利用矿产资源优势，至于利用效率高低我们暂且不提，至少他们已经能够把矿产资源转化为自己的经济利益，而气候资源应用在我国农村更多的是体现在农业发展上。本村的农业发展气候条件当然是首要条件，这就像"北方种小麦，南方种水稻"一样，是从我们祖先开始就在利用的自然法则，但是气候资源应用并不仅止于此。

至于社会经济资源，在我国基层行政单位一直以来都存在权利与义务不均等的问题，义务远远大于权利。因为在中国现有行政构架中，村级行政单

---

① 黎族村庄调查是2010年7月在海南省五指山市冲山镇番茅村进行的，书中所说今年即为2010年。

位是最基层的一级行政单位，主要的职责界定就是负责贯彻落实上级政府制定的政策，基本上没有自由制定本村发展规划的权力。当然我们不得不承认这也是受我国基层行政工作者的素质技能局限所致，但是吸引更多的人才投入农村的建设中，必要的权力下放是必需的，因为只有这样才能最大地调动基层工作人员的积极性，发挥他们的创造性。纵观整个 20 世纪，我国的地方经济发展被戏称为“诸侯经济”，地方政府各显神通，虽然这种跨越式的发展产生了很多问题，但是上级政府所应该做的是从体制上规范地方政府的发展方向和范围，绝不能扼杀他们的积极性和创造力。延伸到村级行政单位，各个村落的特点与资源禀赋本不同，由上级政府来做统一规划，易于被一刀切，凸显不了本村特色，无法最大程度地利用资源。所以对于村级行政单位来说，更多的财权下放和更严格的体制约束和监督才是他们所需要的。

2. 人口构成

对于一个地区来说更为重要、能动的另一个因素应该说是发展的中心——人。

番茅村委会下辖五个村民小组，包括番茅、什分、福建、番巴、什好，全村总人口为 1259 人，317 户。全村共有青壮年劳动力 616 人，其中男 303 人，女 313 人。外出务工人员 132 人，占全村人口的 10% 左右，主要的务工地是三亚和海口。

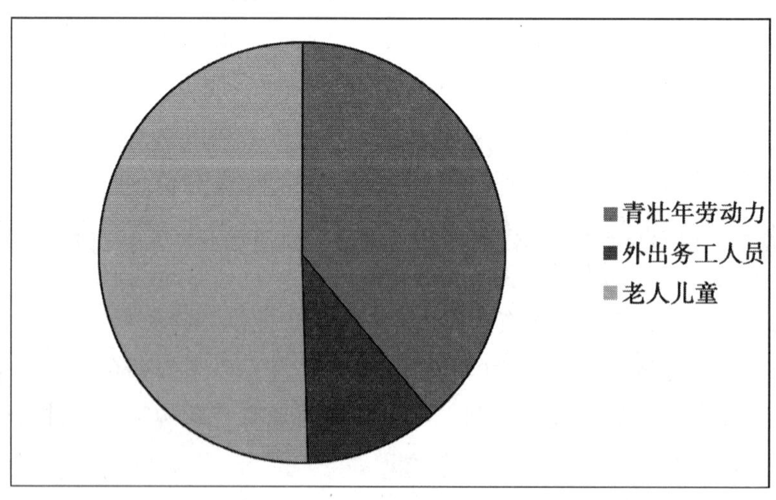

图 1－1　番茅村劳动力构成情况

从图 1－1 分析番茅村的老龄化问题很严重，这将给番茅村未来的发展带来两个问题：第一个是劳动力是否充足，能否满足经济发展的需要。这个问题应该不会很严重，因为不断会有孩子进入成年人的行列，即便出现劳动力断层，应该也只是短期问题。第二个是养老问题，我国广大农村还没有进入社会养老的范围内，只能选择子女养老的方式。在计划生育实施之前，我国农村普遍存在的孩子多现象也是一种分担养老负担的方式。现在每家只有一个或者最多两个孩子，养老问题就成了每个家庭很大的负担，严重制约了家庭的经济投入。

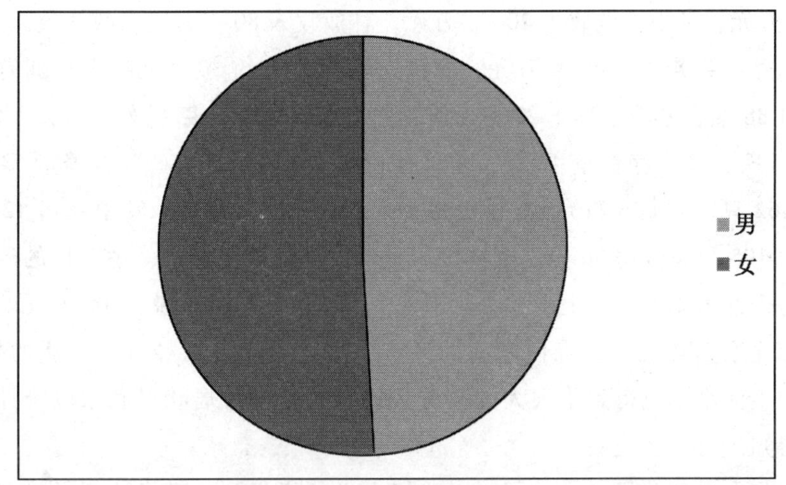

图 1－2　青壮劳动力的男女比例

从劳动力结构来看，男女比例是大体相当的，但是我们在调研的过程中发现，本村的适婚青年是男多女少，很多男性到 30 多岁因为缺少恋爱对象而未能成家。据本村党支部书记黄运清介绍："即便如此，本村每年仍有很多年轻女孩子外嫁，因为在农村婚嫁中最看重的是双方的家境，很多男青年由于家境贫寒而迟迟未婚。"

本村民族结构单一，98% 以上为黎族，只有极少数外来汉族人口，可以说是典型的少数民族村落。

本村的人口构成还有一个特别之处——全村有革命功臣 4 名，其中 1 名还是五指山地区唯一的女功臣。革命功臣并不仅仅只是对于曾经为革命作出突出贡献的战士的尊称，更是一项对于革命军人的抚恤政策。据冲山镇民政主管领导介绍，功臣的等级是由国家规定的，根据等级不同每月发放相应的生活补助，这笔钱是由五指山市财政直接拨付，镇里负责发放给领取人。五指山市在解放前即是五指山革命根据地，是一个少数民族革命根据地。在革命的过程中，很多战士为了革命的胜利付出了生命与青春，今天为他们提供制度上的保障与安定的晚年生活是政府应尽的职责。

3. 经济状况

（1）经济总量有所提升但已到传统农业经济发展顶端

经济总量应该是一个经济体的基本统计资料，2009 年番茅村经济总收入 400 多万元，其中农业收入 200 多万元，林业收入 80 多万元，牧业收入 70 多万元，外出劳务收入 40 多万元，农民人均纯收入约 3000 元。全村拥有手扶农耕机 88 辆，胶轮手推车 27 辆，脚踏打谷机 232 台，摩托车 54 辆；水牛存栏量 85 头，黄牛存栏量 42 头，生猪存栏量 958 头，“三鸟”饲养量 5338 只（鸡 4462 只，鸭 876 只）；全村民房 265 户，3 户茅草房，其中瓦房 124 户，平顶房 105 户，楼房 36 户；电视机 368 台，全村通水通电。番茅村的经济水平在整个冲山镇处于中上水平，对于一个少数民族村落来说，400 万元的年总收入相比家庭联产承包责任制前的经济水平，可以说已经有一个质的提升。人民的生活水平也得到了很大的改善，这从村里的民居状况和家电统计数量即可得知。

但是在看到总量增长的同时，我们也必须意识到这已经达到了传统农业生产方式的顶端。在我们与村委会领导班子全体成员的座谈会上，村党支部书记黄运清说 2006 年、2007 年全村人均纯收入 2380 元，2008 年全村人均纯收入 2880 元，2009 年全村人均纯收入 3000 元，这说明 2006—2009 年人均纯收入增加了 600 元，这还是在排除通货膨胀因素的条件下。文书黄利群介绍说本村的人均纯收入统计不但包括农业和非农业资本收入、实物折算，还包括现有房屋和生产工具。实际上房屋和生产工具应该只算折旧部分，不应全部计入本年度的收入，即便是全部计入，人均纯收入增加的依然有限，这实质是现有生产方式的限制造成的。

传统农业是在自然经济条件下，采用人力、畜力、手工工具、铁器等为主的手工劳动方式，是靠世代积累下来的传统经验发展的，以自给自足的自然经济居主导地位的农业，是采用历史上沿袭下来的耕作方法和农业技术。

传统农业的特点是精耕细作，农业部门结构较单一，生产规模较小，经营管理和生产技术仍较落后，抗御自然灾害能力差，农业生态系统功效低，商品经济较薄弱，基本上没有形成生产地域分工。传统农业从奴隶社会起，经封建社会一直到资本主义社会初期，现在仍广泛存在于世界上许多经济不发达国家。为什么我们判断番茅村的农业生产方式属于传统农业，主要基于以下两点：其一，人力与手工依然是番茅村农业生产中的主要耕作方式；其二，农业科学技术的使用多是在种子和化肥上，不涉及更细更深的层次。这种落后的农业生产方式已经成为番茅村发展的瓶颈，必须予以改变。

（2）以农业为主导产业，但产业结构单一

从上面的统计资料中，我们可以看出农业是番茅村的唯一支柱产业。支柱产业，是指在国民经济中生产发展速度较快，对整个经济起引导和推动作用的先导性产业。支柱产业具有较强的连锁效应，诱导新产业崛起；对为其提供生产资料的各部门、所处地区的经济结构和发展变化，有深刻而广泛的影响。经济学教科书上对于支柱产业的定义更多的是从支柱产业的引导作用出发，但支柱产业最基本的含义应该是主导本地区经济发展的产业，本地区产值的主要来源。从后一层基本含义来说，农业完成了其基本使命，农业产值占到全村总产值的2/3，是村民收入的主要来源。但是就像第一种定义所强调的那样，支柱产业的诱导作用至关重要，而且与经济体的长远发展密切相关。既然以农业为主，则应依托农业的发展诱导更多相关产业的发展比如农产品加工、销售等，因为相对于工业而言，农业的附加值要低得多。

（3）劳动者素质技能有待进一步的提高

生产总值和产业结构的变化都只是经济表象的变化，最根本的因素依然是劳动者的素质技能。不能否定，从解放后到现在，义务教育和农业科技知识的普及，农民的素质技能有了很大的提高。番茅村村民在农业生产中都会到农科站购买良种和化肥，不再纯粹的靠天吃饭，这其实就是劳动者素质技能提高的表现。但是市场经济要求农业劳动者不但具备生产的技能，更要有市场意识与经营观念。技能的培训可能只需要一两年的时间，但意识的转变却是一个漫长的过程，面对市场的生产、富有远见的经营才是发家致富的最终保证。

（四）番茅村村庄的起源

要想勾勒一个完整的番茅村，以上的现状描述是远远不够的。每一个村庄都具有普通村庄的一般特征，但也都有着独为已有的要素。我们的调研对象番茅村是一个少数民族村落，其村落历史必然随着民族的兴衰起伏而演进。

1. 黎族起源

番茅村是五指山地区典型的黎族村落。黎族是我国岭南少数民族之一。主要聚居在海南省中南部的琼中县、白沙县、昌江县、东方市、乐东县、陵水县、保亭县、五指山市、三亚市等6县3市之内，其余散居在海南省的万宁、屯昌、琼海、澄迈、儋州、定安等市县。由于分布地区不同和方言、服饰等的差异，其自称有“伴”、“岐”、“杞”、“美孚”、“本地”等。番茅村属于杞黎一支。黎族以农业为主，妇女精于纺织，“黎锦”、“黎单”闻名于世。与很多少数民族一样，黎族只有语言没有文字，黎族语言属于汉藏语系。

据史籍记载，与今天黎族有直接渊源关系的最早名称叫做“里”。如《后汉书》卷86《南蛮列传》就有“建武十二年（公元36年），九真徼外里张游，率种人慕化内属，封为归汉里君”的记载。当时“里”与“蛮”是并称的。

东汉以后，史记中的“里”字多了人字旁，常常是“俚僚”、“夷僚”等并称。三国吴人万震《南州异物志》载：“广州南有贼曰俚，此贼在广州之南，苍梧、郁林、合浦、宁浦、高凉无郡中央，地方数千里。”这项记载表明“里”字已转化为“俚”字，并对其分布作了明确叙述。南朝时期，“俚”字作为族称，出现更加频繁，而且一直沿用到唐末宋初，才逐渐转变为“黎”。

唐末刘恂著《岭表录异》，有“儋、振夷黎，海畔采（紫贝）以为货”的记载。《新唐书》卷179《杜佑传》中也有“朱崖黎民三世保险不宾，佑讨平之”的记载。《新唐书》为宋人欧阳修等所撰，故“黎”之称最早出现在《岭表录异》中。《岭表录异》一书著于9世纪初，但直到11世纪以后“黎”才代替“俚”、“僚”作为专有族称被广泛使用。宋代乐史的《太平寰宇记》、苏轼父子谪居海南时的诗文、范成大的《桂海虞恒志》、周去非的《岭外代答》、赵汝适的《诸蕃志》等著作均以“黎”字指称海南的土著民族，沿用至今。

至于黎族渊源是个十分复杂的问题，关于此问题至今史学界依然存在着一些分歧。史前时期海南岛已有人类居住。1992—1993 年在三亚落笔洞发现了 1 万年前的人类牙齿化石及石制品、骨制品和角制品等大批文化遗产，把海南人类活动的历史提前到距今 1 万年左右。但目前还没有充分的资料能够证明黎族与“三亚人”存在渊源关系。

新中国成立后，史学界多数人认为，黎族是从古越族的一支——骆越发展而来的。并从考古学、语言学、地名学、民族学等角度加以佐证，简列如下：

（1）从考古学上看黎族与骆越的关系

据文献记载，从春秋战国到公元前 3 世纪前后，在我国东南和南部的沿海地区，广泛地居住着相互间有密切族属关系而又“各有种姓”的越人。由于分布地域广阔，部落众多，因而又有“百越”之称。这些不同种姓的越人，有着基本相同而又各有一定特色的文化特征，被史学家们统称为“古越族”。

20 世纪 50 年代以后，在海南岛各地都发现了大量的新石器时代中晚期的文化遗址。根据出土器物所表现的文化性质来考察，它与我国两广沿海地区发现的器物同属于一个文化类型，特别与广西钦州地区、广东湛江地区（包括雷州半岛）发现的原始文化遗存更为相似。

在石器方面，主要有斧、锛、凿、锄、铲等。以磨光、有肩、有段式的斧、锛比较普遍，大型石铲较多。双肩石器是海南岛石器工具中一种具有特色的石器，数量大，分布广，形式多。我国的双肩石器，主要分布于两广地区。在广西东兴临海河口、南宁邕江及其上游，左右江流域扶绥、邕宁、横县等 14 处贝丘遗址都发现了与海南岛相似的石器工具、网坠等。尽管海南岛的双肩石器有早有晚，但与两广大陆有一脉相承的关系，无疑属于岭南百越文化的特征之一。

在海南岛发现有新石器时代的饰绳纹、各种刻画纹和蓝纹的夹圆底釜、夹砂罐等；有新石器晚期或更晚的素面、夹砂陶器，口沿外翻成圆条或半圆条状的盆钵类，有些陶器腹部饰鼻耳等各式耳板；有周秦时期的云雷纹陶器等。尽管这些陶器具有鲜明的地方特色，但与两广大陆有着明显的一致性。

20 世纪 50 年代以后，在黎族地区发现的许多铜鼓，也说明黎族与百越诸族的渊源关系，因为铜鼓是百越文化的重要特征。

总之，从现有考古资料来看，黎族先民与古越族的一支骆越在文化上有着密切的关系。

（2）从语言学上看黎族与骆越的关系

黎语与古越语在语法结构上有许多共同点，如修饰语放在中心词之后的结构方式。清代道光《琼州府志》卷3《舆地志》说：黎语“虚上而实下，如鸡肉曰肉鸡，县前曰前县。”黎语在系属上属于汉藏语系壮侗语族中的黎语支，与同一语族的壮语、布依语、傣语、侗语、水语等有较密切的亲属关系，在语音、语法、词汇等方面都有共同的特征。在壮傣、侗水、黎三个语支的基本词汇中有不少是同源词，如水、火、子女、鸡、臂、来、狗、猪等，都是同源词，其声母、元音、韵尾都对应，除个别音调外基本相同，不过相比其他语言黎语较早从“原始壮侗语”分离出来。共同语言是民族的重要特征之一，与民族的形成和发展关系密切。黎语既然与壮侗语族的各民族语言的关系如此密切，可以推定黎族与壮、布依、傣、侗、水等民族有着共同的族源。而目前学术界绝大多数都认为这些民族起源于古代的越族，那么黎族源于古越族的一支也是顺理成章的。

（3）从地名学上看黎族与骆越的关系

地名在最初命名时跟地理环境和历史条件密切相关，而且地名的历史比文字的历史还要久远。因此通过对华南某些地名的分析研究，也可以帮助阐明古代黎族的分布情况以及黎族与其他民族的历史渊源。清代屈大均《广东新语》卷11《文语》载：“自阳春至高雷廉琼，地名多曰那某、罗某、多某、扶某、过某、牙某、峨某、陀某、打某……”在同一条目中又提到黎岐人“地名多曰那某、婆某、可某、曹某、爹某、落某、番某”。据统计，这些地名以“那”字最多，分布集中，据统计广西有1200多处，越南有60多处，云南有170多处，广东有150多处。可见，海南岛许多黎语地名与广西、广东高雷等地不少地名在语音和语义方面非常接近，属于壮侗语言体系。

（4）从民族学上看黎族与骆越的关系

古越人在生活习俗上的主要特点是：断发文身，契臂为盟，居干栏，多食海产，善使舟船及水战，善铸铜器。这些习俗黎族基本都曾有过，甚至直到20世纪50年代初，有些黎族还完整地保留着这些习俗。在婚俗方面，黎和壮、侗等民族在历史上都有“不落夫家”的习俗，黎族青年男女的恋爱活动和壮族的“玩公房”、侗族的“坐妹”也有相似的地方。

可见，黎族与壮侗语各民族在族源方面有着密切的关系，其先民与古代生活在两广地区的古越人，以至于后来的俚人都有密切的关系。但也有学者认为人类社会发展是有规律性和阶段性的。各民族在相同的历史发展条件下，从事的工艺制作的水平相似、特征相同是可以理解的。但是相同相似并不等于它们同源，不能就此证明制造和使用这些工艺品的人们就是属于一个人类共同体。从考古学来研究出土文物特征，不同地区的文化特征相同、相似，其主要原因是这一地区生产与生活需要相似，外来文化的传播是有限的也是次要的。纵观世界各民族许多相同相似的东西都是各有独特之处。菲律宾、南太平洋中的波利尼西亚群岛、越南、印度、日本等都发现几何印纹陶与有段石锛，但我们不能把这些地区都说成是一个整体，出于一个文化根源。文化传播是有的，但在人类启蒙时代，在交通不发达的情况下，这种方式是次要的，不能作为主流而论。

而且在新石器时代，原始氏族公社时期的人们共同体不可能在极大的范围内产生，最多是一个或几个部落所组成的部落联盟。况且，海南岛黎族先民，在远古时代就居住在这个孤岛山谷，与大陆文化已隔断，交通困难，虽和大陆许多部落有来往，但人们交往并不频繁。有历史资料显示，大陆先民迁入海南岛居住是从秦汉后开始的。

通过民俗学来确定民族之间的相互关系，也是不大合乎客观事实的。斯大林早就指出："民族是人们在历史上形成的，有共同语言、共同地域、共同经济生活，以及表现于共同的民族危难化特点上的共同心理素质的稳定的人们的共同体。"也就是说民族是一个历史范畴，是以共同地域、语言、共同经济生活与共同心理素质为基础的，它不是以血缘为纽带的种族。海南岛上的黎族，很早就与大陆其他先民相分离，有自己独特的地域、语言、经济活动方式和心理素质，是一个独立的古老民族。如果说同大陆古越族有同源关系，是难以令人信服的，单从黎族与越族的风俗习惯而论，是完全不足以说明问题的。

关于黎族族源的另一种看法认为黎族来源于南洋（指包括印度尼西亚在内的东南亚地区）的一些古代民族，是在远古时候由南洋迁入海南岛的。曾有人在海南岛发现的新石器与马来亚、越南等地出土的式样相同，便推断黎族可能是在原始社会时期从南洋一带渡海而来，但至今并没有发现其他佐证。

此外，还有人从黎族内部各支系间有着不同的方言、服饰和风俗习惯等，推断黎族的不同支系有着不同的来源。但这只是极个别人的意见。从解放后获得的大量调查材料说明，黎族内部的一致性是主要的，不同支系的差别仅是次要的、派生的，甚至有些特点还是近代才发展形成的。如黎族内部各支系的名称，大部分只见于明代以后的文献，其中一些名称甚至在清代的文献上也没有找到，可见这些支系的名称和某些特点，是随着黎族部落的不断迁徙、发展而出现的，它的历史并不久远。在语言方面，黎族内部虽有方言的差别，但不同方言的人基本上可以相互沟通。在社会经济方面，虽然各支系发展不平衡，但在其经济类型和结构（以农业为主的自然经济）上是基本一致的。至于服饰和风俗习惯方面，共同点更多。所以尽管黎族内部语言、习俗，服饰等方面存在着某些差异，但黎族作为一个民族共同体，其统一性是主要的。

2. 番茅村所属黎族支系——杞黎

在黎族当中，根据语言和文化特征的差异，可以分为哈、杞、润、赛、美孚五种方言。每个方言内的土语往往与该方言自称或峒相适应。也就是说这五种方言分别代表了黎族的五个支系。这些支系由于所处地理环境与发展过程的差异在民族的统一性中保留了各自的特殊性。番茅村属于黎族中的杞黎一支。

“杞”黎是黎族中人口仅次于“哈”黎的一个大支系，人口约八万人，主要分布在原通什自治州的东部保亭、琼中两县，大致以白沙县东南部的鹦哥岭，乐东县东部的马嘴岭与原自治州西北部的“本地”黎和西部的“哈”黎分界。除保、琼两县聚居较多的“杞”黎外，原通什自治州内的白沙、乐东、东方三县，州外的屯昌、临高两县，均有大小不等的聚居区和村落，其中以白沙县和东方县较为集中。

“杞”黎因居住地域的不同，虽然语言上基本相同，但在其他文化特征上，各地表现出相当大的差异，尤其中心地区和外围地区的差别。这些不同的特点，成为“杞”黎内部各小支系的分类根据。

居住在五指山周围中心地区的“杞”黎过去被汉族称为“生铁”黎或“生黎”，“生铁”的意思是“不服教化，硬如生铁”，带有侮辱的意味。用来形容他们保留了更多的民族特点。按地区划分，番茅村应属于中心地区的“生黎”。

“生铁”黎男子结鬓于额前（解放后已少见），用丈许长的红布或黑布缠头，上身穿黄麻织成的对胸无纽上衣，下穿前后挂一幅布的“吊铲”裙，这种“吊铲”裙是“生铁”黎在外表上最明显的特点，与“哈”黎的“包卵布”最易分辨。妇女方面，有绣花的头巾，上衣自织自染，开胸无纽，在衣边、后幅下端、两臂中部均绣有鲜红色的花纹；下身穿短筒裙，用红色丝线为主织成各种动植物图案；除上衣外，还有一块遮胸部，这是“生铁”黎妇女服饰的一种特色；同时颈上戴着很多用蓝白玻璃珠子串成的项圈，也是其他支系所没有的。

“生铁”黎之中因地域及服饰上的一些差别，又可分为“大鬃”、“小鬃”、“生铁”、“吊铲”四个小支系，但这些差别非常细微。

3. 番茅村主要姓氏

“杞”黎的姓氏，以王、黄两姓居多，这是一个特点。关于这一特点的由来有两种不同的说法。一种说法是黎族人原本是没有汉姓的。解放后，在黎族地区成立了少数民族自治州，由其民族英雄王国兴担任第一任州委书记。为了表示对于英雄的敬仰，都将汉姓定为王。而在姓氏的使用过程中，由于王、黄读音相近，不少人即以为自己的汉姓为黄，所以在“杞”黎地区王、黄并为两大姓氏。

而另一种说法则来源于一个流传已久的故事。据说在清朝末年，有一个名叫王维昌的人当了保亭营“黎王”，他常到汉口与汉官来往。有一次汉官问他黎胞为什么都是王姓，王维昌答不出来。他回来后就通知各村来改姓，并指出以后同姓的不能通婚。当时各村都派人去开会，会上由王维昌写好几十个姓，除他的村庄原用王姓，其他各村各自抽签决定。现在番茅村一带多是王姓，据说是因为他们当时未来抽签的缘故。

我们查阅了一些资料发现，在100多年以前，保亭地方的黎族人未知有姓，一般的通称其名，约在80～100年前才有王姓，到了王维昌时更分出不同的姓来，但究竟王姓因何而来，则无迹可寻。

4. 番茅村建村情况

据村党支部书记黄运清回忆，小时候听村里的老人说番茅村已有500多年历史，祖上是从福建莆田的甘蔗园漂洋过海迁移而来。他们的祖先从福建甘蔗园出发一路向南，从昌化江入海口登陆到达海南岛，在一片平坦的田野上驻扎建村。番茅在黎语中的意思就是“一片田野”，应该是据此而来。但现在番茅村所在的地方却是三面环山，据考证应该是由于远古时期刀耕火种的生产方式，致使人们无法在一个地区长期居住，需要不停地迁移以保证有新的肥力充足的土地用来耕种，于是他们的祖先逐步迁移到五指山一带，最后在此定居。

通过查证，莆田并没有一个叫做“甘蔗园”的地方，历史上有不少莆田人迁居外地尤其是迁居广东、海南，他们的出发地几乎都集中在“甘蔗园”这一象征性很强的地名上。这种情况很像中原南迁移民世代相传，永远记住家乡是“洪洞县大槐树”，但具体是哪个地区很少有人能够说清。近年来由于很多海南、广东人到莆田寻根，当地政府经过调查研究，得出了“甘蔗园就是现今仙游县龙华镇金山村蔗埔园”的初步结论。所以番茅村村民的祖籍应该就是福建仙游县龙华镇金山村蔗埔园。

（五）番茅村行政管辖变迁

番茅村从建立到现在有500多年的历史，这中间一定经过了很多变迁。番茅村下辖五个自然村，福建、番巴、番茅、什好这四个自然村的祖先是四兄弟，而后分家各自独立，逐步繁衍生息成了比邻的独立村落。其中比较特别的是什分，它是由后来迁入这一地区生活的外来人聚居组成的自然村落。自然村落是自然形态的居民群落，它往往是一个或多个家族聚居的居民点。自然村是农民日常生活和交往的单位，但不是一个社会管理单位。与自然村对应的概念是行政村。行政村是中国行政区划体系中最基层的一级，设有村民委员会或村公所等权力机构。自然村由于其自然形态历史很难记录下来，但是行政村不同，由于其有明确的执行机构，多有书面行政管辖变化的记录，是我们可以考证的村落历史的一部分。

在许多地方，行政村与自然村是重叠的；在另外一些地方，一个行政村包括几个到几十个自然村；在个别的地方，一个自然村划分为一个以上的行政村。而番茅村的情况属于第二种，一个行政村包括五个自然村。解放前番茅村由于各自然村联系密切，而且相互连接成片，所以在行政管辖上一直是一个统一体。新中国成立后，番茅村于1954年成立初级社改为番茅农业社，成为广东省第一个少数民族合作社，1958年改为番茅大队，1984年改为番茅管理区，后来才改为番茅村委会至今。名称的变化其实就是象征着行政管辖特点的变化，1954年番茅农业社正处于我们国家初级合作社阶段，村民还拥有土地和生产资料的所有权，只是在生产中相互合作；而到1958年改为番茅大队则进入了集体化经济阶段，大队集体成为了土地和生产资料的所有者，是绝对的政治和经济权威；1978年党的十一届三中全会召开，开始在全国推广家庭联产承包责任制，这才有了1984年的番茅管理区，村级行政机构失去了经济主导的地位，主要承担村庄整体管理职责；现在的番茅村委会应该说与番茅管理区的职能没有发生大的变动，更多的是国家对村级行政单位民主选举制度的一种设定。一个村落行政管辖的变化预示了本村行政单位管辖范围和重点的不同，也是国家一定阶段农村政策变化的显示器。

二、农业

农村从字面上来理解应以农业为主的地方。一个村庄农业是其基础性的产业，当然随着城市化的发展，农业的基础性地位有可能被第二、第三产业所取代，但到那时原来的村庄已经成长为一个发达成熟的村镇。番茅村是一个仍处于初级发展阶段的村庄，之所以作如此判断是因为本村的城市化仅仅只是某些村民的个人行为，是他们完成个人财富积累的必然结果，而非村庄经济发展所致。所以农业仍然是全村收入的主要来源，所有的经济活动基本都是围绕农业而展开的。

（一）农业生产条件

农业的发展首先要基于一定的自然条件，我国地域辽阔，南北方农业生产各具特色，就是因为自然条件是农业生产的第一个硬性条件，它决定了本地农业种植品种、播种时间与操作技巧等等。

1. 气候条件

海南岛地处热带北缘，总体上属于热带季风气候，这种气候的特征是长夏无冬，年平均气温在22℃～26℃，最冷的一、二月份温度仍达到16℃～21℃，年光照在1750～2650小时，光照充足，全年无霜冻，冬季温暖，为热带植物的生长提供了足够的阳光。番茅村所处的五指山地区由于海拔高但纬度低，气候条件的各项指数都刚好到海南岛总体指数的中位数。五指山地区年平均气温为22.4℃，夏季平均气温为25℃，冬季平均气温为17℃，年平均日照为2000小时左右，年平均降雨量在1800~2000毫米，相对湿度为84%，适宜亚热带及热带植物的生长。

2. 土地类型

番茅村现有耕地面积5198亩，其中水田418亩，坡地4780亩。

(1) 水田

在我国农业生产中水田是指城、镇、村庄、独立工矿区内筑有田埂(坎)，可以经常蓄水，用于种植水稻等水生作物的土地。水田按水源情况可分为灌溉田和望天田两类。灌溉水田指有水源保证和灌溉设施，在一般年景能正常灌溉，用于种植水生作物的耕地，包括灌溉的水旱轮作地。望天田指没有水源保证和灌溉设施，主要依靠天然降雨，用以种植水稻、莲藕、席草等水生作物的耕地，同样包括无灌溉设施的水旱轮作地。番茅村村西有一处水塘，常年储水，因此在靠近水源的村西统一修建了灌溉设施。根据前面的定义，番茅村村西边的连片耕地都属于灌溉水田。除西面外番茅村三面环山，村东山脚下有部分较为平坦的耕地，但因离水源较远，没有修建灌溉设施属于望天田的范围，主要依靠每年7月到9月雨季降雨来提供农作物所需水分。在我国南方，水田一般都用来种植主食作物——水稻，以保障家庭的基本生活需要。

(2) 坡地

在生活中，一般我们更为熟悉的地质类型是山地，对坡地相对陌生。坡地并不是一种地质类型，其说法应来自于农业生产。从地质学来说坡地一般分布于丘陵地带，介于平原与山地之间，地势起伏较小。山地一般是指海拔在500米以上的高地，起伏很大，坡度陡峻，沟谷幽深，多呈脉状分布，而坡地的高度一般在500米以下，这也是劳动者能够在其上开垦农田的原因。番茅村地处五指山地区，虽然不是山区，但除村民聚居区外，村外围地势较高，多为坡地。全村坡地总面积占耕地总面积的92%左右，是全村的主要耕地类型。坡地地势较高，很难大量储水，所以主要用来种植橡胶，兼种槟榔、菠萝蜜、椰子等耐旱的热带树木。

3. 主要农作物类型

根据当地的气候和土壤条件，村民以种植水稻和橡胶为主。各家根据家庭需要和土地状况少量种植玉米、槟榔，也有少数善于经营的农户在橡胶树下套种南药等经济价值高的经济作物。

（1）水稻

水稻原产亚洲热带地区，在中国被广为种植后，逐渐传播到世界各地。按照不同分类标准，水稻可以分为籼稻和粳稻、早稻和中晚稻、糯稻和非糯稻。番茅村种植的水稻品种多为杂交香米，这种稻种的特点是既能够保证水稻高产，又能保证产出的稻米口味香甜，是政府长期推广的品种之一。

（2）橡胶

番茅村的土地以坡地居多，水田所产水稻基本都是自给自足，很少用于出售，而坡地作物的经济价值对村民的货币收入至关重要，2009 年全村共种植橡胶 1153 亩 23060 株。

橡胶树为落叶乔木，有乳状汁液，所以橡胶在印第安语中意为“流泪的树”。橡胶树生长需要大量水分，要求年平均降水量在 1150 ~ 2500 毫米，且不宜在低湿的地方栽植。橡胶树对于土壤的要求也较高，适于在土层深厚、肥沃而湿润、排水良好的酸性沙壤土中生长。在橡胶树的种植过程中要特别注意，此树根浅、枝条脆，对风的适应能力较差，易受风寒影响。一般栽植 6 ~ 8 年方可割取胶液，树的经济寿命根据种类长短不同，生长寿命大略相等（经济寿命指出胶时间）。实生树的经济寿命为 35 ~ 40 年，芽接树为 15 ~ 20 年，生长寿命约 60 年（实生树就是通过种子繁殖长成的树，而芽接树是通过嫁接和扦插那样的无性繁殖手段长成的）。海南是我国最大的橡胶生产地，橡胶的种植面积达 600 万亩左右。

（3）槟榔

槟榔树是一种传统的热带经济作物，在印度、斯里兰卡、泰国、马来西亚和菲律宾及我国的海南、广西、云南都有种植。树干不分枝，高度在 12 ~ 15 公尺。槟榔子是棕榈科槟榔树的种子，而槟榔叶却是胡椒科（Piperaceae）蒟（Piper betle）的叶。槟榔果略小于鸡蛋，纤维质果皮，内含一粒槟榔子。槟榔果内胚乳坚硬，长有灰褐色斑点。每年 8—11 月是槟榔果的收获期，不过其果在完全成熟之前即可采收，去皮，煮沸，切成薄片晒干后出售。槟榔子是劣等儿茶（Catechu）的原料，其主要生物碱是槟榔碱，可作家禽的驱虫药使用。2009 年全村共种植槟榔 68 亩 7480 株。

（4）马占林

马占树是一种造纸原料，种植大约 7 年后方可砍伐。番茅村有经济林木马占林 626 亩。这片马占林种植情况比较特殊，因为这 626 亩林地属于政府规划的生态保护林范围，据说是村集体所有林地，但村委会只有维护的义务，没有处置的权利，所以很难界定其所有者身份。但因其所占面积较大，仍将其作为主要作物之一。

（二）生产工具

生产工具是指人们在生产过程中用来直接对劳动对象进行加工的物件，也称为劳动工具。它被用于劳动者和劳动对象之间，起传导劳动的作用。生产工具是劳动资料的最基本和最主要的部分，是机械性的劳动资料。从原始人的石刀、石斧、弓箭，到现代化的各种各样的机器、工具、技术设备等均属生产工具，都同样起着传导劳动的作用。

制造和使用生产工具是人区别于其他动物的标志，是人类劳动过程的独有特征。人类劳动即起始于制造工具。生产工具在生产资料中起主导作用，因为社会生产的变化和发展，首先是从生产工具的变化和发展上开始的。生产工具不仅是社会控制自然的尺度，也是生产关系的指示器，马克思曾经说过："手推磨产生的是封建主的社会，蒸汽磨产生的是工业资本家的社会。"①

生产工具的内容和形式是随着经济和科学技术的发展而不断发展变化的，因此各个时期的生产工具各具特色。早期的生产工具（石木工具、金属工具）是劳动者依靠自身的体力，用手操纵的；后来的生产工具则由工具机、动力机和传动装置等三个部分构成，形成了复杂的体系；而现代的自动化机器体系，又增加了以电子计算机为核心的自控装置。现代化的生产工具日益复杂化、精良化，成为推动社会生产力发展的重要因素。

番茅村的主要作物是水稻和橡胶，所以番茅村农业生产的主要生产工具也多是用于此两种作物的种植与收获。

1. 拖拉机

用于水稻种植与收获的主要生产工具有拖拉机和脱粒机。拖拉机是我国农村最为普及的农业生产工具，因其主要是作为动力使用，所以不受南北方生产条件差异的局限。最早的拖拉机使用的是铁轮，后因其笨重、容

① 马克思，恩格斯．马克思恩格斯选集，第一卷［M］．北京：人民出版社，1995：142.

易陷车，而且经常会压伤植物的根而被履带式拖拉机取代。早在蒸汽汽车诞生后不久的19世纪30年代，就有人设想给汽车轮子套装木头和橡胶制作的“履带”，让沉重的蒸汽汽车能在松软的土地上行走，但是早期的履带性能和使用效果并不好，直到1901年美国的伦巴德在研制林业用牵引车辆时，才发明出第一条实用效果较好的履带。3年后，加利福尼亚的工程师霍尔特应用伦巴德的发明，设计制造了“77”型蒸汽拖拉机，这是世界上第一台履带式拖拉机。

拖拉机在番茅村的农业生产中主要有两大作用。第一个作用即运输工具。在收获季节，农户需要把稻谷、秸秆运回家中，或者是运送到宽阔的谷场打谷子，这就需要有一个简便的运输工具，拖拉机装上车斗后便可派上用场。第二个作用是代替畜力充当动力。比如耕地时就可以把铁犁拖挂在拖拉机后面由其带动铁犁前进，既提高了劳动效率又节约了人力。

2. 脱粒机

脱粒机为粮食作物的收获机械，能够将农作物籽粒与茎秆分离。脱粒机的种类繁多，适用于不同的农作物。番茅村主要使用的是“打稻机”，“打稻机”适用于水稻脱粒；也有村民用于玉米脱粒的“玉米脱粒机”。打稻机俗称“打谷机”，为最常见水稻脱粒机械。使用时需要先将水稻收割，然后再逐次放入机内，将水稻谷粒与茎秆分离。打稻机分为两类，一类依靠人力驱动，称为“人力打稻机”，为半机械化工具；另一类是增加了动力驱动，称为“动力打稻机”。番茅村村民使用的打稻机一般为第一类“人力打稻机”，适用于小规模生产，主要是单供自家使用。同时本村也有两户人家购买了第二类“动力打稻机”，主要是用来出租给村民在农忙时使用，按土地面积收取租金。由于每个农户拥有的水田有限，所以大型的脱粒机很难普及使用。打稻机的出现大大降低了水稻收割的劳动强度，提高了农业生产力。

3. 犁田机

犁田机是常用的农业机械，主要作用是对土壤进行翻动，让土壤变得松软，有利于下茬农作物的播种及生长。犁田机分为两种：一种是使用机械动力的犁田机，一种是人力犁田机。使用机械动力的犁田机属于比较大型的农用机械，一般农户家很少单独购买，多为租赁使用。而人力犁田机则属于家庭常用的小型机械，它由犁板、犁底座、犁箭、犁弓、操纵杆、托盘、托盘上的立柱、连接在操纵杆中部的千斤脚杆等配件组成，根据机器型号不同操作方式不同，一般一到两人即可完成操作。番茅村村民所使用的多为人力犁田机，这种犁田机也可以通过连接装置与拖拉机相连，节省人力。犁田机具有结构简单、操作容易、重量轻、搬运方便等特点，节省了大量人力、畜力，提高了农业生产效率。

4. **割胶刀**

以上三种都是水稻的生产工具，橡胶是番茅村村民种植的主要经济作物之一，对于橡胶种植来说最重要的工具——割胶刀，简称胶刀。多年来，海南省的胶农一直使用传统的胶刀进行割胶作业。目前使用的传统割胶刀主要有两种，一种是我国使用的推刀，另一种是泰国使用的拉刀。番茅村村民使用的主要是我国自产的推刀。传统胶刀普遍存在以下几个方面的问题：第一，胶刀材质差，容易生锈，需要天天打磨。打磨好的割胶刀每次只能割150～200 棵胶树。第二，胶刀刀身过长，携带不便，存在安全隐患。在我国南方多数胶树都种植在山坡上，胶农在割胶作业时山高坡陡、下雨路滑，胶刀伤人事件时有发生。第三，传统胶刀的磨刀工序比较烦琐，磨刀技术要求高，胶农需要经过正规的培训后，才能完全掌握磨刀技术。

（三）耕作方式

1. **水稻种植**

番茅村村民一般种植两季水稻，早稻大约在清明前后插秧（或者抛秧），6 月 10 号左右收割，晚稻 7 月上旬抛秧 10 月中旬收割。水稻品种不同种植时间不同，但差距都在 10 天以内。

番茅村的水稻种植采用的是传统的人工耕种方式，只有极个别生产阶段采用机械化的耕种方式。基本是按照下列步骤进行：

整地。种稻之前，必须先将稻田的土壤翻过，使其松软，这个过程分为粗耕、细耕和盖平三个阶段。过去使用畜力和犁具，主要是水牛来整地犁田，现在逐步用机器来取代畜力。

育苗。农户先在某块田中培育秧苗，此田被称为秧田，在撒下稻种后，多半会在土上再撒一层稻壳灰，增加土地肥力。种子发芽后选择长势较好的青苗作为秧苗使用，在秧苗长高约 8 公分时，就可以进行插秧了。现在很多地方都由专门的育苗中心使用育苗箱来培育秧苗，农户直接购买秧苗插秧即可。好的稻苗是稻作成功的关键，所以农户往往要在此阶段进行精细的劳作，统一进行科学育苗应该成为水稻种植的大趋势。

插秧。将秧苗仔细的插进稻田中，间隔有序。传统的插秧法会使用秧绳、秧标或插秧轮在稻田中做记号，以保证合理的间隔距离。手工插秧时，会在左手的大拇指上戴分秧器，帮助人将秧苗分出，并插进土里。插秧的气候也相当重要，如遇大雨则会将秧苗打坏。机械化的生产多用插秧机插秧，但在土地起伏大，形状不是方型的稻田中，还是需要人工插秧。秧苗一般会呈南北走向，有时在农时紧张或者劳动力不足时农户也会采用更为便利的抛秧。

插秧后的中间环节。除草除虫、施肥、灌排水，这些劳作环节贯穿于水稻的整个生长过程。秧苗成长的时候，需要时时照顾，并拔除杂草、有时也需用农药来除掉害虫（如福寿螺）。秧苗在抽高、长出第一节稻茎的时候称为分蘖期，这段期间需要施肥，让稻苗成长的更加健壮，并保证日后结穗米质的饱满度和数量。至于灌排水，水稻比较依赖这个程序，水田和旱田的灌排水过程不太一样，但是一般都需在插秧后、幼穗形成时、抽穗开花期加强灌溉。

收获。当稻穗垂下，金黄饱满时，就可以开始收割。农户将水稻一束一束，用镰刀割下，再扎起，利用打谷机使稻穗分离。当然也可以租用专业的收割机，将稻穗卷入后，直接将稻穗与稻茎分离出来。

干燥、筛选。收获后的稻谷需要干燥，农户多选择在自家的前院晒谷，因为便于时时翻动，让稻谷干燥。筛选则是将瘪谷等杂质筛掉，可以使用电动分谷机、风车或手工抖动分谷，利用风力将饱满有重量的稻谷自动筛选出来。番茅村的村民依然是用传统的手工抖动分谷法来筛选稻谷。

在我们的采访中发现番茅村村民有一个不良种植习惯。收获完不犁，犁完直接种，这样不利于土地水分和肥力的保持，影响了下一年水稻的高产。

2. 橡胶种植

（1）橡胶树种植

橡胶树种植首先是品系选择。目前番茅村村民种植最多的品种是热研7－33－97，这个品种是中国热带农业科学院橡胶研究所经过几十年培育出来的速生高产新品种，是RRIM600和PR107杂交选育的品种。这个品种第一，生长快，林相整齐，开割率高；第二，产量高；第三，抗风能力较强。

选种后就要开始育种。育种这一环节对农户来说并不是必须的，因为在市场上可以买到已经培育完毕的橡胶树苗。但是一般来说农户还是会选择自己培育树种，这样一来可以节约成本，二来也便于跟踪树苗的发育状况。番茅村村民多使用塑料袋装苗的方式来培育橡胶树苗。在育种开始前，农民要到市场上购买育种所需的黑色塑料袋，在黑色塑料袋中装入肥沃的土壤，把幼苗栽入土壤中即可。把装有幼苗的袋子放置在住所附近的空地上，并适时地浇水施肥。塑料袋装苗育苗时间较长，塑料袋老化时根系大多已经长到塑料袋外，所以取苗、定植时根系部分容易受损，降低了成活率，同时装袋及定植时都比较费工，育苗和运苗成本较高。但是由于塑料袋苗整袋带土，带叶全苗定植，根系完整，植后没有缓苗期，能持续生长，保持良好的生长状态，因此被广泛使用。

橡胶一般在5月份进入雨季后进行种植。种苗标准砧木离地15厘米处茎粗大于或等于1.8厘米，主根长大于或等于40厘米，侧根长大于或等于2厘米，萌动芽长1~3厘米。定植时芽接位方向应向主风方向，种苗根茎交界处略低于穴口1~2厘米，主根垂直于定植穴中央，边填土边使侧根伸展，做到根不弯曲、不伤根、分层压实，在根的附近施防治地下害虫的农药后浇足定根水，再在整个穴面覆盖2厘米厚的松土，有条件的可在穴面上盖稻草。定植后5天内解除护芽板，保证全苗齐苗。栽种后要同时做好护病虫害检疫等工作。

在橡胶树生长过程中田间管理也很重要。如果是新植胶园的话，橡胶苗定植成活后轻施一次提苗肥，667平方米施氮、磷、钾含量均为15%的复合肥3公斤；8月份结合树盘下除草，667平方米施复合肥5公斤；11月份扩穴压青，667平方米施腐熟农家肥800~1000公斤、过磷酸钙30公斤，并完成植胶带中耕；12月底搭建防寒罩，保证幼树安全过冬。如果是老胶园则只需在每年5月、8月每667平方米穴施氮、磷、钾含量均为15%的复合肥30公斤，11月底扩穴压青，667平方米施腐熟农家肥1000公斤，并完成植胶带中耕。

（2）割胶技术

开割前要严格掌握开割的标准，进行合理的割面规划，充分准备各种割胶用具。合理的割面规划就是要最经济的利用树皮，芽接树的原生皮产量最高，尤其应珍惜，按照农业部目前推广的新割胶制度，一株橡胶树的原生皮，至少应割25年以上。树围达到50厘米以上的胶树占总橡胶数的50%时，就可以正式开割了。芽接树的新割线下端离地面高度应为110厘米左右。割线的走向是由左上方向右下方倾斜，这样在割胶时就能割断较多的乳管，从而获得较高的胶乳产量，割线斜度芽接树阳线为25度到35度，芽接树阴线为40度到45度，割线的斜度要使胶乳能流到胶杯中去，阴线的斜度比阳线要大。也是为了使胶乳能沿割线流而不是沿割面流。同一片橡胶林内的割面方向应一致，这样既便于割胶操作也便于生产管理。

割胶深度要均匀，即从下刀、行刀到收刀的深度要符合要求。具体来说割胶操作的全过程包括：下刀、行刀和收刀。

下刀：下刀时由左手腕用力，右手食指稳定胶刀，刀背紧贴后水线将胶刀略向外侧并与割线相同的斜度向内插入树皮，然后轻快地向前挑出，下刀时要求一刀就割够深度。注意要点，后水线和下刀都不易割得过深，割得过深，将来再生皮会出现一条沟，此外下刀切皮的厚度应与行刀切皮的厚度一致。

行刀：行动力求做到“稳、准、轻、快”。稳就是拿刀稳，避免刀口有摇晃，这样就会使割线不平顺，深度也不均匀。准就是接刀要准确的一刀接一刀，不漏刀，不重刀，厚薄均匀，割出四方皮。轻就是用力要轻，减轻对割线割面的摩擦。快就是一切动作要快，要求每分钟要割2~3株，抓紧一天中最有利的排胶时间割胶，可以获得较高的产量。

收刀：行刀至离水线3~4厘米处时，要挑1~2刀，然后将刀平稳地推至前水线，这个时候，上方的刀翼已经推到前水线，而下方的刀翼尚未切入前水线。因此要把手稍放低，使刀口与前水线平起。同时右脚紧跟上半步，并稍转身，面对橡胶树，把刀向外刮出，这样收刀就会整齐。割胶虽然是用手工操作，工具也很简单，仅仅是一把胶刀，但它又是一项细致的技术作业，因为按技术规程的要求，每一刀都要够深又不伤树，要每个切片厚薄均匀又要接刀准确，不漏、不重，割线要顺，用力要轻，速度要快，下刀收刀整齐等。

（3）磨割胶刀

如何磨好割胶刀对于割胶至关重要，所以磨割胶刀也属于橡胶种植的技能之一。磨好的割胶刀应当外观平滑、刀胸小圆杆，凿口平顺均匀，刀口平整锋利，直立观察时刀口看不到白线、白点。使用这样一把磨好的胶刀割胶可提高5%~15%的产量。要磨出符合标准的割胶刀应做好以下几点：

第一，磨石的选择，每个胶工应配备粗、中、细三种磨石各一块。

第二，粗石用于新开凿口、定刀型，中石用于磨快、磨光滑胶刀，细石用于磨光滑、锋利胶刀。

①定刀型：先用粗石将刀背两翼磨平，再把刀胸放在粗石上左右转动，磨成小圆杆，并把刀口打平，刀槽磨滑。

②开凿口：用粗石开好凿口，要求斜度均匀，没有裂痕，近刀口处没有收口现象，刀厚的开大些，刀薄的开小些，关键是割胶时是否吃皮，行刀能否平稳。

③磨滑、磨锋利：刀型定好、凿口开好后，再用中石和细石将胶刀磨光滑、磨锋利，以不见白线、白点为好。

（四）土地制度（从合亩制到联产承包责任制）

土地制度是以农业为主要生产方式的中国经济的基本制度。这种制度是人们在一定的社会制度下在农业生产中形成的土地关系的总和，是社会经济基础的重要组成部分。土地制度的安排成功与否，不仅直接关系到中国未来经济、社会战略发展目标的实现，而且关系着亿万农民的生活前景。土地资源的稀缺，使得土地成为农村特殊的也是最基本的生产资料，是农民的生存之源、发展之本，所以土地制度理所当然地成为农业生产制度的核心。

土地制度是伴随着生产力的发展逐渐演进的，但因少数民族地区地处偏远地区，生产力发展缓慢，新中国成立前大多仍处于较原始的生产方式阶段。脱胎于古老的生产方式，跳跃进入社会主义生产方式，其新的生产方式必然带有旧制度的痕迹，所以研究番茅村现有的土地制度必然要深入其土地制度的变迁史。

1. 新中国成立前——古老的合亩制

合亩，黎语称为“纹茂”，意为“大伙在一起做工”，是进行农业生产的基本单位。合亩制立足于黎族地区特有的生产和社会组织——合亩。从生产关系和生产力的关系来看，合亩制属于原始社会末期的一种生产方式，有学者将保留这种制度的地区总称为“合亩制地区”。合亩制地区分布在今五指山市一带，属杞方言，多为黄、王两姓，即为番茅村所属地区。当地在解放前属“悬崖阻隔”、“深林密布”之处，和外部世界的来往较少，吸收外来文化不多，加上历代反动统治的摧残，社会经济发展相当缓慢。因此，这里一直保存着在其他黎族地区已先后消失的一种古老的原始劳动合作方式——合亩制。

合亩制是原始社会父系家长制的家庭共耕社制度。合亩的组织形式是20户至30多户主要以血缘关系及血缘关系的男长辈“亩头”为领导的家长制农业共耕组织。“亩头”掌握和领导亩内的劳动生产及分配。合亩制的生产关系的基础不完全是生产资料的公有制，它的生产资料所有制有三种形式：各户私有、几户公有和合亩所有，其中各户私有占主导地位。但是人们对私有观念的认识仍然比较模糊，在合亩内对生产资料的使用是统一经营并一律不计报酬的。合亩制是一种私有制的家庭共耕组织，几户共有和合亩所有是极不稳定的，如果在亩中有人退亩分亩或因故出售典当生产资料（如耕地），亩众都有权取回自己应得的一份。有些合亩所有的生产资料主要是“祖遗”，所以从实质上看合亩制的生产资料所有制可以说仍是私有制的范畴，但其又具有特殊性，即从合亩制生产资料的占有和使用的情况看，它占有的实质是私有的，而使用是统一经营，属于农业共耕组织，即农业共耕社。合亩内的共同劳动，是平均主义的简单劳动协作，完全表现了人们在劳动上平均主义心理。合亩的组织基础是血缘关系“亩头”家长式的指挥领导，并严格按性别分工。生产上的落后耕作技术、迷信、传统习惯和产品按户平均分配的原则等都说明合亩制存在着很大程度的原始残余色彩。从合亩的组织基础由“亩头”领导及合亩的生产资料所有制和使用上的统一经营、共同劳动、平均分配、分别消费等情况看，合亩制的性质是原始的父系家长制的家庭（家族）共耕社。

界定了合亩制的性质后，为了对合亩制的形成有更为清晰的认识，现在我们来总结一下合亩制的基本特征：

（1）合亩制产生于当时低下的生产力

1949年以前合亩制地区生产力非常落后。当时严格的性别分工和平均主义致使劳动力严重浪费，同时耕作方法又非常落后，保留着原始的“刀耕火种”、“牛踩田”和“手捻稻”等方式，生产工具也保留木犁、竹犁、木耙、尖木棍（一种戳穴的工具）等。亩头和亩种的农业生产知识极其贫乏，粗耕粗种，不懂得积肥施肥、防治病虫害，稻田的排水灌溉也任其自然。加之靠天吃饭，平均每亩水稻的产量只有约150斤，最高200多斤，最低仅几十斤，旱稻亩产更低。由于合亩的组织形式、劳动分配、耕作技术、生产工具都非常落后，在生产力水平非常低的情况下，不可能以户为单位进行独立生产，所以只能组织起来共同耕作。

（2）生产资料所有权不统一，但统一经营

合亩制地区的山林和其他黎族地区一样属全峒所有。峒内各村土地以山林、河流、植物为界，不得越界开垦。每一村庄的合亩要砍山种植，只需事先在要砍山的范围内，用茅草在周围的树干上打结，以示有人占有和占有土地面积的大小即可。一般在春节前后砍山，4月烧山，5月雨水降临种植，10月收割。种植一二年后土地贫瘠丢荒，则另寻一处土地肥沃的荒坡开垦。水田和耕牛由合亩集体所有或几户共有或一户所有，以一户所有为多。对集体所有和几户共有的土地或耕牛，每个合亩成员在分亩或退亩时都可分得他应得的一份。生产工具则全部私有，损坏由各户自己修理和添置。虽然生产资料的所有权不统一，但生产资料不论私有还是共有都一律由合亩统一经营，共同使用不计报酬。

（3）明显的自然分工和简单的劳动协作

合亩制内存在明显的自然分工。自然分工是人们按性别和年龄的差别，在纯生理基础上产生的劳动分工。在原始社会，氏族成员间就出现了自然分工。人们必须依靠集体的力量，才能维持生存。在一个合亩内，男女老少都参加劳动，按性别和年龄分工。成年男子专门从事烧山开荒、田间耕作等工作，并制作为此所需要的工具。妇女专门采集果实和管理家务，老人指导劳动并参加制作劳动工具，小孩帮助妇女劳动。与合亩内部自然分工相联系的是男女老少共同劳动、共同使用生产资料和劳动产品平均分配。这种最简易的分工形式是和生产力发展的低级阶段相联系，具有很大的局限性，它不能在更大的范围内进行更多样化的分工。所以尽管亩众共同劳动，但是由于自然分工的限制，也只能进行简单的劳动协作。

（4）平均分配和分别消费

合亩制对劳动产品的分配原则是按户平均分配，对人口多少劳动力多寡都不加照顾。分配后的产品完全归亩众分别消费、自由支配。这种按户平均分配的原则忽视了劳动力多的家庭和劳动效率高的亩众的利益，不利于劳动生产率的提高。消费产品分配后的分别消费也没有照顾到人口多、劳动力少的家庭。

（5）合亩制的组织基础是血缘关系，采用亩头家长式的组织方式

合亩制组织有大有小，最小的合亩仅有2户，通称“兄弟亩”、“父子亩”，最大的达30多户。亩头都是由血缘关系中有能力的长辈担任，他必须具备以下条件：已婚，但亡妻后尚未续弦者不能当亩头；有丰富的生产经验和传统知识，懂得领导和指挥生产，能够执行生产前后的宗教仪式。亩头的妻子在管理妇女的生产活动方面是丈夫的得力助手，与丈夫一起执行生产方面的各种仪式。除领导生产，主持生产分配外，对于合亩内部以及其他合亩之间的一切大事，亩头都要出面协商、调解和处理。亩头的意见没有强制力，一般情况下亩众都会表示同意。亩头和亩众一样参加集体劳动，分配产品方面比较平等。合亩是以血缘关系组成的，血缘关系是组成合亩的基础。

（6）允许个体劳动存在

在不妨碍集体劳动的情况下，允许从事以户为单位的个体劳动，产品归私人所有。这与合亩制的分配方式相一致，因为合亩制采用按户分配的原则，劳动力较多的家庭不能从合亩中得到足够的食物供给，只能从额外的个体劳动中获取生存所必需的食物。

2. 合亩制解体

（1）合亩制的内部矛盾

1947年合亩制地区解放，合亩制开始解体。但其实矛盾早已孕育在其制度内。合亩制发展的后期，土地和耕畜买卖、租佃、交换的现象经常发生，这说明合亩制生产关系的基础不完全是生产资料公有制，但对生产资料的使用却依然是统一经营，不论私有或公有都一律不计报酬，这种生产资料的占有和使用之间的矛盾是合亩制矛盾的一个方面。同时合亩制在生产方面是共同劳动，在消费方面却是以户为单位消费，而分配的原则是不论人口与劳动力多少均按户平均分配，这种劳动与分配之间存在的矛盾，是合亩制矛盾的另一方面。吸收外来户和“龙仔”参加的混合亩，甚至出现了剥削和阶级的萌芽。在混合亩中外来户及“龙仔”与原有血缘关系的“亩头”、亩众在地位上有所不同，因此在分配上出现对外来户和“龙仔”少分，且个别拥有大量“龙仔”的亩头可以不参加劳动的现象，说明这一类型的合亩实际上已出现了剥削和阶级的萌芽。

合亩制存在的基础是极其低下的生产力，随着生产力的发展，合亩制必

然走向解体。合亩制的外围地区今琼中黎族苗族自治县红毛镇，清乾隆年间以前是以合亩为单位进行生产活动，乾隆年间以后便逐渐瓦解了。但合亩制的中心区域，番茅村所属的五指山市一带，直到1953年以后，才由政府采取行政手段，对其进行了社会主义改造，合亩制才被真正瓦解。

（2）合亩制瓦解过程

1953年以后，政府采取行政手段，对五指山市一带的合亩制进行社会主义改造。其过程为：

第一步，有些地区把合亩改为“生产组”。1954年结合普选工作，在工作队指导下，每个合亩除“亩头”外，另由亩众内选出一个组长，并将合亩改称为生产组。实际上原封不动地保留合亩制，只不过增选一名组长改一个名称而已，还有些地区把几个合亩合并为两个生产组，各村各设正组长一名（由男性担任），副组长一名（由女性担任），由民众选举产生，每组还包括若干合亩。

第二步，在合亩的基础上建立农业生产合作社。把合亩和单干户组织起来，合亩所有的土地，除每户留出半亩园地由自己种瓜菜外，其余全部不计报酬，由合作社联片经营，耕牛全部入社，牛属社员私有，由社公养公用不计报酬。但入社后母牛所生的小牛全社平分，如有死亡，社不负责。劳动力分为一、二、三等：一等劳动力每天记6个工分，二等劳动力记4个工分，三等劳动力记3个工分。农业合作社实际是把几个合亩和一些单干户合并起来，合并之后，只是把过去按户平均分配改为按劳力的等级分配。对生产资料——田地、耕牛的处理基本上和合亩一样，由社公养、不计报酬。只是合亩时可以分亩和退亩，田地耕牛可以自由带来，入社后这些权利已经受到严格限制。

第三步，人民公社化。1958年8月试办人民公社，几个月内参加公社的农户占原海南黎族苗族自治州总农户的六成。至此，合亩制全部解体，合亩制地区进入了一个新的阶段。合亩地区归并为8个公社，彻底取消了个体经济和生产资料私有制，社员靠工分过日子，合亩制地区的群众称呼人民公社是“合大亩”。

3. 集体所有制阶段

由于合亩制阶段距今比较久远，我们只能通过整个五指山地区的状况来一窥番茅村当时的大致情况。相比合亩制阶段情况的鲜少人知，集体所有制阶段的调查情况要好很多。合亩制的瓦解过程其实也是集体所有制的确立过程，但是在集体所有制发展过程中也存在着不同的阶段和发展特点。

（1）初级合作社阶段

新中国成立后在政府的指导下，番茅村逐渐取消合亩制这种生产制度，根据本村的人口数量和土地规模，全村划分为三个生产队，土地和生产工具归农民自己所有。从 1958 年全国开始搞初级合作社，作为一个有着悠久革命传统的少数民族村落，番茅村首当其冲，成立了当时广东省第一个少数民族农业合作化基地。据本村的老人介绍，最初只有 12 户加入了合作社。经过了漫长的合亩制时期，村民所能记忆的都是合作劳动的弊端而不是其益处，在本村农户的心目中加入农业合作社似乎就相当于恢复了合亩制。

但是看得见的实惠是农村政策最好的宣传，加入农业合作社后的农户不但可以相互扶助、共同劳动，更重要的是上级政府为了推动农业合作社的发展，专门派农业技术员到各村指导生产。当时番茅村虽然获得了解放，进行了土地改革，家家户户都分到了盼望已久的土地，但是生产方式依然延续了祖先传下来的落后的农业生产方式。技术员的到来终于使农民脱离了原始的生产方式。正是从这时开始，番茅村的农民才开始施肥、进行简单的灌溉。科学是不会骗人的，他们很快就从收获中尝到了转变生产方式的甜头。在这 12 户农民的示范作用下，其他农户陆续加入了本村的农业生产合作社，最后三个生产小队全部加入合作社，整个过程都是在村民自愿的基础上完成的。

初级农业生产合作社的要求主要是共同劳动，农民依然拥有土地和生产工具的所有权，所以是在不挫伤农民积极性的基础上实现了协作劳动。合作社只有充分保护所有成员基本权利为前提，才能建立起合理的组织。新中国成立初期在中国农村所建立的互助组和初级合作社，大多是在保护农民财产所有权的基础上，农户自愿参加的。互助组成员的土地、耕牛、农具都是个人所有，互助组成员之间主要以劳动互助为主，因此互助组的发展确实对当时农村经济发展起到了促进作用，在初级合作社阶段番茅村成为广东省少数民族合作社的典型。

（2）人民公社阶段

在土改完成后，农村生产互助合作组织不断发展，农业生产合作社的优越性日益显现。国民收入中的农业份额逐年增加，1953 年为 374 亿元，1954 年为 388 亿元，1955 年为 417 亿元，1956 年为 439 亿元，1957 年略为下降，为425亿元；社会总产值中的农业份额也是逐年增长，1953年为510亿元，1954年为535亿元，1955年为575亿元，1956年为610亿元，1957年略为下降，为537亿元；全国农产品的产量也有较大的增长，粮食1953年为16683万吨，1954年为16952万吨，1955年为18374万吨，1956年为19275万吨，1957年为19505万吨，棉花、油料、水果增长有些波动。农业发展的成就不仅增强了领导人加快合作化进程、扩大合作化规模的信心，也激发了农民走合作化道路的热情。1956年后，在党中央加快合作化进程、扩大合作化规模的指导下，全国最终走上了人民公社化的道路。

番茅村也毫无疑问地卷入了小社并大社、建立人民公社的浪潮中。随着村民陆续加入农业生产合作社，全村分成了三个生产小队。为了响应中央的号召，随即把三个生产小队合并成了一个合作社。像其他人民公社一样，番茅村人民公社贯彻执行了中央政府推行的土地集体所有制即“三级所有，队为基础”的土地制度。这种土地制度规定了我国农村土地是以生产队为基本所有单位，以土地的集体所有为特征。人民公社彻底废除了农村的土地私有制，彻底剥夺了农民对土地的私有权，从而使土地乃至农民的生产工具等都归属公社所有，由公社统一经营。片面强调发展纯粹的集体所有制经济，严重挫伤了农民的生产积极性，也阻碍了集体所有制经济的健康发展，为其解体埋下了隐患。

4. 家庭联产承包责任制阶段

1978年12月，安徽省凤阳县梨园公社小岗生产队的农民带头分田到户，并在第二年实现了农业生产大丰收，这在全国产生了很大的示范效应并推动了以家庭联产承包责任制为主要内容的农村生产体制改革在全国范围普遍开展。由于克服了对公有制理论僵化认识的束缚，对此，党中央第二代领导集体不仅没有压制人民群众的自发行为，而且正确认为家庭联产承包责任制“是在党的领导下我国农民的伟大创造，是马克思主义农业合作化理论在我国实践中的新发展”。也由于这种体制“采取了统一经营与分散经营相结合的原则”，具有既注意集中，又注意个人的自由发展等优点，因而在实践中被证明比人民公社体制要明显适应生产力的发展，于是中央决定在全国推广家庭联产承包责任制的生产体制以取代人民公社的“一大二公”。后来，党中央又决定取消“政社合一”的管理体制，从而最终取消了人民公社。

新中国成立后我国农村土地制度的转变都是在中央政府的行政干预下完

成的，所以没有明显的过渡阶段，都是在短期内完成的。番茅村从1981年开始实行家庭联产承包责任制，土地承包到各家各户。1998年1月1日番茅村开始第二轮承包，水田全部重新分配，由于人口的增加，人均所有水田在原来基础上有所减少。

新中国成立后，中国共产党围绕土地问题不断探索，先后进行了土地改革、农业合作化、人民公社三个发展阶段，实现了由土地封建地主所有向土地农民私人所有私人经营、土地私人所有集体经营、土地集体所有集体经营的三次转变，促进了农业的发展。但是从20世纪50年代后期开始，中国农业的增长非常迟缓，农村土地制度成为束缚生产力发展的一个主要原因。十一届三中全会以来的新时期，以家庭联产承包责任制为主体的农村改革实现了农村土地集体所有家庭经营的历史性变革，推动了农业生产力的大发展。随着中国社会主义农业现代化进程的推进，现有农村土地制度又日益显现出了它的某些不足，只有通过新的实践继续深化改革，不断完善，才能适应社会主义市场经济和农业现代化发展的要求。

（五）关于番茅村农业发展的思考

1. 番茅村农业发展的SWOT分析

SWOT分析方法是一种企业内部分析方法，即根据企业自身的既定内在条件进行分析，找出企业的优势、劣势及核心竞争力之所在。其中，S代表Strength（优势），W代表Weakness（弱势），O代表Opportunity（机会），T代表Threat（威胁），其中，S、W是内部因素，O、T是外部因素。按照企业竞争战略的完整概念，战略应是一个企业“能够做的”（即组织的强项和弱项）和“可能做的”（即环境的机会和威胁）之间的有机组合。近年来，SWOT分析已被广泛应用在许多领域上。现在我们用SWOT分析法来概述一下番茅村农业发展所拥有的优势与面临的挑战，并在此基础上提出相应的对策。

番茅村农业发展的内部优势很明显即优越的自然条件和资源优势。五指山市自然条件优越，气候温和，光照充足，雨量充沛，土壤肥沃，十分适宜动植物生长，是海南省生态平衡的核心和生物多样性中心地带，也是我国热带雨林、自然生态保存最完整的区域之一，发展生态农业条件得天独厚。但是这个优势是冲山镇甚至五指山市的大多数村庄都具有的，不能作为番茅村农业发展的立足点，而只能作为一个基础条件而已。

番茅村紧邻五指山市区，步行只需10分钟即可到达市区，这为番茅村的农业发展提供了一个独有的外部机会。五指山市因为气候优势是海南省著名的疗养城市，五指山市政府也一直着力于发展本市的休闲度假旅游业，而旅游产业的发展必然需要充足的粮食、蔬菜、水果等农产品的供应。

番茅村农业发展的劣势、威胁与优势、机会同样突出。最大的劣势是基础设施薄弱，靠天农业突出。五指山市除南圣河、毛阳河两侧和库区自然水源充足之外，其他多数旱地都没有浇灌设施，靠天发展种植业的面积达10万亩，占全市农业面积的38.3%。水利条件的限制，给农业生产带来制约，靠天农业突出。虽然以强化农田水利基础为重点的农田基础设施建设取得较快进展，但由于山区条件限制，至今全市农业水利化、电气化和电信化程度还相对较低，阻碍了农业经济的进一步发展。所以基础设施的劣势也是五指山市大多数村庄所共有的劣势，要克服这一劣势除了依靠政府增加投入外，村民的集体投入同样重要。而要想村民有意愿在村基础设施上增加投入，就必须发展特色农业产业区，使基础设施的改善惠及全村。现今番茅村周围很多村庄都建立了特色农产品基地，这些村庄虽然表面上看是番茅村的竞争对手，但实质上却更是番茅村农业发展的良师，他们成熟的经营策略和种植技术都是可以借鉴的。

2. **依托区位优势，发展特色农业**

特色农业就是将区域内独特的农业资源开发出来转化为特色商品。特色农业的关键之点就在于“特”，其具体表现在三个方面：一是特色农业之“魂”是唯我独存或唯我独尊。我国自古以来就有“物以稀为贵”的道理，对于发展特色农业来讲，也只有做到了人无我有、人有我优才能“特”起来。二是特色农业之“根”是天赋，也就是自然地理环境条件。各地的自然条件自古以来就有所不同，如果不切实际地盲目模仿别人，只能落个劳民伤财的后果。三是特色农业之“本”是传统，即我们通常所讲的种植、养殖或加工业，尤其是先进的农业科技。而“科技兴农”靠的就是科技进步，如果不管农民有无技术就强迫农民搞特种特养，势必会造成事与愿违、事倍功半。当然，我们并不排除有些种养传统是后天形成的，其关键在于，要真正地形成传统，就不仅需要经历一个较长时间的逐步培养过程，而且一定要顺民心、合民意。

特色农业是以追求最佳效益即最大的经济效益和最优的生态效益、社会效益和提高产品市场竞争力为目的，依据区域内整体资源优势及特点，突出地域特色，围绕市场需求，坚持以科技为先导，高效配置各种生产要素，以某一特定生产对象或生产目的为目标，形成规模适度、特色突出、效益良好和产品具有较强市场竞争力的非均衡农业生产体系。特色农业的发展是适应当前社会消费需求、世界经济一体化和全球农业市场细分需要的必然结果。发展特色农业也符合五指山市旅游产业发展的需求，可以充分利用番茅村的区位优势。

三、特色产业

（一）特色产业概述

在调研的过程中，我们发现一个问题：番茅村在20世纪80年代后期已经解决了温饱问题，但是直到今天仍然没有实现从温饱到富裕的质变，而且随着收入的提高，财富量变积累的速度也在放缓。"吃穿不愁，就是手上没钱"，这就是今天的番茅村村民面临的困境。单靠种地难以发财致富，似乎已经成为村民的共识，但是他们却依然没有找到出路。发展村域经济，要有经营的策略和思路，必须要根据资源条件，大力培育具有比较优势的专业化产业。成功的经营策略和加速转型提升、做强优势产业才是番茅村应该选择的发展方向。

村庄经济不同于城市经济，在选择主导产业时必须充分考虑自身条件和外部环境，突出地方特色，实现适度专业化，选择少数几个特色产业做优、做强、做精，并在此基础上适当延长和丰富产业链。因为一个村的资源积累不可能支撑起多个特色产业的同时发展。

特色产业的培育主要有两种途径。一种是"资源依托"型，另一种是"无中生有"型。

"资源依托"型的特色产业，不仅包括依托特色自然资源或文化资源发展起来的特色工业或特色第三产业，而且也包括依托农业资源发展起来的特色农业。近年来，我国对农业的政策倾斜力度不断加大，为特色农业的发展提供了前所未有的机遇。很多地区都具有良好的农业基础和丰富的农业资源，如果能将特色农业资源产业化开发，也可以形成富民的优势特色产业。

“无中生有”型特色产业的形成虽然没有直接依托本地的特色资源，但是其本质上也是以本地的一些具有优势的要素为依托的，如具有较长发展历史的当地产业可以逐渐聚集人才、积累资金，从而形成规模优势；良好的区位优势、丰富的劳动力或土地资源等要素成本优势，可以吸引发达国家和地区的产业向本地转移，从而使本地成为该产业重要的集聚区。

在实践中，这两种发展途径往往是并存的，更多的是先依托特色资源形成特色产业，随后在此基础上进一步发挥要素优势，促进产业链的延长和丰富，将特色产业做大做强。番茅村的发展也延续了这种路线但遗憾的是本村的特色产业尚处于起步阶段，相较于冲山镇其他村已成规模的特色产业基地失去了先发优势。

番茅村拥有的特色资源主要集中在两个方面：一个是农业资源，另一个则是民族文化资源。基于这两个资源形成了特色种植业与民族文化旅游业两个特色产业。

（二）番茅村的特色种植业

1. 番茅村特色种植业发展的优势

（1）自然条件与资源优势

五指山市自然条件优越，气候温和，光照充足，雨量充沛，土壤肥沃，十分适宜动植物生长，是海南省生态平衡的核心和生物多样性中心地带，也是我国热带雨林、自然生态保存最完整的区域之一。全市森林面积 137.9 万亩，森林覆盖率达 81%，居全省前列，不但保存了我国热带雨林最丰富的类型，同时具有独特的亚高山矮林和众多的特有珍稀物种。据不完全统计，区内野生植物 3862 种，国家级保护植物 19 种，当地特有植物 70 种；野生动物 412 种，受国家级保护的有 34 种，省级保护的有 17 种。天然禀赋的热带雨林生态环境，为五指山市发展传统农业、特色农业和高效农业提供了优越的自然资源条件。

自然环境优越的同时水利资源丰富，为特色种植业的发展提供了必要条件。五指山市境内的五指山是海南主要河流发源地，是全省最大的水源涵养区。大小河溪32条，年平均径流量11.28亿立方米，众多的河流为发展高效农业和绿色生态农业提供了可靠的灌溉水源。

五指山市地处海南岛中部山区，具有发展热带亚热带农业的优势地理条件，如热带雨林腹地、山区土地资源和种植资源等优势；五指山市处于亚热带北缘，素有“南国夏宫”、“天然别墅”之美誉，属热带海洋季风气候，冬暖夏凉，光照充足，雨量充沛，年降雨量在1800毫米以上，适宜多种农作物生长，发展生态农业得天独厚。

（2）适宜多种特色农作物生长

五指山野菜：五指山地区生长的野菜有100多种，常见的有树籽菜、野香菜、山姜、雷公根、雷公笋、竹笋、百花菜、薯芋、木豆等。野菜具有普通栽培蔬菜无法比拟的优点：首先无污染，野菜是在自然环境下生长发育的，不受人工栽培条件的影响和干扰，是天然的有机食品；其次营养更为丰富，野菜蛋白质、维生素含量高，氨基酸含量全面均衡，还含有丰富的矿物质与纤维素；最后野菜还有医疗保健价值，中医药学家认为医食同源、药食同根，野菜亦菜亦药，具有很高的医疗价值，对高血压、冠心病、糖尿病、癌症有很好的疗效，能预防多种疾病。

五指山花卉：五指山花卉的品种主要有兰花、菊花、杜鹃花、木兰花、木棉、九里香、玫瑰茄等各种名花。其中尤以兰花最为知名，品种丰富，已发现兰科植物68属、130多种。花卉不但有观赏价值，很多品种还有食用和药用价值，是一种极具经济价值的作物。

南药：五指山境内有南药1000多种，珍贵的有沉香、降香、灵芝、益智、砂仁、巴戟、见血封喉、草扣、牛大力、五指山参等。传统生产的有：槟榔、益智、砂仁、草扣、巴戟等，面积达到2万多亩。不同的南药作用不同，而且随着医学研究的深入，南药的更多功能被逐步发现。以益智为例，益智的传统作用是温肾补阳，传统的中医认为益智温肾补阳，摄唾缩泉，将人们因为后天的饮食起居、喜怒哀乐等因素损失的“阳气”、“本元”补回来，有着深厚的自然规律和哲理。而益智现代研究的重点是强心、拮抗钙活性、扩血管、降血脂和抗氧化。

藤竹：整个五指山市藤竹的生长面积达到5万多亩，有红藤、白藤、厘藤、油藤、麻竹、毛竹、藤竹、葵叶等多种，是制作家具及工艺品的优质原料。随着环保观念的普及，以藤竹作为原料的家居用品将更加受到市场的青睐。

茶叶：主要有水满茶、苦丁茶、鹧鸪茶、海南红茶等品种。其中苦丁茶是最为知名的品种。苦丁茶的药用效果非常明显，中医认为，它具有散风热、清头目、除烦渴的作用，可用来治疗头痛、牙痛、目赤、热病烦渴、痢疾等。现代药理研究则证明，苦丁茶中不仅含有人体必需的多种氨基酸、维生素及锌、锰、铷等微量元素，还具有降血脂、增加冠状动脉血流量、增加心肌供血、抗动脉粥样硬化等作用，对心脑血管疾病患者的头晕、头痛、胸闷、乏力、失眠等症状均有较好的防治作用，因此备受中老年人的青睐。五指山茶叶具有独特的保健、药疗功效，市场开发前景看好。

2. 番茅村特色种植业发展现状

通过以上的分析我们可以发现番茅村发展特色种植业的条件得天独厚，但是在如此优越的条件基础上，番茅村特色种植业的发展却停滞不前。

目前在番茅村可以称之为特色种植业的只有橡胶和蔬菜两种作物。橡胶虽然被广泛种植，但是仅仅只是种植橡胶树，割完胶直接出售给农场或者搁置家中晒干出售，可以说没有经过任何富含经济价值的加工程序。所以从现有橡胶种植现状来说，还远没有形成产业，仅仅只是初期种植业。

蔬菜种植的情况并不比橡胶乐观。大多数家庭都少量种植蔬菜自家食用，多出来的才拿到农贸市场出售，这种出售行为只是一种偶然现象。全村只有来自福建的三兄弟是把种菜作为主业来做，他们从事种植业多年，原来在附近乡镇种植芒果，因为芒果的效益不太好，才转种蔬菜。因为是外来人员，他们是通过村委会作中介租种村民的土地，大约有 32 亩，以种植青瓜和苦瓜为主。不搞小额销售，成熟后直接拉到三亚农贸批发市场，所以销售不成问题，年收入大约在 45 万元。这是一个很好的示范，因为具有成熟的种植技术和销售渠道，可以在此基础上培养更多的蔬菜种植专业户。

总体来说，番茅村有发展特色种植业的潜力，但是特色种植业的发展却极其缓慢。

3. 阻碍番茅村特色种植业发展的原因

番茅村特色种植业发展缓慢的原因是多方面的，既有现有物质条件的束缚，也有劳动者素质技能的局限。

阻碍番茅村特色种植业发展的客观原因主要有两点：

（1）坡地多，水田少

土地是特色种植业发展的基本条件。番茅村地处山区，全村的土地分为水田和坡地两种，每户人家所占水田基本都在一亩左右。水田相对于坡地来说有充足的水源供给，有利于瓜果蔬菜的生长，是发展特色种植业的更为理想的耕地类型。而番茅村的水田面积在全村的耕地面积中所占比重本身就小，又分散在各个农户手中，很难形成集约化、规模化的特色种植业。

（2）特色种植业发展的基础设施短缺

由于水田的经营年代较长，番茅村水田的灌溉设施较为完备。近年来，农村基础设施建设投入力度不断加大，农业生产生活条件较以前不断改善提高，但总体看，农村基础设施投入仍然不足，这严重制约了农村基础设施的建设步伐，成为特色种植业发展的瓶颈因素。

人与自然已经共同生存了几亿年，人类的祖先用自己的双手改变了自然也使自己获得了进化。历史证明人类是可以通过自身的自主能动性来改变自然，克服物质条件的束缚。所以尽管番茅村特色种植业的发展存在客观条件的束缚，但更本质的是劳动者素质技能的局限。这里的劳动者不但包括番茅村的村民也包括我们村庄经济的领导者——基层政府的成员们。

番茅村的村民劳动素质技能低，突出表现在：普遍思想比较保守，小农意识根深蒂固，受教育程度偏低，科技知识少；缺乏商品意识，加之以户为单位的分散管理和经营，特色种植业生产仍处于零星种植、粗放管理阶段，尚未形成规模效应和集约效应。

而他们的领导者，我们的基层政府的主要问题是规划与规范不到位。对于番茅村特色种植业的发展，政府缺乏统一的规范、指导和行业管理，在生产过程中盲目效仿和低水平重复种植时有发生。对于竞争激烈的市场来说，单个农民处于弱势地位，他们往往无法及时掌握市场发展的信息，致使农户既不能及时掌握最新的种植技术，也无法提前预防市场价格的变动，大大降低了他们发展特色种植业的积极性。

以番茅村现有的菜园为例。这个菜园位于番茅村的中间地带，园主雇佣了十几个长期工在园中帮忙。但从采访中我们得知这十几个人无一是本村人，据园主人说是因为本地人要价太高，才被迫找的外村人。而据我们所知番茅村每年都有很多人外出打工，根据园主人的工资报价按常理来说不应该在本村招收不到工人，我们分析这更多的是为了杜绝竞争者。这是中国农民小农意识的最集中体现——对潜在竞争者的盲目打压，不能够看到市场的广阔性及竞争者与自己利益一致的地方，所以到现在在中国农村依然是小农的分散生产，不能够分享规模化生产带来的巨大好处。特色种植业产业集群效应明显，集群越大竞争力越大。首先农村的特色种植业需要种植技术的支撑，但是技术开发的费用不可能完全由一个农户承担，这样只有更多有相同技术需求的农户存在，才能够共同分担技术开发的成本。其次某种特色产业在当地能够形成产业集群的话，农户便有更多的谈判资本，在利润分享中占据更大的比例。

4. 促进番茅村特色种植业发展的建议

番茅村特色种植业发展前期的重点在于政府，当地农民一直在零星种植蔬菜、南药，但是由于素质技能的局限没有发展成产业，这就需要政府正确引导，使这星星之火发展成燎原之势。

（1）制定并实施特色种植业发展规划

基层政府在特色种植业的发展上起着关键作用。特色种植业的形成需要基层政府挖掘和整合资源，发现并发挥优势要素的经济作用，为特色种植业的发展提供必要的基础设施、信息咨询等公共产品，采取适当措施，推动特色种植业的企业化，扩大产业规模。

番茅村特色种植业的发展要突出优势、合理布局。要根据本村的生态、气候条件、土壤肥力状况、特色种植品特点、种植现状和国内外需求，协调、协商、协同发展和培育特色种植业。首先，要统筹兼顾、合理布局，结合村情大力推进农业结构调整，适当避免与相邻或相近村镇的种植结构趋同现象；其次，要科学界定特色种植业的最佳适种区域，科学发展、培育壮大真正具有产业基础、区域优势、商品率高、市场需求强的多元化特色种植业；最后，要有效控制和确保各特色种植业的种植规模适度，防止种植规模大起大落，出现增产不增收的现象。

（2）搭建科技支撑平台，依靠科技进步，提高特色种植品的科技含量

首先，对种植户进行专业的种植技术培训，积极引进与特色农产品发展相关的新技术，搞好技术示范与培训工作，进一步完善农业技术推广服务体系；其次，投入人财物，在引进的同时根据本地的特殊情况加快研发适用的新技术与新品种，并做好推广和应用；最后，要大力扶持和发展各类专业技术协会，提高特色农产品生产的规范化和标准化程度。

(3) 积极扶持龙头企业，以龙头企业为载体，延长产业链条

按照“龙头＋基地＋农户”的生产模式，延长产业链，抓好服务体系、中介组织和市场培育开拓，提高特色农产品的商品率和市场占有额，以营销带动生产，以生产促进营销，真正形成市场牵动龙头、龙头带动基地、基地连接农户、农工贸一体化、产加销相配套的产业化开发新格局。番茅村邻近市区，村中也有农民在市区中经营度假村，政府应积极地为企业与农户牵线搭桥，先签合同后生产，把农户面临的市场风险降到最低。

当然政府前期引导固然重要，更为重要的是规划与所培训技术的最终实施者——番茅村的村民。市场意识与经营策略的培育是一个漫长的过程，但这个培育过程要千万注意保障农民的利益，坚决杜绝损害农民利益、伤害农民积极性的行为。

我们可以看出番茅村特色种植业发展道路属于资源依托型，这些资源不但包括优越的自然条件与地理位置，也包括与特色种植业相关产业的发展对其的带动作用。番茅村特色种植业生产的特色农产品不但可以外销到五指山市，而且也可以内销，因为除特色种植业外，旅游业也是本村近年来重点发展的另一项产业。

(三) 番茅村的旅游业

1. 旅游业概述

旅游业是世界上最大、发展最快的产业之一。到2010年，旅游业已经为全世界创造了约3.3亿个就业机会和10万亿美元的价值，增加12.5%的国民生产总值。世界各国都认识到，旅游业的健康发展有助于社会的可持续发展，因为随着旅游业的发展，旅游目的地的基础设施建设得到加强，当地人民收入增加，自然与文化遗产得到有效保护，不同文化之间的交流也随之增多。

2003年，世界旅游组织大会签署了一项国际协定，宣布国际社会确认当今的旅游业已与工业、农业、教育、科学以及运输业一样，成为人类的重要生产活动，各国政府早已将其作为国民经济的一个重要部门来加以对待。与工农业等其他行业相比，旅游业具有综合性、国际性、开放性等特点，具有广阔的发展前景。

中国政府在1998年11月中央召开的经济工作会议中，第一次把旅游业

提升到国民经济新增长点的地位。这在中国旅游业发展史上具有里程碑的意义，为我国的旅游业掀开了新的篇章。在这一战略思想的指导下，全社会都在关注旅游业的发展，全国已有24个省（区、市）将旅游业确定为本地区的支柱产业、龙头产业或先导产业，实施政府主导型旅游发展战略；全国有约60%以上的省（区、市）出台了加快旅游业发展的决定；70%以上的省份和旅游城市制定了有关旅游的专业法律法规，依法治旅。再加上近年来假日经济和“旅游黄金周”的兴起，为旅游业的发展再添一把火。

当然尽管旅游业炙手可热，但并不是所有地区都可以来分一杯羹。发展旅游业首先需要有优质的旅游资源作为基础，旅游资源主要包括自然风景旅游资源和人文景观旅游资源。自然风景旅游资源包括高山、峡谷、森林、火山、江河、湖泊、海滩、温泉、野生动植物、气候等，可归纳为地貌、水文、气候、生物四大类。人文景观旅游资源包括历史文化古迹、古建筑、民族风情、现代建设新成就、饮食、购物、文化艺术和体育娱乐等，可归纳为人文景物、文化传统、民情风俗、体育娱乐四大类。番茅村旅游资源丰富，单从资源角度来说发展旅游业得天独厚。

2. 番茅村发展旅游业的优势

我国有56个民族，每个民族都有自己的文化传统和特色，使其与其他民族区别开来，这就是文化的民族性。每个民族都生活在特定的环境中，不同的环境造就了不同的生产、生活方式，形成了不同的语言、文字、艺术、道德、习俗，构成了不同的民族文化。番茅村具有丰富的历史文化遗产资源是五指山市乃至海南岛的特色文化遗产，具有较高的开发、利用价值。

(1)“大寨式”的黎族名村

番茅村地处五指山腹地，是原来所属区划广东省的第一个由带有原始社会性质的“合亩制”社会直接进入社会主义社会的少数民族村寨。1954年，番茅村成立了黎族地区第一个合作社——“番茅村初级农业生产合作社”。1956年，“番茅村初级农业生产合作社”升级为“番茅村高级农业生产合作社”，据统计当年的粮食产量增加了近一倍，使番茅村一举成为黎族“合亩制”地区农业合作化的一面旗帜。20世纪六七十年代，作为黎族村寨中的“样板村”名声大噪。朱德委员长、叶剑英委员长、李鹏副总理、田纪云副总理、陈永贵副总理、钱其琛副总理、阿沛－阿旺晋美副委员长等多位国家领导人曾先后来此参观视察。作为合作化的典型，番茅村不但受到国家领导人的重视，还先后接待过36个国家外宾的参观访问。朝鲜、阿尔巴尼亚、罗马尼亚等36个国家的知名人士都曾到访此地。在新建不久的番茅中学学校门口，现在还有20世纪70年代朝鲜友人亲手种的5棵椰子树，是中朝友谊的历史见证。

当然对于旅游业来说必须要有一个承载物来展现历史，这段历史才能成为一种可开发的优质旅游资源。番茅农业合作社遗址就是这段历史的最佳代表。番茅村1958年建成的一组五栋中西合璧的番茅农业合作社建筑遗址（包括合作社办公室和合作社社员居住的房屋）至今仍保存完好，具有重要的观赏价值和教育意义。合作社办公室遗址（也称番茅大队本部遗址）一栋，长10.52米，高5.40米，宽9.15米。合作社社员遗址共4栋，长24.45米，宽6.8米，高4.45米[①]。这组建筑设计精巧，造型独特，装饰内涵丰富。该组建筑是番茅村20世纪50年代广东地区第一个少数民族合作社的历史见证，也是少有的历史文化景观，具有巨大的历史价值、观赏价值和教育意义。

（2）多样性的黎族文化资源

番茅村具有多样性的黎族文化资源，包括衣食住行等诸多方面，具有独特的观赏价值，旅游开发前景看好。番茅村地处五指山腹地，解放初仍处在带有原始社会残余性质的“合亩制”阶段，所以保存的黎族民俗文化较为完整，如村中尚存有以茅草屋为代表的传统干栏式建筑文化；以鱼茶、糯米酒、嚼槟榔、竹筒香饭、水烟筒等为代表的饮食文化；以丰富多彩的黎锦为代表的服饰文化；以黎族乐器和“打柴舞”、黎族歌曲为代表的歌舞文化，以道公作法事为代表的民间信仰文化等等。竹编、藤编、陶器、骨器制作、树皮布、木漆工艺、钻木取火等各种民间技艺也在村中有所传承，这些都是开发前景广阔的优质旅游资源。

（3）黎锦传统纺染织绣技艺

黎锦是黎族传统布料，由黎族妇女手工编织而成，是黎族的民俗之一。之所以要把黎锦从黎族文化中单列出来，是因为黎锦对于番茅村具有重大的意义，而番茅村在黎锦的发展中也有浓墨重彩的一笔。黎锦是番茅村最具地方特色和民族特色的工艺。黎锦，古称“吉贝布”，是黎族人采用木棉花果内

---

① 廖国一．黎族历史文化遗产的保护与开发研究—以海南岛五指山市冲山镇番茅村为例．

的棉毛织出的一种特色花布，具有悠久的历史。自宋朝开始，黎锦就被作为贡品进献给皇家，有“东粤棉布之最美者”的美誉。黎族没有文字，黎锦也就成为了黎族风俗民情、宗教图腾的物质载体，妇女们把自己的日常生活都织在黎锦上，织锦成为记录他们历史的方式，因此黎锦也享有中国纺织史上的“活化石”的美誉。2006 年 6 月，“黎族传统纺染织绣技艺”被中华人民共和国国务院列入“国家级非物质文化遗产名录”。2009 年 10 月，联合国教科文组织第四次政府间委员会常规会议正式批准海南省“黎族传统纺染织绣技艺”进入联合国教科文组织首批急需保护的非物质文化遗产名录。番茅村是五指山市黎族传统纺染织绣技艺传习所所在地，该村妇女刘香兰因在黎族纺染织绣方面技艺高超，被国家授予全国第三批非物质文化遗产传承人。番茅村历来有织黎锦的优良传统，织的黎锦大多用于妇女筒裙、头巾、壁挂、挂包、手机套、靠垫等生活用品，制作精巧，色彩斑斓，图案花纹栩栩如生。传统的黎锦，其染料主要采用山区野生或家种植物作原料，这些染料色彩鲜艳，不易褪色，与时下流行的环保观念十分契合。纺织、织造的工具仍然沿用古老的传统工具，如手搓去籽十字棍、木制手摇轧花机、脚踏纺纱机和织布机等，纺织过程具有观赏性和科学研究的价值，番茅村的黎锦传习所每天都要招待来自全国各地的参观者。

由此可见番茅村拥有发展旅游业的基础，更为幸运的是他们还赶上了旅游方式的转折点。随着社会经济文化的发展，传统的旅游方式已由过去单纯追求热线景点而转为以历史文物、文化传统、科学考察、民族风情等为目的的小规模旅游。旅游业本身也发展成了一个没有国界的统一的世界性行业。从当前世界旅游业的发展趋势来看，据国家旅游部门近年来的调查表明，国外旅游者对我国民族风情的兴趣要高于自然风光和名胜古迹，这充分说明了世界旅游活动的倾向是在对异族风情的追求和向往上。因此，发展民族旅游业不仅可以为世界旅游业提供广阔的市场，而且也为世界各国铺设了友好交往的桥梁。特别是现代旅游，实质是一种地区间的文化交流。随着少数民族地区国际旅游业的兴起，可以有效地改变少数民族地区长期所处的文化封闭状态，使之经常性地与现代文明和外来文化相互交流，取长补短，形成民族进步和人类文明建设的推动力。

3. 番茅村旅游业发展现状

有了发展的基础和契机，番茅村旅游业的发展依然非常缓慢。据村党支部书记黄运清说原来村里曾有过一个旅游规划，还在村西划出了一大片土地承包给了一个商人搞旅游开发。当时的规划大致是准备在村西建一个小型飞机场，用来支撑五指山市区度假旅游业的发展。有一段时间由于旅游业的发展，各地都兴起了一股建小型飞机场的热潮。但最终由于资金链的中断，工程被迫停止。完工的只有一幢三层的小楼，据说原来是要作为航站楼使用的，目前处于废弃状态，被承包出去的那片土地也因为合同没有到期而处于荒废状态。

这应该说是一次失败的、没有村民参与的尝试。这个尝试并不能归入番茅村旅游业的发展史里，因为他的出发点是整个五指山市区的度假旅游业，只是利用了番茅村的区位优势，却并没有开发番茅村自己的旅游资源。

在我们的采访中无论是镇政府还是番茅村的村民委员会，都提到了番茅村发展旅游业的优势和简单规划比如计划建立一个乡村博物馆等。但是从对村民的采访中我们却发现他们的家庭计划里并没有与之相对应的安排，可见番茅村的村民并没有意识到自己所拥有的资源，也就没有保护资源的意识，番茅村的黎族传统正在一天天地消失。番茅村村民王照灵是冲山镇远近闻名的黎族歌王，他不但会唱黎歌还会编曲，著名的黎歌《拾螺歌》就是出自他手。他对我们表达了对黎族民族传统逐渐消失状况的担心。因为黎族没有文字，只能通过代代相传来保留黎歌乐谱，很多古老的黎族乐器和乐谱都已失传。他曾经试图把自己的儿子培养成接班人，但无奈其子只对流行音乐感兴趣，最后只得放弃。而黎锦编织技能的延续状况却大大好于黎歌，因为黎锦进入了市场，成为了一项可以带来经济效益的技能，才得以延续并改良。所以无论是为了本村经济的发展，还是为了黎族民族传统的继承与延续，都应该加快番茅村旅游业的发展。

4. 促进番茅村旅游业发展的措施

（1）把黎族的民俗传统作为旅游和文化资源保护起来

经济是旅游的基础，而文化则是旅游的灵魂。旅游业是与文化相关程度极高的产业，一个旅游者活动的全过程，一个地区或旅行商提供的全部旅游产品和服务，无时无处不是在与文化发生着联系。旅游产品本质上是文化产品，旅游消费本质上是文化消费，旅游享受本质上是精神享受。旅游者进行的游览活动包含着对异质文化或同质文化的寻求、认同与接受。因此，未来旅游业的竞争是文化的竞争，旅游商品应是经济与文化的完美结合，是经济效益基础上的文化产品。所以无论番茅村的旅游业发展需要经过多长时间，都必须先把那些旅游资源保护起来，使村民们延续黎族的风俗传统，保证黎族各种技艺都有传承者。

（2）由政府派专家为番茅村专门制定一个短期和长期相结合的旅游规划

产业发展，规划先行。旅游规划是旅游业发展到一定阶段出现的对旅游系统的设定与控制，它对旅游业的发展做出前瞻性的策划、宏观性的指导，使其与社会发展达到和谐统一。旅游规划的主要任务是整合旅游资源，使各种资源相互协调，达到最佳效果。虽然番茅村村民是本村旅游业发展的主体，但由于其素质技能的局限，需要政府在宏观上进行指导，而政府的指导主要体现在规划的制定上。由政府派专家结合本地特色制定旅游规划，既避免了本村旅游资源短期内的无序开发，也保证了本村旅游业发展与当地社会经济发展的目标相一致。

（3）走多元化融资道路

有了规划接下来面临的就是开发资金问题。民族地区由于经济发展水平落后，财政收入有限，涉及投资就会显得捉襟见肘，资金短缺的问题极为突出，番茅村当然也不例外。因此要筹集到足够的资金，就要广开融资渠道，打破单靠财政投资的局面，使投资主体多元化。首先可以通过股份制或者合作社的方式吸纳村民手中的闲散资金，其次可以和五指山市区内资金实力雄厚的企业联合开发。在联合开发的过程中要注意保护村民利益，这就要求政府制定相关旅游发展的法规和政策制度，保护所有投资者的合法权利。

（4）加强旅游业的基础设施建设

丰富的黎族文化需要物质载体才能展现在游客眼前，这些物质载体就是旅游业的基础设施。根据番茅村的特点和镇政府原来的规划，首先应该把乡村博物馆迅速建立起来。“乡村博物馆”起源于欧美等发达国家，在中国尚处于初级阶段。中国是一个历史悠久的农业大国，祖国大地星罗棋布的乡村保存着深厚而各具地方和民族特色的民间历史文化资源，是中国历史文化不可或缺的重要组成部分，越来越受到人们的重视。但是，随着现代化进程的推进，乡土历史文化却逐渐流失。因此，乡村博物馆的建设，对于保存和传承乡土民间历史文化资源，复原缺失的历史，具有重要的意义。由于黎锦是目前番茅村最成熟的旅游项目，所以黎锦的制作工艺和发展历史必然要成为

“乡村博物馆”的一项最重要的展示内容。除黎锦外也可以设置黎族文化展示厅和国内外领导人来访纪念馆等项目。

（5）突出民族特色，精心设计旅游项目

有特色才有竞争力和吸引力。发展少数民族地区旅游业必须把着眼点放在民族特色，能发挥自身优势的旅游内容和景点上，决不能照搬套用东部发达地区的做法。

第一，应积极发掘各种民族风情、传统习俗、民间艺术、宗教信仰等优秀的黎族历史文化遗产，把更具民族性、地方性、区域性的景观展现在游人面前。

第二，在开发和建设旅游景点时，要尽可能把黎族的传统艺术与民族特色和自然景观融为一体，特别是人工建筑不能因刻意追求现代化而失去民族特色。

第三，在旅游业的经营上，积极组织旅游者参与并体验具有黎族特色的活动项目，如唱黎歌、织黎锦、穿黎服，从中展示黎族丰富多彩的生活。

第四，组织生产适销对路的带有黎族特色的旅游纪念品和旅游用品如黎族妇女佩戴的首饰、穿的服装、用黎锦制作的家居用品等。此外，在富有民族特色的交通工具、民族风味食品、传统手工艺品等方面进行深入的挖掘。比如由番茅村妇女黄育琼酿制的米酒，酒香四溢、甘醇可口，远近闻名，完全可以直接作为旅游商品来出售。

（6）树立以人为本的发展观

坚持以人为本，树立全面、协调、可持续的发展观，是促进民族地区经济社会和人全面发展的关键。科学发展观表明了发展的核心是提高劳动者的素质技能，是为了人本身的全面解放与发展。发展的基本要求是全面性、协调性和可持续性；发展的基本条件是生产的社会形式同生产力相适应；发展的关键因素是充分利用一切社会力量。可见，少数民族地区旅游业的可持续发展只有在科学发展观的指导下，才能在实际中重视和落实对自然生态和文化生态的保护，使旅游业得以持续发展的源泉不枯竭，使可持续性真正具有可行性。总之，民族地区旅游业要坚持以人为本的科学发展观，以此带动民族经济和谐发展。

（四）对番茅村产业结构调整的思考

1. **稳定发展第一产业，重点发展第三产业**

农村产业结构的调整，首先要稳定发展第一产业。发展第一产业是为了保证本地区的粮食安全，同时解决了粮食问题也就解决了农民投资其他产业的后顾之忧。在保证粮食生产的同时发展特色种植业，选择适宜本地种植的经济作物，提高土地生产的经济效益。优良的经济作物是目前农业发展的一个方面，是农民增收的重要渠道，为农业的发展作出了重大贡献。在种植粮食和经济作物的同时促进农作物转化增值，推动农产品加工业的发展，吸纳农村劳动力，增加农民收入。

重点发展第三产业，调整农村第三产业结构，适应农民由自给性消费转变为商品性消费的需要，适应农民由生产上的自我服务转变为社会化服务的需要。因此，要积极发展科技、信息咨询服务行业，使广大农民及时、准确地掌握科学技术与市场信息。

2. **因地制宜地发展特色农业**

农村产业结构调整要通过满足市场需求来提高其经济效益。从产业结构上看，不是简单的数量关系，而是以市场为导向，以效益为中心，以品种多样化、质量优质化、整体区域特色化来寻求新的发展，培育新的经济增长点。新阶段农业与农村经济的发展要保持长久不衰的活力，必须在结构调整中培养能支撑农业与农村经济发展的新的增长点。新的经济增长点要因地制宜，与本地生产环境相配套；要以市场为导向，能适应消费者的需求；要有开发潜力，能适应国内外农业发展的新趋势；要符合生态环境和经济运行规律，能推进农业可持续发展。

3. **加大农村教育投入提高农民素质技能**

农村经济发展、产业结构调整的成败最后都要取决于农村经济主体——农民素质技能的高低，因此从长远来看农村经济发展的根本大计即教育。我国农民受教育机会少，文化素质低，要想改变这种落后局面就必须加大农村教育的投入，建立健全农村教育体制，切实在农村范围内推广九年制义务教育，使每一个农家孩子都有受教育的机会。在做好学校教育的同时，各级政府要不断扩大农村教育的“外延”，采取多种多样的办学方式，既要有全日制的教学方式，也要充分运用广播、电视、函授、培训班等多种业余教学方式，挖掘办学潜力，努力为农村培养各种产业发展所需人才，真正地做到教育要面向农村、面向农民。

四、科技、教育

（一）科技

“民为国之根，农为民之本”。长期以来，科技在促进农村经济发展，增加农民收入，提高农民科技文化素质等方面发挥着巨大的作用，深受广大农民欢迎。番茅村位于五指山市区以西，全村山多田少，人均水田面积仅为0.36亩，[①] 是一个典型的“九分山、半分水、半分田”的山区农业村，农民的科技文化水平较低，收入较不平衡，经济发展缓慢。自改革开放以来，镇党委、政府十分重视番茅村的发展，并把村民的科技教育问题提上了重要议事日程，对乡村干部、农民开展科技教育和培训工作，并先后派技术员到村里教农民种植、收割；同时加大对青年的农技培养，鼓励不能继续升学的初、高中毕业生到职业技术学校学习农业技术，有效地提高了农民的科技素质，为农民增产、增收助了一臂之力。同时，村民们对科技知识也有了更多的主动需求，据我们的调查，番茅村村民希望依靠科技改变现状的愿望非常强烈，以前靠天吃饭的思想已经改观了不少。“发展农业，一靠政策、二靠科技、三靠投入，最终还是要靠科学技术解决问题”，这句话精辟地道出了农业科技发展与“三农”的关系，解决农民增收问题，离不开农业科技。

番茅村发展热带经济作物有着得天独厚的条件，主要品种有橡胶、槟榔和热带水果。随着实用新技术推广力度的加大，番茅村经济作物快速发展，全村共种植橡胶1153亩23060株，槟榔68亩7480株，收入110多万元，是村里主要的经济收入来源，占全村经济总收入的1/3。[②] 稻米、地瓜[③]是番茅

① 根据番茅村村委会统计资料计算。

② 根据番茅村村文书黄利群口述整理。

③ 又称红薯。

村主要的粮食作物，同时番茅村还结合市郊优势，种植水果、蔬菜，有条件的农户还酿酒。只有技术支撑这些产业，才能取得好收益，相信更多、更实用的农业科技知识会帮助村民们脱贫致富，实现未来的全村共同富裕。番茅村地处海南西部，属于热带与亚热带交汇处，长夏无冬，雨量充足，动植物资源十分丰富，黎族人民在长期与自然作斗争中，积累了相当丰富的经验，形成了具有黎族特色的农业科学技术。

1. 粮食作物种植科技知识

在热带环境下，番茅村黎族人民的饮食方式具有独特的风格，他们一日三餐，以稀饭为多，随着社会生产力的发展，饮食也不断得到改善。番茅村黎族人民在日常生活中以大米、红薯为主食，几乎家家户户都种植稻谷和地瓜，基本实现自给自足。

(1) 地瓜种植的科技知识

黎族人历史上就以地瓜为粮，由来久远。苏东坡在他的《居儋录·薯说》中写道："海南以薯为粮，几米之十六"。[①] 原始农业初期，先民们在渔猎采集的过程中，逐渐发现地瓜粗生易获，因而留意识别和动手栽培，成为日常充饥的粮食。地瓜种植容易，营养丰富，含有大量的糖、蛋白质、各种维生素与矿物质、胡萝卜素和维生素等，对人体健康有诸多益处。番茅村人民把地瓜做成了各种各样的美味佳肴，地瓜叶是可口的菜肴，地瓜饭清甜可口，凉爽解热。地瓜种植技术要点如下：[②]

第一，耕地、起垄。种植地瓜之前要对土地进行深耕，疏松土壤，改善土壤透气性，这样有利于茎叶生长和根系向深层发展，从而提高地瓜产量。如果土壤板结会造成地瓜生长缓慢，即使多施肥也难以增产。一般选择晴天对土地进行深耕，土壤潮湿时耕作，容易导致泥土紧实，耕地的深度大致在30～40厘米为宜。地瓜主要是起垄种植，起垄相比平地栽培，能增加地表面积，增大受光面积，增强土地与大气交接，增加地瓜的产量。起垄时，尽量保持垄距一致，如果宽窄不匀会造成邻近的植株获得的营养不同，优势植株营养过分，而弱势植株得不到充分的阳光及养分，生长不匀影响产量。

① 苏东坡，《儋州志》卷10，艺文志十三，儋州文史办公室档案馆重印本，第183页。

② 根据五指山市农业科技110艺苑服务站站长陈恒德及番茅村村文书黄利群口述整理。

第二，选种、育苗和壮苗。应尽量选择同一品种或者种苗质量一致的苗种种植，否则会影响产量。如果植株差异过大，有的植株前期生长旺盛，有的植株前期生长迟缓，有的植株品种耐肥，有的植株品种耐瘠……混栽后部分植株获得优势，营养生长过剩，从而影响了另一部分弱势植株的生长，影响产量；另外有些优势植株茎叶生长过旺，反而导致地瓜产量低于正常水平。育苗时，苗铺地必须选择在避风向阳的位置。苗地整好后，将精选出的种地瓜竖立于泥土上，播种密度约为 100 个/平方米，然后盖上 3 厘米左右的泥土。待苗长到 25 ~ 30 厘米时，采苗种植，采苗时要采壮苗，剔除弱苗，壮苗与弱苗的产量可相差 20% ~30%，选择的标准主要是看苗的粗壮程度，以及是否有顶尖、病虫害等。

第三，栽插。番茅村气候优越，全年均可种植地瓜，株距约为 25 ~ 30 厘米，每亩种植约 3300 棵为宜。一般 4 ~ 5 月在田埂、地角种植地瓜，冬季则在稻田种植地瓜，一方面是充分利用冬闲田，此时气候由热转凉，符合地瓜生长期的要求，有利于淀粉积累，且水旱轮作的土壤有利于地瓜生长，减少病虫害，容易获得高产优质地瓜；另一方面是反季节生产地瓜销路好。地瓜栽插方法分几种，包括直接栽插法、斜插法、水平栽插法等。直接栽插最简单，直接把苗插入土中 2 ~4 个节位，缺点是结的地瓜数量少；斜插法适于短苗栽插，栽种时种苗 45°倾斜插入土下，埋入土下 10 厘米左右，地上留约 5 厘米，栽插相对简单，缺点是结的地瓜大小不匀，地瓜苗入土的上层节位，结果多且大，下层节位，结果少且小；水平栽插法是用 20 ~ 30 厘米长的地瓜苗栽种，使地瓜苗各节分布在土下面 5 厘米左右的浅土层，采用此法，各节位均能生根结果，结果多且均匀，一般水肥条件好的土地以水平栽插法为佳，其缺点是栽种复杂。

第四，田间管理。地瓜种植后需要松培土 1 ~ 2 次，一方面是除草，另一方面是疏松土壤，加高加宽垄面，为地瓜结果打基础。地瓜根系发达，茎蔓匍匐生长，茎节遇土生根。地瓜吸肥能力强，主要吸收氮、磷和钾肥，及时施肥能提高产量。一般种后 1 个月左右就施肥，促进地瓜茎叶生长，俗称壮肥，肥量为尿素 15 ~20 公斤/亩，氯化钾 20 ~ 30 公斤/亩；种后 3 个月左右，看长势适当地施壮尾肥。施肥方法是在垄面两侧距苗 5 ~7 厘米处用小铲均匀穴施，宜选择土壤潮湿的时间施肥。地瓜生长还要注意病虫害防治，发现疫病、褐斑病时，每亩及时用甲基托布津 100 克或代森锰锌 100 克兑水 40 公斤喷雾。另外，地瓜茎叶长势过旺时要摘心，以促进块茎膨大。

(2) 稻谷种植科技知识

番茅村地处海南岛的西部，光照时间长，天气热，适宜稻谷生长，在这里居住的黎族人民喜食稻米，尤其是大米煮的稀饭。稻米是黎族人民生活的主粮，他们一日三餐都离不开稻米。黎族人民种植稻谷的历史悠久，在唐朝徐坚的《初学记》里说："《广志》曰：'南方地气暑热，一岁田三熟，冬种春熟，春种夏熟，秋种冬熟'。"到清朝时，有文献谈到黎族地区稻米生长情况时说："依山涧为田，所获较外间数倍，其米粒大色白，味颇香美。"在1949年以前，番茅村的稻谷种植水平处于十分低下的状态，刀耕火种的"砍山栏"[①] 与稻田种植并存，产量低下。1949年以后，在党和人民政府的关心帮助下，黎族农业生产的状况大为改观，逐步向现代化农业演变，如今"砍山栏"的耕作方式在该地区已基本不存在了，家家户户都以稻田种植为主，自给自足，水稻的种植也越来越科学和合理化。在五指山市农业科技110艺苑服务站的指导下，傍依当地优异的气候地理条件，村民们的水稻种植产量创下历史新高，年均亩产约为1000斤，番茅村水稻种植技术如下：[②]

第一，选种、育秧。水稻是否高产、优质，品种选择是关键，应当因地制宜选择品种，番茅村引进杂交水稻取代传统的籼米、糯米种植。育秧，是增加水稻稻粒数和结实率的关键。育秧主要要选好苗床，苗床一般选择水源方便、向阳和土壤肥沃的地块。苗床地挖细，整平，施足底肥，浇足底水之后就可以育秧了。育秧有两种方法：一种是先浸种催芽、而后撒到秧田里育秧，待秧苗长大后，再拔出插到田里。另一种是"干播"，方法与汉族地区相同。其中"干播"法采用的较普遍，过程较简单，省时间。干播不必浸种催芽，但为了防备雀鸟啄食，谷种撒下后要盖上一层稀泥。待适当的季节，把秧苗移栽本田。

第二，秧田整理及插秧。插秧之前，必须先将稻田的土壤翻过，使其松

① 是该地区一种粗放的耕作方式，每年农历正月选择地段，二三月间砍伐地上的树木（砍枝留干）和杂草，待枝叶、杂草晒干后纵火焚烧，然后用木棒戳穴点种，不施肥，只锄一两次草，便坐待收获。一般栽种二三年便丢荒，另择其他地砍耕，是一种比较原始的刀耕火种方式，人们称为"砍山栏"或"种山栏"。

② 根据五指山市农业科技110艺苑服务站站长陈恒德口述整理，相关资料参考海南农技网，网址：http：//nongwang. hainan. gov. cn/v2007/。

软（过去秧田整理主要是靠水牛和犁具来完成，现在番茅村基本用机械整地，整地的机器称犁田机，实际就是用马达发动机代替水牛来耕田）。整地时，将上一季收割后有麦茬的水田，放水浸泡数天后，用犁田机犁成稀糊状，用手拨抹成平畦，就可以插秧了。插秧的方法与汉族地区差不多，一般均采用抛栽，秧苗过长时，要剪去秧尾，使之插后易于返青。秧苗插好后，间隔有序的排列于田里，每亩基本不低于 9 万 ~10 万株秧苗。

第三，灌溉、施肥、除草和防治病虫害。番茅村的水田灌溉主要靠沟渠，因为该地区的水田均集中于山下的平地，开沟引水能直接把水引到田里。秧苗移栽后，田间宜保持有一寸左右深的水覆盖，浅水勤灌有利于稻苗早生、快发；待稻秧抽穗扬花时，往稻田里加水，保持深水，有利于水稻结穗；收获前 7 ~10 天排水，有利于收获。秧苗的成长期间要及时施肥和除草。施肥不宜太迟，太迟会引起水稻后期猛长、贪青，成熟时间推迟。田间出现杂草时，番茅村村民基本都是人工与药剂除草相结合，一般一季水稻用除草剂除草 2 次，并辅以人工除草就能基本消除杂草，第一次是苗期灭草（水稻立锥至 2 叶期），每 1000 平方米用 50% 快杀稗 30 克，兑水 50 公斤均匀喷雾。第二次于杂草再度萌生时，每 1000 平方米用 25% 苯达松 200 克，加 50% 快杀稗 35 克，兑水 50 公斤喷雾，以后再有杂草则主要靠人工锄草，并注意及时防治病虫草害。

第四，适时收获。水稻成熟，以九成黄时收获较好。收获过早，青米多，籽粒不饱满，收获过晚粒重降低。番茅村的水稻基本采用联合收割机收割，一次完成稻谷的收割、脱粒、分离茎秆、清除杂余物等工序，效率高。

2. 橡胶种、割科技知识

橡胶树属大乔木植物，树高可达 20 ~30 米，三出复叶，小叶椭圆形至椭圆状披针形，长 10 ~30 厘米，宽 5 ~12 厘米。原产于巴西，我国海南 20 世纪初引进种植成功。橡胶树分泌的乳汁即为生产橡胶的原料，其主要成分为聚异戊二烯，含量 90% 以上。橡胶对自然条件要求较高，橡胶树在 20℃ 至 30℃ 才能正常生长和产胶，5℃ 以下即受冻害。番茅村气候条件适宜橡胶的生长，并且昼夜温差大，白天合成更多的有机养料，夜间减少呼吸消耗，有利于胶树的生长和出胶，橡胶种植业在当地发展迅猛，村里几乎每家每户都种植橡胶。但是橡胶枝条比较脆弱，番茅村橡胶受强台风的影响较大。橡胶树采割期大约为 25 ~30 年，有淡旺季之分。每年 2—4 月，8—10 月为淡季，每年

5—7月，11月到翌年1月为旺季。橡胶种植要取得经济效益，需要很多科学技术知识指导，苗种选择、栽种、割胶、病虫害防治等都得依靠科学技术。为了满足广大村民的需求，冲山镇政府每年都会安排技术人员下乡为村民们进行科技推广，教授他们橡胶栽培技术和割胶技术。

(1) 栽培技术①

第一，采种和选种。

橡胶一般通过嫁接的方式繁殖，种子用来培育砧木，然后芽接，培育出橡胶苗。种子在果皮黄色时完全成熟，即可采种；因无休眠期，宜尽快播种。培育砧木的种子，要在规定的采种区采集，不是所有种子都可作砧木，因为不同无性系的种子所育成的砧木对接穗的产量、生长、抗性都有密切关系。根据国内外试验资料，优良的砧木比用未经选择种子培育的砧木，一般能提高接穗产量15%～25%，所以要采好种。选种一般要选用成熟、饱满、新鲜、较重，花纹鲜明光亮的种子。种子成熟后，无明显休眠期，呼吸作用仍很旺盛，水分和养分的消耗量很大。种子放置半个月则有40%不能发芽。因此，采种时要做到随熟、随采、随运、随播，若需短期保存，宜置于阴凉通风处。

橡胶种植首先要选对品种，随着科技的发展，一般选择杂交得到橡胶种子。针对番茅村的地理条件，宜选择一是生长快，二是产量高，三是抗风能力强的品种栽培。目前番茅村老百姓种植最多的品种是热研7－33－97，这个品种是中国热带农业科学院橡胶研究所经过几十年培育出来的速生高产新品种，是RRIM600和PR107杂交选育的品种。这个品种，一是生长快，林相整齐，开割率高。开割前年均增长7.51厘米，比RRIM600（6.36厘米）高8.1%；开割后两者分别为1.94厘米、1.46厘米；开割率为58.25%/39.5%。二是产量高。1～12割年单株产量4.58公斤（亩产132.2公斤），比RRIM600高32.4%、71.5%。三是抗风能力较强。5级以上的风害累计断倒率平均为2.4%，而RRIM为6.02%，差异极显著。

---

① 根据五指山市农业科技110艺苑服务站站长陈恒德、番茅村党支部书记黄运清、文书黄利群及村民口述整理，相关资料参考海南省人民政府橡胶栽培技术，网址：http://www.hainan.gov.cn/data/news/2006/02/6822/，访问时间：2010－07－20；CCTV农业频道《橡胶树丰产栽培综合技术》，网址：http://www.cctv.com/program/kjy/20040615/102335.shtml，访问时间：2010－07－22.

第二，苗木培育。

选种之后就开始育苗了，苗期橡胶易受外界条件的影响，前期生长缓慢，后期生长较快，向上生长特别旺盛，每年可抽生 5～7 蓬叶，高度可达 3 米。橡胶树幼苗具有一定的耐荫性，即使 50%～80% 的荫蔽度下也能正常生长，但随着树龄的增大，要求更多的光照，在全光照下生长良好。充足的光照有利于胶树糖代谢和养分积累，促进细胞木栓化，有利于抗寒越冬。反之，光照不足，冬期胶树易遭受寒害。具体来说苗木的培育主要包括苗圃的建立，砧木、芽条的培育，芽接。

①苗圃的建立。首先，选择苗圃地要符合五个条件：一是要近水源，排水良好，且不受洪水淹涝；二是土壤疏松，土层深厚，至少在 50 厘米以上，肥力高。土壤质地过分黏重或石砾过多均不宜作苗圃；三是阳光充足，开阔，比较静风，交通方便；四是东北坡不宜作苗圃，应选择东南或南坡；五是冬季未出现过辐射降温凝霜的地块。其次，苗圃地的规划设计。确定合理的苗圃面积，根据生产实践的经验，粗略地说，定植 400 亩橡胶树，要 10 亩砧木苗圃和 1 亩增殖苗圃。精确一些可按下列分式计算：定植面积每亩定植株数，砧木苗圃面积 = 每亩育苗株数 50% ；[①] 道路网及排灌系统设施安排，为了便于苗圃的抚育管理以及运肥、运苗木，必须规划好，其中主道约 3.5 米宽，副道 2 米宽和纵横小道 0.5 米宽。如果是临时性或面积不大的苗圃，可以不设主、副道。有自流灌溉或提水灌溉条件的苗圃，要结合道路修好排灌渠道。如苗圃为坡地，上方要开截水沟，以拦截和排泄径流。一般 3～4 亩苗圃地，需设置一个容量为 150 担水左右的沤肥池，以沤制水肥，位置宜设在中间地段；苗床设计要根据苗圃地的自然条件和苗木留圃时间的长短而定。平地苗床长 10 米，面宽 0.5～0.8 米。为了便于管理，便于芽接操作和挖苗，一般每床种两行，株行排列形式用三角形。苗床走向，平地为东西向，坡地应等高设置。株行距大小是根据不同类型苗木和育苗方式而定，砧木苗是 3040 厘米，袋装苗是 2030 厘米，高截干苗、三合树苗是 10080 厘米。[②] 再次，苗圃地的备耕准备。苗圃整地要求用犁耙 2～3 遍，耕地约 30 厘米深。清除杂草、

---

① 式中 50% 是“得苗率”，即扣除应淘汰的弱株，芽接不成活和留圃作大田补植用的苗后，实际可作大田定植用的苗数占育苗总株数的比值，是根据经验所得的一个系数。

② 华南热带作物学院编．橡胶栽培学［M］．北京：农业出版社，1990：104.

树根和石块，使土壤细碎、疏松透气，保水保肥，以利苗木生长。按设计要求，结合修道路和排灌系统，同时修筑苗床。起苗床时，要施足基肥，一般每亩施基肥（农家肥）2000公斤，过磷酸钙20~50公斤。新垦林地，土壤肥沃可以不施或少施。最后，催芽床的准备。催芽床是在普通苗床上铺上厚5~7厘米的细沙，苗床边最好用石条或砖块等围住，以防沙子流失，保持长久使用。催芽床上盖棚，每平方米催芽床可播种1.5~2公斤。

②砧木和芽条的培育。包括播种、催芽、移床和后期管理等，具体如下：

第一步：播种、催芽。播种时，先在沙床浅播催芽，床面保持湿润。播种有平播和侧播两种。据试验表明侧播比平播的发芽率稍高，但畸形苗较多，故以平播为宜。在催芽床上，种子的播种间距为2~3厘米，每平方米播种1.5~2公斤。播种深度，以不露发芽孔和微露种背为好。播种时间，根据不同地区种子成熟期而定，一般以秋播为宜。种子发芽要有适宜的温度、水分和透气条件。橡胶种子在平均气温25℃左右时正常发芽，低于18℃发芽慢，发芽率显著下降。绝对温度低于10℃不能发芽。为了满足种子发芽的温度要求，秋果应尽早播种，冬果改为春播为宜。水分可使种子中呈凝胶态的原生质转化为溶胶状态，以加强代谢作用。据测定，当催芽床表层河沙的绝对含水量为6%~7%时，最适于橡胶种子发芽。种子吸水开始萌发后，需氧量急剧增加。在缺氧的条件下，种子不能正常萌发。因此，适当浅播和用沙床催芽是满足种子发芽时对氧气需要的措施。据试验，浅播比深播的种子发芽率高25.5%左右，用沙床催芽比土床催芽发芽率高约41%。在适宜的外界环境条件下，播种后5~7天开始萌发，10~15天为发芽盛期，至20天时发芽可达80%~90%。种子从萌发到第一蓬叶稳定约需要3周。

第二步：移床。种子先经过催芽再移栽到砧木苗床或容器内，其好处是便于初期集约管理，有利于种子发芽，且省工。此外，还可减少日烧病、畸形苗及牛兽等危害，提高保苗率。苗高5~10厘米时，将带有种子的苗移入苗床。芽杆挺直而又未开叶的移床成活率高。移床前催芽床要淋透水，移床时，用左手拇指和食指轻捏住苗茎基部，右手持竹片撬土，边撬边轻拔起，要注意保护种子，不要损伤子叶柄。移床时淘汰黄化苗、畸形苗及弱苗，依幼苗高度分级移床，使幼苗生长一致。移床时间最好在阴天，或晴天的早晚进行，不要在烈日下和雨天移床。移床时幼苗深度以刚埋过种子，不露根颈为宜，根系要舒展，回土压实，随即淋水。移床后株行距依苗木留床时间的长短而异，一般采用4050厘米。以有机肥和磷肥为底肥，经常淋水，适当施氮肥，生长1年以上即可用作砧木。

第三步：移床后的苗圃管理。移芽后要根据苗木生长的阶段和季节，合理供水、控水、施肥、松土除草，幼苗主要有以下四个生长阶段（以秋播苗为例）。籽苗期：移床后到第一蓬叶稳定，营养主要靠种子储蓄的养分，茎干幼嫩，根系不发达，抵抗不良环境的能力很弱；越冬期：第一蓬叶稳定到次年3月，此期间天气低温干旱，苗木生长缓慢，并易受寒害；恢复期：3～5月，气温回升，降雨尚少，常出现长期干旱，水分供求矛盾突出，苗木生长逐渐加快；生长期：5月以后进入高温雨季，幼苗根系和叶面积已有较好的基础，因此苗木生长最快。

对苗圃要按不同季节、苗龄精心抚育管理，及时淋水、施肥、松土、除草、盖草，做好苗木保护。在第一蓬叶稳定老化前的幼苗，根系分布浅且苗床暴露，风吹日晒，水分蒸发快。所以每天要淋水，保持土壤湿润。生长第三蓬叶后，根系分布尚浅，生长较旺盛，可根据天气和苗床土壤湿润情况，隔几天淋水一次。高温干旱季节需要盖草以保水，盖草还可抑制杂草生长。苗木荫蔽后，水分蒸发较少，胶苗根系也发达，而雨水亦较多，可不必淋水。幼苗施肥应视苗圃的土壤肥力、幼苗生长情况，一般磷肥、有机肥已在苗圃整地时作基肥施用了。冬季适当施钾肥，氮肥主要在生长旺盛季节追施。在第一蓬叶稳定至第二蓬叶抽叶期间，种子储藏的养料已经耗尽，可酌施1～2次稀薄的氮肥。进入恢复期后，水肥矛盾突出，必须及时施肥。施肥宜少量多次、均匀，一般每床施沤肥1～2担或加水施尿素100克，或硫酸铵300克，每月施1～2次。苗龄在6个月后，可在株行间开浅沟施肥，要防止化肥撒到苗木上导致伤害。如能经常保持良好的草覆盖，可大幅度地减少淋水，并可有效地防止杂草滋长，使土壤疏松，均衡土温，减少蒸发，有利于保水保肥，也可防止冲刷，从而促进幼苗生长、发育。在除草、松土、盖草和培土时，切忌使土块，干草触及幼苗茎基部，以免引起日烧病。三个月以上的幼苗，可在除净杂草后，喷洒除草剂“西玛津”，每亩用量0.3公斤左右，加水75～100公斤，均匀喷在苗床和步道上，能保持2～3个月内无杂草。这种药对人畜无害，但对两个月以下的胶苗有药害。也可每亩用草甘膦0.05公斤（有效成分计），加水40～50公斤，均匀喷在苗床和步道上，一般喷后15～20天杂草基本全枯，可控制杂草达4～5个月。

此外，还要注意预防自然灾害。防风：在寒风或常风较大或者有台风的地区，要在迎风方向搭建防风障，保护幼苗或提前种甘蔗、高秆绿肥等作防风障；防寒：如出现凝霜，要在阳光照射前用水淋洗霜；防治病虫害：苗期常见病害主要是白粉病、疮家病和麻点病，虫害常见有蚂蚁、蝗虫等；防牛兽害：应设围篱或挖防牛沟，并派专人看管保苗；防火：冬旱季节要开好防火带，并加强看管。

第三，芽接操作。

芽接时间一般以 5—10 月为宜。方法是在砧木离地 2 厘米处向上开芽接位，从优良无性品系芽条上削取芽片接入，覆以椰子叶片后用绳绑紧。约经 21 天后解绑，再过 7 ~ 10 天，在离芽接位上端约 5 厘米处锯砧。以后随时修去砧木萌发芽，让芽片长成芽接苗。芽接苗木可以保持优良品系的遗传性，故橡胶的栽培多采用芽接苗，具体如下：

①选芽。橡胶枝条共有 8 种芽，即叶芽、鳞片芽、密节芽、萌动芽、针眼芽、蟹眼芽、死芽、假芽，但不是每枝芽条都具有 8 种芽。在切片时，要选叶芽和鳞片芽或刚萌动的萌动芽，其他的芽不能选用。

②切芽片。根据芽条大小采用不同的切片方法：推切法。已木栓化的大芽条用推切法，即双手握紧切片刀，使用均匀的推压力切取芽片；推顶法。绿色小芽条有的用推顶法，即用大拇指推顶刀背，协助拿刀的手切取芽片；削甘蔗皮法。即一手握紧芽接刀，像削甘蔗那样切取芽片；有的用拔取法，即首先用刀在带叶片的芽眼四周刻下一个略小于芽接位长方形的口子，然后拔下带叶柄的芽片。木栓化芽条，组织健壮，其芽片切下后不易失水，可以一次取多片备用，用拧干水的洁净湿布包住放在芽接箱内。绿色小芽片较嫩，容易损失水分，要随切随接。切取芽片时从芽条的下部依次往上切取。

③开芽接位。先用布抹掉苗基部的泥沙，然后在离地约 3 厘米处用刀尖划开舌形的芽接口，大小视砧木和芽片大小而定，一般宽度不超过砧木茎围的 2/5；长度大苗 7 ~ 9 厘米，小苗 4 ~ 5 厘米。芽接口不宜过大，以利于伤口愈合以及第二次补接。芽接口过小，放不下芽片，影响成活率。

④修芽片和剥芽片。切下的芽片先修芽两侧，使芽片的宽度比芽接位略小。剥芽片时，大芽片常用咬剥法，用门牙咬住木片上端，拇指顶在木片上的芽点部位，拉直树皮弯曲木片，迅速从顶端往下剥开以免芽眼受伤。剥小芽片时可用手剥法，由叶柄一端向上倒剥，即双手分别抓紧芽片一端的木片

和皮部剥取芽片。带叶柄的绿色芽片也可用拔取法。剥芽片后，如发现芽片里面受伤变黑，或有胶乳凝固等现象应予以淘汰。

⑤放片和捆绑。放芽片时，拉开腹皮，将修好的芽片放入芽接位，芽眼向上，然后，从下而上均匀地捆绑，一般捆 6 ~ 7 圈，头尾两圈要捆在芽接位以外的砧木上。捆绑材料，大苗留腹皮，常用椰子叶、小麻绳或用塑料带捆绑。小苗不留腹皮，用塑料带捆绑。

⑥解绑。在生长旺季一般芽接后 20 ~ 25 天即可解绑。低温季节芽接后 30 ~ 40 天解绑。用塑料带捆绑而不留腹皮的苗木，不解绑或稍松绑可起到保温防寒作用。解绑时，检查成活，做好记录和标志。

芽接操作以后，要定期对嫁接苗进行检查，不是在嫁接表皮上长出的芽，要及时去掉，待一段时间以后，就可以根据苗木的长势上山定植了，不宜上山定植的弱苗，可留圃继续培养。

（2）林地开垦与定植

首先选好林地，作好林段规划。风害区应营造防护林或保留原生林带。开垦时平地可采用十字定标，丘陵地必须开等高梯田。树苗定植株距一般为 2 ~ 4 米，行距 6 ~ 10 米，每亩 30 ~ 40 株。定植形式与密度主要采用宽行密株，每亩种植 30 ~ 40 株，株距不小于 2. 5 米。定植前要做好挖穴回土，用表土回穴，并施足底肥。挖穴规格为 706040 厘米。定植时间宜早不宜迟，春暖后抗旱定植一般在四月完成，最迟在雨季来临前七月上旬完成。定植材料主要采用芽接桩、袋育芽接苗。其标准是：抽芽芽接桩直径 2 ~ 4 厘米；袋育芽接苗 2 ~ 3 蓬叶。

（3）橡胶地的抚育管理

定植后的小苗在田间开始生长，有些时候会在主干上生长出许多侧芽来，对于割面高度以下的侧芽，要及时抹掉。抹芽的主要目的，是为了使以后的割面非常平滑，便于割胶。如果杂草过多，还要对杂草进行处理，砍除杂草（一年 2 ~ 3 次）以防止杂草与橡胶树争水争肥。要经常检查种植的苗木，对于那些长得不正的橡胶树，要及时绑一下。尤其是一年左右的苗，有时由于叶片长得很快，茎干长得慢，会出现头重脚轻的现象，这个时候就要人为纠正它的生长方向。橡胶树的管理，施肥是关键，要及时施肥。施肥时要挖一个穴，挖穴时注意离植株 60 厘米左右，不要伤着树的根部。

橡胶树对肥料的要求因生长阶段不同而异。在胶苗定植到开始割胶的幼树期或非生产期（定植后6～8年）中，为加速生长，增粗茎围，并使树皮中的产胶组织正常发育，以施氮磷肥为主；中、后期缺钾地区还应施钾肥。割胶期为继续长高增粗和提高胶乳产量，应适当提高氮肥比例和补施足量有机肥。较好的方法是根据对橡胶树叶片的营养诊断，对症施肥，包括施用镁肥和微量元素肥料。橡胶树是多年生木本植物，长期固定在局部土壤生态环境中，容易出现土壤养分供应失调。因此，施肥是橡胶树栽培中的一项重要措施，施肥是人为调节土壤和作物间营养关系的手段。所谓合理施肥是指施用肥料是否达到经济有效，因此，合理施肥包含着提高肥料利用率和提高经济效益两方面的内容。

施肥的效果受土壤条件、橡胶树营养特性、肥料种类和施肥技术等多种因素的影响。一个施肥计划必须建立在充分了解施肥与橡胶树生长、产胶，施肥与土壤反应的基础上，做到因树、因土、因肥制宜，才能在橡胶生产中充分发挥施肥的经济效益。

施肥原则上是见根施肥，施肥处与胶树基部距离一般1～2龄树为30～40厘米，3～4龄树为60～80厘米，5～6龄树为100～150厘米。每年施肥一次，更换施肥穴位置，深度为30厘米。施氮肥的方法有除草后撒施、沟施和水施或沤肥混施。有机肥与磷肥宜在11月、早春2—3月。化肥则应在生长季节4—9月，钾肥如火烧土等要在冬前施。

此外，除草是橡胶园管理的经常性作业之一。对橡胶园中的恶草，如白茅、硬骨草、蔓生莠竹、大芒、香附子、两耳草、芒箕等宜用化学药剂灭除。目前普遍使用的除草剂是草甘膦，化学名为N－磷酸甲基甘氨酸。它是一种广谱、高效、内吸传导、低毒的除草剂。有效成分是酸甲基甘氨酸。国内产品为10%的水剂，一般一亩用10%水剂1.5～2公斤，均匀地喷1～2次就可消灭上述的大部分杂草。配药时加入少量洗衣粉效果更佳；人工除草具有灵活易行的特点，除草原则是除早、除小、除了，把杂草铲除在幼苗阶段。植胶带宜用人工除草，除草与盖草、松土结合一起，有利于胶苗生长。除草主要在幼树橡胶园，每年至少除草4次，开割橡胶园仅需要除橡胶路草。

未开割橡胶园经过7～8年的精心管护，就进入了开割橡胶园。开割橡胶园的管理在很多地方与未开割橡胶园是相同的，管理也包括控荫、压青等等。这里要强调的是番茅村的橡胶树面临着台风的摧残，一场台风过后，可能有的橡胶树断了，有的橡胶树倾斜了。倾斜的树木需要及时扶正，大多数村民采取的措施是用一个长长的支柱把它支起来。

（4）割胶技术[①]

合理割胶是达到高产稳产的重要环节，通常决定于开割标准、割线斜度和长度、开割高度、树皮消耗量、割胶深度、割胶制度等。

第一，开割标准与割面规划。

开割标准：在胶林内，芽接树离地100厘米处或优良实生树离地50厘米处，树围达50厘米的株数占林段总株数50%以上时，即达开割标准，可以正式开割。橡胶芽接树离地100厘米处，树围达到50厘米时开割，此时橡胶树光合作用产能大体能满足生长和产胶对营养的需要，开割后对胶树生长影响较小，较好地解决了生长与产胶的矛盾。据介绍，树围50厘米的胶树制造营养物质的能力，要比40厘米的高29%；树围50厘米的胶树开割后，树围增长量比不开割的对照仅少5.9%，而40厘米割胶的则要少18%左右。

割面规划：①根据树围和树皮进行割面规划。芽接树树干呈圆柱形，自芽接位至100厘米处树围相差少于10%，树皮厚度相差少于15%，基部乳管列数仅比100厘米处多15%左右，故开割高度宜适当提高。按农业部规定，芽接树第一割面开割线下端，离芽接位高度为130~150厘米，第二割面为150厘米；重风、重寒地区开割高度稍低些，第一割面高度为120厘米。一般三年内全部胶树都应开割，第一割年开割后剩下的胶树，在其后的两年内开割，后来开割的高度必须与已割胶的胶树割线高度一致，使整片胶树的割线高度相同，便于割面管理和割胶操作。②根据割制进行割面规划。成龄芽接树推广阴阳刀结合（如S/4+S/4↑），从高部位原生皮与再生皮相接处割起，向上割至离地2米处为止，然后在邻面继续割阴刀。刚开割的芽接树，则大多从110厘米处甚至更低些向上割。阴刀割制，充分利用高部位高产成熟的原生皮，避免吊颈皮，延长再生皮生长年限，延长胶树经济寿命。

第二，开割与停割时间。

开割：橡胶树高产是以叶茂为基础的。在橡胶树落叶期间割胶所得的胶乳是动用贮备糖而取得的，但橡胶树抽叶时亦需要应用贮备糖。只有叶片生

① 根据五指山市农业科技110艺苑服务站站长陈恒德、番茅村书记黄运清口述整理，相关资料参考农业科技110橡胶树丰产栽培技术，网址：http://www.qionghai.gov.cn/110/index.asp，访问时间：2010-07-24。

长老化后进行光合作用时，才重新为橡胶树本身提供新的糖。因此，每年橡胶树第一蓬叶生长的好坏对当年产量的高低关系最大，为了保证橡胶树第一蓬叶生长好，不能提早开割，一定要待第一蓬叶老化后才能开割。一般以一个林段中有80%以上的植株叶蓬老化才开割，其余的稳定一株开割一株。一般每年4月20日左右，当胶林抽叶完全稳定老化达95%以上时才能动刀开割。停割：在冬季上午8时前温度低于15℃时应临时停割，若这种低温持续3～6天，则当年全面停割。另外，一株树若黄叶达一半以上，则应单株停割；一个林段半数以上的树黄叶达一半以上，则当年全面停割。冬季停止割胶的时间，一方面取决于气温的高低，另一方面取决于叶片黄化的程度。当气温持续保持在15℃以上，橡胶树黄叶量占全树的8%～20%时立即停割，这样可减少对来年产胶潜力的影响。在正常年景，割胶生产在每年12月20日全面停割。但在冬季出现连续低温（18℃以下）、阴雨气候七天以上或胶林出现较普遍黄化现象即可全面停割。

第三，割胶制度与刀数。

非刺激割胶制度（常规割胶），采用S/2、d/2（1/2树围、隔日）割制，月割15刀，年割胶刀数120～135刀；采用S/2、d/3～4（1/2树围、3～4天割一刀）加药剂刺激的新割制，月割7～10刀，年割50～80刀。

第四，药剂刺激浓度、剂量。

采用药剂刺激割胶，要根据不同胶树品种、不同割龄、不同季节以及胶树产胶潜力等情况，采用科学、合理的药剂刺激浓度割胶。一般开割头三年可用0.5%～1%乙稀利（或复方乙稀利）刺激割胶，随着割龄的增长刺激浓度可逐步提高，但最高不能超过3%。使用药剂量，每株次涂稀释药剂1.5～2克，初产期（即1～5割年）采用月周期，年涂药5～7次；采用d/3割制的为半月周期，年涂10～14次；采用d/4割制的每11～12天为一施药周期，年涂药14～16次。

割胶多在胶树体内膨压最高的清晨进行。割胶刀有推刀和拉刀两种。开割时割线自左向右倾斜（芽接树25°～30°，实生树22°～25°），长度为树周长的一半，割线下端一般应离芽接树接合点130厘米或离实生树根际50厘米。每次割掉的树皮厚度以0.12～0.13厘米、深度离木质部0.11～0.20厘米为宜，在任何情况下均不得伤害形成层，以免影响树皮再生。原生皮可割10年左右。割面的再生皮经7～8年恢复到原来的厚度时又可割胶。割胶制度是在一定时间内由一定的割线数目、割线长度、割胶频率等组成的割胶方法。常规割胶制度为单割线、长 1/2 树周、隔日割 1 次，强度定为 100%（国际符号为 S/2、d/2、100%）。但高产树开割头两年宜适当降低割胶强度，采用的割胶制度为单割线、长 1/2 树周、3 日割 1 次，强度为 67%（国际符号为 S/2、d/3、67%）。割胶 15 年后，可采用化学刺激割胶，以提高产量。

为保证树皮的规划利用，获得更高的产量，割胶时的下刀、行刀和收刀必须做到以下三点：第一，下刀够深、整齐。下刀是行刀的开始，下刀时左手要拿稳刀，刀背紧贴边线，并以割线斜度相同的角度对准边线向内插入至够深，然后用右手的腕力轻快地向外前方位置转出，同时前手食指配合向外拧出。通常，下刀时一刀就要求下够深度，下刀切皮的厚度要与行刀切皮的厚度一致，以防止割线弯曲。下刀太深，将来再生皮会出现条沟。第二，行刀稳准轻快。割胶时，要拿稳胶刀，看准割线，均匀轻松地推割，做到接刀准，用力轻，减少胶刀摩擦割口和割面，深浅厚薄适当，割片呈长方皮（有效皮占 50% 以上）。第三，收刀整齐够深。行刀至离前水线 3～4 厘米处时，挑 1～2 刀，然后将刀平稳地轻推至前水线，此时刀锋顶已到前水线，但下刀翼仍未到，右手应稍放低，外脚跟相应稍向外侧转，使下刀翼与前水线平齐后就平口往外刮出，这样收刀就会整齐够深。为达到以上三点割胶人员要做到：

①手、脚、眼、身要配合协调。手、脚、眼、身四配合是指在割胶中手、脚、眼、身的姿势要正确，要轻松自然地协调进行。手握稳胶刀，掌握行刀的方向，使刀不向上、下、左、右摇摆而顺沿着割线斜度方向前进；脚要站在离树适当的位置，自然地移步向前；眼睛要斜侧看准接刀点；身体向侧弯与眼睛自然配合行进。割胶是一种精细的技术性很强的手工操作，在橡胶生产中，虽然其他管理措施相同，但由于割胶工具和割胶技术不同，会产生相差悬殊的产量效果。

②“稳、准、轻、快”。即拿刀稳，接刀准，行刀轻，割胶快。稳、准是基础，是达到深度均匀、割面均匀、切片均匀的前提。要在稳、准的基础上求轻、快，也就是在保证质量的基础上加快速度，中心是接刀准。通常，技术优良的胶工要比技术一般的胶工多产 20%～30% 的橡胶，而且伤树少，耗皮少，树皮再生速度快，橡胶树产量高，经济寿命长。

③达到“三均匀”。即深度均匀，接刀均匀和切片厚薄、长短均匀。稳、

准是达到三均匀的前提，要在稳、准的基础上求轻、快，提高割胶效率。割胶操作切忌顿刀、漏刀、重刀、压刀和空刀。良好的割胶技术应该既能挖掘橡胶树产胶潜力，又能“刀锋养树”，做到产量高，伤树少，耗皮少，再生皮恢复快，养树好。割胶工具的优劣程度，操作的熟练水平，对胶树的产量和健康状况都有直接的影响。

番茅村橡胶树受台风的影响大，但是正像2005年11月热带作物学会研讨会上吕飞杰做总结发言时所说：“台风是不可避免的，但是防治是有规律可循的。”

减轻台风灾害，一方面是做好事前预防工作，另一方面是做好补救工作，主要有以下几点：[①]

① 树立防范台风意识，减轻台风对橡胶树的伤害。首先，栽种橡胶时就要充分考虑地形，根据地形布局橡胶林，如：平地可采用十字定标，丘陵地必须开等高梯田，开垦时风害区应营造防护林或保留原生林带。一般来说，橡胶林不能太大，应成正方形或近似正方形；其次，选择抗风能力强的品种栽种。橡胶树品种不同，其抗风力有所差异，易遭风害的地段种植抗风力强的品种，利用品种抗风力强的优点，弥补易遭受风害地段的缺点；再次，定期对橡胶树修枝。橡胶树应适当修去密枝、重叠枝，枝丫的分布应该熟透、均衡，种植5~6年后可以考虑剪掉“霸王枝”、偏冠枝，这样橡胶树的抗风能力就变强了；最后，合理密植橡胶树。宽行密株有利于减轻橡胶树风害，在重风区适当密植（每亩种植40~45株），当遭遇不可避免的风害后，能多剩些以往开割的割胶树。

② 台风过后，及时处理倒伏橡胶。台风过后，对受害植株要尽快进行抢救处理。在顺序上应先处理倒伏树，后断干树；先芽接树，后实生树；先开割树，后幼树；先风害重的林段，后风害轻的林段；优先抢救幼龄树主根完好或基本完好的风倒树；扶起重种时，应全挖起，根留长些，要适当深种。

③ 政府部门增加防灾投入，鼓励农民参加农业保险。由于番茅村所处的地理位置，橡胶树遭遇台风袭击是在所难免的，政府部门必须加大科研投入，

---

① 参阅海南大学MBA教育中心，如何依靠科技，防范台风，促进热带作物产业持续发展，网址：http://www.hainu.edu.cn/mba/asp_hainu_show.asp?id=10252969&DW，访问时间：2010-07-26。

研究抗风橡胶品种及抗风栽培技术，以及修枝、风害处理等技术，并组织技术员普及技术。创立并鼓励农民参加农业保险，橡胶生产周期长，受自然灾害多，参加农业保险是农民利益得以保障的有力措施，但是由于赔付率高，如果没有政府部门的支持，保险公司很难开展此项业务，因此，要使农业保险真正对农业生产起到保障作用，还需要政策性保险的助推。

3. **槟榔种植科技知识**[①]

槟榔，属棕榈科，常绿乔木，无主根，树干单一挺直，高 10～20 米。叶 6～10 片簇生于茎顶，羽状复叶长可达 4 米，叶鞘抱茎，分枝多，花单性，雌雄同株。外形和椰子树一样无枝，亭亭玉立，但比椰树窈窕秀丽。花期 4—8 月，冬花不结果，果期 11 月至翌年 4 月，坚果卵形，熟时红色，果皮纤维质，种子呈半截的卵形。槟榔的种子叫做槟榔子，它含有槟榔碱和鞣酸等，可供食用，药用价值很高，是我国四大南药之一。中医用作治疗虫积，食滞，脘腹胀痛，水肿，脚气等症；其果皮叫做“大父皮”，能行气，利水，消肿；除果实外，树叶也可食用。槟榔在古代是作为防瘴治病的药材，自宋代以后，逐渐演变成时尚嗜好商品，同时也是“食槟榔”演化为岭南文化的特色元素。

古籍很早就有关于槟榔的记载。东汉杨孚在《异物志》对槟榔有如下描述：“槟榔若笱生竿，种之精硬，引茎直上，不生枝叶，…… 因拆裂出若黍穗，无花而为实，大如桃李，剖其上皮，煮其肤，熟而贯之，硬如干枣，以扶留叶、古贲灰并食，下气及宿食、去虫消谷，饮啖设为口实”；又说：“槟榔可以忘忧。”[②] 可见当时人们对槟榔的栽培和效用有了一定的认识。在古代，人们对槟榔的认识主要是防治疾病的效用，尤其是“槟榔除瘴说”更是医者认同。明代李时珍在《本草纲目》中指出：槟榔可以“活泻痢，重心腹诸痛，大小便气秘，气喘急，疗诸疟，御瘴疠。”[③] 随着时间的推移，吃槟榔已成了重要的习俗。槟榔切片后沾上佐料，细咀慢嚼，吐完绿水，又生丹津，吃后脸红耳赤，正如苏东坡即兴写的“两颊红潮曾妩媚，谁知侬是醉槟榔”的诗句。槟榔在五指山随处可见，各条街边都有阿婆摆箩筐，出售刚从树上摘下的新鲜槟榔，价格便宜。他们一般用小刀帮你把椭圆形的槟榔切成四五片，

---

① 根据番茅村村民口述整理，参阅槟榔栽培技术，中国经济网，网址：http://www.ce.cn，访问时间：2010－07－25。

② 杨孚．异物志［M］．广州：广东人民出版社，1982.

③ 李时珍．本草纲目［M］．北京：华夏出版社，1999：1227－1230.

用胡椒叶子把石灰包好，和槟榔片一起放进嘴里咀嚼。新鲜的槟榔和那些配料放进嘴里一起咀嚼后就会有鲜红色的汁液，将嘴唇染的猩红猩红的。①

吃槟榔成为一种习俗以后，逐渐演变成风靡岭南闽蜀，甚至京城的时尚嗜好品，因此而产生了巨大的市场需求，经历了千百年的岁月孕育，最终使槟榔这一土特产演化为岭南文化的特色元素。这些消费需求的发展变化，对海南乃至大陆广大地区经济社会产生了深远的影响。如今，槟榔在海南已发展成为一个大产业，在热带作物中，已跃居第二位，仅次于橡胶，番茅村也不例外，槟榔成为其仅次于橡胶的又一大经济作物。

槟榔生长于热带海拔700米以下地区，不耐寒，气温在25℃左右时生长较好。短期轻霜虽冻不死，但致叶片黄落，久旱和强风对生长不利。土壤宜较厚而湿润，砖红壤、红壤均可。常栽在阳光充足的村寨附近，房前屋后，以及林间地、河岸、山谷、山坡。槟榔的栽培技术如下：

（1）选地与整地

宜选潮湿疏松肥沃的土壤，坡度较大的可开行距3米的等高环山梯田，梯田面向坡内倾斜角15°左右。定植前1～2个月按株距2米挖穴，让土壤充分风化，穴宽50厘米，深40厘米，每穴施土杂肥或厩肥10千克作基肥，同时回表土至满穴。另外，可在行间种速生快长豆科植物作临时荫蔽，有抑杂草和保土壤湿度的作用。

（2）繁殖方法

种子育苗移栽（亦可直播，但成活率低，多不采用）。苗地应选水源充足、灌溉方便、有树林荫蔽的肥沃沙质土壤。耕翻后，撒土堆肥、厩肥，并耙平整细，使肥土混合均匀，按育苗株行距开穴，然后穴施基肥，以集中用肥。

第一，选种。

母树应选择15～30年生，高大健壮、叶色浓绿、树干节短、茎基部和茎干部粗细差异不大、单株结果不少于300个，果托不少于3托，叶片8片以上、结果正常无病虫害、多而集中者。一般选第二、第三托的果实作种适宜，当果实充分成熟后摘下，再选果大、色金黄、无斑点的作种。为防止果实从树上落地碰伤，因而腐烂影响发芽，故最好在摘果时，树下张网承接，采回

① 陈光良．海南槟榔经济的历史考察．华南民族文化网，网址：http://www.gdin.edu.cn，访问时间：2010-07-29。

的果实应随即进行催芽处理。

第二，催芽。

选荫蔽地挖坑深30厘米，长宽视地形和种子多少而定，在坑底淋水后撒一层沙，然后铺一层果（果蒂向上，以便发芽），加一层土（厚约9厘米），堆放1～2层后，盖层稻草。经常浇水保持湿度，半月后可生米粒样大的白色芽点，此时即取出育苗，否则芽长过大，播时易损伤，播后也易被晒死。

第三，育苗。

育苗分营养袋育苗和苗床育苗。①营养袋育苗。营养袋为长25厘米，宽18厘米的塑料薄膜制成，袋下有4个小孔以便通气透水。营养土按1∶1的表土与腐熟牛粪混匀，占袋4/5，再装入河沙至满袋，以免表面土板结。每袋放1粒种子，淋透水，保持湿润。②苗床育苗。选近水源土质疏松肥沃沙质壤土或壤土为育苗地，经犁翻耙平施下厩肥或塘泥作基肥与土壤拌匀做畦，畦长4～5米，宽1米左右，高12～15厘米，并在畦面铺一层4厘米的细沙。按株行距各30厘米开穴，每穴横放果1～2个，覆土至不见果为度。播后10天内，要每天淋水1次，到苗出土小叶展开时施肥1次，沿根扒土施入，再覆土。根据阴蔽情况，适当搭荫棚，避免阳光暴晒，每年除草、施肥2～3次，并注意灌水、培土。苗龄1～2年后，高30～60厘米，茎基稍肥大时，便可带土起苗定植。

第四，定植。

槟榔苗生长约1年，高50～60厘米，5～6片叶便可定植。雨季定植最好，易成活，一般是春季2—3月、秋季8—10月。定植前两月在选好的地上，按株行距240厘米、300厘米（与胡椒间作可4.5米、6米）先开穴，宽60厘米，深45厘米，让土壤风化。定植时，选阴天将表层肥土填入坑内，并施足基肥，把当天带土挖起的壮苗直栽坑内，高出地面约15厘米，覆土压实即可。植后将已展开的叶剪去一半，并根据阳光强度适当在周围插小树枝遮荫，每天适当浇水，保持荫蔽和土壤湿润，到成活长出新叶，方可减少浇水次数。

第五，田间管理。

植株成活后，每年应中耕、除草、施肥2～3次，注意排灌，保持植株周围土壤疏松、无杂草、有充足的养料、适当的湿度，以利于正常生长，提早结果。施肥应在4～9月，于树根15～20厘米处挖环带穴施入，然后覆土。追肥以有机肥为主，配施化肥。幼龄期3年内每季度施肥1次，在树冠外围挖穴或开沟，按四个方向交替施肥。每次每株施人粪尿约 5 千克或硫酸铵 25 ~ 50 千克，混合绿肥 5 千克，并覆土浇水。3 龄以后在开花结果前每年春、秋季各施肥 1 次，每次每株施绿肥或厩肥 10 千克，混合硫酸铵 100 ~ 150 克、过磷酸钙 150 ~ 250 克。开花结果树每年 3 月及 10 月各施肥 1 次，每次每株施绿肥或厩肥 10 千克，加入尿素 100 ~ 150 克、过磷酸钙 250 ~ 500 克、氯化钾 100 ~ 150 克。

槟榔干高叶少，幼树喜阴，成树喜阳，地面间隙大等特点，可在株行间种一些矮生而较耐阴的作物，如豆类、胡椒、蔬菜或其他果药类。只要加强管理，增施肥料，充分利用土地，长短作物结合，既可增加收入，又可覆盖地面，防止雨水冲刷而造成土壤流失，保持土壤湿度，利于槟榔生长。同时，还要注意病虫害的防治。

第六，采收加工。

移植后 7 ~ 8 年开始结果，每年 4—5 月果实黄熟时即可采收。用刀划破果皮，剥开将种子和果皮分别晒干即可。种子即槟榔，果皮即大腹皮分装出售入药。

4. 番茅村的科普工作及其存在的问题

(1) 科普工作

冲山镇政府、番茅村村民委员会始终坚持科技兴农政策，认真落实各项科技下乡政策，积极开展各类科技培训和推广工作，大力培养农村科技人才，为服务“三农”提供农业技术支持，促进农业发展，农民增产增收。

第一，设立农业科技服务“110”站点，普及农业科技知识。

农业科技服务“110”是海南省首创的，其在村镇设立站点，使技术人员，农业科技能人能够迅速地为农民解决生产中的技术问题，随时随地的为人民服务。海南省五指山市农业科技 110 艺苑服务站设于番茅村内，为番茅村的农业科技普及提供了便利，极大地促进了番茅村的农业生产。设于番茅村的农业科技 110 艺苑服务站服务范围广，包括指导农户、农场、茶场等作物种植和病虫害防治，良苗良种推广，小型种植基地良种培育，农药、化肥、饲料、农机推广等。村民经常到站点咨询农技知识和信息，其站长陈恒德积极开展农技服务，传授农技知识。陈恒德站长经常根据植物病症给村民提供技术服务，村民形象地把农技站称作“植物医院”。农业科技服务 110 切实为农民分忧，为农民致富增收注入了强大的科技动力，产生了明显的经济效益和社会效益；有效地为农民提供了各种涉农科技资源，创造了一种符合实际并得到农民认可、富有生命力的农业科技服务新机制；调整了农业结构，发展了高效农业，为社会主义新农村建设增添了新的活力。

第二，科技下乡，举办农业实用技术培训班。

科技下乡，举办农业实用技术培训班，聘请专业技术人才对农民进行专业培训。海南省政府、五指山市政府、冲山镇政府大力实施“农民知识化”工程，有计划地对农民进行农业实用技术培训，大力增加有文化、懂技术、会经营的新型农民，定期组织瓜菜、畜牧、水稻、水果专家深入基层，采取面授和现场讲解等方式，传授农业实用技术。中国热带植物科学院也积极的开展科技下乡活动，为村民送上适用科技知识，讲授椰子、槟榔和橡胶等热带作物的丰产栽培，品种选择，病虫害防治及农产品初加工等技术，并发放适用技术手册。我们的调查显示，番茅村村民对技术培训班非常满意，尤其是手把手教割胶技术的培训，得到了广大村民的好评，采取正确的割胶技术之后，橡胶的出胶率及可割年限明显增加了。

（2）存在的问题及建议

农业科技推广普及是解放和发展农村生产力，加快农业结构调整，促进农村经济发展，增加农民收入的有效途径。番茅村的农业科技推广普及工作，在宣传党和国家在农村的方针政策、大面积、大范围开展农业技术的推广、提升科技含量、广泛进行适用技术培训、提高农民科技素质以及帮助农民开展产业结构调整，增收致富奔小康等方面作出了重要贡献，但是在我们的调研中也反映出了一些不容忽视的问题。

首先，农技科研投入不足，科研水平滞后于经济发展的要求。五指山市农业科技110艺苑服务站高级科技人员缺乏，资金投入不足，科研设备条件差，创新能力弱，成果产业化发展缓慢。近年来，政府对农业科技推广所投入的资金，虽有所增加，但不能满足农业科技推广项目和基础试验研究的需求。应该继续深化农业科研机构改革，整合农业科技资源，尽快形成富有活力，多出成果，多出人才，多出效益的机制，推进产、学、研相结合，形成具有先进水平的农业科研和技术开发体系，服务于当地，解决当地的实际问题。

其次，农业科技推广程序不完善。在技术推广过程中缺位、不协调现象时有发生，科技推广普及工作停留在点上，对面上的普及不够深入。农业科技普及要抓好技术培训、技术示范、技术推广和技术咨询等四方面的工作，当前的科技普及往往只注重抓技术培训，而不注重后期的使用及出现情况的解决。

最后，农业技术信息化服务水平落后，信息化服务条件有待改善。目前农业技术的传授主要靠农业科技110服务站和政府提供的技术培训两项，普及和推广主要靠村民口传，这不利于农业技术的产业化和成果化。今后要将信息化作为提升农业科技110服务站的重要支撑手段，加快发展电子农务，加强与电信、移动和联通公司等合作，完善信息服务和热线电话等服务和业务。

（二）教育

“百年大计，教育为本”。民族教育是我国教育事业的重要组成部分，也是民族工作的重要内容。发展民族教育，对于提高我国少数民族的人口素质，促进民族地区的经济文化发展，增强民族团结，起着十分重要的作用。黎族在历史上长期处于“结绳记事、刻木记年”的状态，文化教育不发达。新中国建立以来，黎族地区的教育事业得到迅猛的发展，以前“踏遍青山无学校，只闻鸟声无书声”的状态已经得到彻底的改变。番茅村隶属海南省五指山市冲山镇，距离五指山市区约500米，是一个交通比较便利的村庄，冲山镇中心小学坐落于番茅村，其教育在党和政府及当地黎族人民的高度重视下，取得了显著的成果，适龄儿童100%入学。[①] 番茅村坐拥镇中心小学，离镇中学不到1公里，教育环境良好。这里不仅是旅游胜地，黎锦的生产基地，而且还是培养黎族人才的重要教育基地。但是在我们的调查中，发现番茅村的基础教育、高等教育以及成人教育都存在问题，直接影响了农村孩子的教育，而且对农民吸收新知识，民主与法治的贯彻实行造成障碍。问题如果不解决，将会造成农村教育的危机。

1. 教育基本情况

番茅村的教育情况与番茅村的经济发展状况息息相关，随着20世纪50年代至70年代，国家与政府民族政策的大力支持，番茅村取得了辉煌的发展

---

① 数据来源：冲山镇番茅村简介。

成果，教育也随之得到很大改善。总的来说，教育的发展主要分为以下四个阶段：

第一阶段，动乱、内乱的教育阶段。“文化大革命”到1978年期间，番茅村的教育是比较落后的：学校校舍破旧，草房居多，只有几间瓦房，课桌与板凳均是泥土做成的，设备比较差，无公共厕所；教师住房少，好几个教师住一间屋子；师资短缺，民办代课教师占1/3；教师的地位低，待遇低，1975年的工资为28.5元/月，1976年提为38.6元/月；教育布局不合理，整个冲山镇仅有福安和番茅两所附属中学和8所完小、5个教学点；学科不全，英语、化学等因无师资无法开课，当时学习的内容主要以毛主席语录为主；以劳代学，以劳代交，模仿当时“工业学大庆，农业学大寨”，学习海南屯昌经验“中学生半亩田，小学生三分地”，学生一半时间劳动，一半时间学习，获得的知识有限。

第二阶段，拨乱反正，抓两基教育阶段。1978年到1996年间，番茅村开始重视教育，着重抓两基教育，“两基”指的是：基本普九，基本扫除农村青壮年文盲（45岁以下的农民要脱盲，至少懂得小学的四则混合运算）。这期间恢复高考，带动了番茅村学习文化的积极性，解决了教育上的“一无两有”，实现无公害，有桌椅、有课上的好环境，并且开始形成尊师重教的好氛围。1985年第一个教师节，当地政府专门为教师的家属安排了农转非，招聘部分家属当校工，作为教师节礼物。党对知识分子的政策也得到落实，“文革”期间受到处理的教师得到了平反，并成立了教师党支部。1986年，小学恢复6年制教育，随着教育法的出台，教育稳步发展。但是这个阶段由于实行财政包干，教师的工资与财政紧密相关，部分财政薄弱的单位影响到教师的生活，甚至导致有的教师转行。

第三阶段，抓普九，攻坚、巩固阶段。1997—2004年期间，教育进入正轨，层层机构推进教育的发展，适龄儿童入学率超过国家标准，达98%。教师工资改由县市统一管理发放，回归市财政统一管理，教师的生活有保障。

第四阶段，新课程改革、校本培训阶段。2004年至今，主要进行新课程改革和校本培训，注重师德师风的教育，培育先进教师代表；政府对教育的重视程度进一步提高，集中力量整合资源，办好冲山镇中心学校。当前，4年级以下学生在各教学点受教育，4~6年级学生全部集中到中心学校接受教育，家远的寄宿在学校；在冲山镇党委和政府的支持下，学校的设备也焕然一新，桌椅、餐具都是新更换的。

番茅村学校教育不断前进，不论是入学率、升学教育和素质教育及办学条件和师资力量都有了大的进步。

2. 学校的基本情况

1957 年创办番茅小学（校址为今番茅中学校址，当时小学与中学在一起），1985 年迁移到现校址，1987 年开设学前班，1992 年各村办起农民技术夜校，1996 年完成普及九年义务教育任务，经省检查合格，1998 年经国家教委验收合格，几年来一直努力巩固提高普及工作。1998 年学校被定为国家级贫困学校，2005 年 5 月，冲山学区撤销后，冲山学区与原番茅小学合并，由市教育局改名为冲山中心学校。2006 年冲山中心学校被评为冲山镇“普及九年义务教育工作先进单位”，2007 年被评为“海南省校本培训实验学校”、“海南省 2004—2006 年师资培训先进单位”，2008 年 10 月被评为五指山市教育系统“先进基层党组织”、“海南省法律先进学校工程先进集体”。

学校的服务范围为周边半径 4 公里，番茅村委会管辖下的 5 个纯黎族自然村全在学校的服务范围内，服务总人口 1140 人。学校占地面积 28.2 亩，每生平均面积 29.6 平方米，其中钢筋水泥结构的楼房总面积 3850 平方米（1985 年建的教学楼 700 平方米，教师宿舍平顶房 200 平方米，1996 年建的宿舍楼 700 平方米，2000 年建的教学大楼 1200 平方米，综合办公室 1050 平方米）。学校教学设备不断更新，现有教学仪器 500 多件，总价值 3 万元，主要有 21 寸彩色电视机 1 台，VCD 机 1 台，教学幻灯机 2 台，收录机 3 台，扩音器 2 台、音响 1 台，电子琴、手风琴各 1 台。

学校配套设施齐全，有实验室、图书馆、电脑室和农远设备。实验室 50 平方米，演示桌 1 张，实验桌 12 张，仪器室 1 间，面积 25 平方米，仪器柜 6 个；图书馆 1 间 25 平方米，书架 4 个，藏书 5000 册，每生平均 38 册；电脑室 1 间，面积 60 平方米，电脑 14 台，价值 9 万元；农远设备有电视机 3 台，VCD 机 3 台，电脑 1 台，接收器 1 套，刻录机、打字机各 1 台，避雷插座 1 个，灭火器 3 个，不间断电源器 1 个，资料柜 1 个，电脑桌 1 张，学生课桌椅 25 套，各年级学生教学光盘 490 张。学校现有学生旧课桌、板凳 80 套，双人座。

3. 教师及学生的基本情况

冲山中心学校现有教职工27人（其中借调3人，工人1人），其中男教职工8人，女教职工19人；汉族13人，黎族14人；校长1人，副校长2人，教导主任1人，副教导主任1人。教职工文化水平中等，学历如下：本科1人，大专21人，中师3人，高中2人。已评职称的26人，高级7人，一级18人，三级1人。我们调查中，发现冲山中心学校师资力量薄弱，老校长也向我们反映农村办学最大的挑战就是师资队伍建设，目前该学校缺乏英语、体育、美术、幼师等专业的教师。冲山中心学校现有7个教学班，每个班级人数不等，一至六年级在校学生130人，男生68人，女生62人，一个学前班，13人，全部是农民子女。

4. 学校普及教育的情况

冲山中心学校是一所健康、绿色，充满朝气的农村完小，其全面提高学生的综合素质，为学生的成长成才奠定基础。学校在1987年就开设学前班，每年5~6周岁儿童都入学前班学习。1992年前已扫除了青壮年文盲，各村民小组办起了农民技术夜校，2007年家长学校挂牌。由于上级领导的支持和群众的积极配合，近几年普及教育情况达标，“两基”成果得到巩固。在学校的服务范围内，所有的适龄儿童均接受教育，2006—2009年番茅村的适龄儿童全部入学就读，详细情况见表4-2。所有入学儿童均接受了较好的教育，完成全部教学任务，2008—2009年学年度，13~15周岁学生人数62人，其中女生33人，20人在冲山中心小学就读，42人上初中，入学率100%。学校学生毕业率高，较好地普及了小学教育，学校的生源稳定。学校每年在校学生的巩固情况如下表4-1所示，学校近三年毕业情况统计见表4-3。

表4-1　**冲山中心学校2006—2008年在校学生的巩固情况**　单位：人

学年度	适龄儿童（7~12岁）		已入学读书人数		入学率（%）
	总人数	其中：女	总人数	其中：女	
2006—2007	155	73	155	73	100
2007—2008	130	56	130	56	100
2008—2009	129	58	129	58	100

数据来源：冲山中心学校基本情况简介．冲山中心学校，2009年3月10日。

表 4－2　**冲山中心学校 2006—2008 年适龄儿童入学率**　单位：人

学年度	适龄儿童（7～12 岁）		已入学读书人数		入学率（%）
	总人数	其中：女	总人数	其中：女	
2006—2007	155	73	155	73	100
2007—2008	130	56	130	56	100
2008—2009	129	58	129	58	100

数据来源：冲山中心学校基本情况简介．冲山中心学校，2009 年 3 月 10 日。

表 4－3　**冲山中心学校 2006—2008 年毕业情况**　单位：人

年度	学年初毕业班人数	实际毕业数	毕业率（%）
2006	29	29	100
2007	36	36	100
2008	22	21	95

数据来源：冲山中心学校基本情况简介．冲山中心学校，2009 年 3 月 10 日。

5. 番茅村教育存在的问题及建议

根据我们的调查所反馈的情况，番茅村的教育主要存在以下问题：

（1）番茅村的幼儿教育和农民的技能文化培训亟待加强

幼儿教育是人一生发展不可或缺的部分，幼儿时期是智力发育和社会化发展的最佳期。美国心理学家杰明斯的研究指出，5 岁以前是智力发展最快的时期，对一个 18 岁的孩子达到的正常智力水平来说，其中 50% 的智力是 4 岁以前获得的，30% 是 4～8 岁获得的，20% 是 8～18 岁获得的。目前，番茅村的幼儿教育存在不少问题，具体表现在：一是儿童从出生后到入学前班前，过的大多是玩泥巴、捉虫子、逗小狗小猫的生活，没有人教他们唱歌、跳舞、画画、识字、讲故事。二是学校教育设施严重不足，学前班教育缺乏儿童教学设备。除了简单的桌椅板凳外，无儿童玩乐设施，不能充分调动促进幼儿智力开发，培养幼儿动手动脑的习惯。三是家长和教师的幼儿教育观念错位、"小学化"现象严重。幼儿家长对幼儿教育认识不够，片面地把幼儿园教育理解成是为小学提前识字、学数学打基础，忽略了学龄前幼儿应该具有的以游戏活动为主，快乐获取知识的特点，从而造成幼儿园偏离了《幼儿园教育指导纲要（试行）》精神的指引，教师盲目迎合家长的需求，导致幼儿教育

“小学化”。四是幼儿园师资匮乏，教师缺乏必备幼教专业知识和专业水平。五是课程设置不尽合理。幼儿教育要依据幼儿身心发展特点和教育规律，坚持保教结合和以游戏为基本活动的原则，与家庭和社会密切配合，培养幼儿良好的行为习惯，保护和启发幼儿的好奇心和求知欲，促进幼儿身心全面和谐发展。另一个值得关注的问题是番茅村村民的职业技能文化培训，农民的文化水平低成为农民致富奔小康的拦路虎，对农民进行文化技能培训是一件十分紧迫、意义重大的事情。每年的科技下乡确实提高了农民的科技文化能力，但是农民的职业技能文化培训必须长期化、制度化、本地化，每年的科技下乡活动对于低文化水平的农民来说，无疑是杯水车薪。

（2）学校师资力量较薄弱，软硬件缺口依然较大

由于农村的办学条件和生活条件与城市相比较为艰苦，加之农村教师的工资待遇长期以来偏低，因此很多师范类和非师范类的大学毕业生不愿到农村任教，城市教师也不愿调入农村学校工作。目前扎根番茅村任教的主要人员是：民办教师转正而来的公办教师、代课教师、中师和师专毕业生，教师的平均学历普遍低于城市教师。番茅村教师的专业结构也不均衡，体育、音乐、美术、幼教、历史、地理、生物等学科的专业教师短缺。硬件方面，尽管学校基础设施不断改善，但与城市学校相比，学校的办学条件仍很落后。比如学校还缺少音乐、美术室、体育器材。软件方面，学校文化应该激发学生探索智慧、鼓励学生上进，让他们有求知的渴望和永不满足的求知需要，优质学校的稳定性、持续性就在于形成优良的学校文化，缺少这个重要的内涵，学校便没有了“底气”。目前冲山镇中心学校的文化育人氛围有待进一步加强，使学校形成深厚的文化积累和浓郁的文化氛围，让校园成为学生张扬个性的精神家园。

（3）学生缺乏自主学习能力，家长教育意识薄弱

大部分学生的学习目标，是家长、老师压出来的，他们对成绩的认知度很高。学生由于缺乏自主学习能力，易受外界因素的影响，需要不断督促才能认真学习。学生家长教育意识薄弱，主要表现在：一是家长没有家教意识。绝大多数家长认为教育就是在学校读书，学生有问题就是学校教育的问题，把自身置之于外。二是家长没有教育能力。绝大部分家长最多只是初中文化水平，而且又不是从事教育职业，就是他们重视家庭教育，其能力也是相当有限的。三是家长无教育计划。家长们希望孩子能考出去“将来出息会大一

点”，“将来不再去忙土地”，但也许是条件、思想上的多种因素，家长没有对自己子女教育的计划，很多家长认为对孩子学习成绩的关心即是对孩子学习关心的全部表现。

农村教育为农村建设提供了强大的智力支持和人才保障，农村教育的成败直接关系到农村建设的成败，也影响中国民族教育的成败盛衰，因此番茅村现存的教育问题不是穷乡僻壤中的枝节小事，社会公众和有关部门一定要高度重视并予以解决。在此，我们提出自己的建议，权当引玉之砖。

第一，引进人才，加强师资队伍建设。

一是吸引高素质大学生下乡从教。使大学生成为本地教师的骨干，从而改善本地教师的整体学历水平和专业结构。近年来，随着我国高校扩招，大学生数量激增且出现了就业难的问题，这正好为更多的优秀大学生下乡从教创造了机会。二是加强城乡师资交流，城乡师资交流有助于农村教师吸纳先进的教育理念、教学方法和教学手段，也有利于双方经验的交流和感情的沟通。可以一学年或一学期为周期，组织本地教师到城市学校观摩学习，把城市学校所具有的先进管理制度和方法在本校推行。三是提高教师的待遇。农村教师的工作、生活条件都较艰苦，他们理应得到较高的工资待遇作为补偿。农村教师的工资待遇应不低于甚至要略高于同级别的城市教师，对长期扎根农村的教师应加大教龄补贴。

第二，加强幼教和农民技能文化培训，实行分散贴近战略。

幼儿教育和农民技能文化培训必须得到重视，针对自然村庄比较分散、农民忙闲的季节性较强的特点，本着服务农民、方便农民的目的，幼教和农民技能文化培训要实行分散贴近战略。具体做法是：规模大的自然村一个村可开办一个幼儿园，相邻较近的几个小自然村可以合办一个幼儿园。农民培训学校原则上一个行政村办一个，可以利用村小学合并后的空闲教室。每个行政村应设置一名科技文化专干负责农民培训，培训内容可以是种植、养殖、农机使用和修理、家电修理、文化扫盲、文艺活动、法律以及外出打工需要的某些技能，培训的时间包括农闲时的集中时间培训和平时劳作之余的零星学习，培训教师可以是致富能人、专家学者或本村的科技文化专干。

第三，加大教育经费的投入力度。

保证教育经费投入是农村教育综合改革的根本性保证，这项工作做不好，农村教育将很难有重大进展。首先，建立起以中央和省级政府为主的农村基础教育投入体制，确保对教育的投入，明确各级政府的责任。其次，政府应专设农村教育投资基金，以保证农村基础教育的实施。最后，以多种途径增加教育经费的供给：把乡镇财政节余的财力和村集体经济的收益用于农村教育；国、省税费改革转移支付中教育部分必须全额用于农村教育；统筹优质公办学校的部分借读费和择校费，将其“反哺”农村教育；鼓励和引导社会资金投向该地区教育；采取捐款的形式获得教育事业费，比如说“希望工程”等。

第四，加强学校的文化建设，学风建设。

优质学校的稳定性、持续性就在于形成优良的学校文化，学校文化的核心是师生共同创造的价值观念、价值判断和价值取向，并随着学校发展而日益强化。学校的文化建设应该从以下三方面来加强：一是加强学校精神文化建设，努力塑造高尚的人格，提升师生的文化素质。二是加强学校制度文化建设，形成群体性规范，并借此推进现代学校制度的构建。三是加强学校物质文化建设，学风，能够折射出学生学习的目的是否明确，学风与人才培养质量密切相关，关乎到本地的可持续发展。目前番茅村学生的学习动力不足，良好的学习风气有待形成，学生学习的积极性有待进一步激发。良好学风的建设：一是要对学生进行学习目的教育。很多学生不能全身心地投入学习，并不是因为他们不想学习，而是因为学习没有目标或是因为目标不明确，学习没有动力，因而总是三天打鱼，两天晒网，不能持之以恒地投入学习。对于这些学生，要进行目的教育，要让他们明白来学校的目的，告诉他们这里不是混日子的地方，也不是浪费大好青春的地方，这里是学知识、长见识、成才的地方。另外还要让学生制定学习奋斗的目标，包括长远目标和短期目标，并且隔一段时间要修订一次，并不断激励学生向目标奋进。每次订了计划之后，从他们的计划里可以看出他们的学习动力倍增，这时再加以鼓励，学生必然全身心投入学习，学习风气自然变得浓厚。二是培养学习尖子，带动学风。学习尖子很能鼓舞其他同学好好学习，因为榜样就在身边，他能学得好，我为什么就学不好呢？这样大家你追我赶，必然在学习上形成一股竞争的风气，然后老师再加以正确的引导，给学生讲述“逆水行舟，不进则退”的道理，鼓励每个学生都向前冲，这必然会在班上形成一股良好的学习风气。

五、番茅村的文化

文化是民族的重要特征，是民族凝聚力、生命力、创造力的重要源泉。文化与经济、政治内在联系、辩证统一，经济是基础，政治是经济的集中表现，文化是经济和政治的反映，文化的发展必须同经济、社会发展相协调。番茅村，原名报什村，位于海南省中部五指山市冲山镇南圣河畔，西靠红雅村，南接什保村，东依五指山市郊区，北临国道214线（海榆中线），距离市区约500米，是一个交通比较便利的黎族村庄。据说该村由福建甘蔗园漂洋过海，从昌化江入海口处上岸，经东方市乐东县境内沿河而上到五指山腹地居住，迄今为止已有上千年历史。漫长的历史发展，逐步形成了本地区本民族独有的璀璨文化，其文化起源久远，底蕴深厚，形式多姿多彩。

番茅村地处热带，年平均气温23℃～25℃，最冷的2月平均16℃～20℃，最热的8月为35℃～39℃，光热充足，雨量充沛，森林密布，野生动植物资源十分丰富，具有独特的热带雨林自然景观，村中及周边遍布椰子、槟榔、橡胶等热带植物。独特的自然条件对当地民族的服饰、饮食、居住、交通及生产生活方面产生了深远的影响，再加上番茅村独特的地理位置，立于五指山，孤悬于南海之上，远离中原，与其他民族交往不便，使得其文化独特而又富有魅力。

番茅村是一个黎族村落，这个村的文化与黎族文化息息相依。黎族是海南岛最早的居民，“黎”是他称，即汉民族对黎族的称呼，黎族一般自称为“赛”，黎族因方言、习俗、地域分布差异而有不同的分支，主要有“哈”、“杞”、“润”、“赛”和“美孚”等称呼，番茅村的黎族属于“杞”，又称杞黎。番茅村的文化是番茅村祖祖辈辈村民共同创造和享用的物质财富和精神财富的总和，番茅村人民在美丽而丰饶的五指山繁衍生息，凭借他们的勤劳和勇敢，创造了独特深邃、婀娜多姿的民族文化：古老神奇的传说故事、淳朴敦厚的礼仪风俗、激越优美的音乐舞蹈、华美绝伦的黎家织锦、历经数千年的黎族文身……令人叹为观止，其内容非常丰富。

（一）物质文化[①]

物质生产是人类首要的基本的活动。“人们首先必须吃、喝、住、穿，然后才能从事政治、科学、艺术、宗教等。”[②] 人们要生存，要发展，首先要从事物质生产活动，生产物质财富，创造饮食文化、服饰文化、居住文化、科技文化等，以满足人们衣食住行方面的基本生存和生活的需要。

1. 饮食文化

饮食文化是物质文化中的重要组成部分，饮食是人人每天关注的中心，俗话曰：“民以食为天”，“人生大事，吃穿二字”。在热带地理环境条件下，番茅村的饮食具有其独特的风格，并且随着社会生产力的发展不断改善。

（1）主食

番茅村人民一日三餐，以稀饭为多，大米是人民生活的主粮，主要食物有大米饭、山栏米饭、竹筒饭、红薯饭、南瓜饭等。

大米饭。材料为稻米，[③] 其制作过程是：在三角灶生火置锅，把锅内的水煮沸后，按水下米，用勺子搅均匀，火候适中。米饭煮半熟时盖上锅盖，将灶里柴火取出，用火炭的余热将大米焖成香喷喷的米饭，米饭煮后，适量冲进凉水，调成稀饭。由于这里的日照时间长，天气热，村民们普遍早上就煮好一天吃的米饭。

山栏米饭。番茅村盛产山栏稻，[④] 山栏米质好，营养丰富，煮成米饭，清香扑鼻，有关资料记载，山栏米“其粒绝白”，“一家煮山栏饭仝村香”，是黎家迎宾待客的上品。

竹筒饭。人们出远门的时候，一般多带竹筒饭用餐，因为竹筒饭不易变

---

① 根据当地村民口述整理，参考王学萍．中国黎族［M］．北京：民族出版社，2004. 参阅海南省人民政府——民族民俗，网址：http：//www. hainan. gov. cn/code/V3/special/more. php？ID＝49&BigClass＝539，访问时间：2010－07－30。

② 马克思，恩格斯．马克思恩格斯选集，第三卷［M］，北京：人民出版社，1995：575.

③ 稻米又分白米、红米和糯米3种，白米、红米是制作米饭的原料，糯米是制作饭团、包粽子和酿酒的原料。

④ 山栏稻是一种山地旱稻，是黎族人民在长期的生活实践中筛选出来的适宜干旱地带种植的稻子。

质，可保存一周。竹筒饭的制作过程如下：用水把米浸泡、滤干后，配上瘦肉、五香料和适量食盐拌匀填入竹筒（用生山竹或家种云竹的幼竹制作）内，再灌上适量清水，用芭蕉叶堵塞封口。然后把竹筒放进火堆里慢慢翻烤，制成竹筒干饭，竹筒饭芳香可口，黎语称竹筒饭为“眉万”。

红薯饭。番茅村家家户户都种红薯，红薯饭的制作过程如下：把生红薯洗净切成小块，先下米待煮半熟时放入红薯，以三成米、二成红薯混合煮成稀饭或干饭。另一种是把红薯切成小片晒干，掺米煮成稀饭。夏天吃红薯稀饭清甜可口，凉爽解热，有保健的作用。

南瓜饭。村民们也常煮南瓜饭食用，南瓜饭的制作过程如下：先削去瓜皮，清除瓜瓤，把瓜肉切成小块掺米下锅，煮成稀饭或干饭。或是糯米掺南瓜肉，用蒸锅蒸成米饭后，用木臼舂烂，制成南瓜饭团，这是一种独特的风味。

糯米粽、糯米团。每逢喜庆佳节、探亲访友都要制作糯米粽、糯米团食品。制作时，先把糯米浸泡，淘干净后掺进芝麻或黄姜水，用粽叶包成圆长形的米粽。制作糯米团时，把糯米浸泡后蒸成干饭，用木臼舂烂，揉捏成圆形的糯米团，沾上芝麻，大人小孩都爱吃。把糯米团晒干，可以保存一个月食用。吃时，用水浸泡后放进火烘，热软即可吃。

除了以上几种食物外，还有黄姜饭、玉米饭、山薯饭、山果饭、磅薯饭、包子果饭、鸡头果饭等用野生植物与米饭烹饪的食品。

（2）菜肴、佐料

在番茅村的饮食结构中，菜肴品类丰富。有家种的南瓜、葫芦瓜、冬瓜、木瓜、黄瓜、豆角、西红柿、韭菜、萝卜、莲藕、小白菜、空心菜等蔬菜。野菜主要有木耳、山菇、山芋、山竹笋、莉嫩、子温、子干、卜凡、白花菜、雷公根等。肉类有家禽（鸡、鸭、鹅），家畜（牛、羊、猪）等。村民们善于捕捞，日常下田劳动，男子带刀篓，女子带小腰篓，捕捉田蛙、田蟹、稻虾等动物回家食用。做菜时，他们习惯把肉、菜一起煮，或者把几种菜混合煮，菜味新鲜，营养丰富。他们喜清淡，食盐是菜肴的主要调料，小辣椒是平时餐桌上的佐料。除上述外，当地还有很多有独特风味的食品：“南杀”，采集莉嫩（剥去叶子取幼嫩的茎条）、子温（取幼茎和叶子）等野菜，洗干净后盛入陶罐，倒入凉米汤后密封。保存 3 个月或更长时间，让其发酵，腌制出具有独特味道的酸菜。常吃“南杀”可以清除体内毒素和身体内的杂质。

槟榔是礼俗的吉祥物，民间结婚、访亲会客等活动都以槟榔为礼物。男女都喜爱吃槟榔，形成日常生活的食俗。吃槟榔有干吃和生吃两种：生吃是把槟榔果实破开成数块，一块一口，配螺灰和蒌叶（草本植物，茎蔓生，似胡椒叶子，味道香辣），卷成一束（瘾大者，还配上适量的烟叶），放进口中嚼，初嚼时吐出的口水是黄色的，味道有些苦辣，嚼了一会儿，就嚼出又香又甜又辣的味道来，越嚼口水越红，连嘴唇也被染得红红的。初嚼槟榔醉如酒，夏天吃槟榔可以解渴，冬天吃槟榔周身暖和，经常吃槟榔可防龋齿，又能提神健肠胃。

（3）水果和零食

村里水果丰富，村中每家房前屋后，道路两边椰子树、槟榔树环绕，木瓜树，菠萝蜜树遍布田野，日常生活中，有家种的甘蔗、椰子、菠萝、杨桃、菠萝蜜、香蕉、酸角、莲雾等水果食用；还有野生水果，如包子果、春告、春芭、山石榴等。家种和野生的水果，都是季节性水果。爆玉米花、焗煮番薯和木薯，是村民喜爱的零食。村里的男人喜好吸水烟，烟品是自种于房前屋后或河边冲积地的烟草。制作时，把烟草晒干，切成烟丝，以竹制烟筒吸烟。

（4）饮品

①饮料。番茅村的基本饮料为水，很多村民有喝生水的习惯。在家里平时喝米汤解渴，出门在外喝泉水，上山则斩断老藤喝藤水。此外，他们种植甘蔗、椰子等，日常生活中常吃甘蔗，喝椰子水解渴。村民们偶尔也喝茶水，喝的大多是本地盛产优质水满茶。酒饮品也是人们日常生活中不可缺少的饮料，节日、婚娶、丧葬；入新屋、生育、社交和举行宗教仪式等活动，都要摆席设宴饮酒。平时迎宾会客也以饮酒为情礼，敬酒对歌常通宵达旦，形成自己的酒文化。

鲜嫩爽甜的椰子水是清凉解渴的天然饮料，此外椰子的各个部分均可食用，解渴的同时还可以充饥，椰子水解渴是村里人的生活习俗。村民种植椰子已经有很多年的历史了，这里高温多雨，阳光充足，是椰子生长的故乡。东汉杨孚的《异物志》对椰子树有生动的描述：“椰树，高六七丈，无枝条。叶如束蒲，在其上。实如瓠，系在于巅，若挂物焉。实外有皮如胡卢。核里有肤，白如雪，厚半寸，如猪肤，食之美于胡桃。”① 可见为什么番茅村人民

① ［后魏］．贾思勰．齐民要术［M］．卷十．椰．异物志．

喜爱喝味美于蜜的椰子水了。

②酒饮品。村里人无论男女，皆爱好喝酒，尤其喜欢集体喝酒，逢节庆日更是天天喝酒，家家喝酒。酒基本都是自酿的，当他们发现食物发酵后会产生酒香，于是发明了酒饮料，酒饮料按酿造材料分为米酒和果酒，酒饮料主要有山栏酒、玉米酒、番薯酒、木薯酒、芭蕉酒、南瓜酒和山果酒等。

山栏酒。俗称糯米酒，黎语称作“并”，制作颇具特色：取优质的山栏米或糯米。将米浸泡半天，淘起盛入蒸锅，蒸成干饭，晾凉。再盛入酿酒竹箩内（竹箩架呈锥形，口径约 80 厘米，底部尖，酿酒时，用芭蕉叶铺盖）。按酒料数量下酒饼，把酒饼捣碎放入陶盆中用温水冲调，然后将酒饼水倒入酒料中，并通过酿酒箩底端捅孔排去水分，用芭蕉叶封闭箩口。酒料经过 3 天发酵后散发出芳香扑鼻的酒味。这时，用筷子在箩架底下捅一个小孔，酣醇浓厚的并汁，便一滴一滴地流入盆子里。并汁俗称“酒滴”，黎语“南滴”。酒酿至 7 天的时候，用陶罐盛山栏酒汁，大坛盛山栏酒。初时，山栏酒汁和山栏酒蜜酒度低，封存愈久酒度愈浓。村里人经常把山栏酒蜜盛入大坛子埋在地下三或五年，等到酒质醇厚，用清水冲调，饮用山栏酒汁。“并”的制作，还有另一种酿酵方法，即把糯米煮成干饭，凉后盛入陶盆中加入酒饼后用芭蕉叶封闭盆口，3 天后可闻到芳香的酒味，7 天就可以饮用。“并”具有独特醇厚的芳香，被誉为“黎家美酒”。“并”是他们的滋补健身酒，也是迎宾待客的美酒。其美味主要在于酒饼制作的独特配料和独具特色的酿酒技术。据村民介绍，酒饼取料于含淀粉量最高的红米，配上姜叶、甘蔗和香树皮等原料，并用木臼舂成粉末，捏成饼块并蘸上黑色的稻草灰，然后搁在火灶竹架上熏干，时间越久，发酵酒度越高。

玉米酒。玉米淀粉多，酒度高。制作时，把玉米舂碎，煮成玉米干饭，盛入陶盆，撒上酒饼，盖封盆口。酒料发酵 15 天后，酒汁可饮。酒密封存一个月后，用蒸酒锅蒸馏出高浓度的玉米酒。

番薯酒、木薯酒。制作时，把生番薯洗净，切成小块，用锅煮熟晾干，加入酒饼拌匀，盛入大坛密封一个月，发酵成酒料，把酒料倒入蒸酒锅蒸馏成酣醇的番薯酒。此酒有浓厚的番薯味道，酒浓度不高，适合盛夏季饮用。木薯酒蒸制方法与番薯酒一样，但木薯酒浓度高，适合酒量大者饮用。

芭蕉酒、南瓜酒。制作时，把未成熟的芭蕉果实切成小块，煮熟晾干后投入酒饼调匀，放入坛子封口一个月，发酵成芳香的酒料。把酒料和清水调稀后盛入蒸酒锅熬煮，制出酒质清香的芭蕉酒。南瓜淀粉多，是酿酒的好原料。把南瓜加工后，掺入糯米蒸成酒料，把发酵的酒料，酿成南瓜酒。另一种酿制方法是从南瓜蒂上开一小洞，将酒饼放进瓜内，把洞口密封一个月，经酒曲的发酵，南瓜内盛满酒汁。

山果酒。以野生果实为酒料，酿制独特的果酒。如包子果酒、鸡头果酒、山竹果米酒等。

（5）炊具、餐具、饮具及其他器具

长期以来，该地区炊具、餐具、饮具及其他器具都很简单。

①炊具。炊具主要是灶具、锅具和其他器具。灶具主要是三角石灶，又称为“品”字灶，用3块石头组成，分为“座石”和“走石”。“座石”是用两块扁形的长石，平行安置，把石脚埋进地下1/3，距离25～30厘米不等。在两块“座石”对口位置，安放一块平底的圆形石头，用小锅时把石头向内推，用大锅时把石头向外拉，故称为“走石”。锅具主要有陶锅、铁锅、铝锅、皮锅、南瓜锅、椰子锅等。早期，由于黎族没有掌握冶炼技术，因此一直以陶器为主要器具。陶锅，是煮饭做菜的主要炊具，大小不等，锅盖陶制或独木刨挖制成，铁锅、铝锅均系外地输入，此外上山狩猎或者守山栏时，直接用动物的皮和南瓜、椰子等做器皿。上山狩猎时，捕获山猪或黄猄时，剥开其皮，用树木在地上立四根木桩，固定兽皮，即成皮锅，把野物的血及内脏放进皮锅中煮，加入盐巴，煮成美味野餐。守山栏园时，把山栏园里的大南瓜，从瓜蒂部开洞，取出瓜瓤，盛上水放进适量的米和盐巴，在火堆中烧。椰子锅，即把椰子从蒂部开洞口并保留其水，把米装入椰子内，以椰子皮和壳当锅，放进火堆中烤，煮成干饭。味道独特，滋补健身。正如黎歌所唱：“出门不带锅，时对（即时餐）多基础；仙饭任尝吃，肚饱又唱歌。”家里盛水用陶缸或竹筒，挑水也用竹筒，[①] 外出时带盛饭用的有盖竹筒，长约8寸左右，煮食时舀水用葫芦瓜或椰子壳制成的瓢。

②餐具。村民使用陶碗、椰子碗盛饭菜；筷子是竹木制和骨制；瓷碗、

① 竹筒有长短两种，在家挑水时用一节约2尺长的短竹筒，往往把几个竹筒拴在一起，挑水时发出有节奏的响声。长竹筒有几节长，多用于挑水上高山作为看守山林时的生活用水。

碟、盆、匙等均系外地输入。民间具有特点的餐具包括："排塔"，是竹制的饭盒，出门野外劳动用"排塔"盛饭，是一种较为卫生的餐具。制作工艺如下：取老云竹的一个竹节筒，直径15厘米，长30厘米，削去竹皮。在筒身上端1/3处相对制有两个耳孔，系着绳子，筒口盖也是竹制的。筒身雕刻几何纹、人纹和青蛙纹图案，象征吉祥，"排塔"工艺美观且耐用。"喂猜"，是使用五指山树果制成喝菜汤的小匙。这种果呈球状，果壳坚硬，大如鹅蛋。把成熟的果壳破开两块，加工后钻两个孔，用白藤片系上竹柄，制成舀菜汤的勺具。辣椒具，利用小竹筒或独木制做成盛辣椒的小盒子，工艺美观实用。簸箕，用竹片编织直径一米宽，用餐时把簸箕放在地上，放置碗筷和菜碗，周围是就餐用的小木凳。

③饮具。除外地输入陶瓷和铜铝器外，民间传统饮具有以下几种：陶碗、椰壳碗，葫芦瓜、介并和并乐。陶碗、椰壳碗既是饭碗，也是饮具。葫芦瓜，大葫芦是挑水具，也是盛酒具，小葫芦剖开两半作瓢，是舀水舀酒的器具。介并，是盛山栏酒蜜的陶罐。饮酒时，把山栏酒蜜盛入陶罐内，冲进清水，然后插入小竹管吸饮并汁（酒汁）。小竹管底部包着小网，用于隔开山栏酒糟，使山栏酒汁在竹管中流畅。"介并"有大有小，平时待客只用小"介并"饮酒，一席酒是一个或两个"介并"，席间把"介并"移动轮饮，人们轮流饮吸。还有一种是把陶罐吊在酒席上方的屋顶上，大家"推轮转饮"。大"介并"，俗称"座酒"，黎语"介冲"。高40厘米，大30厘米左右的陶罐盛酒。"座酒"对插着两支饮酒竹管，不移动。黎族结婚时，于酒席中间设置"座酒"，称"福酒"。由新郎、新娘先面对面就座饮福酒，随后男女众人轮流饮福酒。并乐，盛酒具皿。把山栏酒蜜盛入陶盆中，用清水冲调搅匀，制成浓度并汁，置小竹箩于陶盆上。挤并汁时再用勺子舀酒入碗喝。如果"并乐"中还有酒度的话，继续冲入清水挤山栏酒汁，直到把"并乐"中的山栏酒酒蜜挤干没有酒度为止。

(6) 饮食禁忌

据村民介绍，他们视牛为崇拜物，禁止牛日杀牛。按生肖推算，牛日杀牛会损牛的灵魂。以前"合亩制"时亩头和妻子，不吃狗、猫、蛇和乌鸦的肉，并禁止在家里煮此类食品。认为狗是家门卫士和狩猎帮手，猫是家神，蛇是鬼神，乌鸦是吃死人肉的凶魂，吃了它们的肉不吉利。妇女生小孩"坐月子"期间，禁止吃鱼肉和鸡蛋等，认为吃腥味食品，会得妇科病。

2. 黎锦与服饰文化

（1）黎锦

黎锦是番茅村最具有地方特色和民族特色的技艺，番茅村保存有被列入联合国教科文组织首批世界急需保护的非物质文化遗产名录——黎锦传统纺染织绣技艺。黎锦古称“吉贝布”，是黎族人采用木棉花果内的棉毛织出的一种特色花布，有悠久的历史。《峒溪纤志》载：“黎人取中国彩帛，拆取色丝和吉贝，织之成锦。”范成大《桂海虞衡志》记载的“黎单”、“黎幕”宋代已远销大陆，自宋至清，黎锦一直作为贡品进献给皇家，被誉为“东粤棉布之最美者”。黎锦色彩鲜艳，图案花纹精美，配色调和，鸟兽、花草、人物栩栩如生，在纺、织、染、绣等方面均有本民族特色，富有夸张和浪漫色彩。黎锦以织绣、织染、织花为主，刺绣较少。染料主要采用山区野生或家种植物作原料，这些染料色彩鲜艳，不易褪色。

番茅村有农业学大寨的辉煌历史，也有带领黎族村寨破旧革新的壮举，更有新时期国家级非物质文化遗产项目黎锦编织技艺代表性传承人的现实资源。番茅村妇女刘香兰因在黎族纺染织绣方面技艺高超，被国家授予全国第三批非物质文化遗产传承人。为了发展黎锦产业，番茅村委会腾出两间文化室作为黎锦纺织生产室，组织本村妇女学习织锦纺织技术，传承传统织锦文化，发展文化经济产业，全村妇女都会织黎锦，并涌现出织锦能手 21 人。番茅村纺织、织锦的工具仍然沿用古老的传统工具，如手搓去籽十字棍、木制手摇轧花机、脚踏纺纱机和织布机等，具有使用价值、美学价值和文化价值。番茅村现在是五指山市黎族传统纺染织绣技艺传习所和海南锦绣织贝实业有限公司锦绣生产培训示范基地。从 2006 年以来，常年有番茅村及附近村落 20 多名妇女在村中的文化活动中心进行黎锦的纺织，几乎每天都有很多人慕名前来参观和学习。2007 年 2 月 5 日正式挂牌成立番茅黎锦村，黎锦村位于番茅村委会福建村，总面积为 180 平方米，室内设备有：大型壁挂机 6 台和 42 套腰织机。番茅村年生产黎锦产品 1 万多件，除销往海口、三亚、保亭和各旅游景点外，还远销新加坡、中国香港等地。

番茅村黎锦纺、织、染、绣技艺有优良传统和良好的群众基础。织的锦大多用于妇女筒裙、上衣、裤料、被单、头巾、腰带、挂包、披肩、鞋帽、手机套、靠垫等生活用品。其制作精巧，色彩斑斓，图案花纹精美。图案有马、鹿、斑鸠、蛇、青蛙、孔雀、鸡以及竹、稻、花卉、水、云彩、星辰等

100 多种，大多由简单的直线、平行线和方形、三角形、菱形等几何图形构成。在色彩上，善于运用明暗间色，青、红、黑、白等色互相配合，形成色彩对比强烈的艺术效果。番茅村妇女织锦传统文化浓厚，长期以来村委会对黎族织锦文化较为重视，民间老艺人向年轻一代传授技艺，营造了浓厚的黎锦文化氛围，带动了本村织锦业的发展。

（2）服饰

服饰是人们制作、穿戴的衣服、鞋帽、佩饰以及与此有关的各种习俗，是人类重要的物质文化形式之一，是护身和审美结合的产物，其内容包括服装、饰物和纹身等。番茅村黎族传统服饰经历了漫长的历史演变过程，从最初的保暖御寒到后来的讲究装饰，追求审美，不仅是人们不可或缺的生活必需品，还蕴涵历史、信仰、民俗、艺术审美等诸多信息。番茅村黎族服装，主要使用织的黎锦缝制而成。

妇女的服饰主要有上衣、下裙和头巾三部分，这三个部分都织绣着精致的图案。上衣，多是黑色，也有深蓝色，长袖开襟，低领，无纽无扣，衣领周围和沿边及袖口周围用白色镶边；下裙，又称为“筒裙”，通常由裙头、裙身带和裙尾三块布料缝合而成，色彩鲜艳，图案花纹丰富。番茅村妇女穿的筒裙是中筒裙，裙长及膝盖；头巾，由颜色鲜艳绚丽的黎锦缝制，做工比筒裙精致，一般是方格纹头巾。头巾，上衣，筒裙往往嵌入了金银箔、云母片、明片或羽毛，缀以贝壳、穿珠、铜钱、铜铃或流苏等装饰。衣服式样独特，丰富多彩，经久耐穿，美丽大方。妇女经常戴多重式项圈和新月形项圈做装饰，盛装时头插银钗，颈戴银链、银项圈，胸挂珠铃，手戴银圈。在举行婚礼时，戴戒指、手镯、银链和银牌做装饰。盛装的黎族姑娘分外美丽，明艳绚丽的刺绣、织锦交相辉映；深色衣衫映衬着银光闪烁的项圈、胸牌；环佩、珠铃叮叮当当，唱着姑娘心中的喜悦，正可谓“动静娴怡”、“有声有色”。

相对于妇女来说，男子的服饰就显得简朴多了。男子服饰一般由腰布和上衣制成，腰布，裁剪很简单，由前后重叠的两条同样的布构成，而每条布分上下两块布片缝合起来，上布片是菱形的，下布片根据人腰围的大小而异。底边一侧缝着另一块方形布片，方形的长边和菱形的布片缝在一起，短边是 20 ~ 25 厘米，而菱形部分的衣边在约一半的地方缝合，缝合的底边全长正好贴在身体周围，腰布的前后两片相扎在一起。上衣是无领、无纽扣、敞开前胸剪裁，多为自然色彩，灰色较多。男子装束主要是把头发从两侧前后卷起来做髻，然后缠上蓝色的大头巾。番茅村男子现在基本不穿这种服饰了，村民告诉我们，因为男子的服饰腰布从大腿就分开，暴露比较多，所以现在一般没有人穿这种服饰了，男子的服饰汉化程度较深。

(3) 文身

目前，番茅村只有极少数人有少量的文身。文身，是使用工具在人身上刺成一定的图案，然后涂以颜料，从而形成一种永不褪色的固定装饰，是远古时代产生而发展传承至今的一种特殊文化现象。关于文身起因说法很多，比较认可的是作为民族的徽号而产生，作为外氏族通婚的标记，当男女在社交中寻找配偶时，一看见对方的文身图案，就可以判断对方能否通婚，同样文身的禁止通婚，异样文身的可以通婚。同样在与外族人发生战争时，文身就是“自己人”的鲜明标志。文身是黎族历史上壮观的文化现象，但是随着时间的推移，文身现象趋于消失。

3. 居室建筑

居室是人类物质文化的一个重要组成部分，是人们赖以生存的物质条件之一。番茅村民的祖先在漫长的历史发展过程中，根据生产、生活的需要，不断适应气候条件的变化，形成了具有浓郁民族风格和地域特色的住宅建筑形式——干栏建筑。中华人民共和国建立以后，党和政府十分关心黎族群众的居住条件，先后对该地区进行民房改造，帮助少数民族群众改造茅草房，建造砖瓦房或者混凝土平房。民房改造，使番茅村的面貌焕然一新，建成了一排排斑驳的苏式平房，群众的居住条件得到了明显的改善，现在的番茅村在高大的椰了、槟榔、竹林[①]的掩映下，隐约可见疏密不均的民居，风景秀丽，空气清新，令人神往。

(1) 船形屋

番茅村的历史民居是船形屋，相传，黎家的祖先是从大陆沿海乘木船漂洋过海而来的。他们靠岸后，由于到处荒凉、没有人烟，只好将船翻过来，覆盖在地面上当住屋。他们的后人为纪念祖先，便模仿船的样子建造自己的房屋。这种房屋远远看去，与船一模一样，故名船形屋。根据我们的调查采访，大体了解了船形屋的构造。传统的船形屋，高约三四米，宽两米左右，

---

① 围绕着村寨的竹丛以前是村落的防护林，起着保卫村落的作用，一可防范外族入侵，二可防止家畜跑到田里糟蹋庄稼，现在已经废弃了。

竹木为架，茅草为屋顶。地板以木板或竹子为主，一般离地面 1 米左右，可以防潮。建造船形屋，先要在纵长方形平面的地上立木柱，中间一行立的柱是中柱，用以支撑脊梁；两侧立的柱是檐柱，与中柱两两对称，支撑檐梁。每个柱子上端是天然的树杈或人工砍成的杈状，以此支撑屋梁。在脊梁和檐梁上架着小斜梁，在斜梁的下嵯稍做弧形向下弯曲，其上放有小檩条，小檩条上是用竹子或小木条编成的方格子网，从屋脊顺着斜梁方向一直延伸到楼面以下，形成屋盖与檐墙合一的半圆拱形船蓬状，面上覆以茅草。整栋房子不开窗，正面入口处对着当地主导风向。从外看形如一条船，船形屋分前廊和居室两部分，居室床铺对面是石头砌成的三石灶，居室是全家睡觉和煮食的地方。

在家的屋门上，常悬挂牛头和牛角，这是他们喜爱牛、崇敬牛的一种方式。如果跟随自己十几年的牛死后，他们会把牛的额骨、牛角留下，悬挂在自家门口。牛角是成对搭配的，一头公牛、一头母牛，母牛角置于公牛角的上边。他们以这种方式表达对牛的怀念和喜爱，同时也象征着主人要像牛一样勤劳与不畏艰辛。

（2）脊架式结构民居

海南省民族博物馆黄学魁副研究员在一次下乡做黎族文化调查时，意外地发现五指山市水满乡方响村有 8 栋保存完好，融入汉民族文化元素的黎族传统建筑——脊架式结构民居，这是五指山迄今为止发现最为集中和完整的脊架式民居。

据黄学魁介绍："这种建于 20 世纪 70 年代的民居，传承了黎族先民船形茅草屋的基本构造，吸收汉民居脊架式结构融合而成，是黎族传统民居发展进程的后期形式，见证了黎族传统民居的演变和发展。"

黄学魁说，这种民居建设就地取材，墙体通常使用混合稻草的泥土、竹编或砖土等材料建设，房内布局为四房二厅，正中为厅，厅又分为前厅和后厅，前后厅两侧各有一个房间，设有前门和后门，房梁为脊架结构，用榫卯相接固定，整个建筑不使用一根铁钉子，房顶原先使用茅草盖，现在多改用瓦片，房子通风透气，适宜居住。

（二）制度文化

制度文化，是文化的一个重要组成部分。人类要生存发展，必须进行物质和精神生产，创造物质的和精神的文化；但人的生产生活不是孤立的个人活动，而是社会群体活动，这就需要协调人们的关系，规范人们的行为，建立必要的制度，这就是制度文化。番茅村的黎族经历了漫长的原始社会，在中华人民共和国建立之前还保留着浓厚的原始社会氏族制度的“合亩制”，氏族残余主要体现在婚姻关系、生产力水平及其妇女在生产中的地位等。番茅村的制度文化经历了从“合亩制”到“社会主义”的跨越变化。

1. 经济政治制度

制度变迁是人类社会发展的必然规律，番茅村黎族的制度也在不断的变迁。

（1）20世纪50年代以前的“合亩制”①

漫长的原始社会之后，番茅村还遗存着母系氏族制度，严格的遵守族外婚的习俗，血缘集团仍旧是生活的主要单位，随着生产力的发展，过渡到父系氏族社会。由于烧垦农业的不断发展，妇女在生产活动中逐步退居到次要地位，男子开始代替妇女成为主要的农业生产者。但是母系氏族时期人们对妇女的尊敬，依然保持了下来。20世纪50年代初期，番茅村还是实行父系家族的“合亩制”制度。一个“合亩”由若干有共同血缘的家庭组成，他们统一经营耕地，共同劳动，按户平均分配，一个“合亩”相当于一个父系小氏族。合亩有亩头，由辈分高有威信有能力的男子担任。亩头黎语叫“畏稚”，意思是犁第一次田的人。他主持合亩的生产与分配，处理内部事务。合亩内部一家有事（婚丧建房等），大家帮忙，一家缺粮，大家补助。

合亩，黎语称为“纹茂”，意为“大伙在一起做工”，是进行农业生产的基本单位，合亩是以血缘关系组成的，血缘关系是组成合亩的基础。“合亩制”地区，生产资料不论私有还是公有都一律由合亩统一经营，不计报酬。水田和耕牛则由合亩集体所有或几户共有或一户所有，以一户所有为多。对集体所有和几户共有的土地或耕牛，每个合亩成员在分亩或退亩时都可分得

① 王学萍．中国黎族［M］．北京：民族出版社，2004.

他应得的一份。生产工具全部私有，损坏则由各户自己修理和添置。合亩的劳动生产有着严格的性别分工，一般男子负责犁田、赶牛踩田、挑担、砍山栏、戳山栏穴；妇女负责拔秧、插秧、割稻、下山栏种等；老幼则按体力条件分工，稻谷成熟的时候，老人负责赶鸟，平时看水田，照管幼儿，小孩负责放牛或做家务等。由于男女之间的分工成为传统的习惯，一般男不帮女，女不帮男。合亩的生产习惯是共同劳动，同出同归。

合亩对劳动产品的分配原则是按户平均分配，对人口多少劳动力多寡都不加照顾。在分配前先扣除以下留粮：一是种子；二是给亩头留下“稻公稻母”；[①] 三是“留新禾”；[②] 四是“聚餐粮”；[③] 五是“公家粮”。留公家粮的数量由大家商定，需要动用也由大家商定。亩头可以用它来待客，因结婚、盖房或者有困难的合亩成员也可以动用此粮。扣除以上留粮后，无论亩头、亩众，产品都按户平均分配。在分配时由亩头掌握，按户的分配，割完一片分一片，分完为止。人口多的户，粮食不够吃时，可以向亩内其他户借用或向亩头分一些“稻公稻母”，这些借用的粮食，可以还也可以不还。在不妨碍集体劳动的情况下，容许从事以户为单位的个体劳动，产品归私人所有。合亩的集体劳动范围主要是种植稻谷，除集体劳动外，各户可以砍山种植旱稻和杂粮，房前屋后附近的园地归各户种植，其收获归各户所有。

（2）20世纪50年代以后的社会主义制度[④]

20世纪50年代以后，“合亩制”解体，解体主要有“合亩制”内部的原因，也有政府采取行政手段，对“合亩制”进行社会主义改造的原因。随着人口的增加，“合亩制”内部耕地面积不够维持全亩人干活；亩内各户生产资料占有不平等；亩内兄弟、妯娌之间因出工、勤怠等出现不和等原因造成了分亩。1953年以后，“合亩制”进行了社会主义改造，其过程：第一步，有些地区把合亩改为“生产组”；第二步，在合亩的基础上建立农业生产合作

---

① 它是合亩收获时由亩头保管留作备荒或待客用的谷子，但实际上是归亩头所有，而亩众却认为，如不给亩头，则来年不会得到丰收。

② 收割时，先留10至12把稻谷（约24斤）给亩头煮饭酿酒，亩头吃了新谷亩众才能开始吃新粮，它也有祈丰年之意。

③ 留谷几十斤，交亩头酿酒，待来年插完秧后合亩成员共饮，有米剩余则煮饭吃。

④ 高和曦．黎族合亩地区的文化变迁及其发展对策［C］．首届黎族文化论坛文集．北京：民族出版社，2007.

社；第三步，人民公社化，至此“合亩制”全面解体。

“合亩制”社会的社会主义改造，实现的是农业生产合作社，这对于番茅村的群众来说，只是一次由“公有”走向公有的社会变革，内容虽然发生了根本性的变化，但是形式似乎相同，因此，村民很顺利的接受了“农业生产合作社”这一新鲜事物，并习惯性的称之为“合大亩”，对他们来说，社会主义改造只是把“合小亩”改为“合大亩”。一次顺利的改造却是巨大的历史跨越，使得社会制度由原始社会末期直接过渡到社会主义社会。进入社会主义社会之后，该地区与祖国同发展、同变迁。

20 世纪 80 年代改革开放时期，番茅村也向全国其他地区一样实行了家庭联产承包责任制，该地区顺利地实现了“大公”走向“个体”的社会变革，番茅村经济平稳发展，并涌现了一些优先致富的富裕户。

2. 恋爱、婚姻家庭习俗

婚姻是男女双方按一定习俗或法律结为夫妻的社会制度。家庭是在一定的婚姻关系、血缘关系基础上建立的社会基层单位，婚姻家庭是人们创造的制度文化的一个重要方面。随着生产力的提高和社会的发展，家庭婚姻制度也在发展变化。

（1）恋爱习俗

当儿女长大到一定的年龄时，父母便帮助他们搭建“隆闺”,[①] 创建条件让男女青年谈情说爱。一般男子、女子长到十五六岁时就不在与父母一起居住，搬到离父母不远或者村边的“隆闺”居住。男女青年普遍自由婚恋，男子以玩“隆闺”方式找情人，于傍晚时步行到女方村子的“隆闺”，经女方同意后，在“隆闺”里相互对歌，吹奏鼻箫、洞箫和弹口弓，互相增加了解，谈情说爱，建立感情。男女青年玩“隆闺”的婚恋活动，经过半年至两三年时间，相互倾情后各自向父母亲提出成婚意愿，父母双方再托媒人说亲订婚。男女双方一般不计较家庭的富贵贫贱，只要男方付得起分量并不太重的彩礼，便可以成婚，这种婚姻习俗对人性的健康成长非常重要。婚恋期间，双方互赠爱情礼物，黎族男子，以编织精致的小腰篓或草笠，送给女友；女子以织绣图案鲜艳的花带，送给男友。男女婚恋期间，不允许三角恋爱，否则就会

① “隆闺”是一间 8~10 平方米的小房子，是男女青年谈情说爱、吹奏乐器和对歌定情的场所。

发生械斗。女子在“隆闺”爱情生活中私生孩子，民间无非议。

(2) 婚姻家庭习俗

番茅村黎族普遍实行一夫一妻制的婚配关系，严禁同一个宗族谱系血缘成员通婚。对婚姻家庭、生育子女十分重视，民间流传俗语“三十不婚则老，五十不富则穷”，他们把子女当做家庭中最大的财富看待。

男女青年通过婚恋、约婚或由媒人撮合及婚事商议后就可以成亲了。结婚前，男方家要做三件事：一要向女方家送聘礼，二要筹备婚礼物品，三要动员众亲为新郎盖新房。女方家也要办两件事：第一备好酒菜招待接亲队伍；第二组织村里妇女参加送新娘的队伍。结婚场面隆重，婚礼有接亲、迎亲、饮福酒、逗娘、对歌、挑水、送亲、收席、通报、请妻、媳规等有趣程序。

男子婚娶后，父母亲给其盖房子，选择吉日良辰立火灶，自食其力。如黎族歌谣（意译）：“一间茅房三石灶，一条绳子挂家当；一把钩刀砍大山，一碗谷种养全家。”条件成熟就与父母分家，一般是等基本的生活必需品如锅碗瓢盆等逐渐齐备之后才组建独立的生产和消费单位，一个独立完整的小家庭正式产生了。家庭成员一般三至五人不等，通常一户只有夫妻、子女和抚养年老父母等眷属，男孩长大要分家，女孩长大要出嫁。家庭内，丈夫是一家之主，享有管理家庭经济和其他事物的决定权。妻子处于从属地位，负责管理家庭事务，夫妻互相尊重，互相关心，互相帮助，共同参加劳动，共同管理家庭事务。在处理家庭事务中，夫妻互相尊重对方的意见，特别是在处理重大问题上，如田地、牛只的买卖，子女的婚姻等都由双方商量决定，一方不同意，另一方不会擅自做主。因此，夫妻很少出现吵架和家庭不和的现象，夫妻地位平等，丈夫有责任保护妻子。家庭成员关系和睦，夫妻恩爱，尊老爱幼，同甘共苦，父母亲以传统观念影响子女的规范行为，自古以来，婚姻家庭结构牢固。兄弟姐妹团结互助，父母与子女之间有相互供养的义务，“父养大，儿养老”。婚姻家庭受到社会保护，村中一家遭受灾难，全村都给予赈济。女子在夫家违反家规，经丈夫出面向娘家说明，娘家负有教育责任。出嫁的女子，在夫家发生危及社会公德的行为，夫家和娘家都有共同承担赔偿的责任。

(3) 离婚习俗

在传统习俗里，离婚也是比较自由的。如果男女双方感情不和，任何一方都可以提出离婚。如果男方提出离婚，则孩子留夫家，男方帮女挑女方衣物回娘家，对岳父岳母说明离婚的原因，把女儿送还他们，婚姻即解除。如果是女方提出离婚，则需要偿还男方彩礼。离婚后子女多由男方照顾，如子女太小，可随母生活，男方要付一定的抚养费，这样，对子女的续养也不会造成大的影响。离婚后的妇女和寡妇再嫁也不受歧视，只要他们选中意中人或经媒人撮合后情投意合，即可按黎家风俗举行婚礼，婚后妇女在夫家生活不会受到歧视。

3. **节日文化**

节日文化是在特定的时节进行的程式化的群体生活样式，是包括各种生活内容的特殊文化。番茅村的节日主要有爱情节“三月三”、“春节”、生产类节日（牛节、禾节、山栏节）及一些其他与汉族相同的节日（“清明节”、“端午节”、“鬼节”、“中秋节”……），其中过得最隆重最普遍的是“春节”和爱情节“三月三”。节日的形成与祖先的始源、经历的灾难、原始宗教、自然崇拜和民族传统有关。节日一方面追忆始源，纪念所经历的重大事件，另一方面还可以凝聚人们的力量和规范人们的行为，展现本民族的特色。节日是人民习俗的组成部分，也是社会文化、心理状态的一个侧面，是制度文化的重要方面。

（1）爱情节日

农历三月初三，是番茅村最隆重、最热闹的传统节日，他们通过“三月三”来悼念勤劳勇敢的祖先、纪念本民族的英雄人物、表达对爱情的幸福向往、庆贺新生、赞美生活等。爱情节日因在农历三月初三，故称“三月三”，其来历有一个美丽的爱情传说。远古时代，人类遭受一次特大洪灾，淹没了高山和村寨，人死兽亡，只剩下一对恋人，他俩躲进一个大葫芦瓢里，漂流到燕窝岭边。三月初三这天，大水已退，为了繁衍后代，两人对歌表衷情结为夫妻。婚后，他们生儿育女，开荒种田，挖塘养鱼，为黎族人民繁衍了后代。每年农历三月初三，番茅村都纪念祖先的美满婚姻和繁衍后代的伟绩，青年对歌播种爱情，希望与祖先一样美满幸福。这天，村民们都会身着节日盛装，挑着山栏米酒，带上竹筒香饭，从四面八方汇集到一起，或祭拜始祖，或三五成群相会、对歌、跳舞、摔跤、拔河、射击、荡秋千、吹奏打击乐器来欢庆佳节。他们用歌声用舞蹈表达对生活的赞美，对劳动的热爱，对爱情的执著追求。青年男女更是借节狂欢，夜晚山坡上、河岸边，青年男女燃起一堆堆篝火，姑娘身着七彩衣裙，配戴各式装饰，小伙子腰扎红巾。他们以歌会友，以舞传情，未婚男女欢歌起舞，跳竹竿舞、银铃双刀舞、槟榔舞，对情歌，倚歌择配，歌声此起彼伏，通宵达旦，互相倾诉爱慕之情，播下了爱情的种子。这甜美正像黎家所说：“甜不过黎家糯米酒，美不过黎家三月三。”

随着时代的变迁，庆祝内容也日益多样，古老的民俗注入了崭新内容，民族文化更显得丰富多彩了。但对歌、民间体育竞技、民族歌舞、婚俗表演仍是最基本的内容。如今黎族“三月三”节成了丰富旅游产品，传播民族文化，促进民族经济发展的盛会，每年都吸引数万国内外游客前来观看和参与。

（2）春节

春节也是番茅村一年一度的传统佳节，黎语称“仗”，其与汉族过春节的情形基本一致。节期为大年三十到岁首初五，村民的传统习惯是不在异地他乡过年，大年三十人人要回家。过春节前，家家修整房屋，贴红对联，为小孩备鞭炮，买烟花，洗刷衣服器具，备年饭、酿年酒，舂“灯叶”（即一种年糕，也叫糯米饼），包粽子。除夕那天，要大扫除、换新符、宰鸡杀猪祭拜家祖，男女老幼个个穿上新衣服，干干净净，喜气洋洋放鞭炮、吃年饭、喝年酒。初一，清早家家户户在谷仓、牛栏、猪圈、鸡舍和果树等处贴红符，表示财物有主，还要在河边和井边放铜钱或者年糕，祭河神挑圣水，所有人都要闭门守在家中，不讲不吉利的话。初二以后才出门访亲探友，拜贺新年，敬酒对歌或上山打猎，或下河摸虾，并举行各种具有民族特色的喜庆活动。

（3）其他节日

①牛节，历史上番茅村人崇拜牛，把牛视为财富吉祥的象征，农历三月的“牛日”、七月插秧之后和十月的“牛日”，亩头家要杀猪设酒席，全亩众集中在亩头家举行隆重的祭牛仪式，仪式中众人敲锣打鼓，通宵达旦，为牛欢跳“招福魂舞蹈”，并用竹筒盛米酒给牛灌饮，以补身并示对牛的祝愿，为耕牛修牛栏，禁忌这天杀牛、卖牛、使用牛耕田。如今村里已经很少有人养牛了，耕田耙地都是机械化操作，但是对牛的崇拜依然存在。②禾节，是原始宗教中与自然崇拜有关的节日之一。他们认为稻米有灵魂，分为“稻公”、“稻母”。收割前必须先收回“稻公”、“稻母”，来年才能丰收。“稻公”、“稻母”是禾神的化身，家庭生产丰收要靠禾魂的赐予。每年春种时要先祭禾神，欢跳招禾魂舞蹈，祝愿来年大丰收。禾节虽已不过，但其影响仍然存在。每年收割时，妇女都会早早到田里割回认为是“稻

公”、“稻母”的小把稻谷，妥善保存。③小年，正月十五是番茅村人的小年，这一天，家家户户制作糯米团、小汤圆、爆米糖等食品，杀鸡宰猪，祭拜祖先和土地公。晚上设家宴全家大小团聚，商议新一年的生产规划和家里要办理的事情。

（4）外来节日

中华人民共和国成立后，除民族节日之外，受汉族人民的影响，番茅村也过其他外来节日。例如：①元旦，20 世纪 80 年代之后，每年公历 1 月 1 日村民们也过元旦佳节，人们杀鸡杀鸭喝酒会餐；②端午节（农历五月初五日），家家户户包粽子、吃粽子；③中秋节（农历八月十五日），这一天村民上街买肉、买月饼，晚上全家人在一起喝酒，吃月饼，庆团圆。

番茅村节日活动丰富多彩，节日礼俗也很独特。过节之前，村民都要作精心的节日准备。打扫房屋、缝制新衣、酿制米酒、制作各类食品和杀猪宰鸡等，这是每个家庭及其成员在节日前必须完成的传统习俗。节日里穿新衣也是礼俗之一，每到传统节日，人民就会把最新的民族服装穿出来，参与各种庆祝活动。人们日常生活中穿汉服，节日期间穿民族服装，十分重视传统节日礼俗，而且代代相传。

4. 丧葬文化

番茅村历来都实行土葬，丧葬隆重。他们认为人世间一切都有灵魂，灵魂不灭，人死后灵魂还在，因此丧事办理严肃，严格遵循程序规范。丧葬过程主要有：报丧、洁身、入殓、出殡、下葬等。

（1）报丧

病人弥留之际，亲属围着聆听其最后的嘱咐。人死后，亲属用棉花或羽毛往死者嘴里滴饭水，让死者在阴间路上不挨饿，并呼唤死者不要“走”，要“回人间”，表示死者吃到粮食才离开人间并有亲人孝敬。之后，死者家属号哭、鸣枪报丧，传出噩耗，通知邻近各村的亲戚朋友。同时派出人员到远处亲戚家去报丧，通知嫁出去的女儿、女婿、舅家和朋友等前来治丧，本村和邻村的亲朋好友都自觉前来帮助丧家料理丧事。

（2）洁身

亲属用清水给死者洗脸和手脚，梳整头发和穿戴寿衣，遗体正卧，闭目、手脚放直，停尸灵位，一般只停尸较短时间即下葬，若遇上当天是死者生日，则要停尸至第二天。

（3）守灵

灵柩在家里停放的时候，远处的亲戚朋友，外嫁的女儿和同血缘家族的人均停止生产劳动，回来为死者守灵。守灵时，死者亲属坐在灵柩两旁痛哭并呼唱悼歌，参加治丧的众人边喝酒边唱悼歌追述死者生前的功过。

（4）出殡

一般是下午出殡，出殡前，用黑布或蓝布包裹尸体后，再用灰色毡被和席子包裹，用山竹制作抬架，取一根粗竹做抬扛。把尸体放进抬架，用藤条固定抬扛。由两名亲属抬扛，众人扶送。出殡时，“奥雅”和死者亲属都去村口的一棵大树下祭送鬼魂。“奥雅”不断念死者的名字，并鸣枪报知死者祖先鬼，让他们前来领走死者的灵魂，并用钩刀在树上砍几下，表明割断家人与死者的联系。之后，由死者亲属中的一名老妪打着火把走在送葬队伍前头开路。紧接的是一名精通祖宗鬼谱系的“奥雅”，身着送葬服，肩挑两把稻谷、牛下颌骨、陶碗、陶锅和陶坛等祭丧品，边走边呼唱悼歌，请求祖宗鬼把死者领去阴间。灵架后面是鸣土枪和呼唱悼歌的送葬队伍，送葬的死者亲属只能穿深黑或深蓝色衣服。

（5）下葬

番茅村有固定的墓地，墓地分正常死亡和非正常死亡。下葬时，先由“奥雅”挖三锄定坟，众人随后挖坟穴。穴位按地势方位安排，坟首朝着流水源头。坟穴一般深 1.5 米，宽 1 米。坟穴挖好后，“奥雅”用树叶扫穴（意为把活人的灵魂从穴中扫走，让死者安息），然后下棺。番茅村的习俗是先下棺后入殓，盖棺前，揭开盖毡，让亲属瞻仰死者遗容。盖棺后，“奥雅”站在坟穴前，呼喊死者的名字和点祖宗前辈死人的名谱，要求他们把死者领走。然后“奥雅”先往坟穴盖一些土，众人随之用土填墓穴。参加送葬的人员以抛树叶方式往坟墓投放，心中默念着希望死者把自己不吉利的事情和凶兆等灾难带走，让活人平安。填土时，坟呈长形，不立坟冢，仅高出地面 70 厘米左右。最后将灵架放在坟墓上，坟墓左右呈“A”形盖上茅草，表示给死者盖了新房子，旁边放着死者生前用过的物品如衣服、被褥、纺织工具等。坟上放一块石头作为标记，坟墓不许动土和砍伐草木，不扫墓。

若死者是非正常死亡，如溺水、爬树跌死、雷击或枪击等，视为“凶鬼”作祟，人人都很惧怕，丧葬比较简洁，只草草地用席子包裹埋葬，不准葬在祖宗墓地，一般采取就地埋葬或者山林埋葬。

(6) 葬后仪式和禁忌

父母亲死去的丧日称“万茂”，“万茂”忌日3~7年。每逢“万茂”，禁忌生产、建房子、结婚、安灶、安床等。忌日期满的那一天，解除“万茂”忌日时要杀猪祭祖，把死者名字列入宗族“鬼谱”，并摆上酒席，集众敲锣打鼓，唱祖先歌，跳招福舞。禁忌别人公开叫死去父母的名字，认为这样会激怒祖先，祖先会回来使家人患病，叫死去祖先的名字被视为不吉利。

（三）语言、文字文化①

语言是人们交际的工具，文字是记录语言的书写符号。民族语言文字是民族文化的一个重要组成部分，是记录、传承和传播民族文化的重要工具。番茅村黎族有本民族的语言——黎语，使用黎语作为日常交际工具，多数的黎族人还兼通当地汉语（属汉语闽南方言）和普通话。黎族过去无文字，中华人民共和国成立后，国家帮助黎族等少数民族创制了拼音文字方案，以乐东县抱由镇保定村话的语音为标准音，设计了拉丁字母形式的《黎文方案》（草案），于1957年2月在海南黎族苗族自治州首府通什镇召开的“黎族语言文字问题科学讨论会”上通过，并逐步加以试行和推广。黎语属汉藏语系壮侗语族的黎语支，研究黎族语言的学者根据黎语的特点，把黎语分为五大方言：哈、杞、润、美孚、赛。番茅村黎语属于杞，“杞”原作“歧”，杞使用人口约占黎族总人口数的24%。

1. 语音

语音指的是给定自然语言所讲的话音模式，杞方言语音复杂，一般有6个舒声调，3~4个促声调，元音都分长短。由于黎族历史上无文字，对其语音的研究也很困难，黎语的标音主要采用与普通话拼音相近似的黎语记音符号。黎语也分声母和韵母，根据中央民族大学黎语教学小组与中国社会科学院民族研究所黎语调查研究小组对《黎文方案》（草案）进行的修改，黎语目前标音132个，包括声母33个，韵母99个。

---

① 根据村民介绍整理，参阅王学萍．中国黎族［M］．北京：民族出版社，2004. 参考海南史志网．民族志．黎族，网址：http：//www. hnszw. org. cn/data/news/2008/09/38577/，访问时间：2010－07－31。

2. **词汇**

词汇，黎语中单音节的词比多音节的词略多一些，基本词汇中单音节词要占绝大多数。词汇有以下特点：一是有一套独特的数词，“杞”语中除了“万”、“千”这两个词借用汉语外，都有自己的数词。二是否定词特殊，否定词在汉语或者其他同类语言中，一般都用否定副词加动词表示，而黎语却只用一个单词表示复合的概念。如 ghwaix（不是）、wenysnnaais（没有）、ais（不肯）、bauus（不知道）等。三是有些长辈、晚辈的称呼词相同，往往根据说话对象才能判断称呼。如“孙子”和“孙女”、祖父都叫 suuekfous，“外孙”和“外孙女”、外祖父都叫 suuekcas 等。黎语的词汇中有一些早期的汉语借词，这些汉语借词是经过古代各个时期先后渗入到黎语中的，已成为黎语基本词汇的一部分。有关天地、方位等基本词，如地、海、沙子、东、南、西、北等，黎语中都有自己的说法，黎语中的亲属称谓如叔叔、婶母、姑姑、哥哥、姐姐、嫂嫂、姐夫等，全部保留本民族词汇。

① 黎语构词方式。黎语词汇按其音节的多少可分为单音节词和多音节词，从词的意义和结构上看，可分为单纯词和合成词。单纯词有单音节的，也有多音节的。合成词从它的各个词素所表示的意义之间的相互关系可分为修饰式、联合式、支配式、补充式和附加式等 5 种不同的结构形式。

② 黎语中的汉语借词。历史上，黎语吸收汉语借词，这些汉语借词在黎语中占有一定的比例，人们在日常生活中有时会使用这些汉语借词。中华人民共和国成立以来，通过电影、广播和汉语的普及等途径，大量的汉语新词、术语被黎族干部、知识分子吸收到口语中来，以这些黎族干部、知识分子为媒介，吸收进来的汉语新词、术语逐渐为广大黎族群众所熟悉和使用。汉语借词绝大部分是民主革命开始以来从汉语吸收进来的有关政治、经济、文化等方面的新词、术语。一般情况下，日常生活交谈中使用汉语借词较少，而在开会、政治学习、广播等方面使用汉语借词很多。据粗略估计，日常生活中一般的交往谈话以及讲故事时，汉语借词出现的频率为 4% ~5%。借词发音一般与原词发音相近，如新借词语音近似西南官话，其声调一般与当地汉语相近似，没有双唇鼻音和塞音韵尾等。

3. **原始文字符号**

番茅村黎族虽然没有文字，但人民在长年的生产生活中不断积累和总结经验，创造出各种文字符号，在社会上广为流传。最普遍的是结绳记事、刻木记事、实物记数、契约和各种插星符号。虽然这些都不是真正意义上的文字，但它是社会中普遍流传的约定俗成的东西，具有原始的民族文字的意义。人们用结绳来记劳动收成，每收获一件东西，就要在草绳上打一个结，以便记忆，多少草结便知是多少东西；记载牲口数目时，往往采用小石子记数。用一个小藤箩专门放置小石头，有多少头牛或猪，就放多少块小石子。如果新添了一头小牛或小猪，就往小藤箩里放一块小石子，死去一头就从藤箩中取出一块小石子，这样就能够记住有多少牛或猪。在没有文字的情况下，刻木记事是公认的文字符号。最初人们利用刻木来记载年代和劳动收成，后来这种方法多用于买卖、典当和借贷方面。刻竹木的方法是在竹片或木片上用刀刻出表示记数的纹痕，每一种纹痕代表一定的意义或数目，然后由公证人从中间破开，双方各执一块，在双方履行完各种债务时由债权人收回焚烧以示销账。各种插星（包括“禁星”）最具有社会约束力，它也是一种文字符号。人们在野外看中一块地，就会在此地打上一个草结，表示已有主人，有了符号，其他人就不会再去占用了。在日常生活中，哪家的牛、猪、鸡等去破坏人家的农作物，主人会把这些受破坏的农作物用草打成草结，挂在路边或是村边，告诫人们不要再让家畜出来破坏农作物。在水稻种植过程中，为了不让别人从自己的田中引水，主人会在田埂上打一个草结以示告诫。一般情况下，黎族人都不会违反这些约定。这些符号具有原始的文字性质。

4. 黎族文字的创制、推广与终止

中华人民共和国成立后，帮助黎族人民创制黎族文字并推广。1956 年夏，调查队根据黎语语音、词汇和语法特点，将黎语划分为 5 大方言，并选择乐东县抱由镇保定村话（属哈方言罗活土语）的语音为标准音，设计了以拉丁字母为主的拼音文字——《黎文方案》（草案）。1957 年 2 月 11 日至 17 日讨论通过，报中华人民共和国民族事务委员会备案。之后黎文的推广工作就逐步展开了，1957 年 4 月，番茅合作社等地进行了黎文试点教学，番茅合作社培训了 41 名扫盲教师，学员们学习一个月后就达到了学习计划要求，走上了扫盲工作岗位，教授番茅村人学习黎文。但是，后来由于多种原因黎文的推广使用工作终止了。

语言对于一个民族文化的传承至关重要，黎族语言如何用文字形式记录，可能是黎族文化能否继承传播的一个关键因素。如何创建黎文才能得到良好的推广呢？历史证明用拼音文字来创建黎文是不成功的，拼音黎文已经成为躺在海南省档案馆里的历史资料。拼音文字的缺点是，对于已懂汉字的黎族同胞和不懂黎语的汉族同胞来说，专门另学一门语言和文字是有额外负担的。我们赞同海南省档案馆李浩波和海南中学刘海兰的建议，借鉴历史上日文、韩文采用汉字的先例，用汉字的同音字标注黎语，他们认为用这样的方法自然形成黎文，就如同我们现在所使用的海南诸多地名一样。对于用汉字注音的黎语词，汉族同胞和懂汉字的黎族同胞自然就会比较接近地读出发音，只要稍加解释，就很容易理解其黎语含义，有利于黎语的普及和汉黎交流。同时也可以适当再造一些汉字来表达黎语的意思，如（酉并 biàng）等。[①]

（四）宗教信仰与辟邪文化[②]

宗教本身是文化的一个方面，宗教又影响整个社会文化的各个方面，宗教贯穿于人们生产生活的过程中。黎族的宗教信仰，渗透到社会生活的各个方面，有的反映了原始社会中人与人之间的关系，有的则反映了人与自然的关系。黎族信奉万物有灵，盛行自然崇拜、图腾崇拜和祖先崇拜，崇拜对象多种多样，他们认为宇宙万物、人世间祸福皆由鬼主宰。番茅村人世居于海南岛五指山区，几乎与世隔绝，其世代传承于民间的辟邪文化仍然保存了岛屿型的原始文化形态。这里辟邪文化多种多样，渗透到社会生活的各个方面。村民们信鬼，最大的鬼是祖先鬼，祭祖先鬼要剽牛，其他鬼可以杀猪、杀狗或杀鸡。专职从事祭拜活动的人，被称为“道公”、“娘母”，其实质内容仍然是祖先崇拜和自然崇拜。

1. 辟邪文化的概念

番茅村人相信世间存在“鬼魂”、“精灵”、“妖怪”、“魔力”、“神明”等，并且相信它们的存在会影响活人的生存，所以要辟邪，辟邪文化是这种宗教迷信文化观念的总称。他们认为人死后的灵魂会变成“鬼魂”，“鬼魂”是永生不灭的，所以鬼比人多，原野山川无处不有，凡是鬼都会兴恶作乱，不论好人、坏人、大人、小孩、凶死病死、老人自然死亡的鬼，还有“祖先

---

① 李浩波，刘海兰．黎族语言如何用文字形式记录．天涯社区，网址：http：//www. tianya. cn/publicforum/Content/hn/1/18815. shtml，访问时间：2010－08－02。

② 根据番茅村村委会文书黄利群口述整理，参考海南民族文化网．黎族文化，网址：http：//www. hnmzwh. org/news/？BigClass＝2，访问时间：2010－08－03。

鬼”，“父母鬼”，一律作祟于人。“精灵”是指自然物的“魂灵”，它像祖灵那样，具有人的意志、感情和欲望，表现出黎族人崇拜自然界的事物和力量。而“妖怪”是动、植物所变幻的附生物，如狂风就是做恶事的“妖魔鬼怪”。“神明”是由“鬼”产生的，人在自然途径下不能办到的事，神则能轻而易举地办到，神总是想到做到，言到事成，长生不死。因此，他们把幸福生活的获得视为善良之神的仁爱，把苦难与不幸，或者看成是鬼邪或恶魔的作祟，或者视为由于自身的罪孽和不道德行为而受到来自上天或诸神灵的惩罚。他们往往把自己没有把握、不能确定的未来归诸奥秘莫测的天意，而把日月周行，列星照耀、风云变幻、雷鸣电闪，四时行焉，百物生焉、生死贫贱、吉凶祸福等，说成是神灵的显示。

2. 辟邪文化产生的原因

辟邪文化是古代生产力极端低下的人们无法解释自然现象、梦境和克服困难等所产生的结果。在远古年代里，先民不知道自己身体的构造，无法解释做梦现象，受梦中景象的影响，他们感受到一种独特的、寓于身体之中的灵魂的活动，于是认为人死时灵魂离开肉体而继续活着，这样就产生了灵魂不灭及鬼的思想。他们深信人死后必为鬼，若谁生病了，必疑为恶鬼作祟，于是要随其鬼意之所欲，向鬼谢罪，并请求宽恕。对具有巨大经济利益而又经常给他们带来好处的自然精灵（如山林村边的土地公、山神等精灵）人们便赋予了“祖先鬼”的社会属性，尊为可以保护和恩养自己的具有更大神力的自然“神灵”，而经常带来灾难的精灵（如狂风、干旱、瘴疠、毒蛇等精灵），被他们视为与自己为敌专做恶事的“妖魔鬼怪”，需要借助“善神”之力进行巫术防范、驱赶，以求免祸。祭“山鬼”。他们认为山林中的飞禽走兽都是受“山鬼”管辖的，要捕捉猎物，只有得到“山鬼”同意，才能捕捉到；祭“地鬼”。他们认为农作物的丰收是“地母”的恩赐，祭祀地母以表示期望和感激；祭“雷公鬼”。他们认为云、风、雷等天体现象都有“灵性”，其中最为可怕的是雷公鬼、风鬼、太阳鬼等；祭“灶鬼”。人们对火有着一种敬畏和崇拜，担心若冒犯“灶神”，就会受罚；祭“祖先鬼”。这是对祖先崇拜的一种表现，黎族人认为祖先鬼比其他鬼更可怕。祭祀一般都在特定的日子举行，若平时遇到灾难则要请“道公”举行辟邪仪式，消除灾难。

3. 现阶段番茅村的辟邪现象

如今，辟邪文化在番茅村依然盛行：第一，对祖先和自然界的祭拜活动依然盛行，主要表现在节日及丧葬过程中。节日的祭拜活动依然存在，春节大年初一贴红符、对联等。在丧葬上番茅村村民严守丧葬程序，报丧、入殓、停尸、出殡、下葬、善后、守孝等程序非常严肃，无丝毫差错。第二，请“道公”做法事普遍流行。村中如果有人生病或遇到灾难，人们首先想到的还是请“道公”辟邪消灾，一般要杀牛、猪、狗、鸡，敲锣打鼓兴行祭祀。婚娶、丧葬、安家、得子还愿、幼儿取名等，都会请道公念经做法事。人们认为“道公”能沟通人鬼两界，充当传达鬼神旨意的中介人。“道公”使用法器和祭品一般都能在本地找到，且颇具地方特色，如竹器草藤、葵棕叶雨帽、山鸡毛、稻谷、槟榔、糯米酒等。“道公”驱鬼赶妖时，称自己与超自然界的精灵和鬼怪有特殊的交往，一般说是某个精灵或鬼怪黏附在他们身体上，借他们的口直接宣示精灵和鬼怪的旨意，番茅村人很相信“道公”的法事，并且说一般做完法事之后灾难、病魔都会解除。“道公”是辟邪活动的核心人物，又是本民族的歌手、舞蹈家和大学问家，是本地的“古代百科全书”，受到当地群众的爱戴。

（五）民间文学艺术文化[①]

文学艺术反映社会生活，表情达意，是一种思想感情的文化符号。民族文学艺术是民族生活的反映，是民族性格民族精神和心理的结晶，它具有很强的民族性。番茅村黎族有丰富的民间文学艺术文化，主要表现为民间文学和民间艺术。由于无文字记载，流传下来的主要是口头文学，包括古代神话、传说、故事、歌谣、谚语、谜语等。番茅村黎族亦是能歌善舞，民间流传着各种曲调，民间乐器很独特，如叮咚、哩咧、鼻箫等等。

1. 民间文学

番茅村民间文学富有民族特色，丰富多彩，最突出的是神话故事和歌谣，在民间文学中占有非常重要的位置，强烈的抒情性和浓重的浪漫主义色彩，

---

① 根据番茅村党支部书记黄运清、村民王照灵口述整理；参阅王学萍．中国黎族［M］. 北京：民族出版社，2004. 参考海南省五指山市人民政府——黎族艺术，网址：http：//www. wzs. gov. cn/news_ list. asp？ sid =320，访问时间：2010 －08 －05；参考海南省人民政府——黎族舞蹈，网址：http：//www. hainan. gov. cn/data/news/2007/01/24614/，访问时间：2010 －08 －06。

是其文学的主要特征。

（1）神话与传说

民间广泛的流传着神话和传说，主要内容是对人类的起源、族源及创世英雄人物的讲述，也包括对美好爱情的赞美和美好道德的宣扬。民间流传较广的神话故事有：《大力神》《鹿回头》《洪水的故事》《葫芦瓜》《天狗》等。《大力神》神话说："古时天地相距很近，天上有七个太阳和七个月亮，人类深受其苦，难以为生。有个叫大力神的人，在一夜之间把天拱上高空，第二天又做了一张很大的弓箭，把太阳和月亮各射下了六个，为民除了害。那时，大地一片平坦，大力神用七彩虹做扁担，从海边挑来大量沙土造山垒岭，继而又用脚踢出深溪大河，而大力神洒下的汗水，则成了奔腾不息的河水。大力神完成了开创世界大业后，便溘然长逝。"《葫芦瓜》的传说，讲的是远古洪荒时期，人类惨遭洪灾，苦无舟楫，于是一对兄妹躲进大葫芦瓜里，到处漂流，后被五指山阻挡才幸免于难，后来兄妹俩结为夫妻，生儿育女，繁衍后代。

番茅村黎族祖先的发展和别的民族一样，都经历过一个相当长的历史进程。在远古蒙昧时期，先民在万物有灵论观念支配下，通过想象对世界的生成作了浪漫的解说，把一切自然力都人格化了，创造了一个适合人类的自然环境。神话故事塑造的英雄人物表现的是人们喜欢勇敢和智慧，并通过劳动创造世界的思想。这些神话和故事具有鲜明的主题，淳朴的风格，生动形象，构成了独具一格的民族艺术特色。

（2）民间故事

番茅村黎族的民间故事非常多，主要包括机智聪明人物故事、爱情故事和生活故事，其中以爱情为题材的最多，也最精彩。如《铁臂郎和老鹰精》讲述的是铁臂郎为了营救雅沙，历经千辛万苦，终于射死九头老鹰，营救了雅沙；诺实无视权势者的专横，同乡亲们合力奋战，惩办了情敌，夺回了与玉丹的爱情；劳丹遵照妻子的嘱咐，编成"百兽衣"，乔装潜入官府杀死贪婪愚蠢的峒官，赢得了与妻子的团聚。也有讲述爱情悲剧的题材，如《甘工鸟》讲述的是，甘娲为追求幸福的爱情，不堪父母兄长逼婚，情愿化鸟而去。这些故事反映的是爱情的巨大力量，经过磨难，真爱都会战胜邪恶势力；倡导青年人恋爱自由，婚姻自主，对爱情忠贞。民间也流传着许多关于机智人物的故事，反映聪明机智人物如何取胜，获得幸福生活的过程，体现机智正派人物能战胜邪恶势力的精神。生活故事主要是宣扬美好道德观念，优良传统及社会风俗等，体现了民风淳朴的是非观和道德标准。故事一般认为心地善良的穷苦人都有好报；而心术不正的人会有恶报。故事赞美知足谦恭、忠诚老实的人，嘲笑那些贪得无厌、残忍凶恶狡诈的人。

（3）歌谣

民间歌谣在番茅村日常生活中有着重要的地位，人们在生产劳动、婚恋节庆、哭丧祭祀、迎宾送客时，往往都用歌声来表达自己的感情。他们善于触景生情，遇事而歌，随编随唱，他们把生活中的悲痛与欢乐，苦难与幸福，理想与追求，憎恨和钟爱都化作歌谣，撒向蓝天和大地。在唱法和音调韵律上，有两种类型：一为传统黎歌，二为汉化黎歌。传统黎歌是用黎语咏唱的黎族歌谣，歌调古朴粗犷。汉化黎歌称为汉词黎调，是用海南方言咏唱的黎调歌谣，韵律同海南方言歌。番茅村的格调是哎罗调，民间歌谣主要有古歌、生活歌、劳动歌、仪式歌、情歌五大类。古歌，其内容跟创世神话有联系或近似，体现了民族的凝聚力和人类生存斗争的意志；生活歌主要反映黎族社会一般生活的歌谣，体现了人民的各种生活习俗，既有日常生活内容的真实描述，又有辛辣的讽刺、诙谐的戏谑和闲情斗趣；劳动歌反映了人们劳动生活的各个方面，体现人们勤劳，积极创造物质财富的精神风貌；仪式歌分为两类：一类是宗教仪式歌，如赶鬼歌、祭祀歌、殡丧歌；另一类是结婚仪式歌，多在婚礼上由男女双方父母或伴郎伴娘所吟唱；情歌是数量最多，内容最丰富的歌谣，情歌的共同主题是歌颂坚贞的爱情，立誓白头偕老，无视恶势力的破坏，为幸福“不达到目的死不罢休”。

2. 民间艺术

历史上番茅村人酷爱音乐，满山遍野的树枝树叶就是他们的乐器。劳作之余，聚集一处，摘片树叶便能吹出美妙的乐曲。逢庆丰收、贺新婚、迁新居、祭祖先时，人们敲锣打鼓，跳“招福舞”和“平安舞”，鼓声点点，憾人心魂；夜阑人静之时，“隆闺”少女，吹美妙动听的鼻箫向小伙子倾诉衷肠；而小伙子则常常弹口弓向心爱的姑娘倾吐爱情。番茅村的民间艺术主要有音乐、舞蹈和编织，非常具有地方民族特色。

（1）音乐

人们喜庆、聚会或农闲时节，都会在家中、村边、田野高歌和吹奏乐曲。音乐题材丰富，曲调优美。在喜庆的日子里，如建新房、举行婚礼、节日戏会、访亲会友等场合，人们更是喜欢吟唱歌谣，一般是男女对唱。尤其是每年的“三月三”黎族传统的节日，青年男女聚会在山间坡野，以歌为媒，交流感情。

①乐曲。传统乐曲有民歌、说唱音乐、歌舞音乐。民歌题材广泛，音乐形象多变，风格多样。民歌可分为：一是调整劳动节奏，减轻劳动强度的“劳动民歌”；二是表达青年男女互相爱慕的“情歌”；三是悲哀伤感，令人心酸的“哀歌”；四是多种多样的“生活民歌”四大类。劳动民歌包括开山歌、砍树歌、犁田歌、出猎歌等不同劳动场景所唱的民歌；情歌包括节日情歌、隆闺情歌、山栏园情歌等不同场合所唱的民歌；哀歌又包括哭歌和祖先歌等两种形式的民歌；生活民歌又包括套歌、挂念歌、嘱歌、猜歌、定亲歌、斗牛歌、摇篮歌、儿歌等反映不同内容的民歌。唱腔主要有两种：一种是以汉语海南方言为唱词，套黎族民歌的韵律为唱腔，称作“汉词黎调”；另一种是以黎语为唱词，称为“黎谣正调”。随着时间的推移，传统黎歌在番茅村的吟唱频率减弱，年轻人都喜欢唱汉语的流行歌曲，民歌的传承面临巨大挑战。然而，也不乏民间音乐爱好者，数十年来执著于民歌创作，并取得了可喜的成绩。他就是番茅村委会福建村民小组的王照灵，他是一位普通的农民，也是当地一位很有名气的黎族原创歌手，人们耳熟能详的黎族民歌《捡螺歌》《欢迎您到黎村苗寨来》就是他创作的，他的作品非常得多，奥运期间还创作了《黎苗人民迎奥运》教给身边的黎苗族同胞，唱山歌迎奥运。

②乐器。番茅村民间乐器与民歌一样历史悠久，可谓“歌声不停，笛音不止”。民间乐器种类较多，有哩咧、鼻箫、口弓、叮咚、大皮鼓、吹树叶和口哨等。黎族的乐器均就地取材，与日常生产生活相关。

“哩咧”为黎语音译，是一种竹制直吹的竹管乐器。竹管呈唢呐状，以小管套大管，共9节，节节相套，每节开有一个按音孔。

鼻箫是极具特色的气鸣乐器，因用鼻吹奏而得名。吹奏者依靠鼻孔呼吸气的技巧和3个音孔的按放，奏出各种曲调。箫管用山竹制作，多使用1根无节的细竹管，管长60~70厘米，管径1.6厘米左右。箫管上共有4个孔，1个是吹孔，另外3个是按音阶孔。竹管两头保留原始竹节，在箫头边缘开吹气孔，竹管上端15厘米处开1个音孔，竹管尾端上方6厘米处开1个音孔，底端正面通1个音孔，一共3个音孔。鼻箫演奏时，管身竖起，左手拇指按上孔，右手拇指、食指分别按下孔和底孔，将上端吹孔斜放右侧鼻孔，靠着鼻孔呼吸气振动管内空气柱而发音，有时也用手堵住左侧鼻孔吹奏。

口弓，黎语称为“改”，是用竹片或铜片制作成的，长12厘米，宽1.5~2厘米，头大尾尖成扁形，中间有4厘米长的活小片。吹奏时，左手拿住口弓尾端，把口弓按在嘴前，右手弹拨口弓首端，利用吸气和吐气的技巧，使口弓活小片在口腔中震响。

叮咚是黎族特有的打击乐器，黎语称为“朗贡”。叮咚由木杆和木架组成，木杆是发音体，多采用红木或其他质地坚硬的木材制成叮咚。演奏者站在叮咚架前，两手各执一根木棍敲击木杆的不同部位，发出高低有别的声响。叮咚起源于驱赶鸟兽，保护农作物，山栏稻成熟时，为了看守山栏园，他们在山兰园中建起茅寮，砍原木二截悬挂，一根为“叮”音，一根为“咚”音，以击原木声驱兽保护庄稼。后来成了日常生活中的一种娱乐形式——叮咚乐器。叮咚击打时，时而明快活泼，如山溪水淙淙，时而急促，如狂风撼山林。

大鼓，牛皮鼓、鹿皮鼓等总称大鼓。传统习俗不管村里村外发生凶吉悲欢之事，总是以鼓声为信号（号召）。如求神拜鬼，一定是敲锣打鼓，全村闻到鼓声不约而合，不招而来。鼓的制造，是用一棵大树锯成一米左右长的木节，挖空两头，两端蒙上牛皮或鹿皮即成。

民间还流传着两种口技，即吹树叶和口哨。吹树叶有两种吹法。一种吹法是取合适的树叶，用手按在下唇边，利用上下唇的张合吐气吹奏。另一种吹法是把树叶片夹在两大拇指之间，利用吐气和两掌张合的技巧，吹奏各种曲调。

王照灵告诉我们，现在会吹奏乐器和唱民歌的黎族人已经很少了，好多技艺是“人死艺亡”。黎族音乐正面临断代、逐渐消亡的现状，原生态黎族音乐的抢救传承亟待解决。我们认为可以从“非物质文化遗产”和“创新”角度保护传承黎族乐器，“非物质文化遗产”角度指的是：按照传统抢救“非物质文化遗产”的原则、标准、手段，科学严谨地去挖掘、整理、保存，以让黎族音乐珍贵的原生态面貌得以稳固地长久地保存下来。“创新”角度指的是鼓励现代音乐艺术自觉将丰富的黎族音乐宝库作为现代音乐创作的源泉，让黎族音乐的生命在现代音乐的殿堂里升华，让黎族音乐借助时尚流行元素的传播影响力，插足于社会时尚文化领地。可以设想，当黎族音乐像藏族音乐一样，被越来越多的人欣赏时，黎族音乐的传承也就自然而然了。

（2）舞蹈

对黎族这样一个能歌善舞的民族来说，舞蹈对番茅村也很重要，无论是结婚、建房、欢度佳节，农闲娱乐或是宗教活动。人们往往用舞蹈来表达他们心中的喜怒哀乐。舞蹈与音乐一样，也是来源于生产和生活，来源于对祖先的崇拜，具有浓厚的生活气息。舞蹈内容丰富，形式多样，节奏强烈有力、动作古朴粗犷，有招福舞、年舞、打柴舞、舂米舞、椰壳舞和钱铃双刀舞等。

①招福舞又称祝福舞。每年农历三月、七月和十月的“牛日”跳的舞，祈求牛群肥壮多崽，禾苗茁壮、五谷丰登，全寨大小平安、人丁兴旺。跳舞时，首先由众人轮番敲打锣鼓，然后亩头夫妇饮福酒，继而起舞。起舞时，不论男女身腰都要平稳挺直，随着铿锵有力的锣鼓声，时进时退地踩小步，口中不停的齐声呐喊，通宵达旦，舞姿粗犷古朴。

②打柴舞蹈，也叫跳竹竿舞。跳竹竿，先是在空地上平行摆放 2 根长约数米、如小腿般粗细的木条，上面横架着 8 或 12 支竹竿。开跳时，两边各 4 或 6 人在两根木条外侧面对面蹲下，双手各持竹竿一端，按节拍将竹竿与木条、竹竿与竹竿相互叩击，此为“打柴”。跳柴者三、两为组，在有规律、有节奏的“呱嗒、呱嗒”、“咯嗒嗒、咯嗒嗒”的竹竿分合碰击声中和音乐、锣鼓的伴奏下，揉合着美妙的舞蹈跳跃其间，并在“桶考、桶考”(黎语为“加油”之意）的呐喊声中，忽而双足点地，忽而单腿跳跃，忽而侧身，忽而转体，忽而腾越，表演出各种洒脱、健美的姿势，爽朗活泼，热烈而诙谐，构成了一幅别有情趣的优美民族风情画，此即为“跳柴”。跳柴者如有人脚踝、腰肢、脖颈被竹竿碰击，就被淘汰而自动退场。而巧过坐打、蹲打、站打“三关”的优胜者，则被用竹竿高高抬起，表示祝贺。如今舞具大多采用青竹，因为青竹易采，跳柴也就演变成为跳竹竿。现在，“跳竹竿”已经成为“三月三”的传统活动。每逢“三月三”，青年男女凭借跳竹竿活动，寻找“搭档”，架设“鹊桥”，建立情谊。

③舂米舞由四个人参加，相对站立舂米的两人，是右腿弓步站立舂米的动作；另一对是以双足平立、腿膝时曲时直地舂米的动作。当其中的一对往木臼里舂米时，另一对便举起舂杆撞击臼边；有的则用舂杆往木臼内舂一两下，提舂杆时，在臼边撞击一下或数下，有的却在臼外撞击。总之，要同时响起两种不同声音却同一节奏的音律，使舂米声和撞击木臼声，形成和谐有趣的“咽一啪，咽咽啪啪，咽咽啪啪，咽咽啪”声。在这种节奏感极强的

“音乐”伴奏下，黎家女子勤劳、温顺、柔韧的特质得到了最好的表现。

3. **编织**

番茅村有丰富的竹藤资源，村前屋后山上地边到处都有种植竹子，山林中有各种野藤丛生，可编织的原材料众多。村民擅长利用竹、藤编织各种生产生活用品。农闲或者日常劳动的间歇，男人们就编织各种竹篾器，常见的有竹筐、竹席、竹篓、竹床、竹盒、鱼篓、簸箕、竹筷、竹笠、谷箩、刀箩、腰篓、竹筒扇子。有编织得非常精致的上品，也有编织得非常结实、粗犷的生产用具。那些精细的编织品，要求竹篾的边缘及剖面都刮得很细致，表面要光滑等，如果编上一些图案，再染上色彩，工艺价值就变得相当高。家里装蔬菜的箩筐、装钩刀的挂篓及晾晒稻谷的簸箕等都是自给自足。

村民们还用露兜叶编织草席、帽子、帘子等生产生活用品，露兜叶具有纤维较长、韧性较好的特点，是编织的好材料。平时将露兜叶割下，削去边刺，晒至稍干后折叠滚压存放，待编织时用水浸软，就可以用来编织各种工艺品。此外村民们还用红藤、白藤等，编织箩筐、谷围、斗笠、衣篓、箱子、篮子等生产生活用品。

（六）番茅村传统文化保护及发展存在的问题与建议

在漫长的历史发展中，番茅村黎族人民创造了丰富多彩的文化。这些独具特色的文化，在国内乃至国际上都具有唯一性、不可替代性，具有很高的历史价值、文化价值、艺术价值、科学价值和商业价值，番茅村黎族文化遗产保护非常重要。近年来，海南省和五指山市政府对黎族传统文化的保护工作高度重视，采取多种措施保护和弘扬黎族文化。目前，黎锦技艺、“三月三节”等多项文化遗产已列入国家非物质文化遗产保护名录，民族传统文化保护工作取得了一定的成绩。然而随着社会的发展和生活的进步，受到现代化及周围众多海南特色旅游业兴起的影响，番茅村的许多特色文化正面临严峻的挑战，一些古老的文化也正濒临失传，民族传统文化保护工作仍然面临着许多问题。

1. **面临的问题**

（1）富有本民族传统特色的船形屋即将消失

船形屋又可称船形茅屋，是黎族的传统住房，其建造就地取材，砍树劈竹，采藤割茅，所谓“三块石头垒个灶，四根木桩一张床，一张簸箕当饭桌，一条麻绳当衣柜”。这些储存着前人生活信息的茅草屋，也被认为是黎族山区最直观、最显著的贫困落后标志。为帮助黎族群众摆脱贫困落后的生活方式，从1992年起，海南每年从省财政拨款，帮助少数民族群众改造茅草房，在政策的号召下，番茅村也积极的开展了住房改造，据我们的调查，番茅村的茅草房改造工作将在2012年基本完成，也就是说到时候茅草房就消失了。茅草房的改造，让番茅村黎族人民住上了宽敞舒适的砖瓦房，据我们调查村民反映“民房改造好，政府为村民办了一件大实事。”但是在茅草房改造的过程中，传统的民族文化也不容忽视，应该有选择地把部分船形茅草屋或者是茅草屋村落完整地保护下来，保护船形茅草屋这种独具特色的建筑艺术和这种无法替代的民族文化。民房改造让老百姓过上幸福生活，但是对于这个民族来说，保留部分茅草房十分必要。我们必须让后人对黎族的传统民居有所了解，倘若所有的茅草房全部改造完毕，那黎族的建筑文化我们以后很难看到，我们并非是在保护落后，而是在保护一种建筑文化。

（2）原生态民族文化传承，后继乏人

在现代文明冲击之下，许多具有黎族特色的文化资源面临着传承的压力。黎族文身历经数千年，是黎族宝贵的文化遗产，是世界民族中一种罕见的原创性文化现象，目前在番茅村人民身上很难见到，这种原生态的文化现象，正濒临消失。鼻箫，因用鼻孔吹奏而得名，是古代黎族同胞常用来娱乐和消遣，男女青年相互倾诉情怀，逗趣传情，对歌取乐时常用的一种乐器。在我们的调查中，黎族民间歌手王照灵告诉我们，现在番茅村只有一位非常年长的老人会这种技艺，鼻箫面临歌技随人逝的威胁。通过调查，我们发现番茅村黎族汉化现象非常普遍，除节日外，平时的饮食和服饰与汉族几乎相似，村里的中青年已不怎么穿传统民族服装，不再唱黎族民歌、更不愿文身。民族文化传承面临着后继乏人的危机。现在对本地区本民族文化比较了解的基本都是老年人，在他们过世之前培养文化传承人是民族文化延续的关键，但是现在年轻人大都不愿意学习民族文化，传承人的选定困难重重，后继乏人是黎族文化保护中一个突出的问题。

（3）村民民族文化意识淡薄，对本民族文化情况不了解

村民在长期与汉族交往中，在行为上自觉不自觉地与汉族趋同，大多数黎族村民还没有认识到需要让本民族的精华保存和流传下来，村民们缺乏这

种文化鉴别能力，没有更深层次地认识到本民族文化的价值。番茅村的年轻人对本民族的家底“摸不清”。说到本民族文化时，年轻人大都不能全面的把握本民族文化，这给番茅村民族文化的保护与发展造成了困难。村民没有意识到他们的生产生活工具、穿戴，本身就是一种民族文化陈列。应该让村民们增强自我认识的意识，让他们认识自己，认识本民族文化的价值，从而提高保护与发展本民族文化的自觉性。

2. 保护和发扬番茅村传统文化的建议

针对上述问题，提出以下几点建议：

第一，利用地缘优势发展乡土旅游，让船形屋造福番茅村。我们认同民族地区的民房改造，应该选择几处最富有代表性的，最能体现该民族文化风情的典型村落保存下来。这是活着的文物，必须保存几个少数民族文化传统的“标本”，流传后世。番茅村地理位置优越，离五指山市市中心不到2公里，交通便利，旅游可进入性强。发展乡土旅游，对船形屋进行内部改造，是让船形屋保留下来，又让当地居民过上幸福的生活的一种方法。省民宗厅文宣处处长王建成建议：“在船形屋原有的基础上进行内部的改造，设施的完善，这样村民就可以舒服的住在里面，既保留这种传统的建筑，又能很好的保留当地的文化。”借鉴云南的傣族建筑、贵州凯里的苗寨和湘西凤凰的吊脚楼等保留传统建筑特色的成功经验，对传统的黎族船形屋进行改造，让当地百姓在改造和保护中受益。在保留船形屋外形的基础上，改善内部的居住环境，比如硬化地面，在船形屋的两侧装上窗子，配备灭火器等，这样既改善了村民的居住环境，又保留了传统建筑。同时借助番茅村的地理位置优势和已有的黎锦盛誉，开展乡土旅游，让当地居民收入增加，让百姓在保护中受益，过上幸福生活。

第二，文化部应该成为文化传承的主导者，建立一套保护、传承的有效机制。文化部应该加强领导和协调，努力构筑“大文化”的工作格局，做好各项统领工作，以身作则地倡导恢复和传承黎族优秀的传统文化。文化行政管理部门应该加强宏观指导，引导各族群众不断增强民族文化意识，搭建层级保护网络，将保护责任落实到个人。文化部应该积极探索“大文化”的管理体制，逐步形成科学的保护运行机制，实现文化事业与产业联动效应，实现保护与发展的良性循环。与此同时，文化部还要紧密结合文化行政和文化政策，建立扶持和激励机制，如对一些绝技项目，确立了师徒传承关系的给予一定的津贴补助，对民族文化产业给予政策倾斜。

第三，营造良好的环境氛围，使群众成为保护民族文化的主力军。政府、各类文化机构都应该加强、推广传统文化的宣传教育，例如在社区或在人群聚集区组织节目活动，鼓动民众参与，让人们意识到黎族文化的重要性及不可替代的历史价值。充分发挥学校教育在文化发扬方面的功效，在小学教育课程中，开设黎族语言、舞蹈和黎锦技艺手工班等，从小培养孩子们对黎族传统文化的兴趣。在中学教育中，适当增加一些黎族民俗方面的知识。群众有了自己的民族认同感和自豪感，积极支持和自觉自愿的保护本民族的传统文化，这样的保护才能实际而有效。

六、社会发展与社会保障

近几年来，五指山市冲山镇番茅村发生了巨大的变化，经济发展迅速，基础设施不断完善，文化氛围越来越好，社会治安稳定。这些成绩的取得与国家、地区的民族政策，基层党和政府组织的领导密不可分。胡锦涛总书记强调："发展农业和农村经济，一靠政策，二靠科技，三靠投入，而所有这一切，归根结底，要靠以党组织为核心的农村基层组织团结和带领广大农民群众去落实，都离不开基层组织的有效工作。"冲山镇党委、政府把少数民族和民族地区的经济发展工作列入党委、政府议事日程，使少数民族地区农村走向生活富裕、社会协调可持续发展之路，同时协调处理好少数民族地区的文化传承与经济发展的矛盾。

五指山市在其《五指山市城市总体规划》中提出"生态旅游立市"的口号，在规划内，市区城市（冲山镇）性质为：具有热带山地雨林景观和浓郁民族风情的生态花园城市和旅游度假城市，海南中部地区文化教育中心。冲山镇政府着力发展民族地区经济，引导村民大力发展种植业、养殖业，改善农村基础设施，发展民族文化产业，增加农民收入。番茅村优越的地理位置和丰富底蕴的民族文化，可以借助五指山的规划，与其一同发展。番茅村是文化旅游和生态旅游的好去处，村里有黎锦纺织基地，拟建黎族乡村博物馆，是体验民族风情、了解民族文化的好地方。番茅村还是橡胶、槟榔等热带植物的重要种植基地，其发展必将随着五指山市的发展而发展。

（一）发展政策

近年来，为了进一步加快少数民族和民族地区经济社会发展，从中央到地方都制定了一系列发展政策，包括农业政策、教育政策、小额信贷政策、文化传承保护政策、生态保护政策等等。

1. 农林业政策

番茅村的收入主要来源于农业，其中经济作物橡胶和槟榔的种植收入占全村经济收入的一半以上，农业发展水平决定了该地区的发展水平。番茅村种植作物有橡胶、槟榔、南药、稻谷、花生、红薯等；养殖牛、猪、鸡、鸭、鹅等家畜家禽，村里还有部分林业包括马占林和生态公益林。农业政策主要是围绕以上农业项目提出的政策，具体介绍如下：

（1）种植补贴政策

种植业是大部分农民的主要经济来源，目前，番茅村种植业不仅彻底告别了“皇粮国税”，还可享受种植补贴，农民在发展种植业时能获得更多的实惠。根据2009年五指山全面落实惠农补贴政策的相关规定，农民在种粮、种橡胶等方面都有补贴，具体补贴标准为：种粮食补贴，平均标准为每亩5元；农资综合补贴，平均每亩83元；良种补贴，每亩早稻10元、晚稻15元，玉米每亩10元；天然橡胶良种补贴，每亩33株，每株袋装苗补贴3元，以实物形式补贴给橡胶户；同时市农业部门还免费为农民提供测土配方施肥的技术服务，并加大对农民技术培训力度，让农民科学种植。

橡胶良种补贴是番茅村享受的最实惠的补贴。为促进天然橡胶产业的快速发展，农业部办公厅印发2008年天然橡胶良种补贴项目实施方案，结合农业部下达的项目补贴资金和五指山市民营橡胶生产实际，五指山市制定了具体的优惠良种生产及补贴计划。其基本思路是以科学发展观为指导，在优势植胶区域内，以天然橡胶良种补贴项目为手段，突出重点，建立示范区，加快天然橡胶良种推广与应用，实现品种与环境类型区域对口使用，逐步提高植胶区良种覆盖率。开展橡胶树种植技术培训工作，提高种植成活率。具体的补贴标准如下：苗木标准，袋装苗要求长出1～2蓬叶并已老化，健壮无病虫害，出圃时对破损袋进行加固，做好护芽、包装和病虫害检疫工作；资金标准，袋装苗每株补贴3元，每亩补贴33株。具体的申报程序及条件如下：

植胶户有种植橡胶的土地，做好了备地、备肥、备耕工作的，填写《五指山市天然橡胶良种补贴苗木购买审批表》，经所在村委会公示审核后上报市县热作主管部门审批后，交纳补贴以外的胶苗款后购买橡胶苗。有下列情况之一者，不列入享受补贴范围：①在坡度25度以上山地种植的；②毁坏水源林、生态林种植的；③植胶户没有备好植胶地的；④植胶户提供资料不实或有弄虚作假行为的。

（2）农机购置补贴

番茅村农民还享受农业机械购置补贴，村民购买收割机、犁田机、碾米机……都有补贴。农业机械购置补贴是海南省结合本省实际根据2010年中央1号文件精神制定的补贴方案，主要是促进农民机械化种植，提高农户的生产能力，增加农民收入。补贴的种类包括耕整地机械、种植施肥机械、田间管理机械、收获机械、收获后处理机械、农产品初加工机械、排灌机械、畜牧水产养殖机械、动力机械、农田基本建设机械、设施农业设备和其他机械等12个大类45个小类180个品目机具。补贴资金主要来源于中央财政补贴和地方财政补贴，对重点推广的机动水稻插秧机和水稻联合收割机，在使用中央财政补贴资金的基础上，可以利用省财政资金给予累加补贴，其他享受过中央财政补贴的机具不再享受省财政补贴。补贴标准根据各类农机的参数确定，具体补贴标准可参见《海南省2010年农业机械购置补贴产品目录》，农机购置补贴总体上不超过购置价值的30%，农民年内享受补贴资金原则上不超过12万元，享受补贴的机具原则上两年内不得擅自转卖或转让。在使用农业机械的过程中，由于没有维修技术，机械出现故障就会影响耕作，为此五指山市举办免费农机维修培训，开设阳光工程培训班，解决农民农机使用技术及维修技术，培训提高了农村劳动者素质，农业生产能力得到了提高。

（3）退耕还林补助

番茅村享受西部退耕还林政策扶持，对参与退耕还林的农户给予直接的经济补助。补助标准和年限是：退耕还林每年每亩补助现金105元和生活费20元；生态林连续补助8年，经济林连续补助5年。经营性承包土地实施退耕还林的，承包者除了按合同享受承包经营收益外，不再享受新的退耕还林补助政策。退耕还林补助成为农民的收入来源之一，帮助农民解决长期资金投入不足，发展生产困难问题，加快了脱贫致富步伐；退耕还林促进了农村产业结构的调整和优化，从而带动橡胶、槟榔、南药，乡土树种等林业产业的发展，并提高了村民的生态意识和环保意识。

(4) 林权制度改革

五指山市贯彻中央精神，推进林业产权制度改革，建立起以集体经济组织内部、家庭承包经营为基础，多种经营形式并存，责权相统一的集体林业经营体制，实现森林资源增长、林业产业发展、农民生活宽裕、农村稳定和谐。林权改革的内容是：明晰产权，减轻农民负担，放活经营权，建立流转机制，推进综合配套改革。番茅村也积极响应林权制度改革政策，林改工作已经顺利完成，林权证已经发放到村民手中。有了林权证之后，农民成了山林的主人，真正实现了“山定权，树定根，人定心，林农喜笑颜开”的局面。

村民意识到林权改革是在保护农村集体林地所有权不变的前提下，将集体林地的经营权和林木所有权，通过家庭承包经营落实到集体经济组织内的农户，林地承包期为30年至70年，承包期满可继续承包。林权改革对老百姓是一件好事。在他们心里，林权证与房产证是一样的性质，有了林权证，他们可以放心的经营了，林权承包年限长，政策稳定。村民可以用林权证去贷款发展经济，林权证和房产证一样具有法律效力，可抵押贷款3000元至5万元不等，并可取得惠林项目及各种扶持政策支持。同时，中央财政还对农户和林业职工个人从事的营造林、林业资源开发和林产品加工贷款项目按3%的贴息率给予贴息。林改实现了林地经营权和林木所有权流转变现，解决了农民发展经济的资金短缺问题，让农民得到了实惠。

2. 教育政策

五指山市经济较为落后，农村家庭经济普遍困难，农村学生因家庭困难，选择回家务农或外出打工，未能接受良好的教育。五指山市属于贫困市县，地方财政十分困难，对教育事业的投入十分有限，严重制约着五指山地区教育事业的发展。但是市委、市政府采取了一系列政策措施扎实推进本地区的教育发展，一是坚持教育优先发展的原则。在“两免一补”的基础上，免除义务教育阶段的课本费，免除高中生的学杂费，职校生实行免费上学；对考上大学的学生尽力做到不因贫困而上不起学，解决好学生因贫辍学问题。二是按照“相对集中，适度分散”的原则，以全日制为主，合理调整学校布局，进一步优化教育资源配置。逐步改善中小学校特别是乡镇中心学校的办学条件，减少全市校舍的危房率，番茅村的学校改为冲山镇中心学校之后，得到市、镇政府的大力支持，办学条件得到明显的改善。三是加强教师队伍建设，提高教师素质。大力实施中小学教师培训工程，每年安排教师培训经费要占教育预算的2.5%。以“走出去，请进来”的方式，加大教师培训力度。进一步完善招考录用教师机制，严把教师入口关；鼓励和引导市级中小学校优秀教师和大中专毕业生到乡镇学校支教任教，并对其在待遇、津贴、评聘等方面予以优先。四是大力发展职业技术教育，集中力量把市职业中学办成集职业技术教育、培养农村实用人才、实现劳动力转移为一体的职教中心。五是千方百计增加民族教育投入。努力办好寄宿制民族班，在完善乡镇中学和中心学校寄宿条件的基础上，试行民族生寄宿制、半寄宿制建设，在财力允许的情况下，给予适当的补助。

从2007年春季开学起，五指山市已免除全市中小学校学生作业本费；免除在五指山中学高中阶段就读学生的学杂费；免除在市职业技术学校就读学生的全部费用。实行学费全免，五指山市每一个适龄儿童都顺利完成九年义务教育，每一个贫困家庭的学生特别是农村学生，在接受九年义务教育后，能够继续接受高中阶段的教育，使更多的农村学生通过职业技术教育掌握一技之长，成为社会主义新农村建设的生力军。番茅村的贫困家庭再也不用为交不起学费、孩子入不了学而发愁了，免除的费用资金来源由市财政从专项资金中足额拨付。

此外，五指山地区还实行城镇化教学，农村学生进城就读的政策，即乡镇不再办初中，村级不再办完小，仅保留教学点；利用乡镇初中闲置校舍扩大完小规模，利用村级小学闲置校舍办幼儿园、发展学前教育；最终实现农村初中生全部就读市内中学，农村小学高年级学生全部就读乡镇小学，农民也可享受学前教育的目标。城乡教育资源差距大，农村师资弱、专任教师少，硬件设施不完善。小学生“进镇”就读，全市的中学生都将“进城”就读，农村不再设中学，对于农村孩子来说是一件难得的好事。在城镇就读，农村孩子将更早地接触到城市的生活方式和观念，他们更容易融入城市的洪流。

3. 小额信贷政策

冲山镇成立了小额信贷服务站，给资金困难的农户提供小额贷款，解决农户的生产建设资金问题。农户只要年龄在20~55周岁（含55周岁），无不良诚信记录、无赌博、无吸毒、无违法犯罪记录的，自愿组成5户联保小组，经过7天的培训，就可以获得2万元以下的贷款；有3年以上经营经验的商户，组成3户联保小组，一次性可贷2万元；诚信客户贷款额度可逐年增加，对符合条件的农村小额贷款可获得财政（扶贫）贴息。小额贷款产品共有12个品种，分别是“一小通”整贷整还、格莱珉模式小额贷款、大海卡授信小额贷款、“一抵通”小额贷款、党员“双带致富”小额贷款、诚信青年创业贷款、林权抵押贷款、农民专业合作社小额贷款、工资担保贷款、惠民“一卡通”小额贷款、小额就业担保贷款和新推出的商户联保贷款。符合贷款条件的贷户一般信贷受理7个工作日后可以领到贷款，林权抵押小额贷款和“一抵通”小额贷款由于需要到相关部门办理过户，时间一般会延长2~3个工作日。小额贷款的具体操作流程是：5名社员联名申请→合作社初步审查→合作社理事长提供担保→农村信用社受理贷款→开展为期7天的培训→发放贷款。合作社社员在按时付息还本的情况下享受8%的贴息优惠，提前还款按9%贴息。

4. **文化传承保护政策**

番茅村具有悠久的历史，有着丰富、浓郁而深厚的、风格独特的文化底蕴，有织锦、服饰、歌舞、文身等独具特色的优秀文化。现阶段在发展经济的同时，民族文化也部分得到有效挖掘、抢救、保护和发展。然而民族地区的文化传承和保护与经济发展是永恒的发展，如何解决好这个问题是民族地区能否有效持续发展的关键，五指山市、冲山镇党委、政府采取了一些政策和措施来保护番茅村的文化，发展番茅村的经济。

（1）番茅村在镇党委、政府的帮助下，在村党支部的支持下，创建黎锦基地。刘香兰、黄慧琼、黄琼花3位女党员组织21名农村妇女组成的织锦队，利用农闲时节和夜里的休闲时间编织黎锦，远销新加坡以及国内的香港、海口、三亚等地。如今，村里的织锦队年编织黎锦近千件，产值20多万元。2009年，黎锦基地带头人、共产党员刘香兰获得“全国非物质文化遗产传承人”称号，并获得“全省劳动模范”荣誉称号。

（2）冲山镇党委、政府申请将原番茅村番茅大队旧址列为省级文物保护对象，同时建议市政府出资给予修缮。建议认为：原番茅村番茅大队旧址位于冲山镇番茅村委会番茅村小组，距离市区500米，是一栋具有“苏联”式建筑风格的老式建筑，始建于1954年，至今已有56年的历史，该房见证五指山通什地区率先进入“合作化”，番茅村一带成立了黎族地区第一个“番茅初级农业生产合作社”。番茅大队曾来访过朱德、许世友、陈永贵、西哈努克亲王等36位国家领导人和国外友人。1975年新建了番茅大队文化室，原番茅大队合作社文化室从此不再办公。这样，这栋旧房便荒废了35年，但建筑质量仍保存完好，具有很高的文物价值。海南省民宗厅厅长陈志荣等省领导多次前来视察都建议将这栋旧房修缮作为历史文物保存下来见证番茅建队的历史。

（3）冲山镇党委、政府建议建设番茅黎族乡土博物馆。建议认为：番茅村是五指山地区黎族社会发展的一个缩影。从1950年海南岛解放以前的原始的“合亩制”到1954年成立海南岛第一个少数民族合作社，再到1958年番茅高级农业生产合作社改为番茅大队，黎族百姓的生产关系和生产方式发生了翻天覆地的变化，成为“合亩制”地区农业合作化的一面旗帜和黎族村寨中的“样板村”而名声大噪。20世纪90年代初，番茅村的黎族村民筹资几十万元，创办了海南第一个民族风情旅游景点——番茅旅游黎寨，吸引了不少国内外游客，名噪一时。近年来，五指山市加大了对番茅村黎锦的扶持力度，帮助妇女掌握黎锦纺织技术，以挖掘、保护和传承黎锦工艺。自2006年以来，番茅村因地制宜，已经组织起数十名黎族妇女集体进行黎锦纺织，使黎锦纺织初步走向产业化，其产品远销日本及中国香港、广东等地，堪称“海南黎锦第一村”，吸引了众多游人、公司集团前往参观游览和洽谈合作。

番茅村具有丰富的历史文化遗产资源，这些资源是五指山市乃至海南岛的特色文化遗产，具有较高的开发、利用价值：第一，番茅村历史上是“大寨式”的黎族名村，曾引起党和国家领导人和国际友人的高度重视和访问，名人效应影响力很大；第二，以番茅农业合作社遗址为代表的历史文物资源独特，中西合璧，保存完好，具有重要的观赏价值和教育意义；第三，番茅村中不少人是辉煌历史的创造者和见证人，他们中的很多人现在还健在，能够对番茅村辉煌的历史娓娓道来，生动有趣；第四，番茅村保存有被列入联合国教科文组织首批世界急需保护的非物质文化遗产名录——黎锦传统纺染织绣技艺，黎锦工艺可开发性强，有利于推进社会主义新农村建设，并带动周边地区的发展；第五，番茅村具有多样性的黎族文化资源，包括衣食住行等诸多方面，具有独特性和可观赏性，旅游开发的前景良好。

5. 生态保护政策

（1）有污染的发展一概拒绝

随着经济的发展，人与自然的矛盾日益尖锐，如何协调自然生态保护与人类经济发展，成了冲山镇党委、政府必须面对的严峻课题。五指山市委书记李江华说："生态文明建设是发展的基础和保障，我们肩负着保护生态、保证全省人民健康的重任，任何时候都不能以牺牲环境为代价来换取一时的发展繁荣。"面对"效益不错，环境不达标"企业、工厂的诱惑，基础十分薄弱的番茅村领导果断不放行，只要是环境测评不过关的企业、工厂一律不能进入本地发展。坚持以"好"字当先，先要养山护山，才能靠山吃"山"，坚决不能走先破坏、后治理的路子。

（2）大办沼气池、实施"扶贫生态移民"工程

过去，农村能源主要以薪柴为主，一个五口之家，一年要烧掉上万斤薪柴。五指山市把沼气建设纳入生态建设的重要项目，经过长期努力，沼气入户率已经达到半数以上，其中番茅村多家村民都设置了沼气池。为了减轻人口对核心生态区的压力，五指山市学习昌江黎族自治县的"教育移民"工程，把初中生迁移到县城上学，实行"包吃、包住、包入学" + "职业技术培训" + "帮助就业"的教育模式，把小学生迁移到镇中心小学上学。此外，还加快了小城镇建设步伐，帮助林区农民迁移到小城镇居住，在一定程度上缓解了生态压力。

（3）发展"林下经济"

一直以来，农民的收入主要依靠种植甘蔗、木薯等粮食作物。守着莽莽山林，却摘不掉贫困的"帽子"。如何既不破坏生态环境和资源，又能促进经济发展、让农民增收。冲山镇党委、政府积极探索发展之道，引导农民发展"林下经济"，推广种植南药等。番茅村一共种植了30亩灵芝，在"老三样"橡胶、甘蔗、地瓜的基础上，正逐步向"新三样"南药、大竹、藤发展。

（4）封山育林，植树造林

通过封山育林，退耕还林，集体林权制度改革，生态公益林重点工程建设等强化森林资源保护和培育等措施，森林资源得到较快增长，生态环境得到了有效的保护。

6. 基础设施建设政策

番茅村家家户户通水通电、通公路，饮用水是自来水，电是电网改造后的低价电，国道214线（海榆中线）横穿福建及番茅两个村民小组，乡村公路通到村里，甚至还铺上了水泥路。番茅村民房改造全部完成，茅草房已经销声匿迹，村里有卫生室。此外番茅村争取市农综办的支持，投入资金290

万元用于番茅村耕地的整治，从根本上解决了 418 亩农田灌溉问题；争取市扶贫办的支持，投入资金 28 万元，硬化什分自然村环村道 800 多米，解决了该自然村 300 多人行路难题；争取市委组织部的支持，投入资金 12 万元建设村级组织活动场所 120 平方米，解决了村级组织“无室议事”和党员干部无活动场所的难题；争取市卫生局的支持，投入 10 万元建设村卫生室，将解决全村 1200 人看病难题。

番茅村党支部多渠道争取资金项目加强农村基础设施建设，村党支部从集体经济中拿出 10 万元，建成宣传长廊 21 米，还通过市民政局支持，投入 11 万元修缮 1954 年建造的苏联式旧文化室，找回了当年朱德、叶剑英、许世友、陈永贵等老一辈党和国家领导人视察时的珍贵照片 57 张，并放大张贴在墙上供村民阅览。村“两委”班子十分关心教育事业，番茅中心小学不仅是村里的学校，也是冲山镇的中心学校，周边 12 个行政村的学生都集中在该校上学，学生人数较多，但番茅中心小学的场地小、教室少和教师住房紧张，严重影响学校的教学。针对这种情况，村党支部把价值 900 万元的集体土地 30 亩无偿让给学校搞建设，不仅解决了学校场地小、教室少和教师住房紧张等突出问题，而且新建的学校成为一道美丽的风景线。而村党支部仅留 3 亩地来建文化室，建设了农村书屋，配套科技、文化、党建等各类书籍 2000 册，成为党员群众学习的“加油站”。

（二）帮扶政策

根据我们的调查，番茅村村民确实受益于扶贫政策，在市扶贫办的安排下，番茅村的种植困难户和计生困难户都可以领取扶贫肥料，用于橡胶管理。扶贫办还将鸭苗、鹅苗等发放给养殖贫困户和计生妇女贫困户。市扶贫办的负责人表示，2010 年五指山市将向 7 个乡镇扶贫鸭苗共 62500 只，鹅苗共 16600 只，鸡苗共 2 万只。村里的革命老功臣也经常得到党和政府的关怀，为解决革命老功臣住房难、医疗难、生活难等“三难”问题，五指山市军民协力建成两个功臣村，五指山市采取财政拨款、干部群众和官兵捐款，筹集资金 42 万元，建成毛贵、毛道两个革命功臣村。功臣村内专门设立了功臣免费医疗站，由五指山市医疗部门和驻军某师 162 医院联手为革命老功臣发放“功臣免费医疗卡”，组织医务人员轮流到医疗站值班。目前，已先后有 40 多位琼纵老战士等入住功臣村。番茅村共有 7 位革命老功臣，他们的生活也受到了党和政府的关心。市扶贫办还经常举办免费的农业技术培训，帮助农民掌握实用技术、促进农民脱贫致富。尤其是橡胶的种植和割胶需要很多技术，需要技师给农民传授橡胶管理和割胶技术。

五指山市以科学发展观为指导，深入贯彻党的十七大、十七届四中全会精神，为切实解决特困村、特困群众的实际困难，让特困村、特困群众从海南省国际旅游岛建设中得到切实的好处，对全市农村贫困户、特困村和特困户基本情况进行一次全面调查摸底，以落实帮扶措施，争取八到十年全面解决这部分人的脱贫致富问题，为实现到 2020 年基本消除绝对贫困现象的目标奠定基础。解决农村贫困、特困人口的政策措施如下：①

1. 狠抓农村教育，提高农村劳动力素质和技能，为农民增收寻求支撑点

一要积极引导农民更新观念，拓宽视野，克服小农意识和小富即安思想，鼓励他们面向市场，发挥所长，艰苦创业，肯学敢干；二要坚持办班培训，用好培训经费，按照“实际、实用、实效”的原则，以重点村群众为培训对象，以橡胶管理技术、民族织锦技术、油茶栽培、热带作物管理、热带花卉及冬种瓜菜和家禽畜饲养技术为主要内容，采取集中办班的形式组织培训，使贫困村农户每户至少掌握 1 ~ 2 门实用技术。

2. 加快剩余劳动力的转移，拓宽农民就业渠道

继续加强培训引导，实现由苦力型向技能型的转变，拓宽转移途径，形成市场效应，大力发展打工经济，增强向外“输出”的稳定性，提高农民增收的技能和本领。积极探索劳务输出的新途径，加强农村就业信息服务网络建设，千方百计扩大农村就业，依法保障进城务工人员的权益，维护农民工的利益。力争实现整村推进的重点村、符合条件的特困户至少户均转移培训劳动力 1 名。力争贫困村富余劳动力通过培训后的就业率达到 80% 以上，外出务工稳定率达到 70% 以上，工资性收入占农民人均纯收入的 21% 以上。

3. 实施产业扶贫，增加群众收入

加大对贫困地区扶贫产业的扶持力度，巩固发展以橡胶、槟榔、花卉、

---

① 五指山市人民政府文件，2010 年 49 号，《五指山市农村特困村特困户调查摸底和落实帮扶措施实施》，2010 - 07 - 14。

茶叶、油茶等为主的经济作物，以鸡、鸭、鹅、猪、小黄牛为主的畜牧业，以益智、胆木为主的药材，加大扶持农副产品加工业，拉长产业链，把一村一品的特色小产业与扶贫产业的建设有机地结合起来，为建立农民长效增收机制打下坚实基础；政府扶贫部门资金作为农民的股份注入建设设施农业，贫困户分红得利，支持重点贫困户贴息贷款。

4. 鼓励和引导农民发展各类专业合作经济组织，发挥农民经纪人作用，提高农业的组织化程度

按照“公司+基地+农户”的生产经营模式，积极发展一批经济合作组织，通过资金、技术、政策，重点扶持一批国家扶贫和省级扶贫等具有带动农民增收能力的龙头企业和能人大户，并明确扶贫龙头企业的责任，正确处理好政府、企业、农民的关系，发展贫困地区特色优势产业，提升贫困地区产业化发展水平，要求企业采取订单生产和保护价收购的利益联结方式开展生产。

5. 加大民房改造力度

2010年，五指山市委、市政府高度重视民房改造工作，把它作为五指山市扶贫攻坚和为民办实事好事的一项重要内容摆上了重要议事日程，制定了《五指山市场信息2010年度农村民房改造方案》，成立领导小组具体负责检查指导民房改造工作，协调解决民房改造工作中的问题和困难。为确保完成全市现有1176户茅草房的改造工作，各乡镇、各相关职能部门，要认真按照海南省民房改造工作的要求和五指山民房改造工作的部署，明确责任，落实措施，及时总结民房改造工作的好经验、好做法，认真查找存在的问题和不足，主动研究解决的方法和对策，确保全市民房改造工作有条不紊地推进。

6. 积极稳妥地扩大小额扶贫到户贷款和村级互助资金规模

积极稳妥地扩大小额扶贫到户贷款和村级互助资金规模，引导更多金融资金投入扶贫开发，努力促进贫困户增收。计划投放贷款7600万元，贴息规模3830万元，扶持3000多贫困户，1.2万人，发展种养业和加工及运输业等优势产业；计划投入互助资金450万元，扶持30个重点贫困村发展种养业、第三产业和冬种管理。

7. 继续实行农村低保及为60岁以上农民提供养老保险

2009年，五指山市全年为城乡低保对象发放低保金共1899万元。2010年，继续实行农村低保政策，全面启动新型农村社会养老保险，向五指山市

5616 名 60 岁以上农民提供养老保险。

8. 加大扶贫投入，加快脱贫步伐

在继续争取中央、省级扶贫政策对五指山扶贫开发支持的同时，五指山将加大资金配套力度和投入力度。市财政安排 300 万元资金，用于农民小额贴息贷款，力争带动农民小额贴息贷款 9740 万元；市财政配套资金 10 万元，做好水稻、玉米和橡胶良种补贴；各有关部门投入资金 200 万元，举办城镇就业再就业、农村劳动力“阳光工程”、农村实用人才、新型农民科技等各类培训，培训农民 1.2 万人次；投入资金 231 万元，新建毛道乡和南圣镇两所敬老院；投入资金 2930 万元，建设沼气池 750 户。

9. 加大扶贫专项资金投入，促进农民增收

今后 3 年五指山市发改局计划投入资金 6400 万元，修建水利、公路、饮水工程、防洪堤坝等。五指山市扶贫办计划投入资金 2545 万元，建贫困村村路 41 公里，建桥涵 8 座，拉饮用水管 66.5 公里；投入资金 960 万元，种植胆木 2550 亩，益智 1600 亩，花卉 600 亩，管理经济作物 25600 亩。饲养鹅苗 5.6 万只，鸭苗 21 万只，养鸡 2.1 万只；投入资金 260 万元，举办民族织锦、劳动力转移、橡胶栽培管理和油茶栽培技术培训班等 110 期，培训人数 15800 人次。

（三）社会福利与优抚

1. 新型农村合作医疗制度

新农合制度是由政府组织、引导、支持，农民自愿参加，个人、集体和政府多方筹资，以大病统筹为主的农民医疗互助共济制度。采取个人交费、集体扶持和政府资助的方式筹集资金。这个制度以党的十七大精神为指导，加强领导，周密部署；从实际出发，因地制宜，充分尊重农民的意愿；统筹城乡发展、促进社会公平，解决农区缺医少药和看病难的问题。

（1）番茅村新型农村合作医疗的实施背景

农民收入低，难抗大病风险。在我们调查的番茅村，设有卫生所，离市区较近，药店、医疗机构和医疗点很多，缺医少药现象已不是村民的主要问题。而面临的一个突出问题是，相当多的农民看不起大病，农民如果一年住一次医院，他全年的收入可能就会所剩无几。经济收入低下，支付能力较弱，使许多农民难以应对大病风险，这是目前推行“新农合”的一个根本原因。

由于经济困难，许多农民都不敢到医院就诊治疗。刚实行新农合时，农民的观念还是不愿意去医院看病，为了推动新型农村合作医疗制度的建设，解决广大农民的看病问题，海南省五指山市采取多种主动医疗服务推动新型农村合作医疗保险制度建设，新农合政策取得了高参合、高补偿、高满意的良好效果。医院组织医师主动下乡为农民筛查病种、主动下乡为农民义诊、主动把报销款送到农民手中，通过开展多种主动医疗服务，五指山市新农合政策逐渐深入民心，“农民得到方便和实惠，愿意参保新农合”。五指山市新型农村合作医疗管理委员会办公室主任何绍甫说：“主动下乡为农民筛查病种，并针对特定病种为农民免费治疗，既促进了新农合政策在农村的推广，也转变了医院被动服务的观念。”医师主动到农村筛查甲亢、急性阑尾炎等12种农村多发病，对参加新农合政策但仍有支付困难的特困患者，免费为他们做手术，五指山市新型农村合作医疗管理委员会还组织医疗队伍，定期到每个乡镇为农民体检和巡回义诊，免费为农民送医送药。同时，对处于偏远乡村的农民，五指山市新型农村合作医疗管理委员会还将医疗报销款和二次补偿款主动送到农民家中。

（2）番茅村新型农村合作医疗的管理办法[①]

第一，将《国家基本药物目录（基层部分）》全部纳入五指山新农合医疗药品目录，不另行设定个人自付比例，其药品费用金额计入新农合报销范围。一级医疗机构门诊统筹使用《国家基本药物目录（基层部分）》药品费用按50%报销。不得超目录使用药品；参合农民在一级医疗机构住院，住院费用在200元（含200元）以下的使用《国家基本药物目录（基层部分）》药品费用按50%报销；住院费用在200元以上，使用《国家基本药物目录（基层部分）》的，药品费用按90%报销；各级定点医疗机构使用《国家基本药物目录》内的药品，不设定个人自付比例，全部纳入新农合报销范围，按原级别定点医疗机构报销标准进行报销；各级定点医疗机构使用《国家基本药物目录》之外的甲、乙类药物，但须在《海南省基本医疗保险和工伤保险药品目录》内的药物，药品费用个人自付10%后才进入报销范围，报销标准

① 五指山市人民政府文件，五府〔2010〕21号，《五指山市人民政府关于补充完善〈五指山市新型农村合作医疗管理办法〉的通知》。

按原级别定点医疗机构报销比例给付。一级定点医疗机构住院使用《国家基本药物目录》之外的甲、乙类药品种类比例不得超过10%，若超出10%，医疗机构自付药品费用的50%，参合农民自付50%。二级定点医疗机构使用《海南省基本医疗保险和工伤保险药品目录》外的药品比例不得超过15%，三级定点医疗机构使用《海南省基本医疗保险和工伤保险药品目录》之外的药品比例不得超过20%，在此范围内须征求患者或家属同意签名，于事前报经办机构批准方可使用。如遇急诊、急救等特殊情况可先使用，但24小时内应将病情、治疗情况等材料报市合管办备案。二、三级定点医疗若超出以上规定范围用药，发生的药品费用将由医疗机构承担，村卫生室在《国家基本药物目录（基层部分）》内使用药品，不得超目录外用药。

第二，一级定点医疗机构门诊使用抗生素静脉输液每月不得超过门诊服务总量的50%；超过50%的，经二次警告不做整改的，产生的医疗费用由定点医疗机构承担，并不予支付当月医疗服务质量保证金。

第三，在二级医院住院的，住院起付线300元，报销比例由原来的70%调整为65%；经二级医院转院，经市合管办同意到省三级定点医院住院的，住院起付线600元，报销比例由原来的60%调整为55%。

第四，定点医疗机构使用高值检查项目，检查费在100元（含100元）内，新农合按不同级别医疗机构报销标准给予补偿，超出100元以上部分，由患者自付。使用这些检查项目须征求患者或家属同意签字，方能使用。

第五，0～14岁儿童重大疾病的医疗保障。儿童急性淋巴细胞白血病，儿童急性早幼粒细胞白血病的报销标准在省卫生厅确定的三级定点医疗机构调整为70%，封顶线（包括门诊化疗费用）为10万元，起付线为600元；儿童先天性房间隔缺损、儿童先天性室间隔缺损、儿童先天性动脉导管未闭、儿童先天性肺动脉瓣狭窄，在省卫生厅确定的三级定点医疗机构报销标准为70%，封顶线为5万元，起付线为600元；以上6种儿童重大疾病，若属于民政医疗救助家庭，其患儿医疗救助比例为住院费用的20%，个人自付费用的10%；若属于困难边缘人群，其患儿医疗救助比例为住院费用的10%，个人自付费用的20%。若不符合民政救助对象范围的患儿家庭，由于儿童急性淋巴细胞白血病、急性早幼粒细胞白血病治疗费用多而导致家庭贫困，可向民政部门申请医疗救助；患以上6种儿童疾病的，二级医疗机构接诊后，应及时向省卫生厅指定的海南省人民医院、海南省农垦总局医院、海南医学院附属医院、海南省农垦三亚医院、海口市人民医院转诊，不得截留病儿。

（3）新农合报销和医疗救助程序

市民政局给新农合经办机构提供低保特殊困难对象名单，并在农合号中增加民政编号，每年民政部门预付一定经费给市合管办。若是这些对象的患儿出现上述病种的，由新农合经办机构按补偿比例、医疗救助比例与定点医院直接核算；之后，经办机构和民政部门核算。若是不符合民政救助对象范围的患儿家庭，因治疗费用多而导致家庭贫困，可向民政部门申请救助。医疗机构若有这些对象的患儿出现上述病种的，经农合信息网报批，同时电话告知当地民政部门，民政部门按医疗救助比例与定点医疗机构直接核算。结核病人的门诊检查治疗费用纳入慢性病门诊报销范围，但须提供门诊病历、处方复印件、检验单复印件。门诊统筹补偿封顶线：参合农民每人每年门诊费用补偿最高限额400元，60岁以上最高限额600元；慢性病门诊年补助由2000元提高到3000元。在定点医疗机构就诊的，补偿比例为60%；在非定点非营利公立医疗机构就诊的，补偿比例为45%。

2. **优抚对象医疗保障**

为保障五指山市优抚对象医疗待遇，切实为优抚对象解决医疗实际困难，五指山市制定了优抚对象医疗保障办法①。

（1）优抚对象按照属地原则参加医疗保险

优抚对象有市城乡居民，领取残疾抚恤金的一至十级残疾军人（包括参战伤残民兵民工）；领取定期抚恤金或补助金的烈士遗属、因公牺牲军人遗属、病故军人遗嘱、在乡复员军人、带病回乡退伍军人、参战参核试退役人员。按照属地管理原则，相应参加城镇从业人员基本医疗保险、城镇居民基本医疗保险和新型农村合作医疗等城乡医疗保障制度。医疗保险费用由市民政、财政、单位、优抚个人共同负担。

国家对一至六级残疾军人的医疗费用给予保障，按照属地原则全部参加城镇从业人员基本医疗保险，有工作单位的一至六级残疾军人、随单位参加城镇从业人员基本医疗保险，按规定缴费；无工作单位的一至六级残疾军人，参加城镇从业人员基本医疗保险，以五指山市上年度在岗职工平均工资作为缴费基数。所在单位无力参保和无工作单位的一至六级残疾军人由市民政部

---

① 五指山市政府文件《五指山市优抚对象医疗保障暂行办法》。

门统一办理参保缴费手续。其单位缴费部分，经市民政、财政、人事劳动保障部门共同审核确定后，由市财政部门从医疗救助或优抚对象医疗补助资金中解决。一至六级残疾军人参加医疗保险个人缴费部分，由所在单位解决；单位无力解决和无工作单位的，经市民政、财政、人事劳动保障部门共同审核确定后，由市财政部门安排资金解决。在城镇就业的其他优抚对象，参加城镇从业人员基本医疗保险，按规定缴费，所在单位或个人缴费确有困难的，由市人民政府使用城乡医疗救助或优抚对象医疗补助资金帮助其参保。不属于城镇从业人员基本医疗保险制度范围的城镇其他优抚对象和户籍在农村的其他优抚对象，由市民政部门统一组织，依照有关规定参加城镇居民基本医疗保险或新型农村合作医疗。其参保费用由市民政、财政部门使用城乡医疗救助资金和优抚对象医疗补助资金帮助解决。

（2）优抚对象享受医疗补助

一至六级残疾军人在参加城镇从业人员基本医疗保险的基础上，享受残疾军人医疗补助，在乡或城镇无工作单位的，每人每年给予门诊补助2400元，住院自付费用由市民政部门给予第二次（全额）报销；有工作单位但个人支付有较大困难的，由个人提出申请，经市民政部门审核批准后，给予1000~6000元的大病救助。七至十级残疾军人旧伤复发的医疗费用，已参加工伤保险的由工伤保险基金支付；未参加工伤保险的，由所在单位解决；所在单位无力支付或无工作单位的，由市民政部门从医疗救助或优抚对象医疗补助资金中解决。其他重点优抚对象在参加城镇居民基本医疗保险或新型农村合作医疗的基础上，区别门诊和住院治疗，门诊医疗费每人每年补助300元；住院费按照规定比例报销（补偿）后的剩余部分，由市民政部门从城乡医疗救助资金中按下列标准（比例）给予救助；孤老重点优抚对象救助100%；七至十级残疾军人，烈属、因公牺牲军人遗属，病故军人遗属、在乡复员军人救助70%；带病回乡退伍军人、参战参核试退役人员救助50%；上述对象按规定报销救助后，个人负担医疗费用仍有困难的，由市民政部门从优抚对象医疗补助资金中给予每人每年补助累计封顶线3000元的医疗补助。优抚对象患有慢性疾病、需要长期居家维持治疗的，由个人提出申请，经市民政部门审核批准后，从城乡医疗救助或优抚对象医疗补助资金中给予每人每年最高金额为5000元的居家医疗特别救助。

3. **优抚对象抚恤金自然增长保障**[①]

为了更好地保障优抚对象的抚恤优待与国民经济和社会发展相适应，以确保各类优抚对象的抚恤补助和优待标准与人民生活水平同步提高，结合五指山市实际，特制定抚恤标准自然增长办法。所有享受定期残疾抚恤金的革命残疾人员、革命烈士、因公牺牲、病故军人家属、在乡老复员军人、带病回乡退伍军人、老女兵、革命老室主、现役义务兵家属均按照经济增长调整抚恤标准。城镇优抚对象抚恤补助自然增长标准，以调整当年的本市城镇居民上年人均纯收入为参考基数，“三老”人员按基数的70%确定，其他人员按基数的60%确定。农村优抚对象抚恤补助自然增长标准，以调整当年的本市农民上年人均纯收入为参考基数，“三老”人员按基数的60%确定，其他按基数的50%确定。优抚对象除享受抚恤补助外，符合条件的，还可以同时享受城乡居民最低生活保障待遇。优抚对象抚恤补助标准自然增长所需新增经费来源渠道为：市财政追加投入，即市人民政府要根据经济发展的现状和当地人民群众生活水平的提高程度，每年适当提高抚恤事业费预算包干基数；社会化统筹收入。

4. **养老政策**

经我们调查了解，番茅村没有人选择到养老院养老，全部都是家庭养老，几乎100%的调查对象都把与子女共同生活作为自己的养老方式。但是，随着农村社会加快转型，大量农业劳动力流出，农村青壮年劳动力向城镇的大规模流动，家庭养老面临挑战。尤其是健康不佳的老年人除在经济供养之外，还面临生活不便、照料不够、精神苦闷等问题。在农村社会加速变化的形势下，现行农村以自我服务和家庭养老为主的养老方式难以适应发展的需要，发展农村新型养老保险制度是解决问题的有效途径。

发展农村新型养老保险制度，要坚持政府统一管理、个人缴费、集体补助、政府补贴的原则。建立动态缴费增长机制，缴费标准随着预期领取的养老金标准的变化而调整，实行动态缴费。参保人员预期领取的最低养老金水平可与农村低保水平衔接。加强基金监管，拓宽投资渠道，确保基金安全增值，制定基金管理运营办法，完善养老金计发办法等。

发展农村新型养老保险制度，需要公共财政的大力支持。公共财政要支

---

① 海南省五指山市人民政府《五指山市优抚对象抚恤补助标准自然增长暂行办法》。

持农村社会养老保险制度建设，降低农民参保门槛，提高保障水平。公共财政要加大对工作体系的投入，农村社会养老保险管理机构不再提取管理服务费，人员和工作经费应列入同级财政预算，尽快解决原制度从保险费中提取管理费，用于人员和工作经费的问题。同时要以多种方式建立农民参保补贴制度，在面向农民的筹资上，要降低门槛，坚持政府组织引导和农民自愿相结合，以政府投资为主，低水平起步，建立农民的最基本养老保障制度。

发展农村新型养老保险制度，要规范农村居民社会养老保险基本制度框架，保障农民的养老金能在不同的地区之间进行有效流转，能在不同的保障方式之间进行有效接转，能随着时间的推移实现资源保值增值为目的，制度模式由原来的完全个人账户模式改革为个人账户与社会统筹调剂金账户相结合的模式，改变过去完全靠个人账户积累、没有待遇调整、待遇一经领取终生不变、难以长期保障参保人员基本生活等问题。

（四）社会救济

社会救济是指国家和社会为保证每个公民维持基本的生活，享有基本生活权利，而对贫困者提供物质帮助，帮助他们解决吃饭、住房、医疗、教育等方面的突出困难。主要包括自然灾害救济、孤寡病残救济和困难户救济等，包括提供必要的生活资助、福利设施、急需的生产资料、劳务、技术、信息服务等。番茅村的社会救济政策主要包括五保供养、贫困户救济和灾民救济，具体包括生活救济、医疗救济、住房救济和教育救济等。

1. 五保供养

对村中无劳动能力、无生活来源、无依无靠的老人、残疾人和孤儿，实行“五保”，即保吃、保穿、保住、保医、保葬（孤儿保教），保证他们的生活达到当地一般群众的生活水平。番茅村符合五保供养条件的村民基本都纳入了供养范围，实行财政负担、应保尽保。供养标准的确定以村基本平均生活水平为基准，并随着生活水平的提高适时调整，现阶段的救济金是160元/月，此外还按时派送大米、油和盐。村里的孤儿全部纳入五保供养范围，上学以后义务教育阶段所有费用全免。

2. 贫困救济

对村中全家收入维持不了当地最低生活水平的贫困户，发给救济费，并实施救济。为解决贫困人口的温饱问题，生产问题，教育问题和治病问题，冲山镇党委政府发放补助救济帮助贫困户渡过难关，对其给予现金补贴，种苗补贴和化肥等生产资料补贴。

3. 医疗救助

番茅村对低保户、五保户、特困户和其他有突出医疗困难的村民，通过定点就医、费用减免和专项补助相结合的办法给予救助。符合救助条件的村民，由政府资助参加新型农村合作医疗，对造成家庭生活困难的大病患者，除享受新型农村合作医疗报销外，根据个人实际支付的医疗费用数额，按比例给予限额救助。对生活特别困难的重度残疾人视情况给予特殊照顾。

4. 教育救助

对特困家庭子女接受高中阶段教育适当减免学杂费，并提供必要的学习和生活补助。对特困大学生，在实行限额救助的基础上，建立健全校内奖学金、贷学金、勤工助学、学费减免、国家助学贷款等扶持制度，帮助他们完成学业。积极开展社会捐助、结对帮扶助学等活动，确保学生不因家庭生活困难而失学、辍学。

番茅村的社会救济政策帮助大部分困难群众渡过了难关，但是依然面临着救助资金不足、救助范围窄、水平低和救助对象难以对准最需救助人群等问题。五保救济制度救济的范围狭窄，供养对象仅能涵盖部分特困户，同时困难户领到的五保救济金偏少。番茅村对由自然灾害造成的经济作物和农作物的损害救济几乎是空白，台风对橡胶、槟榔等经济作物和水稻等农作物造成的损失基本都由农户自己承担。番茅村及所在地区应该加强社会救济体系建设，完善社会救济制度。针对贫困户救济存在的问题，应采取以下对策：

(1) 加大救济政策的宣传力度，使农民对贫困救济制度有充分的了解

农村救济政策性强，关系到广大农民的切身利益，因此应该广泛宣传农村社会救济政策的意义和具体规定，做到家喻户晓，充分尊重群众的知情权。农村社会救助是政府和社会帮助困难群众解决基本生活问题的一项重要工作，是社会保障体系的重要组成部分。贫困是任何国家都存在的社会现象，社会救助政策也应该站在这个高度来认识，社会救助在帮助困难群众渡过难关，维持社会的公平与稳定，经济与社会持续协调发展方面起着重要的作用，应该让农民了解，社会救济不是福利，更不是施舍。社会救济政策的内容及意义，执行程度等都要告知群众，增强农村救济工作的透明度，扩大社会参与度，形成全民普遍关心特困群体，形成实施社会救济政策的良好氛围。

（2）确定科学合理的救助标准，严格规范救助程序

救助标准的确定既要保障特困群体的最低生活需求，又要与当地的经济发展和财政承受能力相适应。根据救助对象的不同困难情况，分层次，分类型实行救助，客观的确定年人均救助标准。建议以家庭人均支出计算贫困线，以家庭人均年收入指标为标准来界定低保对象。要特别注意收入的货币化问题，在以市场价格为标准折算实物收入时，应充分考虑物价的变动，将名义收入转化为实际收入。标准的制定既要能发挥救助的功用，也要体现出社会公平与公正。对救助范围、救助标准、救助资金管理、救助方式及救助款物发放程序等各个环节都要做出明确的规定，使每一个环节都有章可循，便于检查，尽量减少工作中的随意性，如救助对象的确定必须经过摸底调查，审批和张榜公示等环节，并对救助对象实施动态管理。

（3）加大财政投入，做好社会捐赠工作，引导社会各界广泛参与

救济工作是一项艰巨的工程，没有党政领导的重视，这项工作就不会列入议事日程，没有财政的大力投入，这项工作就不能很好的实施。尤其是农业税取消之后，原来取之于赋税的救灾预备金也随之没了来源。鉴于此，财政应该加大对农村救济工作的支付转移力度，尤其是地方财政应该千方百计安排专项救济资金。社会捐赠是对财政救济基金的一个必要补充，应该广泛的接受社会捐赠，用于农村的社会救济。应该做好社会捐赠的动员工作，并保证捐赠工作的长期性和社会性。没有社会各界的认同和参与，社会救济就失去了社会基础，解决农村贫困户救济问题，仅靠政府单纯的救济力量是不够的，应动员社会各方力量共同参与社会救济制度，形成一个由政府领导，各部门、各单位、社会组织和个人共同参与的社会救助制度。

（4）规范农村社会救济管理，强化监督检查机制

救助的对象主要是五保户、低保户、重点优抚对象，以及经政府批准的其他需要救助的特困户等。应对不同救助对象采取严格分类，根据不同救助对象的切实需要给予救助。对救助对象要入户调查、通过其他村民了解情况、村民主评议小组评议等，最后确定救助对象的申报名单。民政、财政、卫生和教育等部门要明确责任，分工抓落实，形成政府领导、民政牵头、部门协

作、齐抓共管的工作格局。各部门要对救助对象是否准确、救助程序是否规范、救助证是否发放到位、救助金是否落实和救助资料是否健全等情况进行检查和审计，发现问题及时纠正，有效杜绝优亲厚友和挤占、拖欠及违规使用救助资金的现象，形成一个较为系统、规范的制约机制，确保救助工作健康规范运行。

第二部分　农户

七、富裕户

（一）依靠技能改变生活的王菊梅家

王菊梅，女，黎族，40岁，初中文化水平，无宗教信仰。她和丈夫王文良育有三个孩子，两女一儿。19岁的大女儿今年中专毕业后在五指山市区的岭南宾馆做服务员；15岁的小女儿今年初中毕业，准备就读中专；10岁的小儿子今年上小学四年级。家里还有两位老人，王菊梅的公公、婆婆，婆婆今年74岁，瘫痪在床多年，公公身体比较硬朗。全家人共同居住在一个连屋带院共约220平方米的大院落里。

7月9日上午，在村里的“打工皇帝”王庆聪的带领下，我们调研组来到了王菊梅家。刚到门口，她家的大门就给我们留下了深刻的印象。由于番茅村村民的总体收入水平并不高，大部分村民家的大门都是木制的，加之民风淳朴，少数村民家甚至没安门。但王菊梅家的入户门与众不同，不仅用水泥整整齐齐砌了墙，还安装了防盗门，这在村中是极为少见的，显示出这户人家的经济状况很好、家庭较富裕。进门后再观察，发现王菊梅家里的摆设与我们之前采访的一些家庭也有所不同，客厅里摆放着一套红木沙发和茶几，一台21英寸的液晶电视——番茅村有电视的家庭很多，但有液晶电视的则少之又少，此外，还有影碟机、组合音响以及干净的饮水机。客厅里整整齐齐的，没有丝毫的凌乱。

王菊梅刚从橡胶林回来不久，正在补觉。由于割胶只能在晚上完全无光的环境下才能大量出胶，因此村里人通常会在凌晨两三点去橡胶林中割胶，等上午橡胶水全部流出之后再回家睡个回笼觉。我们落座没一会儿，王菊梅就从里屋出来了，脸上虽然还略显疲惫，但丝毫未因我们的打扰而不快，反而面带笑容，热情地接待了我们。我们的采访是在王菊梅家的大院子里进行的，整个交谈的气氛十分融洽。当王菊梅听我们讲起对她家大门和家具的印象时，她哈哈地笑了起来。她说，家里虽然经济条件还好，但由于儿女的上学花费较高，光大女儿去年上中专的学费就将近10000元，平时生活是绝不敢铺张浪费的。家里购置的一些耐用消费品和农用设备基本上是几年前购置的，共有一台耕田机、两台电视，此外，由于自己和家人都比较爱好唱歌和看电影，因此在外打工的丈夫特意购置了一台影碟机，家人在闲暇之余，会唱唱歌、看看电影，作为休闲。

表7-1　　2009年家庭耐用消费品情况

项目	数量	项目	数量
电视（台）	2	拖拉机（辆）	0
电冰箱（台）	0	卡车（辆）	0
洗衣机（台）	0	小轿车（辆）	0
照相机（部）	0	电话（部）	0
影碟机（台）	1	组合音响（套）	1
电动车（辆）	0	手机（部）	3
摩托车（辆）	0	自行车（辆）	0

数据来源：根据王菊梅口述整理，2010年7月。

表7-2　　2009年家庭主要生产性固定资产数量情况　　单位：台

起耕机	拖拉机	犁田机	收割机	机动三轮车	牛车	脱谷机	水泵	其他
1	0	0	1	0	0	0	0	0

数据来源：根据王菊梅口述整理，2010年7月。

王菊梅家的土地状况如表7-3所示。其中水浇地的面积为1.2亩，旱地为10亩。2009年，王菊梅的家庭收入来源如表7-4和表7-5所示：种植1.2亩水稻，收获的稻谷如果按去年市价折算应值1000元左右，但由于种植面积有限，收获的粮食全部自用，并没有拿到市场卖，有时自家种的粮食不够吃还需要到市场上购买；家中也种植着橡胶树，一共种植了10亩约300株橡胶树，截止到2009年，共有200株开割。由于善于打理以及保护得当，橡胶这一项在2009年给全家带来的直接经济收入较为丰厚，将近有5000元。家中还有100株橡胶未到开割的时间，可以预计，橡胶收入在未来几年将成为王菊梅家一项重要的收入来源；家里最主要的收入来自于丈夫在外面搞装修的收入，由于丈夫从事建筑业的时间较长，积累了不少人际关系，同时手艺活也做得好，很多客户都愿意给丈夫介绍新客户，因此2009年丈夫的收入较为可观，大约2.5万元左右。

表7－3　　2009年家庭承包土地情况　　单位：亩

总面积	水浇地面积	旱地面积	良田面积	荒地面积
11.2	1.2	10	11.2	0

数据来源：根据王菊梅口述整理，2010年7月。

表7－4　　2009年家庭农作物、牲畜、家禽情况

种类	亩数	折算价值（元）	种类	亩数	折算价值（元）	种类	个数	折算价值（元）
玉米	0	0	瓜果	0	0	羊	0	0
麦类	0	0	花草	0	0	牛	0	0
薯类	0	0	烟草	0	0	马	0	0
棉花	0	0	橡胶	10	5000	驴	0	0
蔬菜	0	0	糖茶	0	0	猪	0	0
水稻	1.2	1000	槟榔	0	0	禽类	0	0
大豆	0	0	药材	0	0			

数据来源：根据王菊梅口述整理，2010年7月。

表7－5　　2009年家庭收入来源情况　　单位：元

职业	收入	职业	收入
从事种植业	6000	本乡镇就业工资	0
从事渔业	0	外出打工	25000
家庭手工业	0	从事运输业	0
从事畜牧业	0	政府补贴和社会救济	0
从事养殖业	0	出租耕地、房屋等	0
从事旅游业	0	其他经营收入	0
总收入合计	31000		

数据来源：根据王菊梅口述整理，2010年7月。

2009 年，王菊梅家的支出情况如表 7－6 所示，其中生产性支出约为 1600 元，主要包括购买种子、化肥的费用；除了生产性费用，王菊梅家去年在衣服这项支出上花费了大约 600 元。王菊梅讲，平时自己、丈夫和两位老人都很少买新衣，但两个女儿都已经出落成大姑娘，爱美爱打扮是年轻人的天性，她俩时常会买些新衣服，因此去年买衣服的花销稍多一些；2009 年家中最大的一笔开支是食品开支，由于家里有七口人，每月的食品开支大约是 600 元，全年共花费了 7200 元；2009 年，王菊梅家在看病这一项的花销约有 1500 元，由于全家都参加了新型医疗保险，因此花费中有 700 元得到报销。说到看病的事情，王菊梅叹息道："现在家里有老人，老人身体不好，母亲又瘫痪在床，每年都需要一大笔开支。要是我们两大人再生病，那花费就大了。前年（2008 年——作者注）孩子他爸闹胃病，一下就花了 3000 多元，当时家里真的是有点吃紧。还好有医疗保险，报销了 65%，要不然真是不好过了。"显然，对于这个有老人要赡养的家庭，看病费用将会是一笔越来越大的开支；红白喜事随份子钱在 2009 年全年的家庭总支出中也占了不小的一部分，大约花费了 1800 元。王菊梅讲，平时随份子，关系好的每次要随个一二百元，关系远些的最少也要随 50 元，由于去年红白喜事比较多，这一项的支出水平很高；2009 年王菊梅家花在交通上的费用大约有 550 元，由于丈夫平时在五指山市干活，几天回一次家，来来回回的费用一年下来也不是个小数目；最后，全家一共有三部手机，每月花费 100 元左右，全年下来，总费用也将近 1200 元。

表 7－6　**2009 年家庭支出情况**　单位：元

总支出	生产性	衣服	食品	看病	教育	娱乐	红白喜事	交通	通信	住房
23750	1600	600	7200	800	10000	0	1800	550	1200	0

数据来源：根据王菊梅口述整理，2010 年 7 月。

在访谈过程中，我们逐渐将话题集中在了王菊梅的丈夫——王文良身上。很显然，王文良是家里的经济支柱，他的打工收入在番茅村算得上是较高的。王菊梅告诉我们，她丈夫王文良是村子里数得上号的建筑工人，从 1994 年开始，村子里要有人家盖新房的话，丈夫就去帮忙铺地板砖、刷墙，由于手艺过硬，当时已经得到了很多村民的好评。到 1999 年，由于家中土地不够多，经济状况不佳，大女儿出生又需要大笔的奶粉钱，丈夫开始去五指山市打工。刚开始的时候，由于认识的人不多，也接不到太多活，但是随着他在五指山市建筑业的名气越来越大，开始不断有人找他，截止到2009年，丈夫王文良已经有了自己的施工队，收入也随着自己搞装修的年份变长而不断增加。听到这里我们才明白，真正让这个家庭渡过难关、奔向幸福的是丈夫掌握的建筑方面的技术。

相比其他农户而言，这个懂得靠技术赚钱的家庭，是幸运的也是幸福的。国务院发展研究中心技术经济研究部研究员李志军先生曾指出，“十一五”期间，我国必须把加快技术进步放在社会发展的战略优先地位，努力提高技术进步对经济增长的贡献。无论在国家的宏观层面，还是在个体家庭的微观层面，技术进步都是致富的必要手段。只有不断地提高技术在收入中的比重，真正使整个社会都形成热爱技术、使用技术的氛围，才能真正地实现大部分人的致富梦想。

对此，王菊梅也表示，技术进步对一个家庭非常重要。她认为现阶段国家提供给少数民族地区的大部分政策和补贴都已经达到了一个合理的水平，在此基础上国家的决策者们可以适当考虑更多地向少数民族地区的居民提供技术支持。特别是在这个基本靠天吃饭的黎族地区，给予好的政策以及优厚的补贴对于提高黎族人民的未来收入能力和水平的作用是有限的，只有通过科技推广，让每家每户更多地掌握先进且对本地区行之有效的技术，对于村民的帮助才能更为显著。

我们认为王菊梅的这个看法是很有道理的，毕竟“授人以鱼不如授人以渔”，通过优厚的补贴以及优惠的政策最大限度地改善少数民族地区的总体收入水平以及生活状况在一定程度上是行之有效的，然而如何使村民们更多地掌握先进且实用的技术、更好地提高黎族村民的文化素质水平，从基础上夯实村民的致富能力以及丰富村民的致富手段，才是授之以渔的最好的表现。在访谈过程中，我们都觉得王菊梅是个既能持家又有思想的女性，她不仅精通农活，而且对于家庭致富有着自己独到的看法。

结束访谈后，这个依靠技术致富的家庭给我们带来了很多思考。在生产技术水平明显低下的农村，适当程度的技术引进应该是今后村民致富的首要手段，也是政府应该重视的方面。只有真正地做到科技下乡、技术下乡，才能给千千万万农户带来新的希望。

（二）依靠劳动提高生活质量的陈露霞家

午后，走在番茅村的公路上，道路两旁紧挨着一排排房屋，除了一两户人家以外，都是平房。也许是村里土地有限，所以大家的房屋间隔得特别近，较宽处有2米的间隙，狭窄处只离了半米左右。这样密集的聚居，虽拥挤却显示出黎族村民的团结和融洽。在路旁一户人家门前的空地上，坐着一位乘凉的老人，手里正摇着一把蒲扇，旁边还有两个小女孩在嬉闹。门内侧的地上铺着一块凉席，上面坐着一个正在织锦的年轻女性。当我们说明来意后，正在织锦的那位女性便邀请我们进了屋。

我们走进去的是正屋，收拾得整洁干净，屋内摆放着崭新的家用电器，有29英寸的电视机、影碟机以及立在两旁的组合音响。屋子的角落里还摆放着一台饮水机，看样子也是新买不久。

这位正在织锦的黎族妇女名叫陈露霞，今年33岁，初中文化，她丈夫名叫黄德锦，与她同岁，当时正在地里干活。坐在门口的那位老人是她婆婆，今年62岁，公公比她年长2岁，正在房间里午休。公婆的身体还算健康，但已经很少下地干活，平时在家照看孙女，并做些家务活。门口的那两个女孩便是陈露霞夫妇的两个女儿，大女儿今年7岁，已经在读小学一年级，小女儿刚刚一岁零两个月，大女儿放假后还可以照看小妹妹。除此以外，家里还有位未婚的小叔同住，他今年26岁，平时会帮家里一起下地干活。由此可见，在这个家庭里共有七口人，两个老人、两个小孩、陈露霞夫妇俩外加一个未成家的小叔。

相比较村里其他人家而言，陈露霞家除了依靠种植业（包括橡胶、水稻、蔬菜）以及养殖家禽和织锦为生外，丈夫和小叔有时候还会外出开摩的拉客挣些运输费（家庭收入来源见表7－7）。

陈露霞家种了4亩橡胶，但是现在能出胶的只有100多株，另外还有100多株是今年刚栽上的，估计得等七八年之后才能开始割胶。早晨，通常是老公黄德锦和小叔一起去橡胶地里割胶，将割下来的液态橡胶晒干后卖出，这样平均下来，每天能卖得四五十元钱。卖橡胶的收入相对而言比较固定，是不错的收入来源。不过橡胶树也需要好好管理，其出胶周期才会比较长且出胶数量较多。如果碰上台风天气，对橡胶的收成影响也非常大。

采访时了解到，陈露霞家里还有2.4亩的水田，每年种植两季水稻，第一季亩产1000斤左右稻谷，第二季亩产稻谷稍微少一些，只有七八百斤。尽管粮食产量不少，但是家里人口较多，还要喂养牲畜家禽，所以每年很少卖粮食，即使剩下些粮食，也是留作来年再吃。按每斤水稻1.2元的市场价来计算，种植水稻可获得2160元左右的收入。

像这村里的其他人家一样，陈露霞家的菜地非常少，只有2分地，平均每个月能收50斤左右的蔬菜，对于七口人的大家庭来说，自己种的菜远远是不够吃的。当然，有时候也会将自家种的菜挑到市里菜市场卖掉一些（卖出的蔬菜平均价格为1元/斤），再买回其他种类的菜。总的来说，相对于偶尔卖菜的收入，还是买菜花费的钱多。

另外，陈露霞家还养了七头猪和十几只鸡鸭，等到它们长大，全都卖掉的话，也将产生一笔不小的收入。猪长到一两百斤的时候，七头猪按每斤猪肉7元钱计算的话，大概能卖6000元；十几只鸡鸭也能卖三四百元，而且鸡鸭一年还能养上两三批。

家里人比较多，劳动力也就比较富足，这样分工也比较明确。公公婆婆在家帮忙做家务活、照看孩子，丈夫和小叔去地里干农活或者外出跑摩的，这样陈露霞就有了足够的时间织锦。她是嫁到这村子后才学会织锦的，确切地说是在2006年"五指山市黎族织锦传习所"建立以后，通过参加培训班和村里黎族姐妹们的讲解帮助才渐渐学会的。由于年轻手脚快，时间又比较充裕，通常陈露霞七天左右就能织好一条黎锦，这样，一个月就能依靠织锦获得七八百元的收入。当然，这也跟老板的订单量有关系，通常秋季、冬季的时候是黎锦的需求旺季，订单较多，自己的收入也能跟着有些提升，最多的时候自己一个月能赚1000元，一年下来，靠织锦大概能赚得一万元。据陈露霞介绍，刚开始学织锦的时候，老是会觉得肩疼、背疼、腿疼，不过后来织多了也就习惯了。再者，因为自己时间比较多、动作比较快，老板会经常把一些最新的订单交给她做，这样接触到的新花纹、新图案就会比较多，也就不会觉得特别的枯燥、厌烦。而且毕竟可以通过织锦赚钱，陈露霞讲到这些，开心地笑着，在她看来，能依靠自己的力量为家庭生活的改善作些贡献是非常值得欣慰的事情。

忙完田间地里的农活后，陈露霞的老公黄德锦和小叔经常到市里跑摩的拉客人。当然出去的频率、时间长短取决于是否农忙、天气是否晴好，通常每天每人能赚回一二十元，积少成多，一年下来也能赚上 1.2 万元左右，也算是一种稳定的收入来源。

从与陈露霞的访谈中得知，这个家庭的收入水平相对于村里的平均水平来说应该算是比较高的，不过陈露霞说这些钱还是觉得不大够用，因为除了日常的花销外，还有许多想要改善的地方，比如添置了新的家用电器后，又想攒钱重新翻修房子等等。

表 7－7 2009 年家庭收入来源情况 单位：元

职 业	收 入	职 业	收 入
从事种植业	17760	本乡镇就业工资	0
从事渔业	0	外出打工	0
家庭手工业	10000	从事运输业	12000
从事畜牧业	0	政府补贴和社会救济	0
从事养殖业	7000	出租耕地、房屋等	0
从事旅游业	0	其他经营收入	0
总收入合计	46760		

数据来源：根据陈露霞口述整理，2010 年 7 月。

通过陈露霞的介绍，我们同时了解了他们家承包土地的情况以及主要的生产性固定资产状况，详细数据见表 7－8、表 7－9。

表 7－8 2009 年家庭承包土地情况 单位：亩

总面积	水浇地面积	旱地面积	良田面积	荒地面积
6.6	2.4	4.2	3	0

数据来源：根据陈露霞口述整理，2010 年 7 月。

表 7－9 2009 年家庭主要生产性固定资产数量情况 单位：台

汽车	拖拉机	犁田机	收割机	机动三轮车	牛车	脱谷机	水泵	其他
0	0	1	1	0	0	1	1	0

数据来源：根据陈露霞口述整理，2010 年 7 月。

在支出方面（支出情况见表 7－11），除了日常的生产性和生活性支出外，在医疗和购置新家电上支出了一大笔费用（注：购置新家电的花费计入生活性支出）。

由于大女儿刚上一年级，学杂费等按照政策全免，二女儿年纪尚小，刚刚一岁零两个月，因此陈露霞家在孩子教育费用上的支出基本可以忽略不计，这也是国家的好政策给村民带来的切实利益。

不过有老人小孩的家庭，医药支出却着实无法避免。去年四月份，黄德锦和陈露霞的二女儿出生了，分娩的医药费花了 1000 多元，谁知这孩子出生后的头一年里老是生病，差不多又花了 1000 元的医药费。家里公婆年纪逐渐变大，也免不了会有些小病小痛，这些花费都尚未达到新型农村合作医疗保险的最低报销标准，所以都得自己出。尽管如此，一家七口人这几年还是都参加了新型农村合作医疗保险，虽然还没报销过，不过以防万一，也许什么时候就能派上用场，村里也有些人确实已经通过新农合保险报销了大笔医药费用。但是陈露霞说感觉现在参合的保费有点偏高，每人每年 30 元钱，家里七口人就得交 210 元钱的保费，还是有些经济压力。国家要想将一项为了服务农民、保障农民基本利益的政策实施好，首先要考虑的是服务对象的接受程度，具体到新型农村合作医疗保险来说，就是关于农民参合保费标准的设定问题。如果参合保费标准设置得过高，进而排挤出一部分参合群众，那政策的效果就会大打折扣。

环顾陈露霞家的正屋摆设，可以看到崭新的电视机、影碟机、组合音响、饮水机、电风扇等，厨房里还有电饭锅。陈露霞介绍说这些大部分都是去年和今年家电下乡时购买的（一共花费了 5500 元，家庭耐用消费品情况见表 7－10）。虽然以前也一直想添置些新的家用电器，然而一是市场上的商品良莠不齐，不知道质量好坏；二是储蓄不够多，而各种家电的价格较高，所以迟迟没有购买新家电。

表 7－10　　　　**2009 年家庭耐用消费品情况**

项　目	数　量	项　目	数　量
电视机（台）	1	拖拉机（台）	0
电饭煲（台）	1	卡车（辆）	0

续表

项目	数量	项目	数量
饮水机（台）	1	小轿车（辆）	0
电风扇（台）	1	电话（部）	1
影碟机（台）	1	手机（部）	2
组合音响（台）	1	摩托车（辆）	0
照相机（台）	0	自行车（辆）	1

数据来源：根据陈露霞口述整理，2010 年 7 月。

表 7-11　**2009 年家庭支出情况**　单位：元

总支出	生产性	生活性	看病	教育	红白喜事	交通	通信	住房
17300	1500	10500	3500	0	400	200	1200	0

数据来源：根据陈露霞口述整理，2010 年 7 月。

不过，自从 2009 年 2 月开始，海南省开展家电下乡活动起，这些都不再成为问题。首先，下乡销售的家电产品的质量在各级财政局、质监局、工商局的监督下有了保障，只有商务部、财政部公布的中标产品和企业才能参与家电下乡的销售活动。其次，凡持有当地农村户口的农民，在规定的时间内到备案销售网点购买各下乡产品，均直接给予财政资金补贴，补贴标准为销售价格的 13%，[①]这样就提高了农民的价格承受能力。再者，由于五指山市家电下乡销售网点覆盖乡镇率达到 100%，即每个乡镇至少要有 1 个销售点，[②]这样凡购买补贴类家电下乡产品的农户居住的自然村均位于乡镇级销售服务网点覆盖范围内，各销售服务网点都尽量做到送货上门，并对所售家电产品做好安装、调试、维修等服务工作，如此一来，给购买下乡补贴类家用电器的村民带来了极大的便利。

在海南省，家电下乡活动的时间从 2009 年 2 月 1 日起至 2013 年 2 月底为止，将历时 4 年。据统计数据显示，自 2009 年 2 月家电下乡工作开展至 2010

① 五指山市商务局家电下乡工作方案. 海南五指山商务之窗，http://wuzhishan.mofcom.gov.cn/aarticle/dxsw/200903/20090306079503.html. 2009-03-05.

② 同上。

年6月止，海南省家电下乡产品销量累计535915台（件），销售额65336.4万元；而仅仅是2010年上半年，海南省家电下乡产品销量就达264039台（件），销售额34940万元，比去年同期分别增长2.2倍和3.5倍。[①] 家电下乡活动对农民消费潜力的开发、对中国农村内需的拉动，从陈露霞家可见一斑。当然，农民对家用电器的消费能力还远未充分挖掘，家电下乡政策的具体实行也并非完美无缺，因此，在进一步开展家电下乡补贴活动中，还需要加大对农民群众的宣传力度、简化价格补贴程序，同时要绝对保证产品和售后服务的质量，只有多管齐下，才能将激活农民购买能力、扩大农村消费这一家电下乡政策的实际意义体现出来。

对于陈露霞一家来说，趁着家电下乡活动火热开展的好时机，将家用电器重新添置了一番，接下来主要就是攒钱翻修房子。现在他们一家七口人住在公婆留下来的老房子里，这幢房子是20世纪80年代修建的，一共有四间，都比较窄，只有70多平方米，等到小叔结婚成家、孩子们长大时，显然是不够住。但是房屋周围已经没有多余的空地，所以如果翻修重建只能盖成两层楼，这样就需要花几万元。所以，对于受访的这个家庭来说，最主要的是能找到增加收入的好途径。

家里劳动力倒是充足，公婆能帮忙做家务活、照看孩子；孩子尚小，花费也不大；村里土地面积有限，也就不能指望再多分些土地；丈夫和小叔出去跑摩的拉客也不是特别挣钱的职业，他们完全有能力去谋求更好的发展，只是一直没有找到合适的机会。

在新的经济形势下，在全国范围内推广家电下乡对于促进社会主义新农村建设、提高农民生活质量、扩大农村消费、统筹国内外市场以及保持经济平稳较快增长确实具有重要意义，也是贯彻落实党中央、国务院加强和改善宏观调控决策部署、实施积极财政政策的重要举措。但是，要想使这一政策的宗旨得到充分实现，也为了真正改善民生、调整城乡二元经济结构、使农民尽早享受到经济发展成果，国家和政府更需要做的是想办法增加农民收入，这才是从根本上刺激其消费、进而实现一系列后续目标的基石。我们衷心希望这一家人依靠自己的劳动，将日子过得更红火！

---

① 侯建森．海南上半年下乡产品销售额同比增3.5倍．国家电网，http://www.cheaa.com/News/XiaXiang/DongTai/2010-7/83570.html．2010-07-08．

（三）依靠种植业致富的李月兰家

李月兰，女，51 岁，黎族，高中文化水平，无宗教信仰。2009 年丈夫因病去世，现与两个儿子一起生活。

走进李月兰家的院子，便看见一排三间砖瓦房，有 90 多平方米。正屋旁边是一个单独的用茅草搭建的厨房，一家人做饭、吃饭就在这里。李月兰是这个家里货真价实的当家人，家中大小事务，一应俱全都是李月兰在操持。在热情地招呼调研小组坐下后，我们便开始了这次的访谈。

李月兰自己是高中毕业，这与番茅村大部分初中毕业的学历相比，算得上是高学历了。李月兰告诉我们，当年她上的是“州中”，估计就是一个规模较大的高中了。因此识文断字根本难不倒这位普通的农家妇女。对于这样一个偏僻的村子来说，教育状况和其他偏远地区一样并不好。这样一位女性能够上完高中，的确是一件了不得的事情。嫁入番茅村近 30 年了，李月兰生有两儿两女，两个女儿都已出嫁，两个儿子虽然都成了家，倒是一直陪在她的身边。大儿子王海刚刚结婚，生有一女，刚及襁褓。二儿子王刚尚未结婚。

李月兰的丈夫生前身体一直不好，患有糖尿病多年，2009 年连续住院四次，不治去世。看得出来李月兰至今还未能释怀，言辞中流露出对于亡者的怀念。在缺少男主人的情况下，李月兰能够独自撑起这个家庭，并且将一切打理得井井有条，可以看出这是一位富有智慧的、勤劳的女性。

谈到 2009 年的家庭收入。李月兰直言全家 7 口人全靠从事种植业获得经济收入（见表 7－12、表 7－13、表 7－14）。

表 7－12　　2009 年家庭承包土地情况　　单位：亩

总面积	水浇地面积	旱地面积	良田面积	荒地面积
19.1	2.1	17	2.1	17

数据来源：根据李月兰口述整理，2010 年 7 月。

相比于番茅村其他农户每户几亩橡胶林的面积，李月兰家拥有的 17 亩橡胶林算得上这里的“橡胶大户”了。17 亩山地上，李月兰吩咐大儿子种植了 500 多棵橡胶树。按照一个月割胶 10 次，一年割 8 个月，一次全割一亩最多

30元钱的水平计算，一年下来，橡胶的收入就有4万多元。但是2009年，李月兰家的收入并没有达到这个数字。究其原因，去年至今，海南的气候条件都比较恶劣，连续几个月的干旱一旦出现，便会影响橡胶的正常生长，而且在缺水的情况下，也无法进行正常的割胶作业。因此，2009年的收入大打折扣。

李月兰家的田地面积为2.1亩。在种子价格节节攀升的情况下，每年种植两季水稻，仅花在购买种子一项上的费用就有700元左右。水稻生长所需的肥料、农药更加昂贵。但是在番茅村，一般情况下种植水稻都是供自家食用的，根本不可能有余粮去市场贩卖，李月兰家的情况也是如此。如果两亩多的田地都种植水稻的话，虽然在留够全家一年的口粮之后还能有些剩余，但也不足以拿出去卖了。因此，李月兰并没有把所有的田地都用来种水稻，她仅种了一亩多水稻，基本上能够保证全家粮食需求，剩下的土地她种植了很多蔬菜。蔬菜在五指山市是能卖到不错的价格的。李月兰每年种植的蔬菜都能有几千元的收入。

表7-13　　2009年家庭农作物、牲畜、家禽情况

种类	亩数	折算价值（元）	种类	亩数	折算价值（元）	种类	个数	折算价值（元）
玉米	0	0	瓜果	0.1	200	羊	0	0
麦类	0	0	花草	0	0	牛	0	0
薯类	0	0	烟草	0	0	马	0	0
棉花	0	0	橡胶	17	38000	驴	0	0
蔬菜	1.1	3000	糖茶	0	0	猪	1	1200
水稻	1	1000	槟榔	0	00	禽类	5	150
大豆	0	0	药材	0	0			

数据来源：根据李月兰口述整理，2010年7月。

表7-14　　2009年家庭收入来源情况　　单位：元

职业	收入	职业	收入
从事种植业	42200	本乡镇就业工资	0

续表

职 业	收 入	职 业	收 入
从事渔业	0	外出打工	0
家庭手工业	0	从事运输业	0
从事畜牧业	0	政府补贴和社会救济	0
从事养殖业	1350	出租耕地、房屋等	0
从事旅游业	0	其他经营收入	0
总收入合计	43550		

数据来源：根据李月兰口述整理，2010 年 7 月。

家中凡地里的活计都由李月兰一个人承担，孩子们对于农地里的活计并不在行。大儿子负责帮助母亲上山割胶，二儿子却闲在家中。大儿媳刚刚生了小孩，也待在家里，并养了几头猪和 5 只小鸡。不知道是养殖技术不到位还是养殖环境不适宜，儿媳养的猪先后死掉，现在只剩下了一头。李月兰说，这样的猪长大了，一头能卖到 800～1200 元的好价钱。散养的鸡长大些，一只也能卖 30 元钱左右。2009 年，李月兰家靠养殖一项的收入有 1000 多元。

经了解，李月兰的大儿子王海除了割胶之外，白天还到五指山市打工赚钱。但是因为短期的工作不好找，王海每次干不到一两个月就只能停下来了。一年下来能有几千元钱的收入。小儿子王刚今年 24 岁，仍未结婚。他本想到外地打工，但是李月兰不放心小儿子独自一人离开家那么远去打工，这样王刚到外地打工的梦想不得不因为母亲的坚持而一拖再拖。李月兰说，儿子要想打工，她也支持，但是不用非到外地去，虽然别人都说外面机会多，挣钱也多，但是相应的被欺骗的可能性也就更大。王刚从小在自己身边长大，没经历过什么风雨，如果真的去了外地，万一发生什么事情都没有人照应。听得出来，李月兰对小儿子相当爱护。但是，王刚却认为母亲是不愿自己出去“见世面”，只希望自己留在她身边当一辈子种田人。但是家中活计又都是由母亲照料，王刚留在家里并没有太多事情做。这样，母子二人的矛盾渐渐显露出来。

因为有橡胶的收入，所以李月兰家的生活过得还算不错。三间房子由李月兰、王海和王刚分别居住。在王海新婚不久的屋子里，我们看到粉饰一新的墙上挂着王海和妻子甜蜜的结婚照片。屋里的组合橱柜、电视、床都是崭新的。屋子中央吊着一个大摇篮，宝宝正躺在里面睡觉。而王刚自己的房间也有一台电视机和一套家具，当中的空地上还停着一辆摩托车。但是李月兰自己的房间就显得有些简陋了。不仅墙壁常年没有粉刷过，是黑乎乎的颜色，就连家具也没有几样。一张木头桌子、一张铺着凉席的双人床。另外，还有在番茅村里家家户户都能看到的铁皮粮仓。相比之下，两个儿子的房间像是卧室，而母亲李月兰的房间竟像一间小小的储藏室了。可怜天下父母心，李月兰将自己所能提供的一切好的东西都给了两个儿子，自己却毫无怨言。

表 7－15　　**2009 年家庭耐用消费品情况**

项 目	数 量	项 目	数 量
电视机（台）	2	拖拉机（辆）	0
电冰箱（台）	0	卡车（辆）	0
洗衣机（台）	0	小轿车（辆）	0
照相机（台）	0	电话（部）	0
影碟机（台）	1	组合音响（套）	1
电动车（辆）	0	手机（部）	4
摩托车（辆）	1	自行车（辆）	0

数据来源：根据李月兰口述整理，2010 年 7 月。

表 7－16　　**2009 年家庭支出情况**　　单位：元

总支出	生产性	生活性	看病	教育	红白喜事	交通	通信	住房
18600	1400	7800	5000	0	2000	1200	1200	0

数据来源：根据李月兰口述整理，2010 年 7 月。

谈到 2009 年全年的家庭支出状况，李月兰说基本上每一年最大的支出就是全家人的吃饭了。家里人口众多，平日里买油、肉类等的开支十分大。再加上大儿媳新添了小孩。刚刚三四个月的孩子每月的奶粉钱就要一两百元。有时候奶粉没有了，还要用米糊来补充。因为经济条件的限制，小孩看上去一直瘦瘦小小的，小病不断。即便如此，每个月花费在小孩身上的钱也有三四百元了。

在生产性开支一项上，李月兰家也比其他家庭平均 500 元左右的水平高出一些。这并不是因为家里的田地多一些，而是因为李月兰买的种子和化肥都是各种品种中价格较高的。再加上李月兰种植了不少蔬菜，买农药也是一笔不小的花费。谈到蔬菜的种植，李月兰向我们反映了这样一个情况，当地村民挑担进城卖菜的时候，在五指山市里总会被要求交纳一定的税。纳税本无可厚非，但是五指山市的收税标准却十分令人不解。不管一天的卖菜收益有多少，每担菜每天都要交纳四五元钱的“税费”。我们认为，地方税收应该有一定的标准，但是这个标准应该与当地百姓的生活水平相符合。番茅村的村民一天卖菜收入不过20元左右，却要交纳5元的税费，这是非常不合理的标准。当地有关机关如果不能及时规范税费，势必影响农民种菜的积极性。

李月兰自己的身体状况并不乐观。常年在地里劳动和营养不良，让她患上了骨质增生的病，需要常年服药。同时还有间歇性腰痛，止疼的膏药是一年到头缺少不了的药品。再加上去年丈夫的病逝，李月兰的精神并不是很好。在身体状况糟糕的情况下，李月兰对于地里的农活和家中的活计经常心有余而力不足。她说，光用于止疼的膏药就要10多元一贴，平时自己舍不得买，疼痛的时候往往是忍耐。李月兰才51岁，眼睛已经花了，像织锦等一类手工活计都不能做，这也让她十分困扰。眼睛继续恶化的话，恐怕会影响到日常生活。不过幸好全家都参加了新型农村合作医疗，即使有了大病，也可以到市里的大医院进行治疗。李月兰的大儿媳也常年患有鼻窦炎，再加上小孩经常性的看病买药，一年来全家在看病一项上的花费已经达4800元之多。这笔开支对于这样一个家庭来说，显得十分庞大。

李月兰的儿媳才嫁到番茅村不久。据说结婚时的礼金就有一两万元之多。李月兰倾尽全力才让儿子娶到了媳妇。结婚的时候，热情的村里人都来帮忙并“随了份子”。李月兰说，碰到别家有红白喜事时，“随份子”在村里是少不了的。有时候近亲家里有事，一次五六百元也是常见的。2009年，李月兰用于红白喜事这一项支出就有2000元。

我们看到的摩托车一直都是王刚在骑，但是由于王刚自己没有收入，所以交通费也是由母亲李月兰出的，在大哥王海上山割胶时，也会骑摩托进行运输。今年国内燃油价格猛增，再加上在山路行驶，摩托车比较费油，全年的交通费足有1200元之多。

虽然王海和王刚都没有正式工作，但是手机通信费一项也并未节省。李月兰说，他们经常叫朋友出去喝酒娱乐，这些钱都是由李月兰负担的。王海之前打工有一些收入，但是从未交给自己，一般都是挣到手就花掉了。李月兰平时手里的钱都是卖菜得到的，只要家里需要钱，她就挑着担子去卖菜，然后换一些钱来贴补家用。

番茅村还没有开设养老保险这项社会福利事业。所有村民都还是倚靠着“家庭养老”这种传统的模式，李月兰也不例外。现在，李月兰的身体状况还可以，能担负起全家人的衣食问题，但是一旦过几年，自己不能再劳动了，光靠两个没有固定收入、又不怎么会干农活的儿子，是无法保证老年生活的质量的，我们不禁为李月兰的养老问题担忧。

在我国，随着体制转型、农村工业化和城镇化脚步的推进，广大农村的经济结构、劳动力结构、人口结构和家庭结构都发生了变化，农民养老日益需要向社会养老模式转变。然而全国各地虽然经过十几年的试点和推广实践，但运行结果并不尽如人意。而对于偏远的少数民族农村地区来说，不仅有广大农村的普遍特征，还有本民族的特点，在少数民族地区开展养老保险，更加需要结合实际，设计出非常具有实用性的养老保险模式。

（四）依靠多种经营增加收入的黄海容家

黄海容，女，32岁，黎族，初中文化程度，普通话流利，无宗教信仰。初次见到黄海容是在黎锦工厂里。地上铺着一张草席，这就是她的工作台。黄海容直着腰板坐在席上，腰间拴着一根很粗的绳子，绳子连在织锦工具的一端，另一端系在一根木棍上，用脚绷着，然后用整个身子拉紧锦线，以保持织锦机的紧绷。只见她熟练地穿着梭子，织着锦线，手中的锦布已初现风采。得知我们的来意后，黄海容爽快地答应接受采访。

黄海容的丈夫名叫黄照辉，35岁，黎族，也是初中文化程度。二人于1999年结婚，育有一儿一女，儿子今年10岁，上小学四年级。黄海容自豪地向我们介绍说，儿子虽然年纪小，却非常懂事，学习努力认真，夫妻二人对其寄予厚望。女儿今年刚刚两岁，夫妻二人都出外工作时，10岁的儿子在家中承担照看妹妹的责任。黄海容是从邻村嫁过来的，不是番茅村本地人。和当地许多人一样，黄海容认为一个村子里的同姓人都源于一个祖先，而同一祖先的后代是不能通婚的。所以对于大多数黎族女性来说，要么找一个异姓男性出嫁，要么只能离开自己的老家，嫁往别的村子。汉族地区在近代以前，常有表亲联姻以求“亲上加亲”的习俗，不是娶了姑妈家的表妹，就是嫁给娘舅家的表哥。直到新中国成立以后，现代科学思想的传播以及《婚姻法》禁止近亲结婚，才使得这种习俗中断下来，而黎族人民古已有之的这种思想不能不说是很有特点的。

由于我们是在黎锦厂里采访到的黄海容，因此对她家里的情况就不能进行实地考察，只能通过她的介绍了解。据黄海容介绍说，她家是一个砖瓦结构的老式房子，一共两间，还是结婚的时候男方家里出钱修盖的，十年多过去了，房子虽然旧了一些，却也仍然结实耐用。黄家的生活用水主要是自来水，不过番茅村的自来水和我们平日里的概念略有不同。村里出钱修了一条管道，将山上的山泉水引下来作为村民的日常用水。纯净而丰富的山泉是番茅村人的一笔财富，洗衣、做饭甚至灌溉都仰仗于它，千年以来，滋养着这里的土地和人民。生活燃料主要是木柴。番茅村山上林木茂盛，有可靠的木柴来源。几年前黄家也开始使用煤气灶，但一直不是主要工具，大土灶仍是他们的第一选择。不过黄海容也坦言，用煤气确实方便许多，只是祖辈以来养成的生活习惯很难改变，似乎只有灶火烧出来的饭菜才会更加可口。家里电视机、电话等基本家用电器俱全（2009 年家庭耐用消费品情况见表 7 - 17），还有一辆摩托车，除了方便日常出行以外，偶尔也出去拉客人。从番茅村进入五指山市区还有一段距离，村民们进城往往会选择摩托车为代步工具。家里有车的自然方便，没车的人便会搭乘“出租摩托车”。“出租摩托车”和一般的出租车类似，只不过工具换成了摩托车而已。一个人开车，客人坐在摩托车的后座上，只要在市区内行驶，无论到什么地方，价格都是一元钱。由于价格便宜，村民们普遍能够接受。我们在从番茅村到五指山市的道路上经常能看到拉着乘客的摩托车。据黄海容介绍，靠摩托车拉客，每天也能挣到三四十元左右，这对当地人来讲，也是一笔不小的收入。据我们了解到的情况，番茅村从事这一职业的人不在少数。

表 7 - 17 **2009 年家庭耐用消费品情况**

项目	数量	项目	数量
电视（台）	1	拖拉机（台）	1
电冰箱（台）	0	卡车（辆）	0

续表

项目	数量	项目	数量
洗衣机（台）	0	小轿车（辆）	0
照相机（部）	0	电话（部）	1
影碟机（台）	0	组合音响（套）	1
电动车（辆）	0	手机（部）	2
摩托车（辆）	1	自行车（辆）	0

数据来源：根据黄海容口述整理，2010 年 7 月。

黄家一共有一亩两分地，是在黄海容嫁过来之前，国家按黄照辉家的人口分配的土地，现在交由他们两口子来打理。其中水浇地 1 亩，主要种植水稻；旱地为 2 分，主要种植各类蔬菜，如青菜、豆角等，黄海容家的土地状况如表 7－18 所示。

表 7－18　**2009 年家庭承包土地情况**　单位：亩

总面积	水浇地面积	旱地面积	良田面积	荒地面积
1.2	1	0.2	1.2	0

数据来源：根据黄海容口述整理，2010 年 7 月。

种植水稻 1 亩，亩产 900 斤左右，一年两季共 1800 斤，按照稻米市价 1.30 元左右一斤，2009 年种植水稻这项折合收入约为 2340 元。黄海容说，家里人口不多，一年的收成往往自家人吃不完，便拿到市场上出售，也能卖出二三百元左右。长期以来，黄家的生产动力主要是牛，黄海容说，用牛其实特别麻烦，每日都得用心照料。2007 年，黄家将自家的一头牛卖掉，买回来一台拖拉机代替牛的工作，田里的活干起来方便了很多。用黄海容的话讲，“牛还得喂草，机器就不需要”。除此之外，黄家还有一台脚踩收割机，田里的活儿基本都可以通过机器来完成。不仅如此，闲置时还可以将机器租给别人使用，也能获得一定的收入。在番茅村，黄海容家的机械化程度还是比较高的。黄海容家里去年养了两头猪，按一头 700 元左右的价格卖出。另外还有 15 只鸡，主要是养来自己食用，余下 5 只卖到市场，每只都在 30 元左右。2009 年，黄海容家从事养殖业的货币收入共有约 1550 元（2009 年黄海容家的农作物、牲畜、家禽情况见表 7－19）。

表 7－19　　**2009 年家庭农作物、牲畜、家禽情况**

种类	亩数	折算价值（元）	种类	亩数	折算价值（元）	种类	个数	折算价值（元）
玉米	0	0	瓜果	0	0	羊	0	0
麦类	0	0	花草	0	0	牛	0	0
薯类	0	0	烟草	0	0	马	0	0
棉花	0	0	油料	0	0	驴	0	0
蔬菜	0.2	500	糖茶	0	0	猪	2	1400
水稻	1	2340	橡胶	1.6	3840	禽类	15	450
大豆	0	0	药材	0	0			

数据来源：根据黄海容口述整理，2010 年 7 月。

从 2001 年起，黄家开始种植橡胶，起初由于技术并不熟练，二人没有栽种太多，只有 100 株左右，打算一边干一边摸索，在实践中逐步积累经验，等到熟悉整个操作之后再扩大规模。讲到这里，黄海容介绍说，对于农业生产技术，番茅村的村民们普遍缺乏，村委会每年会组织一次技术培训，从县上请来技术员，教大家如何种田如何种橡胶等知识，黄海容认为这种形式非常必要，所教的东西都很需要也很实用，只是一年一次的机会太少，远不能满足村民们的需要，村里和镇上应该多组织这样的活动。到 2009 年，黄海容最初栽种的 100 多棵橡胶已经可以开割，在割胶期内，割一次可以收入 30 元左右，此项去年共计收入约 3840 元。前期试种了几年之后，黄海容夫妇逐渐摸索出了一些经验，对于橡胶种植有了信心，便决定放开手脚干。2005 年又种了 5 亩多的橡胶，她家的橡胶总数已经达到 400 棵左右。不过新栽种的橡胶尚处于生长期，预计到三年后方可形成实际收入。

番茅村地处热带，适宜种植热带经济作物。番茅村大部分村民都以种植橡胶为主要产业，而黄海容家除了种橡胶外，还种有另一种经济作物——槟榔。黄海容家在 2007 年栽种了 100 多棵槟榔树，过几年才可以长成，到那时，黄家又可以形成一笔不小的收入。

除了在土地上讨生活以外，黄海容还有另一门手艺，那就是织锦。织锦是黎族一门传统的手工艺，织出来的锦被称为黎锦，美丽质朴，深受各族人民喜爱。一块高质量的黎锦在市场上也能卖出不低的价钱，因此番茅村里的妇女们往往都会学习这门技艺，织锦也成为了番茅村家庭收入的一项重要来源。与许多在家里织锦的妇女不同，黄海容是在织锦厂里干活，也就是我们见到她的那个地方。这个厂属于工场性质，老板掌握技术和生产资料，入厂的工人先接受老板的培训，学习织锦技术，然后根据老板设计的样式织锦，所用织架、锦线等工具皆由老板提供，织好后由老板统一按一定价钱收购，再销往外地。至于这些黎锦销往何处，价钱几何，黄海容这些工人并不知晓，都由老板一人负责。黄海容介绍说，在黎族村子里，一般女孩子到了10多岁家里人都会教她织锦。她自己就是十多岁的时候母亲教会的这门技术，时至今日，她的技术已经比较熟练，一个月可以织出三条，这在我们了解到的织工里面，速度已是拔尖的了。按一条卖300元计算，一个月即可获得货币收入900元，这对于大山里的番茅村人来讲，已是一笔不小的收入（2009年黄海容家的收入情况见表7－20）。

表7－20　**2009年家庭收入来源情况**　单位：元

职业	收入	职业	收入
从事种植业	6680	本乡镇就业工资	0
从事渔业	0	外出打工	4000
家庭手工业	10800	从事运输业	0
从事畜牧业	0	政府补贴和社会救济	0
从事养殖业	0	出租耕地、房屋等	0
从事旅游业	0	其他经营收入	3000
总收入合计	24480		

数据来源：根据黄海容口述整理，2010年7月。

黄海容的丈夫黄照辉长年在外地，跟着镇里的一个工头，在三亚的建筑工地打工讨生活。工资不多，一个月1000元左右。但老板往往拖欠工资，有时候一拖就是一两个月，作为农民工的黄照辉没有别的办法，只能等，等到老板把工资结清才能回家。黄海容介绍说，一般丈夫两三个月便干完一个活，然后就回到家里待几天，每次回家差不多都给家里带回3000元的工资。等到工头那里又有了活，便又出去，如此往复，年复一年。家中便只留下黄海容一人一方面操持家务照顾孩子，另一方面还要照看山间地头的这几亩农田胶林，辛苦是可想而知的。但当我们问她时，她首先想到的还是丈夫。黄海容说，丈夫在外面建筑工地干活太苦了，又累又危险，生活条件也不好，她早就想让丈夫回来。家里面虽然不富裕，但日子过得挺好，没必要让丈夫在外面吃苦。家里的活轻，做的也比较随意，不像在外面处处被人管制。但丈夫黄照辉还是想多挣一些钱，为以后的日子多做打算。黄海容说，两人结婚以前黄照辉就有了这个想法，但一直受家庭因素制约而未成行。后来家里生活稳定下来，黄照辉便毅然加入了中国千千万万农民工的大军当中。说到这里，黄海容的脸上明显有了一丝愁容。她说，相比之下，我在家里干的这点活不算什么，每天早上五点半起来割胶，割完胶到厂里面织锦，厂里面人多，在这里做事不辛苦也不枯燥。家里就是儿子女儿让人操心，但所幸都很听话，也省了不少心思。

2009 年，黄海容家的支出情况如表 7－21 所示，其中生产性支出约为 500 元，主要包括购买种子、化肥的费用。家里长年只有一个大人和两个孩子，所以生活方面的支出并不太多，2009 年全年大约 5000 元，主要用于饮食方面。黄海容全家人都参加了农村新型合作医疗，但她和番茅村大多数村民想法一样，一般不会选择去大医院看病，虽然小诊所不能报销，但仍然是她们的第一选择，这主要是因为大医院看病难看病贵。儿子上四年级，仍然处于义务教育阶段，不用交学费、学杂费等费用，所以每年只用花 100 元左右在文具等学习用品上面即可。说到国家的义务教育政策，黄海容连声称好。此外，亲朋好友的红白喜事也不能少，一年得花去 700 元左右的礼金钱。

表 7－21　**2009 年家庭支出情况**　单位：元

总支出	生产性	生活性	看病	教育	红白喜事	交通	通信	住房
7300	500	5000	600	100	700	0	400	0

数据来源：根据黄海容口述整理，2010 年 7 月。

黄海容还介绍说，本来他们家的土地不止这一亩两分，只是被政府征占了约六分地。征地用来做什么，黄海容并不知道，只是她认为政府对她的补贴并不合理。黄海容说，据她了解的情况，外地这种类似的情况，一亩地会补贴上千元不等，而番茅村这里一年仅仅只有三四百元而已。对于土地并不多的她家来讲，这六分地也是很宝贵的，她希望政府能够考虑实际情况，多给一些征占用地补贴。

采访结束后，我们觉得眼前的黄海容展现出了黎族女性的坚强和能干，默默承担许多却毫无怨言。我们坚信，在这样勤劳坚韧的品质下，黄海容一家的生活一定会越过越好。

（五）勤劳致富的王秀南家

王秀南，女，黎族，50 岁，小学文化水平，讲一口流利的普通话，无宗教信仰。王秀南与同是黎族的丈夫王永强结婚多年，育有两儿一女。如今，她的大家庭有八口人，三世同堂，28 岁的大儿子和 22 岁的小儿子由于未结婚，仍与爸妈住在一起，而已婚的女儿同“上门女婿”以及两个小外孙也都居住在这个大房子里。

番茅村临山而建，王秀南家就在山的下头，与村里其他住户离得稍远，但离村中的主干道只有几十米的距离，并不偏僻。在来王秀南家之前，我们在村子中间的水龙头①处曾见到不少村民在挑水，当村小组组长领着我们到王秀南家时，我们才发现，王秀南就是刚才在那儿挑水的一位。见到我们，王秀南很热情，问到：“你们就是从北京来搞调研的吧，前几天就在村里见到过你们。”简单的一句话，拉近了彼此间的距离。

进了王秀南家，只见院子里熙熙攘攘地种着一些甘蔗，长势很好，有的已经弯到了地上。院子中部摆放着一些槟榔子，零散地摊了一片，说是要晾晒。整个院子东西不多，收拾得很齐整。

在与王秀南简单的交流中我们了解到，目前，一家八口住的这个钢筋水泥房一共 200 平方米，家中有两台电视机、两辆摩托车、一台耕田机、一台电冰箱、一台影碟机、一套组合音响、两部手机，以及在村子里很少见到的一部固定电话和一台微波炉（耐用消费品及生产性固定资产情况见表 7－22 和表 7－23）。显然，王秀南家的耐用消费品数量很多，这显示出这家的生活条件极为不错。

① 每年的七八月份，由于缺水村里各户的自来水供应紧张，而地势较低的村中间水龙头处能供应水，因此村中人常到那接水。

表 7－22　　2009 年家庭耐用消费品情况

项目	数量	项目	数量
电视（台）	2	拖拉机（台）	0
电冰箱（台）	1	卡车（辆）	0
洗衣机（台）	0	小轿车（辆）	0
照相机（部）	0	电话（部）	1
影碟机（台）	1	组合音响（套）	1
电动车（辆）	0	手机（部）	2
摩托车（辆）	2	自行车（辆）	0

数据来源：根据王秀南口述整理，2010 年 7 月。

表 7－23　　2009 年家庭主要生产性固定资产数量情况　　单位：台

汽车	拖拉机	犁田机	收割机	起耕机	牛车	脱谷机	水泵	其他
0	0	0	0	1	0	0	0	0

数据来源：根据王秀南口述整理，2010 年 7 月。

王秀南家的土地状况如表 7－24 所示，其中水浇地 1 亩，旱地 3 亩。2009 年，王秀南的家庭纯收入主要来源如下（主要经济收入状况如表 7－25 和表 7－26 所示）：种植一亩水稻，共收了 700 斤到 800 斤粮食，按去年的粮食市价折合后约为 1000 元，但据王秀南说，由于家里人多，这些粮食只够家人吃半年，另外半年所需还得去市场上购买，因此这一项是没有实际收入的。除了水稻，王秀南还在父亲的村子里种着 5 亩槟榔，2009 年这一项的收入是 5000 元。王秀南家目前没有橡胶收益，这一点是她家与村里其他农户不同的地方。据她说，头几年由于管理知识欠缺，种过的橡胶几乎不出胶水，所以去年把老树都砍了，重新种上了新的橡胶树，现在这些橡胶树还小，不能产生经济收益。说到这王秀南也是百般的无奈："本来种橡胶应该能给家里贴补一些，但是没有技术不知道啊，当时 3 亩橡胶地种了 200 多株，后来才知道种得太密，树都不出胶液，而且树也都老了，只能全砍了种新的。现在一亩 50 多株，管理得好的话也得几年后才能给家里带来收入吧！"除了以上的种植业收入，王秀南家同时从事着养殖业。勤劳的王秀南去年养了三头猪，每头折合成市价约为 800 元；此外，她家去年还养了 100 多只鸡，土鸡深受城里人的喜爱，每只约能卖到60元。家里最主要的经济来源是在五指山市农科所担任副所长的丈夫王永强的工资收入。王永强初中毕业之后就进入了五指山市农科所进行农业科技研究，距今已经有30多个年头了。现如今，由于工作踏实担任了农科所的副所长，加上工龄比较长，月平均收入近3000元，这是全家最主要的经济来源。

表7－24　**2009年家庭承包土地情况**　单位：亩

总面积	水浇地面积	旱地面积	良田面积	荒地面积
4	1	3	4	0

数据来源：根据王秀南口述整理，2010年7月。

表7－25　**2009年家庭农作物、牲畜、家禽情况**

种类	亩数	折算价值（元）	种类	亩数	折算价值（元）	种类	个数	折算价值（元）
玉米	0	0	瓜果	0	0	羊	0	0
麦类	0	0	花草	0	0	牛	0	0
薯类	0	0	烟草	0	0	马	0	0
棉花	0	0	橡胶	0	0	驴	0	0
蔬菜	0	0	糖茶	0	0	猪	3	2400
水稻	1	1000	槟榔	5	5000	禽类	100	6000
大豆	0	0	药材	0	0			

数据来源：根据王秀南口述整理，2010年7月。

表7－26　**2009年家庭收入来源情况**　单位：元

职　业	收　入	职　业	收　入
从事种植业	6000	本乡镇就业工资	36000
从事渔业	0	外出打工	0
家庭手工业	0	从事运输业	0
从事畜牧业	0	政府补贴和社会救济	0
从事养殖业	8400	出租耕地、房屋等	0
从事旅游业	0	其他经营收入	0
总收入合计	50400		

数据来源：根据王秀南口述整理，2010年7月。

2009 年，王秀南家的支出如表 7－27 所示。其中，生产性支出为 800 元，用于购买种子、化肥的花费占了绝大部分；全家人用于购买新衣服的支出很少，儿女偶尔给王秀南添些新衣服也都是几十元一件的，由于家里人口较多，总的下来全家用于添置新衣服的费用共为 500 元；这个大家庭，占比例最大的支出项目还是食品，如果只有老两口在家，一天 5 元钱就够花，但如果家里八口人都在，一天要花费 50 元左右，2009 年食品这一项共花费 1.1 万元；家里去年用于看病的花费也是很大的一笔开支，由于王秀南做阑尾炎手术，住院花费了近 3000 元，加上大儿子长期患贫血、胃溃疡，平时都要吃药调理，全家去年看病的花销总共有 4000 元；此外，家里有两部手机、一部固定电话，一年花费 1600 元；去年还支出了约 1500 元的红白喜事礼钱。

表 7－27　　**2009 年家庭支出情况**　　单位：元

总支出	生产性	衣服	食品	看病	教育	娱乐	红白喜事	交通	通信	住房
19300	800	500	11000	4000	0	0	1500	0	1600	0

数据来源：根据王秀南口述整理，2010 年 7 月。

访谈过程中，王秀南给我们讲述了这个大家庭近十年来遇到的一些曲折和坎坷。这几年，王秀南曾患过四种大病，先后三次住进医院。先是乳腺瘤，在住院治疗近一年后，王秀南基本恢复了健康；一年后，王秀南发现自己经常性地烦躁、腹泻、呕吐，经医院诊断，王秀南患上了甲亢这种顽疾；2007 年，由于平时不注意饮食，王秀南又由于肠穿孔进医院动了手术；去年，王秀南患了阑尾炎，再一次进医院动手术。由于不断生病、住院，原本积攒下的积蓄一点点被病魔带走了。在 2002 年，这个家庭还曾遇到过一次更大的不幸。那是一个夏日的晚上，邻村的一些青年由于酒后情绪失控，在两村的路口处寻人斗殴，当时王秀南的大儿子正巧路过，被其中的一伙人误认为是自己要打的人而被砍 30 多刀。虽然当时 20 岁的孩子身体底子好，经过紧急治疗身体逐渐康复，但近 7 万元的手术费用差点让这个家庭陷于困境。案件的主犯最后被海南省中级人民法院判处有期徒刑 10 年，但由于其家庭经济状况较差，本应由主犯支付的医药费却没有着落。这件事情虽然已经过去了 8 年，但王秀南说起这些依然唏嘘不已。虽然经历了这么多的不幸，她还是告诉我们："不管怎么样，现在的生活状况比 20 世纪 80 年代那会儿要好多了，那个时候没有油吃，只能吃盐和味精。还是要感谢党，我们家里都是靠老公从国家领工资才有能力还清之前的欠债，才能渐渐地过上好日子啊!”听完这些，我们感触很多，这位普通的农家大妈，遭遇了如此多的不幸，还能够坚强地挺下来，乐观地生活着，这本身就是一种骄傲、一种自豪呀！这也让我们更深地体会到番茅村村民身上所体现出的黎族人民打不倒的精神和勇气。

在谈到对未来的展望时，王秀南告诉我们，她和家人现在最关心的还是两个儿子的婚事。她说：“现在孩子们找媳妇都要花上一两万，按照黎族的风俗，女方开出的礼金是多少，男方就得照着数目给，家里现在还欠着债，所以这几年要赶紧把债还完攒钱给两个孩子结婚。”王秀南认为制约家中收入增长的主要原因是缺少土地。的确，在我们调研组走访的几天里我们发现，番茅村的“人地矛盾”问题十分突出。人多地少是中国土地资源的一项基本国情，它体现了人与自然及地理环境之间的一种不相容的对立与冲突。人地矛盾不是人与地的矛盾，地只单纯是矛盾的表征，人地矛盾应该是人类利益驱动的结果，其直接原因是人类内部不同利益个人或集团间的经济利益的冲突。不管是土地质量方面的矛盾、土地数量方面的矛盾还是土地用途方面的矛盾都是人与人之间矛盾的结果。[①] 要缓和人地矛盾，其正确方向是调节人与人之间的经济利益冲突，也就是说协调人地矛盾的关键是协调人类内部的利益分配。在我国，也只有真正地解决好内部的利益分配问题，才能真正地使广大的农民享受到土地给自己带来的利益，才能真正地从源头解决“人地矛盾”问题。

半天的访谈使我们感受到，王秀南一家虽然遭受了不少不幸，但是这个勤劳的家庭还是凭借着自己的双手慢慢地在渡过难关。我们真诚地希望这个家庭能够在自己的努力下，早日奔向那充满幸福美好的未来。

（六）辛勤劳作的黄杏兰家

走进王军和黄杏兰的家，我们看到三个门牌号并列着被钉在砖墙上，上面写着番茅村 45、46、47 号。经了解，我们看到的房子是三户人家在共同居

---

① 何俊鑫，王莉．农村人地矛盾的双视角分析［EB/OL］．中华人民共和国国土资源部，http：//www. mlr. gov. cn/zljc/201007/t20100719_ 725088. htm.

住。王军是家里的二儿子，成家之后便和妻子分出来单独成户。王军的大哥和大嫂是一户，长年外出打工。而老母亲和王军未出嫁的小妹在一起生活。

这座砖瓦结构的房子建在地势较高处，上四五级台阶，我们便走进了这个典型的黎族家庭。

王军到五指山市打工，我们有幸访谈到了这家的女主人——黄杏兰。

黄杏兰，37 岁，黎族，初中文化水平，无宗教信仰。普通话讲的并不流利，但并不妨碍交谈。夫妻二人育有一子，现 10 岁多，今年暑假刚好小学毕业。

我们首先关注的是这家的居住条件，按照黄杏兰的说法，这座房子约 90 平方米，但属于王军夫妇的居住面积仅为 30 平方米的一个小房间。这对于三口之家来说显得极为局促了。而三户共用的客厅里最为引人注目的是一个一人多高的铁皮粮仓。黄杏兰解释道，把稻谷放在这个容器里面不会生虫子而且能够防止老鼠偷粮。在随后的全村走访中，我们在每家每户都见到了这种简易的但却实用的粮仓，估计是当地储粮的“法宝”了。王军家的居住条件不是很好，但是人均居住面积已经是在番茅村全村的平均水平之上了，这个村寨的居住条件由此可见一斑。

当问及 2009 年家里的收入时，黄杏兰显得很是无奈。她家的土地一共不到 10 亩，但就是这个数字，已经是村里较多的了（见表 7－28）。由于黄杏兰不是本村人，嫁过来时并没有分到土地，家里的水稻田仅两三分。由于大哥一家外出打工，所以他家的土地也由黄杏兰一家集中种植。这样，能够种粮食的土地接近一亩。海南由于气候使然，一般种植两季稻，上一季的稻谷勉强够全家吃到第二季稻收获，并不会出现青黄不接的局面。这样，黄杏兰一家并不需要购买粮食，自己种的稻谷也可以供全家吃一年。按照黄杏兰的说法，种植两季稻一年的收获有 1000 多斤，除了全家口粮外，能够出卖的稻谷有一两百斤，按照现时市场价格 1～1.5 元/斤来计算的话，黄杏兰家在水稻种植一项的收入不足 300 元。

表 7－28　**2009 年家庭承包土地情况**　单位：亩

总面积	水浇地面积	旱地面积	良田面积	荒地面积
10	1	9	1	9

数据来源：根据黄杏兰口述整理，2010 年 7 月。

除了水稻田外，黄杏兰家能够倚重的就是八九亩山地了。从 1997 年丈夫王军就开始种植海南岛的第一大经济作物——橡胶。按照一般水平，每亩地可种橡胶 30～33 株，王军一口气在自家山地里种了 400 株橡胶。起初几年里，橡胶幼小，地里便可套种诸如玉米、地瓜之类的作物。但是随着橡胶树的日渐高大，其余的农作物都被遮了光，不能生长。但是，光橡胶一项收入也是比较可观的。橡胶长到第七八年上便可开割，生长情况好的话，3 天可割一次，一年可以割八九个月。天然橡胶的价格也是不菲，从 12 元到 17 元不等。因此，黄杏兰家的橡胶林一年能有两万左右的收入。但是，今年上半年，海南遭遇旱情，几个月的干旱使橡胶林大受打击。在没有水的情况下，很多橡胶树是不能进行割胶作业的。再加上橡胶收购价格波动幅度较大，黄杏兰也只有看着橡胶林叹气的份儿了。

谈到割胶作业，黄杏兰称技术非常重要。一般情况下妇女是不去林地里割胶的。因为割胶作业对手法、力度、深浅等都有一定的要求，倘若下手不准，会对橡胶树构成致命的伤害，有些橡胶树被伤之后便再也不能产胶了。因此，家里的橡胶一直都是丈夫王军在负责。自家的橡胶林距村子足有半个小时的路程，王军每天天不亮就骑着摩托车上山割胶，再运回来放在村口的橡胶收购站卖出，十分辛苦。黄杏兰十分心疼丈夫的劳作，但也只能留在家中操持家务来帮丈夫减轻负担。

从黄杏兰的叙述中，我们了解到国内橡胶价格的起伏涨跌对于这个倚重橡胶收入的家庭来说有着深刻的影响。从最低的收购价 12 元到最高的收购价 17 元，每公斤 5 元的差距足以使这个家庭的生活水平由勉强维持过渡到小康。另外，自然灾害也是影响家庭收入的主要因素之一。黄杏兰家橡胶面积不算很多，所以并不存在劳动力缺乏的问题。

除了种植传统的经济作物橡胶外，黄杏兰家还种植另外一种经济作物——槟榔。虽然种的不多，只有几十棵，但是拿到市场上去卖，按照 1 元/斤的价格，一棵槟榔树也能带来一两百元钱的收入。

黄杏兰在家还自己养殖了两头猪和两只鸡。如果长得好的话，一头成年猪可以买到 800～1000 元。而当地的散养鸡也可以卖 20 元钱/斤（见表 7－29）。但是，黄杏兰家的鸡并不舍得卖，而是在节日或者小孩生日的时候自家杀来吃掉。

表 7－29　　2009 年家庭农作物、牲畜、家禽情况

种类	亩数	折算价值（元）	种类	亩数	折算价值（元）	种类	个数	折算价值（元）
玉米	0	0	瓜果	0.1	200	羊	0	0
麦类	0	0	花草	0	0	牛	0	0
薯类	0	0	烟草	0	0	马	0	0
棉花	0	0	橡胶	0	0	驴	0	0
蔬菜	0	0	糖茶	0	0	猪	2	1600
水稻	1	1000	槟榔	0	0	禽类	2	50
大豆	0	0	药材	0	0			

数据来源：根据黄杏兰口述整理，2010 年 7 月。

虽然 2009 年全年黄杏兰家的收入仅两万元左右，但是一家人的生活水平在全村来说还是处于中上游的。环顾她的家，我们看到了电视机、影碟机、组合音响等家庭电器（见表 7－31）。而王军平日也是骑摩托出行。夫妻二人都有手机，联系起来比较方便。问到家里怎么没有冰箱储存食物时，黄杏兰说，全村只有三四户人家有冰箱，大部分人都买不起，而且平时蔬菜、水果、肉类等都是现买即吃，买冰箱也没有必要。但是我们听得出她说到别人家里有冰箱时的羡慕语气。

表 7－30　　2009 年家庭收入来源情况　　单位：元

职 业	收 入	职 业	收 入
从事种植业	21200	本乡镇就业工资	0
从事渔业	0	外出打工	0
家庭手工业	0	从事运输业	0
从事畜牧业	0	政府补贴和社会救济	0
从事养殖业	1650	出租耕地、房屋等	0
从事旅游业	0	其他经营收入	0
总收入合计	22850		

数据来源：根据黄杏兰口述整理，2010 年 7 月。

表 7－31　　2009 年家庭耐用消费品情况

项 目	数 量	项 目	数 量
电视机（台）	1	拖拉机（辆）	0
电冰箱（台）	0	卡车（辆）	0
洗衣机（台）	0	小轿车（辆）	0
照相机（台）	0	电话（部）	0
影碟机（台）	0	组合音响（套）	1
电动车（辆）	0	手机（部）	2
摩托车（辆）	1	自行车（辆）	0

数据来源：根据黄杏兰口述整理，2010 年 7 月。

黄杏兰家平时也是用村里修的自来水管道取水。但是最近海南干旱，自来水管里早已没了水，所以她只好到村头的一处水管处提水。我们了解到，这里断水已经两三个月了。而村头的取水处也是从远处的山上引来的水，并不能维持多长时间。村民每天用扁担挑着水桶到那里去排队等水，有些人甚至把衣服拿到那里就地洗衣服。而且，这种缺水的情况并不是第一次出现了。每年一到干旱季节，村里家家户户的自来水管就成为摆设。这种情况对村民的日常生活产生了一定的影响，如何改善它不禁令人深思。

相比于用水的困难，黄杏兰家的燃料获取便显得轻松多了。和其他村民一样，黄杏兰做饭用的也是自己捡来的木柴。从山里捡回木柴仅需要晒干就可以直接用作燃料，方便节省。我们看到了黄杏兰家的厨房，这是一个用茅草搭建的棚屋，里面一堵黄泥墙满是被木柴熏出的痕迹，旁边摆放着铁锅等炊具。厨房虽然简易，但是却比较整洁，显示出这家女主人的干净利落。

黄杏兰却对自己并不满意。她认为，如果不是自己体弱多病不能外出打工，家里的生活会过得更好一些。这些年，随着橡胶的收入日渐减少，丈夫王军经常到距离不远的五指山市打工。早上进山割完橡胶之后，王军便骑上摩托车去市里找一些建筑类的短工做，一个月能有 1000 元的收入。而黄杏兰则在家照顾老母亲和孩子。相比于村里别的家庭夫妻二人都外出打工的收入，黄杏兰家的收入的确不算多，所以黄杏兰心里更希望自己的身体能够好一点，可以打工挣钱贴补家用。

表 7-32　　2009 年家庭支出情况　　单位：元

总支出	生产性	生活性	看病	教育	红白喜事	交通	通信	住房
10230	550	5400	600	480	1000	1000	1200	0

数据来源：根据黄杏兰口述整理，2010 年 7 月。

2009 年，黄杏兰一家支出为10230 元，详细支出见表 7-32。虽然家庭收入不算少，但是黄杏兰一家生活得还是相当简朴。生产性支出是一项必需开支。种子的价格这几年连续上涨，今年已经达到了 20 元/斤。化肥的价格也在每包 80~200 元不等。黄杏兰说，自己舍不得买太好的化肥，每次只挑差不多的 100 元的肥料购买。而在农药的支出方面，黄杏兰则显得心有余而力不足。橡胶林要是充分的消灭虫害每年几千元钱都不够，黄杏兰显然无法支付这笔钱，因此只能对这些林地放任自流，这也直接影响她家橡胶的产量和所带来的收益。

除了食品、生产性消费等必需开支外，花在衣服、娱乐等方面的钱都受到了控制。黄杏兰的孩子今年要上初中了，在国家九年义务教育的政策下，每年花费在教育上的经费仅需要 400 多元，只是书本费、校服费等零碎开支。另外，孩子从小到大穿的衣服基本上能省就省，经常有别家孩子穿小了的衣服拿来送给黄杏兰的孩子穿，她也欣然接受。

当被问到有无接受过农机具补贴时，黄杏兰说，这几年没有买什么农具，所以也没享受到国家的优惠政策。家里仅有的农具只是十几年前买的一台打草机和一台起耕机。

在各项支出中，最具机动性的要数红白喜事这种“人情往来费”了。和其他民族一样，黎族也是个讲究人与人关系的民族。大家关系和睦，互相帮助是每个黎族人所期盼的。如果村里哪家有了红白喜事，黄杏兰也会积极地去帮忙，当然，“份子钱”也是少不了的。一般来说，50 元钱就可以了，太少了拿不出手。除此之外，过年过节碰到小孩子还会给压岁钱。这样算下来，每年在这一项上的开支也是一个大数目了。

随着国际石油价格的不断攀升，国内的各类油价也不断地上涨，上涨的油价提高了交通费用。很多家庭经常为这方面不断上涨的花销犯愁。因为村民们平常外出都是以摩托车为主要工具。而且上山割胶和运输也都是靠动力强劲的摩托车。燃油价格一涨，势必造成每家每户交通费用的大大增加。国家虽然有一些补贴措施，但是对于农民的这种情况还是起不到直接的作用。因此，黄杏兰一家去年的交通费用达1000多元。

黄杏兰的身体不好，虽然一年里没有患过大病，但是时常的小毛病也在困扰着她。黄杏兰一家都加入了新型农村合作医疗。但是由于只能在指定的医疗地点住院才能报销，小病买药是不给报销的，再加上到大医院看病流程复杂，花费巨大，因此包括黄杏兰在内的番巴村村民在得了普通小病时，都选择自己到小诊所开些药而不愿去大医院就诊。只有在患了大病必须要住院时才会动用农村合作医疗这一途径，享受应得的报销比例。我们认为，新型农村合作医疗的确还存在着一些问题，怎样简化大医院就诊的程序，怎样提高小诊所的医疗条件才是农民更加关心的事情。

黄杏兰家平时并没有什么娱乐活动。家里的影碟机也只在儿子放学回家时放些流行歌曲来听。谈到小儿子，黄杏兰脸上露出了微笑。她说儿子非常喜欢读书，从小成绩就好，将来肯定能够上大学。番茅村现在的年轻人大多是初中毕业就外出打工或者选择读中专以求早日工作。五指山市有琼州大学，村里也有几个大学生，黄杏兰期望自己的孩子能够好好上学读书，摆脱给别人打工的命运。

（七）殷实富足的符青家

符青，男，黎族，55岁，初中文化水平，普通话讲得不是很流利，没有任何宗教信仰。他的妻子叫李菊玲，46岁，也是黎族。符青家中还有年迈的老父亲，身体不是很好，去年因治疗肾结石病没少花钱。大儿子在海南三亚市一家酒店打工，小女儿在五指山市一家超市打工。符青一家是一个典型的祖孙同堂之家，上有老，下有小。番巴村依山而建，四面环山，村里的居民几乎都是黎族，但除了还保留少数的传统习俗外，看不出其他的少数民族特征。这里的居民沿袭祖祖辈辈的种植业，并以此为生。

符青一家离村里的柏油马路很近，大概有10米。给我们开门的是这家的男主人——符青，他很热情地请我们到屋里坐。得知我们的来意以后，符青十分高兴，他对我们的“民族地区经济社会发展调查”十分支持，愿意配合我们把黎族百姓的真实情况反映出来。“这是一件大好事，农民终于可以向国家发表一下自己的意见了！”他希望我们能通过这次调查，切实了解一下农民的所思所想。

这户人家给我们的第一印象是干净、整洁、与众不同。符青家里的住房是砖瓦房，屋子是东房，大门朝向西，住房建筑面积是70平方米左右。与其他祖孙三代挤在一间小房的家庭相比，他的住房面积着实不小。符青家是两层小楼，下面一层主要是储存粮食的小院子和做饭用的厨房，上面一层是卧室。20世纪80年代后期，老人盖的第一层，当时连工带料一共4000元。这4000元在1987年可不是一笔小钱。后来随着儿子、女儿逐渐长大，一家人挤在一间小房里生活十分不便，符青便在2005年盖起了小二层。连修建卫生间、翻修厨房，连工带料一共花费了两万元。

走进院子第一眼看到的是2008年新买的一种新型松土除草机和水田耕整机（见表7－36）。符青介绍说，这种新型松土除草机由于设计了整体框架结构，使整机不左右摆动，工作稳定，作业时不带土、不压苗，保证了作业时的稳定，减少了伤苗率，安装了犁铧使垄沟杂草得以除掉，同时达到复式作业目的。而耕整机按驱动形式分为单轮、双轮与双滚三种，他家买的单轮乘座式耕整机基本上用于水田作业。老人特别强调，发动机启动后，如无异常情况即可工作。此时稍加大油门，缓慢地合上离合手柄，平稳起步耕整机即可进行水田作业。作业时要控制油门，掌握速度，把握方向，一般要求驱动轮走上一犁犁沟，确保不漏耕；停车时，先减小油门，切离动力即可停车。若机手离开耕整机时间较长，则一定要将发动机熄火。

老人告诉我们，他买新型松土除草机时正好享受到了冲山镇政府给的500元农资补贴。在我们调研走访过程中，我们发现许多家庭都非常关注农机补贴这一项国家政策。海南农民购置农机异常踊跃，中央2010年给海南农民购置农机补贴9000万元基本用完，大家渴望中央能再增加一些补贴。

犁田机的后面堆着成垛的柴火，那是他家平时做饭的主要燃料，柴火足够一家人烧火做饭以及冬天取暖使用。靠东墙是厨房，米面、刀具、油、盐等摆放得干净整齐，家里还有一台电冰箱，这在村里比较少见。旁边是卫生间。全家做早饭一般用电饭锅，午饭和晚饭则主要使用柴火。村里的电价比五指山市的贵，0.6元/度，全家人比较注意节约用电。靠西边是厕所，里面也装有一台小型热水器。老夫妇有个习惯，每次下地干农活回来，先洗个热水澡解解乏，然后再去做晚饭。

表 7－33　　2009 年家庭收入来源情况　　单位：元

职业	收入	职业	收入
从事种植业	10500	本乡镇就业工资	0
从事渔业	0	外出打工	20000
家庭手工业	0	从事运输业	0
从事畜牧业	0	政府补贴和社会救济	400
从事养殖业	3600	出租草场、耕地、房屋等	0
从事旅游业	0	其他经营收入	36000
总收入合计	70500		

数据来源：根据符青口述整理，2010 年 7 月。

表 7－34　　2009 年家庭农作物、牲畜、家禽情况

种类	亩数	折算价值（元）	种类	亩数	折算价值（元）	种类	个数	折算价值（元）
玉米	0	0	瓜果	0	0	羊	0	0
麦类	0	0	花草	0	0	牛	0	0
薯类	0	0	烟草	0	0	马	0	0
棉花	0	0	油料	0	0	驴	0	0
蔬菜	0	0	糖茶	0	0	猪	2	3000
水稻	2	3500	橡胶	10	5000	禽类	10	600
大豆	0	0	槟榔	4	2000			

数据来源：根据符青口述整理，2010 年 7 月。

李菊玲一家五口人，一共 4 亩地。原来是由于丈夫家人口多，当时分家时每人只能分到这么多，而这些年即使家里又添了人口，也没有重新分过地。但李菊玲并不计较这些，她说只要够吃就好，家里地少可以一人种地一人打工，收入还多一些，要是家里地多的话，就只能都留下来种地了。

2009 年，符青一家的总收入为 70500 元。家里收入的来源情况为：种植橡胶 10 亩，5000 元；槟榔 4 亩，2000 元；两季稻 2 亩，3500 元。平常闲暇时老父亲还在自家菜园子里种植一些蔬菜等供自己食用。2009 年他家养了 2 头猪，由于猪肉价格较好，因此他家的养殖业收入 3600 元。两个儿女外出打

工一共 2 万余元。此外，家中的小卖部平均每天收入 100 元左右。符青告诉我们去年他家收入不错，全家老小日子过得比较舒适（见表 7－33、表 7－34、表7－35）。

表 7－35　　2009 年家庭承包土地情况　　单位：亩

总面积	水浇地面积	旱地面积	良田面积	荒地面积
16	2	14	2	0

数据来源：根据符青口述整理，2010 年 7 月。

表 7－36　　2009 年家庭主要生产性固定资产数量情况　　单位：台

汽车	拖拉机	打草机	收割机	犁田机	耕整机	马驴车	水泵	其他
0	0	1	0	0	1	0	0	0

数据来源：根据符青口述整理，2010 年 7 月。

符青夫妇俩的生活是很简朴的，平时花销能省就省。但是 2009 年符青的老父亲不幸患上了肾结石，全家花费了不少医疗费。问到老父亲患病的原因时，李菊玲告诉我们，冲山镇里的医生说主要是水质不好，导致结石。自从手术之后，符青的父亲就不能干重体力劳动了。儿子成天伺候他，定时吃药，年底做 B 超检查。由于家人的精心照顾，老父亲没有出现严重的术后并发症。

老父亲住院手术一共花了 6700 元，由于术后用了部分自费药，政府报销了不到一半，自己承担了 4000 元。通过老父亲的病例，符青十分支持新型农村合作医疗。全家每人交纳 30 元，大病住院后能够得到基本的报销。村民小组组长王志文曾经介绍说，农村合作医疗是由我国农民自己创造的互助共济的医疗保障制度，在保障农民获得基本卫生服务、缓解农民因病致贫和因病返贫方面发挥了重要的作用。新型农村合作医疗制度从 2003 年起在全国部分县（市）试点，到 2010 年逐步实现基本覆盖全国农村居民。

当我们问到新型农村合作医疗报销款项是否顺利时，符青谈了自己对这项政策的两点看法：

第一，保障水平低。新型农村合作医疗制度是以大病统筹为主的农民医疗互助共济制度。这个定义显示出新型农村合作医疗制度是救助农民的疾病医疗费用的，而门诊等费用不在该保险范围内，这项规定使得农民实际受益没有预想的那么大。

第二，农村合作医疗的报销程序很烦琐。城镇居民的医保都是可以拿来抵押一部分医药费的，可以直接在卡上交医疗费，事后再结算。但农村不是这样，农村是农民看病时先垫付医疗费用，再去新农合服务窗口报销。有的村庄离报账中心和信用社很远，来回的车费都比较贵。烦琐的登记、理赔程序增加了农民许多不必要的麻烦，降低了农民的满意度。报销期限也很不固定，快的时候一两个月，慢的时候半年、一年也经常发生。

自从老父亲2008年出院以后，符青为父亲去冲山镇政府新农合服务窗口报销。好容易排到自己时，他将父亲的户口本、身份证、新型农村合作医疗证、住院医药费用清单、住院收费发票、出院诊断证明书等一并呈上，工作人员看后，面无表情地说材料不齐，缺村委会的证明信、医院的病案。他无奈只好回去准备，村委会证明信好开，医院的病案可不好准备，因为是在五指山市医院，只好往返医院索取，谁知道市医院说需要出院三周后才能取到，只好回家等三周后去取，真是跑了冤枉路，花了冤枉钱。等符青把所有的材料按要求都准备好后，交给了工作人员，满怀希望的认为这回可以把报销的钱带回家时，工作人员却说，留下你的联系电话，等报销费用到位后我们通知你来取。

符青的建议确实很有道理，健全新型农村合作医疗制度对于帮助农民提高抵御重大疾病风险的能力，保护广大农民群众的身体健康确实具有十分重要的意义。当前新型农村合作制度还有很多部分需要完善，虽然根据这一政策目标，新农合制度应当突出以大病补偿为主，将所筹资金的主要部分用于大病统筹，对患大病的农民给予医药费用补助。在实践中，各地应当从各自具体实际情况出发，做到实事求是，科学制定本地开展新农合的具体政策和措施，切忌生搬硬套外地的经验和做法。如果政府再能考虑的周全一些，像符青一家的情况就能得到改善。

表7－37　**2009年家庭支出情况**　单位：元

总支出	生产性	衣服	食品	看病	教育	娱乐	红白喜事	交通	通信	住房
33600	2000	400	20000	7000	0	300	400	1000	2500	0

数据来源：根据符青口述整理，2010年7月。

表 7－38　　2009 年家庭耐用消费品情况

项目	数量	项目	数量
电视（台）	1	拖拉机（台）	0
电冰箱（台）	1	卡车（辆）	0
洗衣机（台）	0	小轿车（辆）	0
照相机（台）	0	电话（部）	1
影碟机（台）	0	组合音响（套）	1
电动车（辆）	0	手机（部）	3
摩托车（辆）	1	自行车（辆）	0

数据来源：根据符青口述整理，2010 年 7 月。

从表 7－37 中我们可以看出，日常生产和食物支出占据他家收入的绝大部分。他比较注意节俭，对于娱乐等支出，他认为适可而止就好。符青向我们介绍说，入冬后，是农村操办喜事的高峰期。他给我们举了一个例子，邻居家给孙子过周岁生日，大办宴席 30 多桌，还请人摄像、照相，又请了当地较有名气的民间乐队，晚上还要燃放礼花。一天“热闹”下来，除了收到亲朋好友的 5000 多元礼钱，自己还贴进了 1000 多元。农村大操大办红白喜事，一是部分农民有了一定的积蓄后，开始讲面子，有的人因为要“面子”，哪怕借钱也要把事情办“风光”；还有就是“攀比”心理所致，你比我，我比你，都想压过别人，结果，吃亏的还是农民自己，伤了元气。创建节约型社会，不仅是用公家的钱要节约，农民用自己的钱也要节约。现在农村还不是真正的富裕，农民手中的积蓄还有限，就是将来真有钱了，也不能把节约抛在脑后。针对农村操办红白喜事普遍存在浪费的现象，基层干部有责任引导农民莫图一时的“热闹”，不要为了所谓的“面子”，把自己一年甚至几年的收入都“搭”进去。

在和符青的聊天中，我们发现他对今后的生活充满信心。我们请他简单介绍一下劳动致富的经验。他给我们总结了“节俭”和“勤劳”这两个重要经验。

五指山市近几年来的连续干旱和其他原因，使农业用水矛盾突出、水价较高；有的水利设施年久失修，损耗较大；有的地方需要新建水利设施，提高水的利用率，从而降低水费。除此之外，农村公路、师资力量、医疗保健等农村软硬环境建设都需要加强资金投入和各方面高度重视。随着五指山市冲山镇各级政府对农业的重视，符青也逐渐加大了自家的橡胶地的投入。

此外，经营小卖部也是他家的一项特色收入。提起家里的橡胶树，符青侃侃而谈。他家的小卖部租的是番巴村村民小组的土地，每年要向村民委员会交纳10000元的租金，此外还要向五指山市政府交纳4%的营业税。从2005年起，符青的小卖部才开始试运营。刚开业时，生意很一般，甚至第一年都没怎么挣钱。扣除各项费用，所剩的收入少的可怜，令符青措手不及。妻子李菊玲安慰他不要灰心，再多坚持一下很可能会有起色。果然，随着海南国际旅游岛战略的提出，再加上番巴村优越的地理位置，到村里参观的游客逐渐增加。由于五指山市的气候优势，每年冬天都有许多游客到这里，这下他家的小卖部有了很大的转机，2008年一年便净赚20000多元。

我们问他对未来有什么打算或者还有什么需要政府提供帮助？符青表示他还是希望能从政府那里得到一些小额贷款。种地需要钱，儿子结婚也需要钱，开小卖部还需要钱。自从翻盖过家中的房子后，符青觉得家中的现有积蓄周转起来有一定困难。2005年符青曾经向当地邮局申请贷过一笔5万元的小额信贷，但最终没有获得批准。我们问他是怎么解决这个困难的？“找亲戚朋友凑一凑吧，实在没有什么好办法！”

的确，贫困地区农民贷款难一直是制约农民增收致富的一个全国性难题。几家国有大银行，在收缩战线的过程中，基本都从农村撤出来了。连原来为农业服务的农业银行现在也从农村撤出来了，一些偏远的县城都不设网点了，现在农村唯一为农民提供贷款服务的就是一个农村信用社。像符青一样的农民想得到一些贷款是很难的。目前，大多数番巴村村民是在冲山镇为数不多的农村信用社进行农业贷款，用于农业生产的各项开支。但目前信用社贷款利息高于商业银行两个百分点左右，且贷款期限短，增加了农民还贷的难度。农民希望政府专门给农业生产提供低息和贴息等优惠贷款，并在贷款期限方面有更加灵活的政策。

（八）生活比较富裕的王菊香家

王菊香，女，黎族，50岁，不识字，无宗教信仰。丈夫已去世，两人育有四个孩子，一女三儿。30岁的大女儿早已嫁到外地组建了自己的家庭，三个快满30岁的儿子尚未结婚①，其中，二儿子和三儿子在三亚市打工，大儿子在家务农，与王菊香共同居住在大约60平方米的房子里。

在村妇女主任王江连的带领下，我们来到了王菊香的家中。听到妇女主任简要介绍我们的来意，王菊香爽朗地笑了："好好好，宣传我们黎族的事，要支持。赶紧进屋坐吧。"这是王菊香留给我们的第一印象：爽朗的笑容。

王菊香的爱人早些年过世了，儿子们心疼母亲，担心老人孤单，便让大哥在家中陪着母亲，女儿时不时会从外地回村看望老人。王菊香的家位于整个番茅村较为中心的地带，有一条主路可以直接通到村口。家虽然不是很大，但是收拾得干干净净，井井有条的院子，明亮的玻璃，整洁的床铺，都在告诉我们这家主人懂生活、会生活。家中院子不大，停放着一台犁田机，屋里有一台彩电，配套着一台影碟机和一套组合音响（耐用消费品情况如表7-39所示）。家里安装有自来水，但由于村里水压不足，每年都有七八个月的时间使用自己家井里的水，家中烧饭都是用木柴。

表7-39　　　　2009年家庭耐用消费品情况

项目	数量	项目	数量
电视（台）	1	拖拉机（台）	0
电冰箱（台）	0	卡车（辆）	0
洗衣机（台）	0	小轿车（辆）	0
照相机（台）	0	电话（部）	0
影碟机（台）	1	组合音响（套）	1
电动车（辆）	0	手机（部）	3
摩托车（辆）	1	自行车（辆）	0

数据来源：根据王菊香口述整理，2010年7月。

因为尚未自立门户，大儿子种地的收入都如数上交给王菊香，加上老二和老三在三亚打工平时会往家寄钱，所以王菊香家在村中算较为富裕的，节俭些过日子的话，每年都能有点余钱。王菊香家的土地状况如表7-40所示，其中，水浇地2亩，旱地10亩。去年这个家庭全年的总收入约为4.7万元

① 壮年男子未婚现象是我们调研过程中了解到的番茅村的一个较为普遍的现象。

（王菊香家的经济收入情况见表7－41和表7－42），收入主要来源于三部分：种植各种经济作物的收入、养鸡和猪的收入、两个儿子打工寄回家的收入。其中，2009年王菊香家共种植2亩水稻，全年水稻共收获17袋，每袋约为80斤，按照当年的市场价格折算这一项的收入约为1000元。由于2009年全年家里产的粮食仅供自己食用，并未拿到市场出售，因此这一项并没有形成实际的货币收入；去年家里还种植有10亩约300株橡胶，全年带来的直接经济收入为5000元；除此之外，勤劳的王菊香还在家中养着1头肥猪和30只左右的鸡以补贴家用，2009年共卖出1头猪和5只鸡，给家里带来近1000元收入；占家庭收入最大的一部分是两个儿子王庆何和王庆修打工寄回的钱，2009年，两个孩子在三亚打工寄回约有4万元，构成这个家庭最重要的经济来源。我们在与王菊香的交谈过程中，看到了刚从三亚回来的三儿子王庆修，他对我们说，这些年在三亚打工工资从最初的每月1000元涨到现在2000元左右，加上一些福利，使家里也逐渐能过上好日子了。这次他回家，是准备休息一段时间，调整一下状态，之后再回三亚继续打工。

表7－40　**2009年家庭承包土地情况**　单位：亩

总面积	水浇地面积	旱地面积	良田面积	荒地面积
12	2	10	12	0

数据来源：根据王菊香口述整理，2010年7月。

表7－41　**2009年家庭农作物、牲畜、家禽情况**

种类	亩数	折算价值（元）	种类	亩数	折算价值（元）	种类	个数	折算价值（元）
玉米	0	0	瓜果	0	0	羊	0	0
麦类	0	0	花草	0	0	牛	0	0
薯类	0	0	烟草	0	0	马	0	0
棉花	0	0	橡胶	10	5000	驴	0	0
蔬菜	0	0	糖茶	0	0	猪	1	800
水稻	2	1000	桑麻	0	0	禽类	30	1200
大豆	0	0	药材	0	0			

数据来源：根据王菊香口述整理，2010年7月。

表 7-42　　2009 年家庭收入来源情况　　单位：元

职 业	收 入	职 业	收 入
从事种植业	6000	本乡镇就业工资	0
从事渔业	0	外出打工	40000
家庭手工业	0	从事运输业	0
从事畜牧业	0	政府补贴和社会救济	0
从事养殖业	1000	出租耕地、房屋等	0
从事旅游业	0	其他经营收入	0
总收入合计	47000		

数据来源：根据王菊香口述整理，2010 年 7 月。

2009 年，王菊香家的支出如表 7-43 所示，其中，生产性支出为 800 元，主要用于购买化肥、种子等；拥有一头乌黑长发的王菊香很爱美，家中也较为宽裕，去年偶尔会购置些新衣服，这一项的花费为 400 元；食品支出占家庭支出的一大部分，2009 年全家食品支出约为 4000 元；王菊香由于长年坚持劳动，身子骨很硬朗，2009 年全家都没有患过大病，只是偶尔感冒会去卫生所开一些感冒药，去年全家看病这一项的支出总计约为 200 元，加上全家都有医疗保险，扣减报销部分之后，全家在看病这项支出上是很少的；家里有三部手机，每个儿子一部，全年花费 3600 元；去年的花销还包括 2000 元的红白喜事随份子钱；大儿子在村中陪着母亲，偶尔也会和朋友们一起吃饭娱乐，2009 年这一项的支出约为 500 元。

表 7-43　　2009 年家庭支出情况　　单位：元

总支出	生产性	衣服	食品	看病	教育	娱乐	红白喜事	交通	通信	住房
11750	800	400	4000	100	0	500	2000	350	3600	0

数据来源：根据王菊香口述整理，2010 年 7 月。

在我们的访谈过程中，说到自己舒适、幸福的生活时，王菊香大妈经常发出欢快的笑声，能够感觉到，她对于当前的生活是较为满意的。我们问王菊香，现在还有没有什么牵挂的事情，大妈说到现在她觉得什么都好，家里收入也不错，政府很照顾，自己没有太多操心事，唯独牵挂着三个儿子的婚事。王菊香讲，自己的三个儿子都比较害羞，不太懂得如何找女朋友，转眼就把自己的婚事给耽搁了，而且家里现在也没有富裕到能够同时承担三个儿子婚事的程度，所以家里还要尽量地多攒钱，好给几个孩子办婚礼。从王菊香期待的眼神中，我们也看到了这位开朗的大妈是多么期待早点抱上孙儿。我们是重传统的国家，膝下有孙儿是大部分老年人的心愿，我们也祝愿她能早日达成心愿、开心幸福地度过晚年。

除此之外，王菊香说自己现在还担心以后养老的问题，虽然现在看病的支出并不多，儿子们也都会赡养，但是一旦儿子们成家了，她的收入来源肯定会减少，并且随着年龄的不断增长，在治病上需要花越来越多的钱，倘若儿女们无法帮上忙，她就只能靠自己了。王菊香讲，她希望趁着自己还有劳动力的时候，靠着自己的土地多给自己攒点养老钱。

王菊香认为，当前制约自己农业收入增长的主要原因包括信息的缺乏以及劳动力的缺少。确实，信息匮乏不仅仅是王菊香一家所面临的难题，也是中国广大农民多年来难以解决的问题。信息对于现代农业发展的重要影响直接决定了其在农民生产增收中的重要地位，没有信息的引导，农民的各项生产性活动都会变得盲目。在城市，人们往往会通过网络、报刊了解时讯，但在我国农村，绝大多数农民认为电脑是奢侈品，很多中老年人更是不知网络为何物，有些地方甚至一个乡镇没有一台电脑，订阅报刊的也是微乎其微，这导致农民获取信息和科技知识的渠道十分有限。许多农民把希望寄托在政府身上，希望政府能够送信息下乡，但政府虽做了不少事情，却没能从根本上解决问题，究其原因，主要有两个：一是农民文化水平不高，对信息的获取和吸收能力十分有限；二是地方政府送信息下乡没有形成稳定、适合农民需要的制度机制，特别是一些财政吃紧的地方，科技扶贫和信息服务不能及时到位或简单地流于形式。中国农科院专家曾分析，从我国大部分农村经济发展状况来看，目前搞好农村的科技信息服务是农村基层工作转型的重点，各级领导干部应有意识加强为农民送科技、送信息的服务；要倡导干部和科技人员下基层、进万家，在农村蹲点，送科技、送信息到农家。[①] 同时，政府应该更加重视这个问题，投入更多的财力和物力，以更好地为农民们提供方便、快捷的信息服务。

---

① 中国农业网，http：//www.zgny.com.cn/. 访问时间：2010－09－20。

我们认为正是因为农村信息闭塞而且农民处理信息的能力不足，导致了以王菊香为代表的村民们农业收入增长受到制约。例如，从经济学的角度看，价格机制是市场经济的核心机制，而在我国农村，农民们似乎天然就是价格的接受者，他们很少也由于教育程度的限制而无法去探索价格的供求机制等影响价格的因素，这也就造成了在市场经济的背景下，农民极易形成什么贵就发展什么，什么便宜就放弃什么的短期经济行为。对于农业的长期与稳定发展，不但要充分调动农民生产的积极性，提升农民的认识水平，而且要有效地增加支农信息服务，降低农民的信息获取成本，提升农民的信息吸收和利用能力，以此，通过农村信息化为农业现代化打下坚实的基础。

在调研过程中，我们发现像王菊香这样老人跟儿子住在一起的家庭有一定的比例，虽然现在番茅村的养老保险还没有建立，但是由于平时的积蓄以及儿女的抚养，他们还是能过得比较幸福。然而对于那些没有子女承欢膝下的老人来说，他们的生活又该如何？如果有可能，是否能在村中建立一所敬老院，让一些无依无靠的老人们在一起相互做伴呢？我国很快会步入老龄化社会，孩子们外出打工也使得空巢家庭不断增多，这必将使我们探讨如何使农村老人温暖、祥和地度过其晚年生活越来越有意义，越来越有必要。

虽然王菊香的生活水平有很多可以提高的地方，但她还是表示，她对现在的生活很满意，有了孩子们的帮忙，她觉得很满足也很幸福。

（九）勤劳节俭的王秋霞家

王江，男，黎族，31 岁，初中文化程度，无宗教信仰，在本村务农。妻子名叫王秋霞，今年 32 岁。“王”姓是番巴村的主姓，几乎家家的男主人都姓王。他们有两个女儿，一个儿子。大女儿 10 岁，在冲山镇番茅村中心小学上三年级；小女儿 5 岁，目前在上学前班，小儿子 4 岁半，平时主要由母亲和公公带。

我们在村干部的带领下来到他们家，王江的家离村口不远，门前的道路十分平整，给我们开门的是这家的女主人——王秋霞。这户人家给我们的第一印象是干净、整洁。我们第一次遇到她时，她正在村里排队挑水，她的勤劳给我们留下了深深的印象。我们跟着她进了院子，她的小儿子正在家里看电视，看见家里来了陌生人，小男孩高兴地边笑边闹。

院子里停放着一台脱粒机和一台犁田机，靠墙的位置整整齐齐地码放着劈好的木柴，足够一家人烧火做饭使用。靠东边是厨房，米面、刀具、油、盐等摆放得干净整齐，西边的北房是客厅兼卧室。房子整体是砖瓦结构，冬暖夏凉通风好，房子是1999年建的，2008年底开始翻修。

和我们聊天的过程中，我们得知王江正在五指山市的一家超市当保安，每天晚上下班回家吃饭，平时一周休息一天。农忙的时候，王江要以家中的农活为主，这在番巴村十分普遍。妻子王秋霞以前在五指山市的一家酒店当服务员，由于现在孩子还小，她打算暂时在家中一边带孩子一边干农活，免得丈夫总要请假。等儿子上学，她再外出打工。

在我们走访的过程中，我们发现村里的黎族百姓一般都有两三个孩子，独生子女的家庭几乎不存在。村小组组长王志文向我们介绍说，根据《海南省计划生育条例》，一般农村人口，提倡一对夫妻生育一个孩子。确有困难，要求生育第二个孩子的，须由本人申请，经乡、镇人民政府审查，报市、县、自治县以上计划生育部门批准。所以，海南的大多数汉族村一般都只要一个或两个孩子。由于番茅村属于黎族民族村，所以国家对于他们有一定的照顾措施。条例规定，海南少数民族聚居地区（含汉族地区的民族乡、村）的少数民族农村人口，一对夫妻可以生育两个孩子。确有困难，经乡、镇人民政府审查，报市、县、自治县以上计划生育部门批准，可以生育第三个孩子。所以，家里有两三个孩子的家庭在村里十分普遍。

王秋霞说，她和丈夫非常喜欢儿子，所以生完两个女孩后她们还是很想要一个儿子。结果，正如他们所愿，小儿子于2005年平安降生。这对于他们家来说，是一件天大的喜事。王秋霞不好意思地告诉我们，村里人重男轻女的旧思想还是比较严重，要是生不出男孩会被人瞧不起。在这一点上，黎族人和汉族老百姓没有什么差别。农民之所以愿意要男孩，一方面是因为像插秧、割胶等农活需要壮劳动力，而女孩子一般力气都不如男孩子大；另一方面，人们还是坚持养儿防老的老观念。目前，鉴于我国农村至今仍主要实行的是家庭养老，如果没有男孩作保障，农民养老就会面临危机。村里人都不愿意接受没有儿子的现实，自然也就不能接受靠女儿和女婿养老的现象。因此，农村养老保障制度的建立应当充分考虑各地区的经济发展水平的差异，最终走出一条既符合中国农村实际情况，又能为农民解决后顾之忧的养老保障新路。

表 7－44　　2009 年家庭收入来源情况　　单位：元

职业	收入	职业	收入
从事种植业	3200	本乡镇就业工资	0
从事渔业	0	外出打工	30000
家庭手工业	0	从事运输业	0
从事畜牧业	0	政府补贴和社会救济	0
从事养殖业	0	出租草场、耕地、房屋等	0
从事旅游业	0	其他经营收入	0
总收入合计	33200		

数据来源：根据王秋霞口述整理，2010 年 7 月。

表 7－45　　2009 年家庭农作物、牲畜、家禽情况

种类	亩数	折算价值（元）	种类	亩数	折算价值（元）	种类	个数	折算价值（元）
玉米	0	0	瓜果	0	0	羊	0	0
麦类	0	0	花草	0	0	牛	0	0
薯类	0	0	烟草	0	0	马	0	0
棉花	0	0	油料	0	0	驴	0	0
蔬菜	0	0	糖茶	0	0	猪	0	0
水稻	1	2000	橡胶	3	0	禽类	0	0
大豆	0	0	槟榔	0.1	1200			

数据来源：根据王秋霞口述整理，2010 年 7 月。

正在我们高兴地和王秋霞聊天时，她丈夫回来了，得知我们的来意后，王江十分配合，顾不上喝一口水就向我们介绍起他家的情况。

2009 年，王江一家的总收入为 33200 元。种植业的收入只占他家的一小部分。他家的橡胶树有 100 株，但都没有开割。橡胶树至少要六七年的时间才能割。而他家的橡胶树是 2008 年种的，因此家里还暂时没有橡胶收入；药材槟榔 0.1 亩，2009 年槟榔的收购价格还行，一共卖了 1200 元；此外他家还有 1 亩稻谷，基本上是供自家食用。而去年他家的大部分收入来源于外出打工，两口子的打工收入几乎是种地收入的 10 倍左右。难怪两人说，现在村里

农民越来越不愿意种地，辛苦劳动了一年不说，也许还会赔钱。

妻子王秋霞给我们算了一笔账，水稻种子每公斤20元左右。家里的几亩地每年还需要施用化肥，一般用磷肥、复合肥、尿素等，另外农药花费也很大，每年最少需要300多元。家里还需要支出水电费，水费一年100多元，电费每度0.5元。这样算下来，不算人工每年的成本就需要将近3000多元，除去口粮以外剩余的很少（见表7－44、表7－45、表7－46和表7－48）。原本和丈夫商量打算扩大养猪的规模，多购进一些猪仔，但是买猪仔需要本钱，如果贷款买进一些猪仔的话，就会承担很大的风险，因为近两年猪肉价格的波动很大。

表7－46　**2009年家庭承包土地情况**　单位：亩

总面积	水浇地面积	旱地面积	良田面积	荒地面积
4.1	1	3.1	1	0

数据来源：根据王秋霞口述整理，2010年7月。

表7－47　**2009年家庭主要生产性固定资产数量情况**　单位：台

汽车	拖拉机	打草机	收割机	犁田机	牛车	摩托车	水泵	其他
0	0	1	0	0	0	0	0	0

数据来源：根据王秋霞口述整理，2010年7月。

王江向我们介绍说，槟榔别名广子，为棕榈科槟榔属植物。槟榔，以种子入药，其果皮亦入药。槟榔子有驱虫、破胸中滞气、除痰等功效。槟榔外果皮也有下气、行水利尿等功效。我国福建及台湾南部、广西、广东、海南岛及云南南部均有栽培。2009年，槟榔卖了个好价钱，这令夫妇二人十分高兴。他们觉得自己的付出终于有了回报。妻子王秋霞说槟榔树生长条件十分苛刻，要精心呵护才能得到收获，要是没有技术员的耐心指导，她家去年是不会有那么好的收成。

记得还是2008年开奥运会的时候，王江家的槟榔树忽然闹起了病，眼瞧着半亩幼苗叶缘出现长条形、水渍状、淡褐色病斑，而后病斑扩展呈不规则形的灰黑色小粒。这下急坏了全家人，他们立刻给五指山市农业局打电话，请市里的技术员帮忙想办法。对于这位普通农民的求助，农业局领导高度重视，第二天就派来了经验丰富的刘技术员。刘技术员认真察看他家的槟榔树后，告诉他们果树得的是一种常见病：枯苗病。“要不是及时打电话，你家的半亩槟榔树会全部死掉”，刘技术员告诉王江。槟榔树不能盲目大面积种植，要注意其中的科学用药与科学护理。丈夫王江按照技术员的办法操作后，病情果然有所改善，这件事对于夫妇二人触动很大，“原来想当好一个合格的农民是越来越难，没有知识总是到处碰壁”。妻子王秋霞从这件事中吸取了教训，冲山镇里的技术员一来村里推广新技术，她就率先响应和配合。她逐渐明白了科学技术在现代农业生产的重要地位。

在和王秋霞聊天的过程中，我们很好奇地发现桌子上放着一个漂亮的刺绣手绢。女主人腼腆地告诉我们，现在在家没事，刺绣是闲暇时必做的事情。记得小时候家里穷，在十五六岁的时候，受到母亲以及周围亲戚的影响开始学习刺绣，经过自己的不断努力而自学成才。她的刺绣做工精密，针脚整齐。颜色搭配是刺绣的精髓之处，而王秋霞就是凭着自己独特的审美感觉来完成这个环节，这是她的刺绣受到别人称赞的原因之一。看着女主人娴熟的手指在锈片上快速地移动，虽然是半成品，但是精美的图案已经显现于眼前，不禁让我们对黎族同胞的智慧和精巧叹服。在啧啧赞美声中，问这样的工艺品能够卖到多少钱，王秋霞微笑着说是用于自己的衣服，从来不卖的。刺绣仅仅是她的一种兴趣，没有成为这个家庭收入的来源之一，现在家里的收入主要来源于丈夫外出打工。

表 7－48　　2009 年家庭支出情况　　单位：元

总支出	生产性	衣服	食品	看病	教育	娱乐	红白喜事	交通	通信	住房
20600	3400	800	8400	1000	3000	1000	500	1500	1000	0

数据来源：根据王秋霞口述整理，2010 年 7 月。

表 7－49　　2009 年家庭耐用消费品情况

项目	数量	项目	数量
电视（台）	1	拖拉机（台）	0
电冰箱（台）	0	卡车（辆）	0

续表

项目	数量	项目	数量
洗衣机（台）	0	小轿车（辆）	0
照相机（台）	0	电话（部）	1
影碟机（台）	1	组合音响（套）	1
电动车（辆）	0	手机（部）	2
摩托车（辆）	1	自行车（辆）	0

数据来源：根据王秋霞口述整理，2010 年 7 月。

从表 7－48 中我们可以看出王江一家的支出情况。妻子王秋霞向我们反映说，现在农民种地成本越来越高，化肥、农药、除草剂的价格都在不断上涨。例如，一瓶 4 升的普通槟榔农药，已经从 2008 年的 40 元上升到 56 元，此外，种子的价格也在不断上涨，而国家的种粮补贴却没有什么变化，基本维持在每亩 30～40 元的水平。如果赶上台风和病虫害，农民很可能颗粒无收，这也是最令村民担心的。因此，他们迫切希望国家能加大财政对农业的扶植力度。

教育支出也是他家的一项重要支出。王江夫妇也明白“再穷也不能穷教育，再苦也不能苦孩子”的道理。大女儿虽然刚刚上小学，父母也给她买了许多课外书，再大一点就准备送到五指山市少年宫学习电脑。父母拼命挣钱的目的不就是希望孩子能开拓一点眼界吗？好在现在番茅小学已经没有乱收费的现象，学校坚持义务教育阶段免试入学政策，免收学杂费和借读费，教委严禁中小学向学生收取与入学挂钩的任何费用。

的确，在中国的广大农村地区培养一个孩子十分不易。但王江夫妇表示，他们一定会竭尽全力培养孩子，不论儿子或者女儿。“我们自己吃了一辈子没文化的亏，再也不能让孩子受这个罪啊！”王秋霞通过看电视、听广播逐渐改变了一个错误的认识：农村女孩上不上学没多大用。她现在十分后悔自己没有文化，根本不懂得如何教育孩子，“有时孩子有不会的题都不知道问谁”。所以，不能为眼前的狭隘利益而忽视女儿一生的幸福。因为在时代迅速发展的今天，没有知识、没有文化是无法在这个世界上立足，又哪里能谈得上教育自己的后代呢？所以，宁可自己少吃一点，少穿一点，也要认真培养孩子。我们认为，随着新型农村养老保险制度在全国农村的逐渐推进，“重男轻女”、

“养儿防老”等落后思想会逐渐退出历史的舞台。

谈到还有什么困难或者要求时，王江认为一个困难是资金问题，另一个困难便是打工报酬不高的问题。农民贷款难，难在无担保。由于种种原因，过去金融机构在农村放的贷款坏账率较高，农民整体信誉降低，导致金融机构在农村放贷款门槛设置越来越高。如果遇到棘手的时候，村民们只能互相借贷。“基层信用社人手少，每个镇只有一个信贷员，却要面对数万农民，要把调查、监管等工作做扎实，在客观上不太可能。”许多村民向我们反映这个问题。

对于工资问题，“现在许多大城市的消费水平越来越高，如果不提高工资，想剩下钱很难。”王江一脸无奈地向我们抱怨道。在推进经济发展的同时完善分配机制，是让发展成果惠及全民、缩小贫富差距、保证公众生活幸福安康的必然要求。

虽然家里的收入不是很多，但夫妇俩暂时并没有感到太大的压力，三个孩子毕竟还小。现在农业税已经免了，村里也没有什么摊派。家里人也都参加了新型农村合作医疗制度，每人交了 10 元钱，总共交了 40 元钱。由于家庭成员没有什么大的疾病，还没有实实在在地享受到新农合的好处，但是夫妇俩心里明白这是个踏踏实实的保证。但是他们现在还是有隐隐的着急，虽然现在温饱是没有什么问题，但是未来需要钱的地方还是很多，比如给孩子们一个好的教育，扩大家里的生产等。总之，主要是缺少致富的渠道。

王江夫妇是番巴村有代表性的家庭，具有黎族家庭传统的善良朴实和热情好客。虽然对目前的生活不是很满意，对未来生活有着强烈的期待，但又流露出些许迷茫和不知所措。市场经济已经在淳朴的黎家显示了力量，但新一代黎族农民对于在如何保持自己灿烂文化的同时，更多地融入市场经济和改善生活，仍然处于当地政府引导与个体农民探索的初级阶段。

在我们走出村口的时候，农民们正抢抓有利时间，进行晚稻种植的翻地、插秧。妇女们忙着拔苗、插秧，而壮劳力们则是犁田备耕。在冲山镇的田间地头可以看到，这里是一片繁忙的生产劳动景象。眼前看到的这片已插满秧苗的稻田地在一个月前可不是这个样子，一个月前，这块田因干旱出现了许多裂缝，在几次降雨过后，农民抓住有利时机，积极抢种，现在这里已是绿油油的一片，秧苗长势良好。此时，我们不禁想到“劳动光荣，劳动者伟大”这个朴素的真理！

八、外出打工户

（一）子女在外打工的黄甫荣家

黄甫容，女，黎族，50岁，初中文化水平，普通话较为流利，无宗教信仰。黄甫容家位于番茅村织锦传习所的旁边，即使与传习所所在的那两栋美观的小楼相比，她家的房子看上去也毫不逊色。看惯了整个番茅村那一排排普通的低矮平房，她家这栋里里外外镶嵌着瓷砖的两层小楼着实让我们眼前一亮，而屋前那几棵高高的椰子树更是为这栋小楼的美丽增添了几分意境。我们不由得对屋子的主人产生了浓厚的兴趣，于是，我们在村干部的带领下对这家主人进行了访谈。

当我们躲开门口两只大黄狗进入屋里时，映入眼帘的是宽敞的客厅内整整齐齐摆放着的各种现代化的家具和电器，包括21英寸的彩电、影碟机、饮水机、红木椅等，这在整个番茅村都是为数不多的。而那一尘不染的地板也明明白白地告诉我们，这家的女主人是多么的勤劳贤惠。客厅内有一面墙上贴满了照片，一张张或旧或新的照片记录着一家人点点滴滴的欢乐和幸福。如今在城市里已非常普遍的数码相机在偏远的农村地区还是一件奢侈品，可是却走进了黄甫容的家，对此他们夫妇俩倍感骄傲。我们不禁开始想象，当儿女都远在他乡时，家中两位老人站在这面墙跟前认真看着照片，想念着那一只只长大飞走的鸟儿，嘴角浮现出淡淡的欣慰和满足的笑容。当我们用赞赏的目光打量着房子的各个角落时，黄甫容正在哄还不会走路的小外孙女儿睡觉，从她笑容可掬的面容上，完全看不出她已年近50岁，似乎农村妇女的辛劳并没有在她脸上留下明显的痕迹。一个年轻的女孩见家里有客人来，忙不迭地招呼我们坐下，倒水给大家喝，并落落大方地和我们一起交谈。从她的衣着、表情以及谈吐上来判断，这应该是一个见过世面的女孩子，并不像本地那些从未出过远门的黎族少女那样矜持。黄甫容家目前所拥有的耐用消费品见表8－1。

表 8－1　　2009 年家庭耐用消费品情况

项　目	数　量	项　目	数　量
电视机（台）	1	拖拉机（台）	0
电冰箱（台）	0	卡车（辆）	0
洗衣机（台）	0	小轿车（辆）	0
照相机（台）	1	电话（部）	1
影碟机（台）	1	组合音响（套）	1
电动车（辆）	0	手机（部）	3
摩托车（辆）	1	自行车（辆）	0

数据来源：根据黄甫容口述整理，2010 年 7 月。

从访谈中我们得知，这栋小屋修建于 2007 年，当时花费了约五万元，包括购买建筑材料的费用，还有修建时帮工的伙食费，由于是亲戚以及兄弟姐妹等出劳力帮忙盖的，所以也就省了工钱这一项支出。黄甫容家并非一直以来日子就过得这么宽裕，记得她和与自己同岁的丈夫黄进辉刚结婚时，他们住的也不过是跟大多数人一样的低矮的小平房。后来随着儿女一个个长大，陆续外出打工挣钱，再加上夫妻俩同心协力辛勤劳作，家境才日益宽裕。

黄甫容和黄进辉夫妇俩总共育有四个儿女，三个女儿和一个儿子，儿子是家中最小的孩子，今年 20 岁，由于患有脚疾，初中毕业后一直在家就医静养。三个女儿中，大女儿和二女儿都是高中毕业才出去打工的，三女儿则只念到初中毕业就跟着两个姐姐去广东一带打工。这几个子女都非常争气、孝顺，三个女儿未出嫁时，打工攒下的钱都会寄一大部分回家，现在也还会寄一些孝敬父母，家中所建的这栋漂亮的小屋凝结了她们不少的汗水。与番茅村其他同龄人相比，她们几姊妹有着相对较高的文化水平，大姐又出去闯荡得早，算是为弟妹们打开了一条通往外部世界的路。由此可见，姐妹们这些年的打工生涯不仅为家庭带来了丰厚的收入，更为重要的是，这些年轻的姑娘们走出了这个偏僻的村落，看到了外面世界的精彩与繁华。随着我国经济越来越繁荣，城市的大门逐渐向广大的农村青年敞开，使她们的眼界越来越开阔，路也越走越宽。

表 8－2　　2009 年家庭外出劳动力情况

姓名	性别	年龄	外出距离（公里）	年收入（元）
黄秀兰	女	27	1200	8000
黄玉兰	女	25	1200	7000
黄春兰	女	22	1200	5000

数据来源：根据黄甫容口述整理，2010 年 7 月。

如今，大女儿和三女儿都已嫁做人妇，但依然很照顾娘家人，二女儿还在广州打工，在超市当收银员，一般每两年回家一次，这次我们刚好赶上她在家，就顺便跟她聊了一些在广州打工的情况。在几个女儿的婚事上，作为母亲的黄甫容有一些自己的想法。大女儿嫁在本省的儋州，由于对方是汉族，黄甫容夫妇最初是不同意的，在他们的观念里，黎族比较团结好客，结婚后娘家和婆家就像是一家人，互帮互助齐心协力，而汉族则未必，往往只重视娶回去的老婆一个人而忽略了她的娘家人。但是，他们两个人坚持了十来年，感情经过了重重考验，黄甫容和丈夫慢慢被他们的感情所感化，于是就同意了。现在大女儿一家过得很好，让黄甫容不到 50 岁就高高兴兴地抱上了外孙女。三女儿嫁在邻村，离娘家不过 20 余里，女婿是黎族，这回黄甫容夫妇俩非常放心。其实现在黎族和汉族通婚的情况非常多，各个民族之间相处得越来越和谐融洽。

结婚之初，黄甫容只是在家里种点水稻和蔬菜，有剩余的就拿出去卖，丈夫黄进辉在外面帮别人做些体力活，赚些钱补贴家用。20 世纪 80 年代没有太多发展经济的门路，所以大家都比较拮据，夫妇俩挣到的钱也就够解决自家人的温饱问题。后来，由于黄甫容勤劳肯干又手脚麻利，对各种家务活尤其是厨房里的活儿熟练自如，熟人便介绍她去了附近的学校食堂打工，每个月工资 400～600 元，这在当时的番茅村算是很不错的，至少让自己的几个孩子都不用为学费而发愁。黄甫容在食堂一干就是两年多，直到几个女儿相继成家，才回家继续务农，平常女儿们回来时她也帮着带带外孙，算是开始安享天伦之乐了。黄甫容家承包土地情况见表 8－3。

表 8－3　**2009 年家庭承包土地情况**　单位：亩

总面积	水浇地面积	旱地面积	良田面积	荒地面积
3.8	2	1.8	3.8	0

数据来源：根据黄甫容口述整理，2010 年 7 月。

从上表可以看出，黄甫容家的土地还是比较多的，加上平常女儿们大多在外打工，所得收入足够解决一家人的温饱问题了。其中，两亩水田都用来种植水稻，一年两熟，平均每年可以收获 3000 斤稻谷，除去一家人的口粮外，每年还能余下一部分出售。1.8 亩的旱地中有 0.3 亩是用来种蔬菜的，剩下的 1.5 亩都用来种植地瓜等比较耐旱的农作物，地瓜及地瓜叶、梗都是用来喂猪的好材料。平常家里吃的蔬菜都是自家地里种的，到雨水富足的年份一般还有吃不完的可以拿到市里出售。此外，家里各种用于农耕的工具都很齐全，小型的犁田机、脱粒机等都在几年前就置办了，夫妇俩干起农活来也省了不少力气，算是当地农户中农业机械化程度较高的人家（黄甫容家的主要生产性固定资产见表 8－4）。

表 8－4　**2009 年家庭主要生产性固定资产数量情况**　单位：台

汽车	拖拉机	犁田机	收割机	机动三轮车	牛车	脱谷机	水泵	其他
0	0	1	1	0	0	1	0	0

数据来源：根据黄甫容口述整理，2010 年 7 月。

除了种植水稻、蔬菜和地瓜等农作物之外，黄甫容家还种植了其他的经济作物。她家总共种有 5 亩多的橡胶，大概有 300 多株，目前有 200 株左右已开始割胶，每年能带来的收入大约为 1 万元。剩下的 100 多株橡胶刚种三四年，得等到四五年之后才能开始割胶产生收益。此外，黄甫容家还种了 200 多棵槟榔树，尽管还未有收成，但是可以预期未来槟榔树所带来的经济收入肯定是十分可观的。再过上几年，等槟榔树和橡胶树都开始创造收益的时候，黄甫容家的收入水平和生活质量将步上一个新台阶，这也正是他们全家一直盼望和期待的。

黄甫容家所处的地理位置较好，算是独门独户的那种，所以前院和后院都比较空旷，这也为她家养殖家禽和家畜提供了非常好的场所和条件。黄甫容家现在总共养有五头猪，前院里关着的是两头刚饲养不久的小猪，后院关着三头快可以出栏的大猪。黄甫容说，她还打算把后院拓展规划一下，再多养两头猪，毕竟家里的粮食和地瓜等都比较充足。另外，她还饲养了十只鸡和五只鸭，鸡鸭都是放养的，也不怎么需要花精力，下的鸡蛋基本都供自己家食用，逢年过节也会宰杀几只（黄甫容家2009年家庭农作物、牲畜和家禽情况见表8－5）。

表8－5　　2009年家庭农作物、牲畜、家禽情况

种类	亩数	折算价值（元）	种类	亩数	折算价值（元）	种类	个数	折算价值（元）
玉米	0	0	瓜果	0	0	羊	0	0
麦类	0	0	花草	0	0	牛	0	0
薯类	1.5	2000	烟草	0	0	马	0	0
棉花	0	0	橡胶	5.2	12000	驴	0	0
蔬菜	0.3	1000	糖茶	0	0	猪	5	3000
水稻	2	3000	槟榔	2.1	0	禽类	15	300
大豆	0	0	药材	0	0			

数据来源：根据黄甫容口述整理，2010年7月。

从上表我们可以看出，黄甫容家在农业生产方面所获得的收入很不错，这得益于她们家充分利用所拥有的每一寸土地，发展多样化的种植和养殖，甚至房前屋后每一处空间都被派上了用场（黄甫容家2009年的各项收入见表8－6）。

表8－6　　2009年家庭收入来源情况　　单位：元

职业	收入	职业	收入
从事种植业	18000	本乡镇就业工资	0
从事渔业	0	外出打工	20000
家庭手工业	3500	从事运输业	0

续表

职　业	收　入	职　业	收　入
从事畜牧业	0	政府补贴和社会救济	0
从事养殖业	3300	出租耕地、房屋等	0
从事旅游业	0	其他经营收入	0
总收入合计	44800		

数据来源：根据黄甫容口述整理，2010 年 7 月。

尽管有着较高的收入，黄甫容家每年的家庭支出也是非常大的。其中，生产性支出和生活性支出占了很大比例，农药、种子、化肥等农业生产资料的价格这几年一直都在攀升，油盐酱醋等这些与日常生活息息相关的日用品价格也不例外，尽管家里生活也算节俭，但每年的生活性支出并不是一个小数目。另外一个花费比较大的项目就是亲朋好友红白喜事时随份子的礼钱，每年平均达 3000 元。送红包一直是中国几千年来的习俗，代表着中华民族礼尚往来的美德，不管是汉族还是其他少数民族都一直恪守着这个传统，早已把这个看成是理所当然的事情，几乎每家每户都会在这一项上支出较多。另外，在看病这一项上，由于小儿子患有脚疾，时常复发，一直没有痊愈，每年买药的钱就是一笔不小的支出，还好这两年全家人都加入了新型农村合作医疗，大部分医药费都可以报销，家里算是得到了实实在在的好处。由于儿女们都离家较远，年轻人又不爱步行，每次去市里逛逛街什么的都选择坐车，尽管他们每年回家的次数并不多，但家里每年花在交通上的费用却不少。现在，每个在外的子女都用上了手机，方便他们常跟老家的父母联系，黄甫容自己家里也装了座机，一年下来，手机费加上座机费也差不多达到了 1000 元，不过对于这部分支出黄甫容夫妇俩倒是很乐意花的，还一再感叹现在通信发达，让他们随时随地都可以跟儿女们说上话，这样的话，就算他们不能常回家，夫妇俩也会比较放心（2009 年黄甫容家各项支出见表 8－7）。

表 8－7　**2009 年家庭支出情况**　单位：元

总支出	生产性	生活性	看病	教育	红白喜事	交通	通信	住房
21000	8000	6500	1500	0	3000	1000	1000	0

数据来源：根据黄甫容口述整理，2010 年 7 月。

从黄甫容家的收入与支出对比来看，她家的经济状况在当地算是很宽裕的。但是，随着夫妇俩年龄的增长，女儿一个个嫁出去，儿子长大成人，面临娶妻成家的问题，一家人慢慢地只能靠传统农业经营获得收入，毕竟女儿们都有了自己的家庭负担。不过就他们家的种植和养殖规模来看，收入还是非常可观的，也足够他们一家人维持现有的生活。

当我们采访完毕正打算起身离去时，黄甫容的丈夫黄进辉拿着几个剥好的椰子送给我们，还和女儿一起用袋子细心地装好交给我们。原来，我们在屋里采访时，这个年近半百的憨厚男人一个人去自家椰子树上给客人摘椰子去了，还一个人在屋外剥掉了椰子壳，这让我们突然之间特别感动，我们衷心地祝愿这热情善良的一家人越过越幸福。

（二）走南闯北打工的王思靖家

番茅村村民委员会下设五个自然村民小组，我们第四小组主要负责调查其中的番巴村村民小组。番巴村村民小组一共有80余户。在村妇女小组长的带领下，我们首先来到了王思靖家。

王思靖，女，26岁，黎族，中专文化程度，无宗教信仰。当我们进入她家以后，家里的情况给我们留下了深刻的印象。她家离村口边上的柏油马路不算远，大概有200米。村里的道路比较狭窄崎岖，大约有3米宽。她家住的地方地势相对较高，和临近的几户人家挨得很近。给我们开门的是王思靖的母亲，老人很热情地请我们到屋里坐。在简要地说明来意后，老人十分欢迎我们来到她家采访，并希望能够通过我们向上级领导反映一下村民的实际生活困难。

这户人家给我们的第一印象就是居住面积很狭小。老人一共有两间破旧的砖瓦小房。两小间都是东房，已经盖了有20多年了。已经分家单立户的二儿子一家住其中的一间，老人、大儿子一家和未出嫁的王思靖一起挤在另一间不足10平方米的小屋里。与以前调研过的其他已完成新农村建设的富裕村庄相比，王思靖家的居住情况就显得比较困难了。她家的住房情况为什么如此紧张呢？我们带着疑问和王思靖一家进行了攀谈。

谈到这个问题，老人也很无奈。由于番巴村的土地十分有限，目前已经找不到空闲的土地用来建设住宅，王思靖家的房子还是她父亲在世时修盖的。

如今她们母女住的房子十分破旧，墙皮都已经掉的所剩无几，屋顶的东侧还有一些漏雨。最严重的问题是面积太小了，“因为无法解决居住问题，大哥一家被迫在外面打工，等春节大哥一家四口人回来时，你都无法设想我们是多么的不方便。”王思靖十分感慨地表示。

“去年，市里的一些地产商经常到村里参观考察，他们好像打算要开发我们村，搞什么旅游建设。”王思靖表示十分疑惑。她几乎不敢相信土地开发商会专门为村民谋福利。由于番巴村的地理位置最靠近五指山市，一旦征地开发后，村民们的生活肯定会发生很大的变化。

当然，王思靖的担忧还是有一定的道理。经营性用地、农村集体土地可以以不同方式参与经营开发，但大前提是一定要保障农民合法权利。对于土地供应紧张的番巴村小组来说，本村的集体土地是否适宜搞房地产开发，是否适宜搞旅游开发，值得当地政府深思。我们希望冲山镇政府能够切实考虑村民的切身利益不搞不符合国家土地供应政策和产业政策的开发项目，以保障农民的合法权益，因为他们毕竟是征地拆迁中的弱势群体。

在了解王思靖家的居住情况后，我们又就她家的经济收入与支出等相关情况作了调研。王思靖家的收入来源主要由土地种植收入和外出打工收入构成。由于她和大哥经常外出打工，所以家里就剩下大哥的孩子和老母亲。平时，她家的地主要是二哥帮着老母亲种。2009 年，家里种了 1 分水稻和不到 1 亩的槟榔。两项一共合计 5000 元左右（见表 8 – 9、表 8 – 10）。王思靖外出打工的收入每月有 1000 元左右。大哥一家一年打工的收入有 2 万元左右（见表 8 – 8）。家里有 1 台电视、1 台影碟机、1 部电话和 1 部手机（见表 8 – 13），家里几乎没有什么诸如拖拉机、收割机、摩托车等生产性固定资产（见表 8 – 11）。2009 年她家的生产生活性支出共计 15100 元（见表 8 – 12）。由于老人自己在家生活也很不容易，每次回家时，她和大哥都给母亲生活费。面对生活的种种困难和压力，作为一个年轻的小姑娘，王思靖表现出的果敢以及她对外出打工的乐观令我们十分钦佩。

表 8－8　　2009 年家庭收入来源情况　　单位：元

职业	收入	职业	收入
从事种植业	5000	本乡镇就业工资	0
从事渔业	0	外出打工	30000
家庭手工业	0	从事运输业	0
从事畜牧业	0	政府补贴和社会救济	0
从事养殖业	0	出租草场、耕地、房屋等	0
从事旅游业	0	其他经营收入	0
总收入合计	35000		

数据来源：根据王思靖口述整理，2010 年 7 月。

表 8－9　　2009 年家庭农作物、牲畜、家禽情况

种类	亩数	折算价值（元）	种类	亩数	折算价值（元）	种类	个数	折算价值（元）
玉米	0	0	瓜果	0	0	羊	0	0
麦类	0	0	花草	0	0	牛	0	0
薯类	0	0	烟草	0	0	马	0	0
棉花	0	0	油料	0	0	驴	0	0
蔬菜	0	0	糖茶	0	0	猪	0	0
水稻	0.1	2000	橡胶	0	0	禽类	0	0
大豆	0	0	槟榔	1	3000			

数据来源：根据王思靖口述整理，2010 年 7 月。

表 8－10　　2009 年家庭承包土地情况　　单位：亩

总面积	水浇地面积	旱地面积	良田面积	荒地面积
2.1	1.1	1	1.1	0

数据来源：根据王思靖口述整理，2010 年 7 月。

表 8－11　　2009 年家庭主要生产性固定资产数量情况　　单位：台

汽车	拖拉机	打草机	收割机	机动三轮车	牛车	摩托车	水泵	其他
0	0	0	0	0	0	0	0	0

数据来源：根据王思靖口述整理，2010 年 7 月。

表 8－12　　2009 年家庭支出情况　　单位：元

总支出	生产性	衣服	食品	看病	教育	娱乐	红白喜事	交通	通信	住房
15100	1000	400	8000	0	200	1000	500	2000	2000	0

数据来源：根据王思靖口述整理，2010 年 7 月。

表 8－13　　2009 年家庭耐用消费品情况

项目	数量	项目	数量
电视（台）	1	拖拉机（台）	0
电冰箱（台）	0	卡车（辆）	0
洗衣机（台）	0	小轿车（辆）	0
照相机（台）	0	电话（部）	1
影碟机（台）	1	组合音响（套）	0
电动车（辆）	0	手机（部）	1
摩托车（辆）	0	自行车（辆）	0

数据来源：根据王思靖口述整理，2010 年 7 月。

王思靖是 1984 年出生的，今年 26 岁，家里排行老三，上面还有两个哥哥。二哥一家已经分家单独立户，她和母亲、大哥一家一起生活。父亲祖籍是海南省乐东人，早年在保亭县当兵，参加过海南解放战争，复原后调到冲山镇人民政府负责党的宣传工作。母亲是番巴村里的一位普通的黎族妇女，勤劳且贤惠。童年时代的王思靖是十分幸福的，父母恩爱，兄弟姐妹十分和睦。她告诉我们，父母的简朴生活给她留下了深刻的印象。那时整个国家都很困难，她家也不例外，除了过年给孩子买件新衣服以外，父母总是穿旧衣服，但每逢过年却总要想办法给老家的亲戚寄钱。父母对他们的要求很简单，就是希望他们做一个对国家有用的人，无论做什么工作都要对得起良心。这些都对她产生了深刻的影响。

说起小的时候，王思靖表示那时家里非常困难，连幼儿园都上不起。“那时村里的孩子很少去幼儿园”，一个村里最多有一两个孩子能上幼儿园。她在上学前班的时候连汉语拼音都不会。5 岁的时候，她才和村里的小姐妹们一起上学前班。根据王思靖的讲述，冲山镇番茅村中心小学是在 1955 年建成的。那时番茅村中心小学十分简陋，校舍是在一个破败寺庙的基础上简单改造的，整个学校只有两个老师、两个教室和一个破旧的办公室。她记得，由于上学的同学不多，所以低年级的同学在一个教室，高年级的同学在一个教室，分别由两位老师负责教学。小班的老师是一位黎族老师，主要是通过用黎族语向学生们传授简单的汉语知识，老师在课上是既用黎族语又用汉语，帮助大家逐渐熟悉汉语。由于孩子们没有一点汉语知识，老师就汉语拼音一项知识就教授了两个月。虽然学习汉语有些吃力，但是孩子们对这个新生事物很有兴趣，经过两年的小班学习就可以转到大班了。大班的老师是一位汉族老师，课上完全用汉语上课，主要是向孩子们讲授基本的汉语知识。

每当回忆起儿时的岁月，王思靖就不禁感慨，她和村里的小姐妹每天都要徒步走 5 公里路才到学校。当时家里十分困难，早上拿起一个窝头就算是一顿中午饭，吃不饱饭是经常的事。

王思靖从小学习就好，初中是在番茅村第一中学念的。那时的她比较喜欢文科科目，尤其是喜欢学习英语。初中毕业考试合格后的她便去了市里的职业学校学起了导游专业。我们问她当时为什么没有去念高中呢？考大学不是一个很好的选择吗？王思靖说自己也曾经考虑过这个问题。职业高中属于初中毕业后考入，一般是由当地中学开办，拿中专学历，毕业后成绩优秀的话还可以继续升学。考虑到职业高中主要是专业技术性比较高的高中，在职高不但要学习高中的基本课程，还要学习一些专业知识。此外，职业高中证书在就业上更有竞争力，所以她便选择了五指山市职业学校。

得知自己能去市里念书的消息，王思靖十分高兴，因为她从小就想到大山外的世界看看。她觉得女孩子和男孩子一样，都应该好好上学，这样毕业就能找到一个好工作。市里的职业学校可以提供住宿，为了节约时间好好学习，她便第一次离开了父母，自己一个人来到了学校。

王思靖回忆自己是班上最小的同学，班里最大的同学比她大三岁。开学不久，她发现自己学习起来很吃力，特别是外语课，英语老师讲的内容她几乎都听不懂。她的外语期末考试成绩还差点不及格。她终于知道了人外有人，天外有天。虽然自己在初中班级里的成绩一直是名列前茅的，但不能否认的是黎族的整体教育水平还是相当落后的，还是不能跟市里的教学水平相比。班主任鼓励她千万不要放弃外语学习，并帮助她重新建立起对外语学习的信心，同学们课下也耐心地帮她摸索学习方法。除了学习以外，老师在日常生活上也十分照顾她。由于第一次离开父母，王思靖总是想念家里的父母。特别是晚上的时候，她总是睡不好觉，上课的时候有时还不能专心听讲，老师发现这个情况以后并没有武断地批评她。相反，老师让同学们经常和她一起玩，一起聊天，没过多久她逐渐融入到班集体之中。

2001 年秋，读职高二年级的王思靖幸运地得到一次实习机会。当时正赶上三亚金棕榈大酒店去学校招人，成绩优秀的她获得了去酒店实习的机会。体检合格后，她被主管分到了客房部，负责房间的卫生整理工作。因为是第一份工作，所以她干得非常用心，客人还经常给她小费，领导也很喜欢她。3 个月后，她和酒店签订劳动合同，成为了一名正式工人。

第一次离开五指山去三亚，王思靖觉得非常高兴，“终于可以看到外面的世界了!”随着工作逐步迈入正轨，她发现除了书本以外，自己还有许多需要学习的知识。除了黎族语、海南话、英语以外，王思靖利用工作闲暇时间学会了粤语。为什么要多学几种语言呢？因为，游客是来自世界各地，只有多精通几种语言才能更好的工作。此外，周到细致的服务也是十分重要的，她的同事之中就有因为工作失误而不得不赔偿酒店的损失。那时，她和六个姐妹一起住在一个宿舍，屋里既没有电扇，也没有空调。虽然条件比较艰苦，但她仍然坚持看书学习。姐妹中谁有困难她都乐意帮忙。现在想起那段经历，她觉得对自己今后的工作成长非常有帮助。“实践出真知!”这是她经常挂在嘴边的一句话。

2006 年，辞掉工作的王思靖回家和母亲及大哥一起过年。王思靖和家人一起聊起了这几年的苦乐酸甜。大哥建议她为什么不去找南京的表姐呢？表姐在南京从事酒店管理工作多年，她打算向表姐“取经”。一个月后，王思靖坐上了北上的列车。

结合几年的实际工作经验，表姐向她介绍，酒店管理专业是全球十大热门行业之一，高级酒店管理人才在全球一直是很紧缺的。近年来，在国际人才市场上，酒店管理人才出现了供不应求的局面。随着 2008 年北京奥运会、

2010年上海世博会和越来越多的国际大型活动在中国举行，中国对旅游、酒店管理专业人才的需求也日益增大，所以表姐劝她大可不必为就业犯愁。预计到2011年，高级酒店管理人才将成为职场上炙手可热的高薪阶层，国内酒店从业人员，以高薪阶层为多。酒店管理人员在中国十大百万年薪职业中排名第六，酒店、旅游业将成为海南旅游产业的支柱。目前，全世界已有17个国际酒店管理集团在海南投资或管理高星级酒店，酒店行业在不断扩充，对人才的需求也不断增加，每年都需要数以千计的国际化酒店管理人才。表姐鼓励她继续从事自己喜欢的酒店管理工作，她希望王思靖能够作出一番事业。

谈到未来，王思靖充满信心。随着中央政府提出建设海南国际旅游岛计划，她觉得自己大有作为。“旅游业优惠政策更具灵活性！”国家大力支持海南省依托优势资源，发展特色旅游产品，进一步优化旅游产品结构。支持海南发展自驾车观光游、特色房车游，鼓励境内外大型的汽车租赁公司、房车旅游公司在海南省投资兴办企业，经营汽车租赁、房车旅游等业务。

番巴村应该做好哪些准备呢？建设社会主义新农村，加快形成城乡经济社会发展一体化新格局，是海南建设国际旅游岛的一项重要内容。国家在这方面也给了海南政策支持，国家工商总局鼓励海南省农民在具有地方民俗文化特色的农庄村落，开展“农家乐”等旅游服务。“我们冲山镇政府就十分鼓励和引导海南省农民利用自有房屋，开展家庭旅馆经营，促进农业观光、民俗风情、特色休闲等旅游产业发展。”王思靖满怀希望地对我们说。

最后，说到今后的个人打算时，王思靖会心地笑了笑。她说女人现在一定要以事业为主，这样才可能在今后的生活中获得幸福。女人不要担心年龄大这个问题，“我也不一定非要嫁给黎族人”。她的婚姻观念相对村里人来说是比较超前的。但是，她也反对婚事大操大办，“操办一场婚事少则五六千元，多的上万元”。由于置办嫁妆请客送礼互相攀比，费用越来越高，成为一种社会公害。她相信男女自主找对象，恋爱成熟才能登记结婚。“以前我对婚姻充满了幻想，可现在我脑子里乱乱的，连自己有没有婚姻观念都不知道了，我想这与我的成长环境有一定的关系吧。”但是，现在的她已经把这个问题看得很淡。

（三）长年在外打工的大龄单身青年王建生家

30 岁的王建生还未娶妻，而这种“女子不愁嫁，男人愁娶妻”的现象几乎成了番茅村众多大龄青年的一个心病。

王建生，男，黎族，初中文化水平，无宗教信仰，长年在外打工。现与其父母和一个弟弟共同居住。王家生活得还不错，父亲王兆南今年 50 岁，身体很好，家中大小事务都由他和老伴操持。王建生和弟弟王建泽从初中毕业之后就双双外出打工挣钱，王建生坦言自己“不会做农活，割胶技术一点都不会”，“弟弟也是一样”。因此，家中的经济来源全靠兄弟二人打工所得，而父母在家种水稻和橡胶的收入微乎其微。

在访谈过程中，王建生的少言寡语给我们留下了深刻的印象。这个身材干瘦、皮肤黝黑的年轻人显示出与其年龄不相符的腼腆，在提及什么时候结婚的话题时便越发的沉默。按照黎族的风俗，两个同族青年结婚，女方是不用出任何彩礼的，而男方至少要负担一到两万元的礼金。但是如果是黎族女儿嫁给外族人，则男女双方都要出一定的彩礼。王建生说，暂时还没有结婚的对象，因为自己想要找一个外面的汉族姑娘。他长年在外打工，对妻子的要求“必须是勤劳能干，能够帮助父母操持家务的女孩子才行”。王建生现在正在打工攒钱，一旦有心仪的姑娘出现，希望能够给她较好的生活条件。在番茅村，像王建生这样外出打工的大龄青年还有很多，他们大部分都是因为经济上的原因而不能成家立业。而与此相反，村里的姑娘们却都并不愁嫁，在走访另外一家的时候，一位黎族的姑娘坦言“35 岁再结婚也不是什么稀罕事”。

在番茅村，一旦儿子结了婚，父母需要把自己住的房子分出一间来当做新房给儿子一家居住。因此我们看到很多人家都是将房屋隔成几间，父母一间，子女另住一间。有条件的家庭当然可以另外建造新的住房，但在番茅村由于自然条件的限制使得土地成为千金难求的“宝物”。不仅用作种植的经济田每人平均只分得到 0.8 亩，就连各家拥有的宅基地也是少得可怜。祖辈留下来的宅基地就只有那么一块，想要建造新的住房几乎成为不可能的事情。更何况，番茅村是建在一块并不平坦的山地之上，村中道路崎岖不平，有时候从一个人家到另一个人家，需要爬几十度的陡坡。除了进村的一段道路是平坦的水泥路之外，其余道路都是泥泞的长满苔藓的土路。每每看到村民们挑着担子到村口挑水时一步一滑的背影和颤颤巍巍的扁担，我们深切地感受到道路对于村民日常生活的重要性。眼看着番茅村外一条环村的公路即将动工，相信改善村内的道路条件也指日可待。因此，在这样的道路条件下，要想建造房屋，所需的砖瓦水泥等材料都需要人工挑到村里，而一些机器也不能派上用场。显然，花钱雇佣临时工盖房子的费用是番茅村村民不可能承担的。这样说来，建造房屋对于有劳动力的家庭来说还可以，其他家庭也只能望洋兴叹。

我们看到，在自然条件、经济条件和劳动力资源等诸多因素的阻碍之下，番茅村的整体居住条件显得十分落后。在我国大力开展新农村建设的今天，不同地区的农村都取得了相当大的成就，广大农村地区“旧貌换新颜”的景象比比皆是。怎样追上全国各地新农村建设的脚步，是番茅村亟待解决的大问题。

王建生一家的房屋条件在全村属于中等水平。王建生告诉我们，这是他亲手建造的房子，因为他在外打工从事的就是建筑行业，对于盖房子的大小事情，王建生都了然于心。有时候，王建生还会帮助村里其他人家盖房子。我们看到，王家的房屋大致有 80 平方米，分为三个大间，全为砖瓦结构。左手边一间现无人居住，黑漆漆的，堆放着铁皮粮仓等杂物。中间一间是王建生的父母居住，兼做厨房，摆放着燃气灶、电饭锅等炊具。右手边一间则是王建生和弟弟合住，小小的屋子放置着电视、音响、沙发等。我们问王建生一旦结婚该怎样居住时，王建生说，在他家院外还有一小块地，自己想再盖个新房迎娶老婆。他自己算了算，目前新建一处房子需要几万块钱，再加上买家具、电器以及结婚的一笔花费，还需要自己再努力很久。

王建生家的院子虽然只有一米宽，但是摆了木柴等杂物之后也不显得杂乱。王建生的父母亲都是干净利落之人，把家里收拾得井井有条。我们走访他家的时候，王建生的母亲正在用木桶挑自家厕所里的粪肥，她要把这些肥料挑到菜地里去，对于没时间跟我们聊天表示了歉意后，便麻利地挑起水桶出了院子。相比于王建生的沉默寡言，他的父亲王兆南则显得健谈多了。对于家中土地状况，老人家也是了如指掌。

表 8－14　　2009 年家庭承包土地情况　　单位：亩

总面积	水浇地面积	旱地面积	良田面积	荒地面积
5	1	4	0	5

数据来源：根据王建生口述整理，2010 年 7 月。

王家土地非常少，一家 4 口人总共只有 5 亩土地。1 亩水稻田，4 亩橡胶林。番茅村的水稻产量都不高，由于干旱、少肥等原因，在原本基数就少的土地上根本出产不了多少稻谷（见表 8－14）。王建生家 1 亩地的产出不能维持全家一年对于粮食的需求，因此，总要买些粮才能度过青黄不接的阶段。

橡胶本是海南岛最重要的经济作物。然而在番茅村却因为土地稀少的原因不能大面积种植。王建生家仅有的 4 亩山地只种了 100 多株橡胶。在父亲王兆南一个人的劳动下，年产仅两三千元。倒是王建生的母亲在家种菜养猪，还能带来一定的收入。在王家现正空置的小块宅基地上，王建生的母亲种了大量的蔬菜，包括用作猪饲料的地瓜叶。这样，不仅保证全家不用花大量的钱去购买蔬菜，还给养猪创造了条件。当地村民养猪不舍得买饲料，只能用地瓜叶等植物喂养。有的家庭还将猪进行散养，任其自然的在地里找寻食物吃。由于猪总是用嘴拱地，就像在四条腿外又长了一条腿，故称为“五脚猪”。这是海南岛对猪的一种特殊的称谓。这样的五脚猪长大了每头可卖到 800～1200 元的好价钱。王建生的母亲养了 6 头猪，今年全卖掉的话就有近 5000 元的收入。另外，她还养了 3 只鸭子，大概也有 150 元的收入。

表 8－15　　2009 年家庭收入来源情况　　单位：元

职 业	收 入	职 业	收 入
从事种植业	5100	本乡镇就业工资	0
从事渔业	0	外出打工	6000
家庭手工业	0	从事运输业	0
从事畜牧业	0	政府补贴和社会救济	0
从事养殖业	4950	出租耕地、房屋等	0
从事旅游业	0	其他经营收入	0
总收入合计	16050		

数据来源：根据王建生口述整理，2010 年 7 月。

表 8-16　　2009 年家庭农作物、牲畜、家禽情况

种类	亩数	折算价值（元）	种类	亩数	折算价值（元）	种类	个数	折算价值（元）
玉米	0		瓜果	0	0	羊	0	0
麦类	0		花草	0	0	牛	0	0
薯类	0.1	20	烟草	0	0	马	0	0
棉花	0		橡胶	4	3000	驴	0	0
蔬菜	0.1	100	糖茶	0	0	猪	6	4800
水稻	1	2000	槟榔	0	0	禽类	3	150
大豆	0	0	药材	0	0			

数据来源：根据王建生口述整理，2010 年 7 月。

王建生和弟弟王建泽虽然对家中的事务一概不管，但是他们也会将打工挣的一部分钱拿回家贴补家用。王建生初中毕业后，便到五指山市打工。曾经有一段时间还去过三亚，但是工作一段时间之后认为存不下钱，便依旧回到离家仅 800 米的五指山市找工作了。现在，王建生干的是建筑行业，因为有季节性因素的影响，王建生每年只能干几个月，但是也有五六千块钱的收入。弟弟做的是相同的活计，忙碌的时候，每天需要工作 11 个小时，特别辛苦。由于兄弟二人都不会割胶，也不会干农活，将来不可能依靠土地养活自己。因此，趁年轻时多存些钱是这两兄弟最重要的事情。

虽然挣得不多，但是王家的生活过的还是有滋有味。除了屋里的电视机、影碟机等，院里还停放着王建生的摩托车。在我们的要求下，王建生也欣然同意，靠在他心爱的摩托车旁让我们拍照留念。

表 8-17　　2009 年家庭耐用消费品情况

项 目	数 量	项 目	数 量
电视机（台）	1	拖拉机（台）	0
电冰箱（台）	0	卡车（辆）	0
洗衣机（台）	0	小轿车（辆）	0
照相机（台）	0	电话（部）	0

续表

项 目	数 量	项 目	数 量
影碟机（台）	1	组合音响（套）	1
电动车（辆）	0	手机（部）	2
摩托车（辆）	1	自行车（辆）	0

数据来源：根据王建生口述整理，2010 年 7 月。

王建生说，虽然这里家家都有电视，但是根本看不到几个电视台的节目。因为全村都没有安装有线电视。大部分人是因为不愿花钱，个别人家想要安装，却又被广播局以户数太少，架一次电线不值得为由拒绝服务。因此，闲暇时间里，王建生更愿意到别人家里串个门，聊聊天，或者与一同在外打工的朋友出去喝喝酒。对于番茅村的村民来说，日常的休闲方式基本没有，能够站在村前路口，互相寒暄几句，就是村民最常见的休闲了。

谈及 2009 年的家庭开支，王建生坦言并不了解，还是父亲王兆南向我们介绍了家里的开支情况。

表 8－18　**2009 年家庭支出情况**　单位：元

总支出	生产性	生活性	看病	教育	红白喜事	交通	通信	住房
13090	650	7000	1240	0	1000	1200	2000	0

数据来源：根据王建生口述整理，2010 年 7 月。

如表 8－18 所示，王建生家 2009 年总支出 13090 元。其中以食品为主要开支。除了买粮的花费之外，王建生兄弟二人时常会从五指山市买些肉类、酒等带回家。每个月用水大概十几元钱，用电五六十元钱，一年下来也是一笔不小的开支。

在生产性开支上，王建生的父亲谈到，种子价格涨的太快了，20 元/斤的价格让他难以接受，但是用自己留的种子又种不出来，只能花钱买好的种子。王家的一亩地大概需要 300 多元的种子钱。而普通的化肥价格也在每袋 110 元到 150 元之间浮动，水稻缺了肥料是不可能高产的，只有硬着头皮少买一些。王家只有一台起耕机，大量的农活还是靠王兆南一人承担，偶尔王建生也会用摩托车帮父亲拉肥料和稻谷。

王建生一家都参加了新型农村合作医疗。每人30元钱并不多，所以大家都选择加入。但是，在享受这项制度带来的好处时，王建生和大多数村民一样表示并不满意。他谈到，新农合说是能给报销，但是能报销的部分药治不了病，能治病的部分药又不给报销。如果患了治疗费用高又可在其本镇治愈的大病时，新农合确实能够帮大忙。但是如果仅患普通的小病，往往要小病大看，既折腾人又多花钱，完全是帮倒忙。2009年，王建生一家花费在看病一项上的支出为1240元。但是，由于一家人都没生什么大病，往往是自己到小诊所买些药回来，因此这些费用都是自己负担的，没有享受到新农合制度的种种好处。

在红白喜事的开支上，王建生显得比较节省。他说，一般情况下，自己会赶去帮个忙，但是不会随份子。只有在特殊情况下才会出钱。尽管如此，村里“地瓜藤亲戚”的现状也使王建生在一年内花了1000元的“份子钱”。

交通和通信两项的费用对于外出打工的王氏兄弟来说更是必不可少。平时联系工作单位和朋友，也都在正常的开支范围内。

王建生是一位勤劳的、有能力的年轻人，从他为自家盖的坚实住房就可以看得出来。这样的年轻人缺少的只是能够发家致富的机会和大量的信息。我们相信，在外打工的王建生兄弟俩，一定能够通过自己的努力，使家里的生活水平更上一层楼。同时，我们也衷心希望，大龄青年王建生能够打破番茅村的“女子不愁嫁，男人愁娶妻”的厄运，早日攒够彩礼钱，把心爱的姑娘娶回家！

（四）夫妻在外打工的王朝丽家

踏着夕阳的余晖，走进王波和王朝丽的家，我们发现这个狭窄的小院正充盈着一种快乐的气氛。王朝丽的婆婆蹲在院门口杀鸡，大盆里的两只鸡已被处理得干干净净，正等着下锅。王朝丽笑着说，她家的姨婆不远千里前来探亲，现正在院子里乘凉，婆婆杀鸡完全是为了招待这位远方的贵客。黎族，真是一个热情好客的民族！

王朝丽很年轻，刚刚26岁，丈夫王波也只有27岁。二人结婚不久后得一女儿，不足两岁的女儿在院子里蹒跚玩耍，握着我们的录音笔不放手。被妈妈轻声责怪后便跑到太姨婆的身后躲了起来，甚是可爱。王波的父母和他们生活在一起，王朝丽唤婆婆作“阿妈”。看得出来，这家人的生活非常和谐，婆媳关系很是融洽。

和番茅村其他家庭一样，王朝丽家的土地也是屈指可数。能够种植水稻等粮食作物的田地仅 0.7 亩，可种植橡胶的山地面积多些，但也不足 10 亩（见表 8－19）。

表 8－19　　2009 年家庭承包土地情况　　单位：亩

总面积	水浇地面积	旱地面积	良田面积	荒地面积
9.7	0.7	9	0.7	9

数据来源：根据王朝丽口述整理，2010 年 7 月。

在不足一亩的稻田里，每年两季种植出来的水稻完全不够一家人全年食用。即使一年到头兢兢业业的在田地里劳作，也得不到多少收成。因此王朝丽和丈夫思量之后觉得，与其把劳动力拴在这块土地上，每年的收成都不能满足自己食用，还不如夫妻二人全到外面打工。王波夫妻两个人都年轻力强，头脑灵活，相信可以通过自己的双手让生活过得更加舒适。因此，两个人商量之下，把家里的土地都委托给父母看管，夫妻二人都去了一公里以外的五指山市打工。

王朝丽的婆婆对于家中的土地状况更加熟悉。王家的水稻田产量不高，由于一年到头舍不得买农药和化肥，再加上土地基数本就不大，所以每年到了青黄不接时，还要花钱购买大量的粮食。她指了指放置在院子角落里的铁皮粮仓，“这里面从来没有装满过”。在橡胶的种植上，王家虽有 9 亩山地，按照 30～33 株/亩的普通种植水平，9 亩地可种植近 300 株橡胶。一年可带来收益 1 万多元。但是，王家的橡胶种植却面临了几大难题：其一，王波父母年迈，劳动力水平下降，有时候难以负担地里的活计。除了种植橡胶之外，还要耕种水稻田和菜地。王波夫妇白天都在外打工，根本没有时间在家帮助父母下地劳作。其二，家里的橡胶林距村子很远，去一趟需要两个小时。本村的年轻人都是骑摩托车上山割胶，再将橡胶用摩托车运回村里，而王波父母显然没有这个能力。其三，橡胶生长需要大量的水。今年海南遭遇连续几个月的干旱，地里没有充足的水，橡胶就无法开割，如果强行割胶的话，势必对橡胶树造成深度伤害，影响以后的产量。其四，王家不能给橡胶生长提供充足的肥料。眼见化肥和农药的价格节节升高，每袋化肥甚至达到了220元的价格，老人舍不得买肥料，橡胶收益自然下降。在这四个因素的影响下，2009年，王朝丽一家橡胶种植一共带来14400元的收益。因此，外出打工变成了王家更加倚重的收入渠道（见表8－20）。

表8－20　**2009年家庭收入来源情况**　单位：元

职业	收入	职业	收入
从事种植业	14470	本乡镇就业工资	21600
从事渔业	0	外出打工	0
家庭手工业	0	从事运输业	0
从事畜牧业	0	政府补贴和社会救济	0
从事养殖业	0	出租耕地、房屋等	0
从事旅游业	0	其他经营收入	0
总收入合计	36070		

数据来源：根据王朝丽口述整理，2010年7月。

王朝丽的婆婆在家里，除了帮忙种水稻、橡胶之外，还自己种植一些蔬菜和其他作物。从表8－21可知，王家种植了一些玉米和地瓜，虽然种植面积很小，但也有所收获。

表8－21　**2009年家庭农作物、牲畜、家禽情况**

种类	亩数	折算价值（元）	种类	亩数	折算价值（元）	种类	个数	折算价值（元）
玉米	0.1	20	瓜果	0	0	羊	0	0
麦类	0	0	花草	0	0	牛	0	0
薯类	0.1	50	烟草	0	0	马	0	0
棉花	0	0	橡胶	9	14400	驴		0
蔬菜	0	0	糖茶	0	0	猪	0	0
水稻	0	0	槟榔	0	0	禽类	0	0
大豆	0	0	药材	0	0			

数据来源：根据王朝丽口述整理，2010年7月。

但是，王家的这些玉米和地瓜都是留着自己食用的，由于种的少，产量又不高，就不会有多余的东西拿到市场上售卖。至于家禽的养殖，王妈妈说："院子太小，根本没地方养。本来想养几头猪的，还可以卖个好价钱，但是连搭建猪圈的地方都没有。"环顾王家小院，的确紧紧凑凑，虽然各种杂物、农具堆放整齐有序，但是也很少有空地再进行养殖。对于这个小村子来说，土地紧缺的确成为了影响村民生产和生活质量的最重要的问题。

家中的事情由王朝丽的公婆一应承担，这也让王朝丽夫妇二人全身心地投入到了外出打工的活计之中。在访谈的过程中，我们没有见到这家的男主人王波，王朝丽解释道，丈夫去五指山打工了，天黑才回。而她自己，则要在天黑之前赶去五指山上班。

王波在五指山做的是洗车的工作。按照当地的工资水平，每个月可得800～1100元的工资。而且这个工作相比建筑行业来说，显得比较轻松。洗车对于技术要求比较低，只要通过一段时间的学习便可掌握全部洗车的操作流程了。年轻的王波认为，这是一项简单、轻松、工资收入也算不错的工作了。王朝丽自己则在五指山市的一家综合性商场做服务员。每天的工作时间从早晨7点到中午12点，或晚上18点到23点。一个月仅有两天的休息时间。这对于一个女性来说有些辛苦，但是好在商场的工作比较稳定，环境较好，虽然月工资700元不算高，但是商场给予员工的福利却不错。王朝丽基本上还是满意自己的这份工作的。但是一旦到了农忙时节，家中事务繁多，王朝丽就不得不请假回家帮助婆婆下地干活。向商场请假扣的工资会很多，但是王朝丽说，老人身体不好，自己该做的事都要做到了，其对公婆的爱护之情溢于言表。

从谈话中，我们看出王朝丽是一个十分富有朝气的新时代女性。和其他居住在这个黎族村寨的姑娘或者从外村嫁进来的媳妇不同，她身上充满了活力和激情。但是同时她又吃苦耐劳，勤俭持家。大商场的工作让她的眼界比村里人更为开阔，知道更多的信息。而信息在这个时代，是成功不可或缺的一项重要因素。她懂得通过怎样的手段才能致富，她也明白要想经济发达需要哪些主导性因素。王朝丽刚刚结婚不久，骨子里流露着对未来生活的美好向往。相信这样的年轻人一定能够在以后的生活中有所作为。

王朝丽家的房子在我们走访的几户家庭里算是条件不错的。130平方米的砖瓦房，大块的玻璃窗被擦得亮亮堂堂。除了一个宽大的客厅外，还有三个单独的房间。墙壁雪白，连门框的漆都是新刷的。王朝丽说，本来这房子在自己还未嫁过来时就盖好了。今年经过翻修，重刷了墙壁、粉饰了门框，所以看上去比较新。客厅里电视机、影碟机、组合音响等一应俱全（见表8－22），就连卧室里的床也是市面上看得到的新鲜款式。整个屋子干净整洁，看得出婆媳二人都是持家能手。

表8－22　　2009年家庭耐用消费品情况

项 目	数 量	项 目	数 量
电视机（台）	1	拖拉机（台）	0
电冰箱（台）	0	卡车（辆）	0
洗衣机（台）	0	小轿车（辆）	0
照相机（台）	0	电话（部）	0
影碟机（台）	1	组合音响（套）	1
电动车（辆）	0	手机（部）	3
摩托车（辆）	1	自行车（辆）	0

数据来源：根据王朝丽口述整理，2010年7月。

从表8－23所显示出的2009年王家的支出来看，生产性支出只有450元钱，而教育、娱乐、住房的支出都为零，最大款项就算食品和看病了。

在谈到支出情况时，王朝丽直言最大的花费便是在小孩子的身上了。王朝丽生下女儿之后大病了一场，接连住了两次医院，为生女儿受了不少苦。好在家里参加了新型农村合作医疗，在五指山市的大医院就诊和手术费用都是合作医疗给担负了，不然恐怕一次生产就将使王家陷入经济不支之地。现在虽然孩子一岁多了，但是这个年龄段的儿童是最容易生病的。王朝丽形容“三天一大病，两天一小病的”，每次生病都要花费上百元。小孩子身体弱，又不敢给胡乱吃药，买药都是买最好的。这样每个月看病的费用都需要三四百元。有时候，王朝丽大哥家的孩子会在王家一同居住，小孩一般身体虚弱，免疫力差，两个孩子经常性的发生疾病互相传染，王朝丽照顾不好的话，一个孩子患了病，立马传染给另外一个，两个孩子便需要一大笔治病费用。为此，王朝丽甚为苦恼。

王朝丽的孩子还小，每个月喝奶粉的钱也是一笔不小的开支。王朝丽一直坚持一个原则，就是在孩子成长上的花费一定不能图省钱。孩子该吃什么就要吃什么，各种营养都不能缺少。但是在穿衣方面，王朝丽则没那么在意了。小孩子身体长得快，十天半个月的时间，刚买来的衣服就不能穿了。因此为了省钱，她往往不给小孩买新衣服穿，都是亲戚家或者朋友家的小孩穿着小了的衣服送给王朝丽的女儿穿。而自己和丈夫，王朝丽更是舍不得买衣服了。在大商场工作，王朝丽见多了那些高档的、名牌的衣服，但她坦言自己穿不起也穿不惯。"一件衣服几百块还不如给我家小孩买奶粉吃。"只有见到那些打折的、几十块一件的衣服，王朝丽才舍得给自己买件新的。

交通和通信支出虽然多，但是这两个项目却是家庭生活必需的。王朝丽和丈夫每人一部手机，便于外出打工时联系。他们给老人也配了一部手机，有时候小孩在家生病或者家里突发事件也便于他们在最快时间内得到消息。丈夫王波每日骑摩托车去市里打工，有时候也回来帮父母运运橡胶和稻谷。可以说，除了生活必需的开支之外，王朝丽家基本上再无其他支出项目了。

问及是否参加一些娱乐活动时，王朝丽无奈的说："根本没有时间"。王朝丽白天上班，回来就要照看小孩并料理家务，的确没有时间做其他事情。看到本村其他妇女在家织锦换得一些收入，王朝丽也只有羡慕的份了。

让王朝丽无奈的是，红白喜事一项"人情"支出是必不可少的。一次少则 20 元，多则 50 元，一年下来也要几百元钱的支出。王朝丽说这是本村的定式，俗称"地瓜藤式亲戚"。算起来，番茅村几十户人家，家家都有联系，人人都是亲戚。而黎族又是一个热情的民族，不论哪一家有了事情，大家都会帮助。能在经济上帮助最好，没有经济实力的也要帮个忙、搭把手，这种朴实的观念在人情冷漠的现代社会中实属难得。或许是这个村子太偏僻了，藏在遥远的海南岛的一个小小角落，才能使人们保有原始的纯粹和热情吧。

表 8 – 23　**2009 年家庭支出情况**　单位：元

总支出	生产性	生活性	看病	教育	红白喜事	交通	通信	住房
10750	450	6000	2000	0	300	1200	800	0

数据来源：根据王朝丽口述整理，2010 年 7 月。

正当我们谈得投机之时，王朝丽上班的时间要到了，她抱歉地解释迟到是要罚扣工资的，所以不能陪我们聊下去了。说话间，她已经给自己的小女儿准备好了洗澡水，把一系列洗澡用具和衣服放在了旁边，并嘱咐“阿妈”照看女儿洗澡。我们目送着王朝丽匆匆出门的背影，不禁为这个年轻的女人祝福，希望她和她的公婆、女儿永远快乐，希望她的家庭生活越过越红火！

（五）全家人在外打工的郭天庆家

在村民小组长的指引下，我们走进了全村最为贫困的家庭。远远看去那间近似于四面透风的茅草屋让我们不敢相信自己的眼睛，在经济不断发展的2010年，竟然还有如此简陋的居住条件。

屋里很热闹，除了几个同村待业在家的小青年在闲聊之外，我们见到了这户人家的主人——一个黑黑瘦瘦的老人，郭天庆。弄清我们的来意之后，老人欣然接受我们的采访。

当问及老人的民族时，我们惊讶地发现他是这个黎族村寨里的“少数民族”——汉族。更加特殊的是，他是以外来丈夫的身份走进了这个五指山脚下美丽的黎族姑娘的家。来到这个村子20多年了，他和村民建立了融洽的关系。甚至在访谈时，几个同村青年调侃他是“男嫁女”。老人却并不生气，反而眯起眼睛，细细地向我们回忆了那段无限心酸但却有点小甜蜜的岁月。

郭天庆，男，汉族，广西柳州人，今年57岁。小学文化水平，普通话流利，无宗教信仰。

1953年，郭天庆出生在广西柳州一个不算富庶的农民家庭。父亲是个算命的先生，眼睛虽盲但是生活上不成问题。郭家有600多亩山地，生长了大量的茶树。但是在那个年代由于受自然条件和生产水平所限，虽有大片的山地，无奈劳动力稀缺，成片的土地被抛荒。再加上郭天庆居住的村子很偏僻，没有公路通到附近大的镇子里，因此家里种植的生姜、八角等经济作物也不能为郭家换来生活的必需品。小时候的生活虽然不富裕，但是在家人的照料下，郭天庆生活得很好。

但是，郭天庆的学生时代遭遇了文化大革命。1968年，刚刚上初中的郭天庆发现，学校的生活已经不再是拿起书本读书那么简单了。在中央的号召下，在校的学生们纷纷放下书本投入了文革的洪流。同学们被组织起来开始在学校操场上挖足球场，美其名曰支持校园建设。看到这个情景，郭天庆认为学校已经没有待下去的必要了，便当机立断，退了学回家务农。

16岁，郭天庆就参加了村里的生产队。当时一个成年人劳动一天给10个工分，而身材矮小、还未成年的郭天庆只能得到4个工分。正在长身体的阶段，青黄不接的时代和缺粮少食的待遇在他身上留下了深深的烙印。老人看起来矮矮瘦瘦，都是年轻时营养不良的结果。吃不饱饭的郭天庆只好在生产队劳动之余另外寻求挣钱的机会。他开始和别人合伙到镇上做拉锯木板的生意。虽然能够勉强填饱肚子，却也为此付出了重大的代价。在一次锯木板时，他被掉落的工具砸伤了脚踝，老人回忆到此处，便习惯性地伸手摸了摸脚，皱着眉眼说："伤到筋啦！直到现在连摩托车的离合器都踩不下去。"

1972年，让郭天庆吃饱饭的机会来了。广西开始建设从柳州通往湖南湘潭的铁路，大量征集当地村民去支援现代化建设。而郭天庆作为生产队的社员，有机会也有责任响应组织的号召，加入到这支队伍中去。修铁路是一项艰苦的工作，每天和沙石钢铁打交道，再加上当时技术条件和安全措施做的不好，郭天庆再次负伤，他被山上滚落的大石头砸到了后腰，从此以后落下了腰疼的毛病，严重时必须靠药物维持。我们看到郭天庆刚刚买回的药品，100包一盒的止痛散，五元钱一盒，他一口气买了八盒。他说，平时外出打工全靠这个药了，连续做工两三天就腰疼得厉害，只能吃这个药止痛后才能继续工作。之前病状较轻时一次只需吃一包便可止痛，现在一次要吃三五包的剂量才能稍微有所缓解。谈到药品的事，他叹了口气，每个月买药的钱是相当大的一笔开支，自己是外来人口，户口不在本地，因而无法加入当地的新型农村合作医疗，医药费全部要由自己承担。在谈及为什么不将户口迁过来时，老人更加无奈。自己如果亲自去一趟广西把户口领回来需要交通费至少2000多元，老人平时打工挣的钱都是零零碎碎的，挣来马上添补家用了，根本无力拿出这笔钱。如果本人不回去领户口的话便要找人写迁入证明等一系列文件，郭天庆是个老实巴交的农村人，不知道可以找谁帮这个忙。就这样，他来到海南岛20多年，竟然做了20多年的"黑户"。番茅村落实新型农村合作医疗时，也因为这个原因不能加入。我们不禁思索，平日里买些药尚可担负，倘若真的患了重病需要住院治疗时，该怎么办呢？对于一个老实的农村人来说，落实户口真的那样难吗？

1972—1975年间修铁路让郭天庆落下一身的病。终于，1975年铁路修好了。党中央也为修路工人落实了政策，全部修路工人都可以在铁路通车之后转为乘警，享受国家公务员待遇。和他一批出来修路的人们欣喜地搭上了这班车，从此“农转非”，开始了人生另外一段美好的旅程，郭天庆却沉默了。“文革”期间，因为自己老家有那么几百亩荒地就被定了个富农的成分，组织上认定郭天庆家庭成分不好，不予转正。眼见着一起辛苦的同事们穿上制服，变成了国家公仆，自己只能黯然神伤，再次回乡务农，他心里充满了不平和愤怒。老人说：“如果我当时也转了正，现在肯定是拿国家工资的干部啦，也不至于这样四处打工啦。”谈到这段历史，他的语气充满了无可奈何。历史在我们的眼中，或许只是教科书中一段匪夷所思的叙述，但是历史在“郭天庆”的身上，却是难以磨灭的、不可言说的一道伤疤。

虽然和这样改变命运的机会失之交臂，年轻的郭天庆并没有怨天尤人。他怀着对国家的热爱，对党的一腔热忱，依然投入到了国家建设中去。这次的任务是修建大任水库。郭天庆身先士卒，毫不顾忌受过伤的脚和腰，别人能挑的土他也能挑，别人能扛的石头他也能扛。一天下来仅记 2 个工分，这让很多吃不了苦的年轻人落荒而逃，有的人甚至趁着夜色跑回家里。郭天庆坚持下来了，眼看着水库即将完工，历史的一个节点——1976 年降临了。1976 年，是中国经历阵痛的一年。1 月 8 日周恩来总理逝世，7 月 6 日朱德委员长也与世长辞。7 月 28 日，一场举世震惊的大地震将唐山夷为一片废墟。9 月 9 日下午 4 时，中央人民广播电台以万分悲痛的心情对外宣布，中国人民的伟大领袖、伟大导师毛泽东主席于当天凌晨 0 时 10 分在北京逝世。消息传到大任，修水库的人们泪水涟涟。老人回忆到，当时人们对于毛主席是打心里爱戴的，主席去了，人们甚至无心工作，连修水库的工作也停了下来。相比于对毛主席逝世的悼念，郭天庆心里更加担心的是这“世道会不会变了”。被文革中的“富农”帽子压迫的郭天庆权衡之下，终于决定还是回到家乡继续务农更加踏实些。

回到家里，郭天庆接下的农活是上山割松脂。在当时，割松脂是项轻松的活计。只需每天按时上山，割完了装好再背下山交差即可。郭天庆这时候已经和家人分开过活，便每天独来独往，乐得轻松自在。虽然一年下来只有 120 元的收入，但是也足够自己生活开支了。但是 1979 年，一场肝炎来袭彻底打乱了他的生活。郭天庆独自一人躺在家里，亲戚们因为怕传染都纷纷远离，在某一段时间他甚至认为自己就快被肝炎吞噬掉了，第六天一位好心的远房表姐才叫来了医生，救了郭天庆一命。提到这位“远房表姐”，郭天庆充满了感激。现在这位亲人也住在离番茅村不远的一个村子，郭天庆说，表姐家现在正在盖房子，自己能帮的必须帮一些，虽然没有钱，但是可以出些力。

环顾郭天庆自己的房子，我们看到不足50平方米的屋里一贫如洗。角落里堆着做饭用的炊具，也只几个铁锅。相应的，旁边是一堆晒好的干木柴。和村民一样，郭家做饭用的也是木柴，但是，别家基本上还有些燃气灶、电磁炉等稍显“现代化”的炊具，而郭家一应全无。炊具旁是一个木头橱柜，摆着一台老式电视机。老人说，这是唯一用电的“家伙”了，平时只有儿子在家时看上一看，每个月的电费要20几元。除此之外，屋子里还有一台自行车。老人笑笑说，这车子，连同这屋子都是结婚时候买的，也二十几年了。问及为什么不像村里其他人家一样买辆摩托车时，没有经济能力成为了不言而喻的原因。郭天庆的这间茅草屋子在二十几年前其实是别人家的一个粮仓，几根竹子搭建出骨架，然后以黄土和茅草糊住四周，屋顶用几块塑料布拼凑而成，可勉强挡雨。郭天庆结婚时，小舅舅（妻子的弟弟）花了两百元钱买来送给郭天庆一家居住。一住二十几年，我们看到四面的土墙被雨水冲出了好多孔洞，与屋顶连接处足有几十厘米的缝隙，坐在屋内，便可见屋外风景。

郭天庆会盖房子，表姐家盖房子都是他一直在帮忙。但是郭天庆盖不起自己的房子。从1986年来到海南岛，来到五指山下的这个番茅村，郭天庆一直同妻子陈祎娜住在这样一间不成其为房子的“房子”里，后来两人有了女儿，又有了儿子，生活状况并未见多少改善，盖一套自家的砖瓦房竟成了梦想。

说起郭天庆来海南的经历，又是令人感慨唏嘘的一段往事。但是，郭天庆谈起这段往事时，却流露着点小甜蜜和小满足。

1986年，身在广西的郭天庆收到自己远走海南的一位老乡的信息，一个炮团要在海南岛种橡胶，缺个管理的好手。郭天庆吃苦耐劳又熟知技术，便在这位老乡的推荐下只身奔赴海南，希望能在这“天涯海角”之处寻觅到自己幸福的生活。但是命运总是和郭天庆开着玩笑，刚到海南不久，炮团撤离，才找下的工作杳无音讯。郭天庆人生地不熟，只好自己跑到附近的保亭县打些短工过活。也正是在这时，30多岁的郭天庆认识了美丽的黎族姑娘陈祎娜。在经济状况一塌糊涂的情况下，两人喜结连理，郭天庆也从此定居在这个贫穷但却纯朴的黎族村寨——番巴村。

婚后不久，机会就来了。郭天庆接手开始种植海南岛的第一大经济作物——橡胶。他和一个老板签下合同，他来种植和管理橡胶树，并获得一定的工资和收获分成。

橡胶是一种落叶乔木，有乳状汁液。适于年平均温度26℃～27℃，喜高温、高湿、静风和肥沃土壤，要求年平均温度26℃～27℃，在20℃～30℃范围内都能正常生长和产胶，因而海南是盛产橡胶的"宝地"。且橡胶的经济价值又很大，因其具有很强的弹性和良好的绝缘性、可塑性、隔水、隔气性、抗拉和耐磨等特点，广泛地运用于工业、国防、交通、医药卫生领域和日常生活等方面，用途极广。种子榨油为制造油漆和肥皂的原料，橡胶果壳可制优质纤维。果壳能制活性炭、糠醛等。木材质轻、花纹美观、加工性能好，经化学处理后可制作高级家具、纤维板、胶合板、纸浆等，[①] 郭天庆希望通过种植橡胶走上勤劳致富之路。

1989年，9次台风侵袭海南，郭天庆种植的1000多株橡胶被毁。合同中约定待橡胶长大后100元人民币/每株卖给农场，郭天庆每株可得50元。但是现在不仅这2.5万多元没有了着落，连农场老板承诺给他这几年的基本工资3000多元也毫无影踪。郭天庆沉默了，凝聚着几年汗水和智慧的橡胶林让他悲愤交加，家中的妻子让他无言以对，结婚时没有拿一分彩礼，连房子都是小舅舅花钱买的。郭天庆对妻子感到深深地抱歉。但是面对这场天灾，人力无以回天。

接下来的几年里，随着女儿和儿子的出生，家里生活更加艰苦。在番巴村，外来人口很难得到土地，何况像郭天庆这样的"黑户"。因而，全家四口分得土地不过7分。山地也是少的可怜，能够种橡胶的山地面积不足3亩，一共也只能种七八十株橡胶树（见表8－24）。水稻田的收成并不好，全村平均水平算下来一亩地也只能产不到1000斤粮。一年两季种下来，所得的粮食竟不够一家人一年食用。现在种子价格居高不下，一斤达到20元，再加上化肥和农药的花费，种水稻得不偿失。橡胶林的情况同样如此。郭家的林地离村子很远，去一趟需要两三个小时。不像村里别家一样有辆摩托车，郭天庆只有一台二十几年前的自行车，来回爬山异常艰难。因此权衡之下，郭天庆决定放弃种田，把劳动力解放出来外出打工，反而在经济上更加宽裕一些。

① 百度百科 http：//baike. baidu. com/view/40340. htm.

表 8－24　　2009 年家庭承包土地情况　　单位：亩

总面积	水浇地面积	旱地面积	良田面积	荒地面积
3.2	0.7	2.5	0	3.2

数据来源：根据郭天庆口述整理，2010 年 7 月。

说到其他经济作物的种植或是养殖业的情况，郭天庆也并未见得如何投入。我们在他家附近未发现散养的鸡鸭或者圈养的猪之类，连种植的蔬菜都没有（见表 8－25）。问及这方面的情况，郭天庆说，一家四口白天都在外面，即使种了蔬菜也没人照看，索性都荒着。至于养殖，郭天庆前几年养过几头猪，但是总也养不大，原因是饲料缺乏。猪饲料成本很高，郭天庆不能长时期的给猪买饲料吃，但是像地瓜叶等猪常吃的野生植物又很缺乏，以至于养的猪不能顺利长大。他算了一笔账，每头小猪仔买回来是 200 元，如果养大了可卖 800～1000 元。但是像郭家这种养不大的小猪放到集市上只能卖三四百元。因为收益实在不多，所以也不再养殖。郭天庆之前也养过鸭子，无奈由于家中白天无人照看，竟被附近的小偷偷走，或者被同村的青年拿枪打了下酒吃。郭天庆着实看不过来，养鸭的事也只好作罢。

表 8－25　　2009 年家庭农作物、牲畜、家禽情况

种类	亩数	折算价值（元）	种类	亩数	折算价值（元）	种类	个数	折算价值（元）
玉米	0	0	瓜果	0	0	羊	0	0
麦类	0	0	花草	0	0	牛	0	0
薯类	0	0	烟草	0	0	马	0	0
棉花	0	0	橡胶	0	0	驴	0	0
蔬菜	0	0	糖茶	0	0	猪	0	0
水稻	0.7	800	槟榔	0	0	禽类	0	0
大豆	0	0	药材	0	0			

数据来源：根据郭天庆口述整理，2010 年 7 月。

表 8-26　　2009 年家庭收入来源情况　　单位：元

职 业	收 入	职 业	收 入
从事种植业	800	本乡镇就业工资	12000
从事渔业	0	外出打工	12000
家庭手工业	0	从事运输业	0
从事畜牧业	0	政府补贴和社会救济	0
从事养殖业	0	出租耕地、房屋等	0
从事旅游业	0	其他经营收入	0
总收入合计	24800		

数据来源：根据郭天庆口述整理，2010 年 7 月。

因此，综观郭天庆家的经济来源，全靠外出打工的收入（见表 8-26）。除了郭天庆和女儿郭姗姗在距离番茅村一公里外的五指山市打工之外，他的妻子陈祎娜也在海南东北部的沿海城市——文昌打工。只有小儿子郭子明 19 岁，还在上职业技术学校。

郭天庆曾经到三亚打工，被人雇去挖海堤。但是挖了不到两个月，脚板被海水里的铁钉穿透，肿了起来。因为没有正式合同，老板不愿付医药费，甚至在自己跑去追要工资时也找不见人影了。回到家里，自己看准了建筑行业的活计，便经常去五指山市打砖。建筑工人的工资是按天计算的，每日 180 元到 120 元不等。但是郭天庆不能经常做工，他的腰痛病使得他做几天工就要休息五六天，因而一年的收入不过几千元钱。相比之下，女儿郭姗姗的收入比较稳定。谈到女儿，郭天庆有些哽咽。她读到初一时，郭天庆拿不出一个学期 600 多元的学费（那时还未实行九年义务教育）只能让女儿辍学打工。郭天庆说："女儿学习挺好的，如果有钱现在都该大学毕业了，我当父亲没用，没本事。"郭天庆提到，小舅舅家的女儿在广西南宁读大学了，但是读大学花钱太多了。自己只有羡慕的份。现在，22 岁的郭姗姗在五指山市一家度假酒店做服务员，每月有 800 元的固定收入。

郭天庆的妻子陈祎娜今年也 40 多岁了，郭天庆提到妻子一脸自豪，旁边的年轻人也说郭天庆娶了个漂亮又能干的媳妇。现在，陈祎娜在文昌帮农场种西瓜，她的种植技术远近闻名。郭天庆说，老婆要坐 60 多元钱的汽车到三亚，再从三亚转车去文昌，一年回来不了几次，很是辛苦。但是每个月能有

1000 元的收入。

郭天庆说，现在只有儿子是没有收入的，而且还要交纳昂贵的学费。妻子的收入基本都给儿子交学费了，而自己和女儿的收入则用来给儿子支付生活费。在五指山市，职业学校的学费比较昂贵，郭子明一年就花了 8000 多元。但是，郭天庆并没有丝毫让儿子退学打工的念头。已经对不起女儿了，不能让儿子也失去光明的前途。

小儿子还有两年多就毕业了，当他毕业的时候，郭天庆已经是 60 岁的老人家了。可是环顾这个即将步入“耳顺”之年的老人家里，我们找不出比“家徒四壁”更加贴切的形容词。

表 8－27　　**2009 年家庭耐用消费品情况**

项 目	数 量	项 目	数 量
电视机（台）	1	拖拉机（辆）	0
电冰箱（台）	0	卡车（辆）	0
洗衣机（台）	0	小轿车（辆）	0
照相机（台）	0	电话（部）	0
影碟机（台）	0	组合音响（套）	0
电动车（辆）	0	手机（部）	4
摩托车（辆）	0	自行车（辆）	1

数据来源：根据郭天庆口述整理，2010 年 7 月。

表 8－28　　**2009 年家庭支出情况**　　单位：元

总支出	生产性	生活性	看病	教育	红白喜事	交通	通信	住房
18100	0	5900	1440	8900	0	360	1500	0

数据来源：根据郭天庆口述整理，2010 年 7 月。

2009 年郭天庆一家的支出情况如表 8－28，全年总支出 18100 元。生产性支出、娱乐、红白喜事和住房等项为空，而教育费用 8900 元则几乎占了总支出的一半。从中可以看出，教育这一项费用就足以成为郭家贫困的要因。但是从长远来看，教育支出是必要的。在这个时代，没有知识将寸步难行，我们理解郭天庆宁可拖着病痛的身体也要坚持打工供儿子念书的心情。并且，我们为老人这种博大的胸襟而感动万分。

访谈到最后，郭天庆的儿子郭子明从外面回来了。苍老的父亲看到儿子的身影，眼中是掩不住的爱护和企盼。我们为郭天庆老人祈祷，他的病能轻些，我们也为他的儿子祝福，早日学成归来，为父亲盖世界上最舒适的房子！

（六）靠弟弟打工补贴家用的王启阳家

王启阳，男，黎族，无宗教信仰，35 岁，未婚。普通话不甚流利，小学肄业。王启阳为家中长子，另有 1 个弟弟和 3 个妹妹，弟妹均已成婚。王启阳现在家务农，并照顾年逾 60 的父亲王文理和母亲王莲花。

王启阳只上到小学五年级就辍学回家了，被问到为什么这么早就不读书时，王启阳只是憨憨地回答说："不爱学嘛。"就这样王启阳留在家中帮助父母做些农活。王家一共有不到 3 亩的山地，其中一部分种了 180 株橡胶，但现在只有 35 株可以出胶。并且橡胶地由于处在山腰上，土质不太好，石头很多，这都影响了橡胶的产量和质量，每天割胶的收入只有 15 元。比较科学的种植密度每亩地为 30 株至 33 株橡胶树，显然王家的橡胶树种植过密，这也是造成橡胶收益不佳的因素。以每年 8 个月的割胶期计算，每连续割胶 2 天休息 1 天，一年的收入不过 2400 元左右。2009 年开始家里还种了五六十株槟榔树，但槟榔至少要四五年的成熟期，因此到现在还没有获得经济回报。家中水稻田不足 2 亩（王家土地承包情况见表 8 – 29），所收获的水稻基本上仅够家里人自己食用，偶有剩余可以换些化肥、农药等生产用品，此外家里还种了几分地的瓜果蔬菜。去年家中还买了 2 头海南特产的五脚猪幼仔，但大概是因为没钱买饲料喂养，只是从山中捡些野菜，养了几个月，猪也未见长大多少。后来有亲戚为庆贺乔迁之喜在家摆酒席，2 头小猪就送了亲戚。所以养这 2 头猪也未获得任何回报，即使按市场价格折算，除去购买成本最后也只能赚 200 元左右。王启阳的父亲有一手酿酒的技术，但也只是偶然为之，赚些零钱，算不得一个固定的进项（2009 年王家农作物、牲畜、家禽情况见表 8 – 30）。

表 8-29　　2009 年家庭承包土地情况　　单位：亩

总面积	水浇地面积	旱地面积	良田面积	荒地面积
4.5	2	2.5	4.5	0

数据来源：根据王启阳口述整理，2010 年 7 月。

表 8-30　　2009 年家庭农作物、牲畜、家禽情况

种类	亩数	折算价值（元）	种类	亩数	折算价值（元）	种类	个数	折算价值（元）
玉米	0	0	瓜果	0.2	150	羊	0	0
麦类	0	0	花草	0	0	牛	0	0
薯类	0	0	烟草	0	0	马	0	0
棉花	0	0	橡胶	3	2400	驴	0	0
蔬菜	0.2	150	糖茶	0	0	猪	2	200
水稻	2	1800	槟榔	0	0	禽类	0	0
大豆	0	0	药材	0	0			

数据来源：根据王启阳口述整理，2010 年 7 月。

表 8-31　　2009 年家庭收入来源情况　　单位：元

职业	收入	职业	收入
从事种植业	4500	本乡镇就业工资	0
从事渔业	0	外出打工	0
家庭手工业	0	从事运输业	0
从事畜牧业	200	政府补贴和社会救济	0
从事养殖业	0	出租耕地、房屋等	0
从事旅游业	0	其他经营收入	0
总收入合计	4700		

数据来源：根据王启阳口述整理，2010 年 7 月。

采访进行到这已经可以看出王家的收入来源实在有限，但是环顾王家的客厅，彩电、组合音响、木制家具等一应俱全，还有一台农村家中并不常见的饮水机（2009 年王家耐用消费品情况见表 8-32），这与王启阳所介绍的家

庭经济状况不甚相符。并且家中两位老人身体都不好，王文理老人患有多年的胃病，前年刚刚动过手术，母亲王莲花也患有心脏病。两位老人平时去市里的小门诊看病，每去一次至少要花 100 元，再加上两位老人都要长年吃药，这些都是不小的开支（2009 年王家支出情况见表 8 - 33），那么这些有限的收入如何能够支撑这么多的开销呢？

表 8 - 32　　2009 年家庭耐用消费品情况

项目	数量	项目	数量
电视（台）	1	拖拉机（辆）	0
电冰箱（台）	0	卡车（辆）	0
洗衣机（台）	0	小轿车（辆）	0
照相机（部）	0	电话（部）	1
影碟机（台）	1	组合音响（套）	1
电动车（辆）	0	手机（部）	0
摩托车（辆）	1	自行车（辆）	0

数据来源：根据王启阳口述整理，2010 年 7 月。

表 8 - 33　　2009 年家庭支出情况　　单位：元

总支出	生产性	生活性	看病	教育	红白喜事	交通	通信	住房
42550	200	2050	1500	0	400	0	100	0

数据来源：根据王启阳口述整理，2010 年 7 月。

当我们提出这个问题时，王启阳开始介绍起了他排行第二的弟弟王启松的一些情况。王启松今年 30 岁，从乐东县的一所农业专科学校毕业时不过十六七岁的年纪，便独自去海口打工，先后做过保姆、保安等职业，在海口打了一年多的零工后，又来到三亚给人家养过珍珠、做过保安，在乐东县种过香蕉，也曾在五指山市的利达运输公司工作过……经过十几年的辛苦打拼，现在三亚市的鹿回头酒店做到了领班，每月包食宿，还能得到 1200 元的收入。在打工期间，他认识了现在的妻子王菊，两人去年结的婚，当时家里经济条件有限，给女方家的彩礼很少，但善良懂事的弟媳并无微词。婚后，两人继续在外打拼，王菊现在南田镇的一家酒店做领班，收入也还不错。二弟夫妻俩在外工作生活并不容易，每月 500 元的房租就占去了收入的很大一部分，但两人自己过得很节俭，每月还能剩下钱拿来补贴家用，所以家中很多家具电器都是靠二弟置办的。

表 8－34　　2009 年家庭外出劳动力情况

姓 名	性 别	年 龄	外出距离（公里）	年收入（元）
王启松	男	30	三亚	13400
王菊	女	28	南田镇	12000

数据来源：根据王启阳口述整理，2010 年 7 月。

对于现在的生活状况，王启阳表示很满意。家里农活并不算辛苦，两位老人虽患病多年，常看病吃药，但生活起居都能应付，自己并不太操心。采访中我们感到王启阳并不是个善言辞的人，为人也憨厚老实。他自言平时和朋友亲戚走动不多，倒是没什么额外花销。靠着弟弟的打工补贴，日子也还过得去。自己闲来就窝在家中看电视（事实上，王启阳闲暇时间的娱乐活动似乎只有这一项），生活不富裕倒也舒心。我们奇怪为何王启阳年纪不小了还没有娶亲，他还是那副憨笑的模样说："家里穷嘛，谁乐意嫁啊。""那为何没有想些其他赚钱的门路，也可以像弟弟那样打工啊？"我们又问。王启阳解释说家中老人要照顾，地也不能撂荒了，所以他和弟弟不能都出门在外。事实上，他也曾经出门打过工，那时年纪还小，父母还能下地干活，自己由熟人介绍在海口市文昌镇给人种瓜果，但总共只去过两次，每次半个多月的时间，只挣了 700 元钱就回家了，以后就再没有出去过。期间也曾想在农闲的时候打些零工，但是自己学历低，也找不到什么活干，所以干脆就闲在家里了。

在王启阳家采访的时间相对来说并不算长，但他家给我们留下的印象却是最深的。事实上在采访中，王启阳对自己家中情况的介绍存在含混不清的地方，对自己弟弟打工的经历也不甚了解，王启阳的父亲后来也加入到我们的采访中，但对自己儿子的情况也同样说不太清楚。关于其弟的一些事是我们从村中一位也曾外出打过工并和其弟比较熟的青年那里了解到的。因为之前早已感受到了番茅村村民那淳朴的民风和亲厚的邻里关系，所以我们相信这并不是因为王启阳和父亲对自家人漠不关心造成的，而是源于他们对外界事物缺乏了解，源于他们封闭的外界认知，是一种思想意识上的落后。这种思想意识上的落后不仅导致他们对新鲜事物的接受能力差，还造成他们安于现状、不思进取。番巴村距五指山市中心并不远，步行15分钟就可从村内走到市里，但是这短短的路程就间隔着两个截然不同的生存面貌。在市里各种消费场所一应俱全，度假酒店的价位可以和北京这种大城市相媲美。而在几里之外的番巴村内，村民们普遍住在低矮昏暗的民房内，有些人干煮白面条就能当做一餐饭，不论大人还是小孩都普遍消瘦。一些分析贫困地区经济落后原因的文章常把地理环境因素放在首要的位置，我们常能看到以下类似的语句：贫困山区地理位置偏远，交通不便，山川河流构成了一道道天然的屏障，阻碍着他们同外界的联系，形成了他们自我封闭的状态，和与我国社会主义市场经济体制严重脱节的自然经济……我们姑且不论五指山市与海南省其他大城市的差别，仅看五指山市内，并不算封闭的地理环境，为什么在番巴村同样会出现封闭落后的生存现实？我们认为这是一个值得认真考虑的问题。

在王启阳家的采访令我们深切地感受到那种小富即安、不思进取的思想。尽管他摆出了家中父母、田地需要照料来解释其没有外出打工的原因，但我们认为这些都只是借口而已。如果他真的是想让生活过得更好一些，而不是像现在这样要靠着弟弟的帮助才能维持家中生活的正常运转，那么他完全可以想办法寻找增加收入的途径。比如他的弟弟和弟媳过年回家的时候就曾考虑到现在来五指山市旅游的人越来越多，就在村口摆了一个烧烤店，虽然后来因种种原因小店没有开下去，但起码这是一种尝试，是对现实生存状况的一种抗争，而不是被这种安于现状、墨守成规的思想所束缚，我们从中可以看到那种忧患意识和长远的目光，以及积极进取的精神。为什么同一家庭走出来的两兄弟会有这么大的差别呢？我们认为这和王启松外出打工的经历是分不开的。王启阳由于一直留在家中，每天接触到的人都过着和自己差不多的生活，这令他们彼此产生了一种认同感，认同现有的生活水准和生活方式，这使他们丧失了改变现状的勇气和动力。他们不知道外面的世界，意识不到生活的差距，也就对现有的生活安之若素。“养牛为耕田，种地为吃饭，养狗守家园，养猪为过年，养鸡换点盐巴钱”似乎就是这种生活的生动写照。而王启松则不同，十几年的打工生活令他意识到天外有天，激发出追求更好生活的动力，思自给、求自立、图自强，不满足于贫苦的生活，积极主动找门路勤劳致富。因此我们才看到两兄弟之间巨大的差别。

另外有一个不可忽视的因素就是受教育的水平。王启阳也说过，由于自己文化水平太低，即使想要外出找工作也是困难重重。我们在采访其他番巴村民时也了解到当地人普遍受教育水平较低，很多人意识不到上学读书的重要性。这同样也有一个求同心理因素，大家的教育水平都差不多，不相上下，也就不存在相互赶超的问题。要改变这种对教育的态度、不积极读书的心理状态，只靠空口讲大道理是行不通的。而是要利用他们自身的实际经历，让他们意识到文化水平低的不利后果，受教育的好处，利用身边的优秀例子来引导大家，逐步转变观念，才能形成求学、尚学的风尚，令他们自发的产生对教育的需求。任何苍白无力的说教都不能令人切实体会到知识的作用，而只有当教育能够成为他们不可或缺的一部分，那么随着教育的不断发展、人们知识水平的不断提升，思想意识问题也就迎刃而解，其他各种问题也就不再称之为问题了。

在王启阳家的采访令我们第一次切实地感受到思想意识对一个人生活的巨大影响，细细思索似乎教育仍然是解决这一问题的首选途径，这已经是一个老生常谈的问题了，各种探讨教育问题的文章更是不胜枚举，但谈得多并不意味着这已经是一个解决好了的问题，现实告诉我们：要实现少数民族地区的教育进而使经济和社会的大发展，任重而道远。

（七）两个儿子在外打工的黄文德家

下午三点多，天气特别炎热，走在冲山镇番茅村的公路上，太阳光晃得人眼睛都快睁不开了。这个时侯的村子也格外的安静，人们很少出门活动，连路边和门口躺着的狗也都懒洋洋的，或者索性打起盹来。好多人家都闭着门，所以我们在道路旁看到这家半掩着的门时，便急忙上前询问是否方便配合我们做一下访谈。听罢我们的介绍后，一个年轻男子热情地答应接受我们的访谈，并将我们迎到了门旁的空地上。

这名男子名叫黄云坤，今年 26 岁，个子不高，蓄着一头长发，这与村里其他人相比略显另类。打探后得知，原来他并不是这家的户主，父母正在屋里睡午觉，因不方便打扰二位休息，于是我们便对黄云坤进行了采访。

这家的户主，也就是黄云坤的父亲，名叫黄文德，今年 58 岁，母亲名叫黄英理，今年 52 岁，都是黎族人，初中文化。除了黄云坤以外，夫妇俩还有一个年纪更大点的儿子，名叫黄云翔，今年31岁，现在广州打工，每隔两三年才回家一次。由此看来，在这个家庭里，父母以及两个儿子共四口人都应该算作是劳动人口。

同这里大多数的黎族村民一样，黄云坤家的收入来源也非常有限，主要依靠种植业（包括橡胶、水稻、蔬菜）、织锦以及兄弟俩打工偶尔寄回来的钱（收入来源情况见表8－35）。

黄云坤家种植了3亩橡胶，共有100多株橡胶树，都是去年才开始出胶的。通常橡胶树要栽种六七年后才能割胶，当然割胶期的长短与天气状况、管理技术也有极大的关系。黄云坤家的橡胶树都是八年前种植的，之前虽然也种植过橡胶，但是由于没有嫁接，产量非常低，所以后来又全部重新购买嫁接好的橡胶苗来栽种，如此经过八年的生长，到去年四月份才开始产胶。当然现在也并不是每天都能割胶，通常是每连续割两天需要歇一天才能再对同一株橡胶树进行割胶。现在家里主要是黄云坤去割胶，早晨四五点钟便去橡胶地，八九点钟回来。平均下来，靠卖晒干的橡胶每天大概能有二十多元钱的收入，一个月下来就能赚六七百元。

采访的过程中得知，黄云坤家还有2亩的水田种植水稻。在海南，水稻通常是一年两季，他们家的水田第一季每亩能产八九百斤水稻，第二季的产量会比第一季低一些，每亩能产六七百斤。按每斤水稻1.2元的市场价来计算，种植水稻可获得1800元左右的收入。黄云坤还介绍说，家里很少卖稻谷，即使卖一年也就卖100来斤，合计1000多元钱，其余的稻谷大都留作自己家里吃了，或者喂养家禽，剩下的就在粮仓里囤着。说起今年的收成情况，黄云坤说因为天旱（从四月份起就没下过雨），第一季稻谷已经减产，每亩只有五六百斤，也不知道这旱情还会持续多久，会不会进一步影响到第二季的收成。农业毕竟是一个跟天气有很大关联度的产业，天气的好坏对收成有很大的决定性作用，好在现在科学技术比较发达，能在一定程度上以某种方式缓解天气的恶劣影响。就在五指山市连续零降水三个月后的7月12日，海南省气象局通过人工降雨的方式使五指山市获得了甘霖，也希望这场酣畅淋漓的人工及时雨能给当地的农业带来福音。

家里还有一两分菜地，种些蔬菜，平均每个月能收50斤左右的蔬菜，除了供家里平时吃外，偶尔也会挑到市里菜市场去卖（卖出的蔬菜平均价格为1元/斤），再买些其他蔬菜回来，基本上卖菜得到的钱非常有限。

至于家禽，黄云坤家2009年还养了15只鸡，用自家的粮食喂养，等到小鸡长到差不多大的时候（3斤左右）宰杀后供家里人食用，很少将鸡卖掉。黄云坤介绍说，家里因为房屋面积有限，没地方再养猪或者其他家禽了，要吃肉的时候只能去市场购买，市场上的猪肉和鸡肉价格分别是7元/斤和10元/斤。

说起当地很多黎族妇女都在忙乎的织锦，这家的女主人也就是黄云坤的母亲黄英理，在农活之余也会织上一织。黄英理早前在娘家曾学过织锦这一黎族传统手工艺，不过那已经是30多年前的事了，多年来也很少有机会再练习，所以到后来也就渐渐生疏了。直到最近这两年，村里建成了黎族织锦传习所，并专门组织村里的妇女们进行培训，黄英理也正是在此期间重新掌握了织锦技艺。但是，无奈于家里农活较忙，再加上年岁渐长、视力远不如前，编织速度较慢，所以黄英理通常每个月只能织一两条小型的黎锦，每条的收购价为100元左右，由此每月依靠织锦能获得200元左右的收入。

除此之外，黄云坤和他哥哥黄云翔还外出打工，其中黄云翔在广州，每个月能有1100元左右的工资；黄云坤则在附近的城市里做短工，每年大概会出去五个月，每个月能有七八百元的收入。当然，兄弟俩打工挣得钱偶尔也会寄些回家补贴家用，但绝大多数的钱还是各自单独存着，以备后用。

表8－35　**2009年家庭收入来源情况**　单位：元

职业	收入	职业	收入
从事种植业	8400	本乡镇就业工资	0
从事渔业	0	外出打工	17200
家庭手工业	2400	从事运输业	0
从事畜牧业	0	政府补贴和社会救济	0
从事养殖业	450	出租耕地、房屋等	0
从事旅游业	0	其他经营收入	0
总收入合计	28450		

数据来源：根据黄云坤口述整理，2010年7月。

通过黄云坤的介绍，我们同时了解到他们家承包土地的情况以及主要的生产性固定资产状况，详细数据见表8－36、表8－37。

表 8 - 36　　2009 年家庭承包土地情况　　单位：亩

总面积	水浇地面积	旱地面积	良田面积	荒地面积
5.2	2	3.2	3	0

数据来源：根据黄云坤口述整理，2010 年 7 月。

表 8 - 37　　2009 年家庭主要生产性固定资产数量情况　　单位：台

汽车	拖拉机	犁田机	收割机	机动三轮车	牛车	脱谷机	水泵	其他
0	0	1	1	0	0	1	0	0

数据来源：根据黄云坤口述整理，2010 年 7 月。

家庭支出方面，因家里没有人上学，近年来也无人生大病，所以除了日常的生活费用外，主要花销在买种子、化肥以及翻修房子等方面（支出情况见表 8 - 39）。据黄云坤介绍，每年花在买种子、化肥上的费用大概有 1000 元，因为每年都要种植农作物、管理农田，所以这应该算作刚性支出，即每年几乎都会有相应数目的支出。

另外，黄云坤家还于去年翻修了房子。他家有四间砖瓦房，1997 年建造，去年在邻居和亲戚的帮助下进行了翻修，看起来显得规整明亮了许多。离道路最近的这间房子大概是储物间，里面堆放着几口袋粮食，还停放着一辆自行车；一间是黄云坤的卧室，里面摆着一台 29 英寸的彩电、一台影碟机以及配套的组合音响（耐用消费品情况见表 8 - 38）；最里面的那间是这家户主黄文德和黄英理夫妇的卧室，由于夫妇俩正在午休，所以我们访谈时房门是关闭的；这间房屋的对面便是较为狭窄的厨房和饭厅。房屋的墙壁都重新粉刷过，干净明亮，外墙以及屋檐还安上了乳黄色的瓷砖。据黄云坤介绍，尽管人力方面主要靠自己及邻居、亲戚帮忙，但整个翻修过程还是花费了 7000 多元。对于如此大规模的花费，只能由父母、自己以及在广州打工的哥哥来共同分担。

表 8－38　2009 年家庭耐用消费品情况

项 目	数 量	项 目	数 量
电视机（台）	1	拖拉机（台）	0
电冰箱（台）	0	卡车（辆）	0
洗衣机（台）	0	小轿车（辆）	0
照相机（台）	0	电话（部）	1
影碟机（台）	1	组合音响（套）	1
电动车（辆）	0	手机（部）	3
摩托车（辆）	0	自行车（辆）	1

数据来源：根据黄云坤口述整理，2010 年 7 月。

表 8－39　2009 年家庭支出情况　单位：元

总支出	生产性	生活性	看病	教育	红白喜事	交通	通信	住房
14900	1000	4800	0	0	400	500	1200	7000

数据来源：根据黄云坤口述整理，2010 年 7 月。

我们访谈的这户人家，兄弟俩都在外打工，这在番茅村算是少见的。黄云坤的大哥今年 31 岁，外出打工已经十多年，通常每隔两三年才会回家一趟，而回来的时间大都是快过年的时候，等到一过完年便又回广州去了。大哥打工赚得的钱很少寄回家，通常是自己存着，也许是因为自己年龄渐大，存钱为以后结婚过日子做打算。

黄云坤只是在邻近的县市打短工，主要是考虑到父母的年纪逐渐大了，大哥又长年不在家，农忙时自己也好能回家帮忙。初中毕业十六七岁时，他便在同乡熟人的带领下去三亚市打工，后来又辗转去了文昌、陵水等地寻找工作。这些年来，黄云坤外出主要干的工作是帮人家种西瓜，从西瓜种植到管理再到采摘等一系列的工作。一个农场通常会有 20 多个工人，大家一起住在老板安排的一间大屋子里，每个月能挣七八百元钱的工资，管吃管住，平时若生病或受伤什么的通常也是老板付钱。但是，做工是不签劳动合同的，也没有其他的诸如保险、公积金之类的福利。工资是等到一批西瓜采摘结束后才发，平时如果中途走掉了或者换了工作，是拿不到已干的劳动期间的工资的。当然，平时缺钱用的时候可以找老板借钱，相当于是预支工资。如果某一批西瓜卖得非常好的话，老板可能会给每个人发两三百元的奖金。

表 8-40　　2009 年家庭外出劳动力情况

姓 名	性 别	年龄	外出距离（公里）	年收入（元）
黄云翔	男	31	1300	13200
黄云坤	男	26	100	4000

数据来源：根据黄云坤口述整理，2010 年 7 月。

黄云坤每年在农忙后便外出打工，比如等到八月份将第二季水稻栽种完毕后，在九、十月份的时候便外出打工，等到过年的时候再回家，这一时间段也正好符合西瓜栽种的周期。说起今年的打算，黄云坤说应该还是等到农忙后，九月份再外出打工。问及是否想过把外出打工所见所闻用作自己的发展经验时，黄云坤说当然想过，每年都出去干重复劳动也觉得挺没意思，不过这里要发展相同的产业有太多局限，主要有以下三点：第一自己没有足够多的启动资金，手里缺钱就很难开头；二是当地自然条件不适宜大面积种西瓜，像他打工所在的文昌市有专门种植西瓜的农场，因为那边的地又平又宽，不像番茅村每人平均只有四分八的地，想要拓宽发展太难了；三是当地的经济条件不好，旅游业也不发达，也就没有匹配的消费实力。

听罢黄云坤的这几个理由，倒是引起了我们的思考。说起启动资金不足，这也确实是现在农民收入偏低、收入来源渠道较少的原因之一，但是现在的政策环境还是挺宽松的，如果确实有好的发展致富项目、又有胆量的话，去当地农村信用合作社等金融机构申请小额信贷应该也不会有大问题，重要的是要去发现机会、抓住机会。至于自然条件，福建村的土地面积确实非常有限，对发展农业以及其他需要大规模投入土地要素的产业来说是一个巨大的阻碍，应该尽量避开这一先天的约束条件，去寻找其他不需要大幅度依靠土地的发展方向，比如村里建立的“黎族织锦传习所”，就完全脱离了土地的限制因素。相反正是由于村里的人均土地面积较小，才将部分女性劳动力解放出来，进而促进了黎族织锦手工业的发展。

黄云坤似乎也一直在想着怎么寻找发展门路，毕竟只是在家种地割胶是没什么收入的，外出打工挣的钱也非常有限，虽然现在还没结婚，但考虑到以后要自立门户、养家过好日子，必须要有别的致富出路。闲暇时，黄云坤经常去市里的网吧里上网，除了打游戏、聊天以外，他还经常上网去搜索别人的发展经验或者新的政策方针。可是苦于资金有限、自然地理环境约束等原因，黄云坤还没找到适合自己的发展道路，只能继续过着农忙回家帮忙种地割胶、闲时再外出打工的生活。虽然他也一心希望能有一些新的发展门路来改变生活，也一直在努力寻找，可是却一直没能找到合适的途径。这当然跟个人的阅历眼界和发现机会、识别机会的能力有关，但与当地政府也有很大关系。首先，政府应该充分考虑并发现各项致富发展辅助政策的缺陷，并及时完善补充，为村民的发展创造良好的政策环境。政府还应为引导村民走上发展致富道路做好各项铺垫工作，比如积极宣传有利于民众发展的最新的政策方针、组织进行相关的职业技术培训、积极发现并引导村民加入到适宜本地发展的、有朝气的行业中来。

当农民们不再满足于传统的种植业并试图通过外出打工或者寻找新的发展门路来发财致富时，这是社会进步、农民自身发展意识提高的体现，而政府此时要做的就是要为农民寻找到新的、正当的、符合科学发展观的发展门路保驾护航。

（八）小儿子在外打工的王文琼家

王文琼，男，今年 50 岁，黎族，小学四年级辍学务农。女主人叫王秀风，45 岁，也是黎族。王文琼的老母亲两年前已经去世，夫妇有两个儿子，大儿子已经分家单独立户，小儿子王伟在水满乡打工。

王文琼家住的地方离番巴村的柏油马路较远，大概有 300 米。王家的大门比较破旧，由于平时地里的农活比较忙，所以根本没有时间顾及修缮自家的大门。他家的住房建筑面积是 50 平方米左右，在村里属于比较宽敞的。房子是 2003 年翻盖的，亲戚们帮着出人力，家里人只管买料。村民们家家户户盖房都是互相帮忙，这样能节省不少工钱。小儿子虽然还没有结婚，但父母早已经将他的房子布置妥当了。按照村里的风俗，婚礼一般由男方家操办，男方一家的父母兄弟就要选定吉日，带上聘礼，这其中一定要精心采摘槟榔，到女方家提亲。槟榔要挨家挨户的送，让大家给予美好的祝愿，因为槟榔象征婚姻常绿常新，预示男女双方相亲相爱，和睦美满。

农闲时，老人在院子的东北角种了一些茄子、豆角等蔬菜，由于家里人不多，只有老两口，所以一年四季不用花钱买菜了。番巴村村民还非常喜欢种植一种叫做“地瓜叶”的蔬菜，地瓜叶具有提高免疫力、降糖、解毒等保健功能。剩余的菜莨还可以用来喂猪。王文琼向我们介绍说，由于营养等原因，这种自然养殖的猪肉要比饲料猪肉贵出2元/斤左右，很受市场欢迎。

王文琼平时不仅下地干农活，还喜欢干一些力所能及的家务活，一方面贴补家用，一方面也锻炼身体，愉悦心情。院子里停放着一台打谷机和一辆耕田机。王文琼向我们介绍说，家里的打谷机是2009年刚刚购置的，由于是新型水稻脱粒机，采用了分离、风选和筛选联合作业，能使粒、糠、秸一次脱清并分离，具有功率大、安全等特点。耕田机是2005年老人和大儿子两家一起凑钱买的（见表8－44）。

村民小组长王志文向我们介绍说，中央2010年给海南农民购置农机补贴9000万元基本用完。海南农民购置农机异常踊跃，渴望中央今年再给补贴5000万元。2003年以来，中央每年分配给海南农民一定数量的购买农机补贴，由于享受补贴的农机种类不太对口，加上申请补贴程序烦琐，海南农民申请农机补贴的积极性一度不高，把中央农机补贴真正用到农民身上成为难事。现如今，中央农机补贴海南为什么用得快？王志文说，以前五指山市政府把享受补贴的农机限定在种植粮食的机械上，从2009年起，根据海南热带农业发展实际，农业部同意把冬季瓜菜、热带水果、畜牧生产、海水养殖等机械列入补贴范围，喷滴灌节水设施、田头冷库设施等海南农民迫切需要的机械都可以享受补贴。此举激发了农民购买农机的积极性。农民申报农机补贴异常踊跃，大家渴望中央能再增加一些农机补贴。

王文琼家院子里靠墙的位置整整齐齐地码放着劈好的木柴，足够全家人烧火做饭。靠东边的屋子是厨房，米面、刀具、油、盐等物品摆放得干净整齐。全家做早饭一般用电饭锅，午饭和晚饭则主要使用柴火。村里的电价比五指山市的贵，0.6元/度，老两口除了晚上看看电视以外，平时一般不怎么用电。厨房旁边有一根简易水管，水是从山上的蓄水池里引下来的。今年五指山面临严重干旱，一连2个月都没怎么下雨，家里的水管已经没有水了，村民们只好到村口排队打水。靠西边是厕所，里面也装有一台小型热水器。老夫妇有个习惯，每次下地干农活回来，先洗个热水澡解解乏，然后再去做晚饭。

表 8－41　　2009 年家庭收入来源情况　　单位：元

职业	收入	职业	收入
从事种植业	8100	本乡镇就业工资	0
从事渔业	0	外出打工	10000
家庭手工业	0	从事运输业	0
从事畜牧业	0	政府补贴和社会救济	220
从事养殖业	1800	出租草场、耕地、房屋等	0
从事旅游业	0	其他经营收入	0
总收入合计	20120		

数据来源：根据王文琼口述整理，2010 年 7 月。

表 8－42　　2009 年家庭农作物、牲畜、家禽情况

种类	亩数	折算价值（元）	种类	亩数	折算价值（元）	种类	个数	折算价值（元）
玉米	0	0	瓜果	0	0	羊	0	0
麦类	0	0	花草	0	0	牛	0	0
薯类	0	0	烟草	0	0	马	0	0
棉花	0	0	油料	0	0	驴	0	0
蔬菜	0	0	糖茶	0	0	猪	1	800
水稻	2	3200	橡胶	8	3000	禽类	20	1000
大豆	0	0	槟榔	5	1900			

数据来源：根据王文琼口述整理，2010 年 7 月。

表 8－43　　2009 年家庭承包土地情况　　单位：亩

总面积	水浇地面积	旱地面积	良田面积	荒地面积
21	2	19	2	0

数据来源：根据王文琼口述整理，2010 年 7 月。

表 8－44　　2009 年家庭主要生产性固定资产数量情况　　单位：台

汽车	拖拉机	打谷机	收割机	犁田机	牛车	摩托车	水泵	其他
0	0	1	0	1	0	0	0	

数据来源：根据王文琼口述整理，2010 年 7 月。

王文琼和大儿子一共承包4亩土地，虽然已经分家，但是他们的土地却并没有分离。平时王文琼和大儿子一家一起种地，大儿子主要负责购买种子、农药等支出，卖粮食的收入两家各自一半。

2009年，王文琼一家总收入达到2万元左右，仅小儿子外出打工一项就有1万多元，占到全家收入的一半左右。他家有橡胶地14亩，其中有6亩胶树还没有开割，因为胶树一般要长到7年左右才能开割，割胶收入达到3000元。他家种植槟榔5亩，由药材公司统一收购。2009年槟榔的收购价格高达7元/公斤，总共卖到将近2000元。此外，他家还种植了2亩左右的水稻，折合现金收入大概3200元。水稻平时主要是用于自家食用，剩余的卖出一些（见表8－41、表8－42、表8－43）。

除了传统的种植业和养殖业收入，小儿子王伟还外出打工。外出打工在番巴村里属于普遍现象，村里老小对此并不排斥，只是有的家庭无奈于自家的繁重农活，苦于没有时间外出打工。王文琼的小儿子在水满乡打工，王伟从小就想走出五指山，去大山外的世界看一看。每当提到这些事情，夫妇俩的心情十分复杂，一方面，为儿子能去外面打拼而自豪，另一方面，毕竟孩子还小，做父母的不放心孩子的生活，总怕他照顾不好自己。

王文琼表示等孩子回来后愿意将自己粗浅的木工手艺传给他。按照一般的传统，做木匠或铁匠等是需要拜师学艺的，但王文琼并没有专门拜师，他说自己年轻的时候就对木工活感兴趣，喜欢看木匠们做活，自己下来再慢慢琢磨练习，渐渐地就学会了木工活，可谓是自学成才。虽然有一技之长，但他并没有专门做木匠，主要还是在家里种地和搞养殖，由于身体状况一直都不是太好，木工活就做得更少了。但他还是希望孩子们能学到这门手艺，“多个手艺有什么不好的呢?”

表8－45　**2009年家庭支出情况**　单位：元

总支出	生产性	衣服	食品	看病	教育	娱乐	红白喜事	交通	通信	住房
22680	1100	800	15000	400	0	1500	1500	700	1680	0

数据来源：根据王文琼口述整理，2010年7月。

表 8-46　　2009 年家庭耐用消费品情况

项目	数量	项目	数量
电视（台）	1	拖拉机（台）	0
电冰箱（台）	0	卡车（辆）	0
洗衣机（台）	0	小轿车（辆）	0
照相机（台）	0	电话（部）	0
影碟机（台）	0	组合音响（套）	1
电动车（辆）	0	手机（部）	3
摩托车（辆）	0	自行车（辆）	0

数据来源：根据王文琼口述整理，2010 年 7 月。

王伟外出打工的工作并不固定，他干过建筑工人、餐馆小工、三亚市市政道路维修工等。他曾经和父母聊过，“只有能吃苦，不断求上进，才能使打工的路越走越宽。”王伟回忆说，他第一次出远门去三亚的时候，也很不适应外面的世界，特别想家。而且到了工地以后，由于劳动强度较大，对工种也不是很满意，情绪十分低落，一度打起退堂鼓。现在想起来，那段经历确实让他成长了许多。落后的就业观念是外出务工潮的阻力，有些人乡土观念重，对外面的世界心存畏惧，不敢出去闯，不愿意远离家乡；有些人则缺乏吃苦耐劳的精神，不愿从事体力劳动；有些人觉得去做体力活“没面子”。王伟说：“出门在外打工的过程中，每个人都遇上无数个坎，每迈过一个坎，前面的道路就变得更宽广更好走。”

当我们问到制约家里农副业收入增长的原因时，王文琼告诉我们，他家目前的问题就是缺少劳动力。由于小儿子外出打工，家里就老两口两个人，所以农活就没有人干了，总靠大儿子也不是长久之计，因为大儿子也想利用农闲去外面干点什么。要是看着土地撂荒，他们也觉得可惜。当我们问他是否懂得土地承包经营权流转时，王文琼表示由于村里耕地很少，所以根本没有村民出租土地。我们通过实地调研发现，番巴村土地分散，有的农户人均耕地面积不到 1 亩，不可能产生规模效益。家庭小生产与大市场的矛盾越来越突出，农业生产规模过小，制约了农业经济的发展。如何在稳定家庭联产承包经营的基础上，推动农业产业化经营，不可避免地摆到了冲山镇人民政府的面前。

在和我们的聊天过程中，王文琼也毫不隐瞒地向我们讲述了村民的一些缺点，其中非常有代表性的就是“靠山吃山”的思想。“只要有五指山，我们就饿不着”，“我们是少数民族，没有钱，可以向国家要”等想法在村民中很普遍；另一个奇怪的现象就是，村里的孩子很少有上高中的，念完初中之后，孩子们都回家务农，村民们觉得上学没有用，还不如割胶来钱快。这种短浅的想法是不利于村民素质提高的。

我们不禁感慨，农村改革30年，我国广大农村地区的确发生了很多变化，对比农民物质生活的变化，我们可能要问村民的思想观念为什么还是没有发生根本的变化呢？如果和其他先进地区的村庄相比，番巴村村民的思想观念还是很落后。小农经济、自给自足的思想严重，“等、靠、要”的习惯盛行。大家宁愿在家受穷，也不愿意背井离乡出去打工。这些都是“小富即安”的思想在作祟，导致村民没有敢想敢干的创业精神。可见，落后的思想观念是捆住当地村民手脚的“绳索”，是制约农民增收致富的主要因素。不改变村民落后的思想观念，树立与现代市场经济相适应的新观念，想长远地促进农民增收就是一句空话。希望当地政府能通过多种形式和手段，宣传、引导和教育农民转变观念，逐渐打破长期以来形成的落后思想。

从表8-45我们可以看到，与一家人的收入相比，王文琼家的支出也是相当多的。老人半开玩笑地说，儿子这几年挣的钱几乎都花在外面了，这也是许多新一代农民工的无奈。吃、喝、住、行等生活成本日益攀升，一般劳动部门都要求企业缴养老、医疗、工伤保险，但农民似乎更看重到手的工资。2010年前，冲山镇政府曾经对村民做过一次调查。200多位民工中，有29.3%的民工表示春节后不去外面，打算留在五指山市发展。不出去的原因是大城市消费高、房租贵，自己在外打工已积累了工作经验，在市里也可以用得上。

2009年，最令王文琼自豪的一件事就是小儿子带父母到北京玩了两个星期。老人回忆自己小的时侯，家里穷，没有电视，偶尔听广播里介绍首都北京。但是北京究竟是什么样子，心里仍然很好奇。后来家里买了一台大彩电，他终于从电视上看到了天安门广场和故宫了。得知儿子要接他们到北京玩几天的消息，两人十分激动。他们以前最远就去过五指山市，夫妇俩在粤海铁路上几乎都没怎么睡，因为实在是不敢想啊。8月1号终于到了北京，全家人十分高兴，此情此景，夫妻两人至今还记忆犹新。后来的几天里，孩子带他们去了天安门广场、北海、故宫和长城，全家人照了不少相片。最值得一提的是，孩子还带他们参观了“鸟巢”，想起2008年的奥运会开幕式就在这里召开，老人感到十分自豪。两周之后，全家人坐上了南下的火车。王文琼表示这次北京之行使他大开眼界，他一边给我们看他们在“水立方”和“鸟巢”照的照片，一边说走出大山真是不容易，就像你们能来到我们五指山一样。

十分可贵的是，老人告诉我们，北京一行让他感受最深的不是北京的高楼大厦和繁华的城市街道，而是一种无形的城市精神。他说五指山市也有楼房，但是居住在里面的暴发户还是小农意识，暴富之后便是忘乎所以。冲山镇里的许多人要么赌博，要么酗酒，整天醉生梦死。他觉得这些人的生活并不是真正意义上的现代生活。我们问他，你所说的城市精神和现代生活到底指的是什么呢？王文琼自己也不能十分清楚地说出来，但是细心的他发现“城市里的人都有文化，即使没有什么钱的普通老百姓每天也要买一份《北京晚报》。”这便是一个城市的现代之处——文化景观。

我们问到他们夫妇今后对孩子们有什么打算，是愿意孩子留在城市发展还是回到农村呢？夫妇两人觉得农民工出来打工，大部分人的孩子和老人还留在农村，一般农村兄弟、亲戚多，邻里都能互相照顾，所以很放心，平时打电话回去了解情况就可以了。小儿子也曾经向父母表示，想回到村里搞养殖业，希望冲山镇信用社能贷一些款。可是信用社要抵押房子、汽车或相关有经济价值的物品才能贷款。农信社贷款政策规定的贷款抵押是50%，也就是说有5万元就可以贷款10万元，从这个角度来说贷款的流向以及投资渠道的未来发展前景才是完全收回贷款最重要的保证。王文琼也希望政府能帮助他们这些准备返乡创业的年轻农民。

离开王家时，两位老人把我们送出来。当我们走出很远回望时，还能看到他们模糊的身影。我们祝愿他们在致富的道路上越走越好，迎接更多彩的幸福生活。

九、重视教育户

（一）眼界开阔重视教育的王启舵家

王启舵，男，黎族，现年27岁，初中文化水平，无宗教信仰。王启舵是土生土长的番茅村人，他与同是黎族的爱人王优云于2004年结婚，育有一儿一女，女儿五岁，在五指山市幼儿园，聪明伶俐，已经能认识好多字也学会了不少唐诗，时常在幼儿园获得大红花；儿子年仅两岁，暂时还在家中，今年下半年也要跟姐姐一起去幼儿园读书。一家四口居住在一所大约90平方米的大房子里，生活幸福，经济水平较高。男主人王启舵由于自己的个人经历，眼界开阔、意识超前，可以说是我们调研组本次走访中最懂得如何生活、如何培养孩子的一家。

在访谈中我们了解到，王启舵像大部分番茅村的孩子一样，七岁那年在番茅小学开始了自己的学生生涯，之后顺利地升入番茅中学。那个时候的王启舵很羡慕能到五指山市二中上学的小伙伴们，但由于家庭条件不允许，自己只能留在村子里的中学，而正是这么一件童年往事，在日后坚定了其努力工作给子女提供最好的学习环境的信念。

1999年夏天，初中毕业的王启舵返回家中，开始思考自己未来的出路。在家干农活的半年光景中，王启舵坚定了出去打工闯一闯的念头，而当时在三亚打工的堂哥的邀请也让王启舵少了很多担心。2000年3月，刚过完年，王启舵便跟着堂哥一同去三亚一家珍珠养殖厂工作。这家工厂是一位台湾商人开的，当时已经做到了一定规模，由于引进了日本的先进技术，珍珠的色泽以及其他各方面的成色都不错，在三亚当地较有名气。初到厂里，王启舵被分到了最辛苦的出海部门，这个部门主要的职责是将打捞上来的贝壳用簸箕挑回来。由于年轻刻苦、肯出力又善于学习，一个星期之后王启舵就得到老板的赏识被调到了相对轻松但更需要技能的清理部。清理部分为两个组，第一组是开贝组，主要的任务是负责将珍珠从母贝中取出；第二组是插核[①]组，主要任务是给母贝动插核手术。王启舵刚到清理部时是在第一组工作，但很快，他又被调到对技能要求更高同时工资更高的第二组。在插核组，王启舵一个月已经能领到350元工资，加上一个月后升任插核组的组长，每月多了20元的补贴，月收入已经接近400元，这在当时的打工族中已经算是不错的收入水平了。在珍珠养殖厂工作一年期间，王启舵与大部分同事的关系都处得很融洽，其中就有一名日本籍的技术员。这位技术员教会了王启舵很多珍珠养殖的知识，两人在工作中培养了不错的友谊，因此在2001年夏天，当这位日籍技术员选择在广东惠州市的惠阳区办珍珠养殖厂时，王启舵毫不犹豫地与另外几个技术熟练的同事辞工跟了过去。这是一段让王启舵十分怀念的日子，虽然工作辛苦，但是自己出的每一份力都是有回报的。当时王启舵的工资已经涨到每月1000元，并且厂里吃住全包，并有专人负责洗衣做饭，王启舵每月的工资除去少量的生活开销外，每月能攒下不少；同时，由于一起打拼的都是认识已久的朋友们，工作之余一起休闲娱乐也让当时只有20岁的王启舵感到开心和快乐。那是段幸福的日子，人缘好的王启舵在厂里过20岁生日时，几个要好的朋友和日籍老板还一起给他过了个难忘的生日。当时的王启舵认为自己将会一直在这个厂里，和自己的朋友们为了未来打拼下去，然而一年后的意外使得这个美丽的梦想破灭了。2002年，广东省惠州市附近海域出现了大面积的“红潮”，[②] 厂里养殖的贝壳死了一大半，日本籍老板由于无力承担而破产，有情有义的王启舵帮助老板将剩余的贝壳用冷冻车运送到南澳之后不得已离开了厂子。

① 插核：插核是珍珠养殖的中心环节，也是关键技术。其含义是在珍珠母贝体上动手术，向母贝体内插核和输送外套膜组织小片，然后对施术贝即插核贝进行精心培养从而促使或加快珍珠的形成。插核大小与形成珍珠的直径有关，一般地说，插入2.3～2.9毫米的钙核，形成珍珠的直径为2.6～4.9毫米，属细珠；插3.3～4.9毫米钙核，成珠为5.2～6.6毫米，属小珠；插5.2～7.2毫米钙核，成珠为6.9～8.2毫米，属中珠；插7.5毫米以上钙核，成珠在8.5毫米以上，属大珠。

② 红潮：是海洋生态系统中的一种异常现象。它是由海藻家族中的赤潮藻在特定环境条件下爆发性地增殖造成的。海洋浮游藻是引发赤潮的主要生物，在全世界4000多种海洋浮游藻中有260多种能形成赤潮，其中有70多种能产生毒素。它们分泌的毒素有些可直接导致海洋生物大量死亡，有些甚至可以通过食物链传递，造成人类食物中毒。http：//baike. baidu. com/view/76319.

由于长时间从事珍珠养殖工作，一时失去工作让王启舵有些不知所措。起初的一个月，王启舵干了一份汽车烽火轮的销售工作，当时的待遇是600元的基本工资，业务提成另算，但由于一个小小的烽火轮当时的售价是几千元，即使在经济比较发达的广东也是很难卖的。一个月后，王启舵辞去了这份工作到餐厅当服务生，但也仅做了一个月就再次辞去工作回到了家乡。当时是2002年底，在接下来半年的时间里，王启舵在家帮助父母做农活。提起这半年，王启舵笑着说道："在家做农活那会的收入跟打工时候比真是一下子从天上掉到了地下。在外打工惯了，刚开始回家的时候还真是不适应。"半年后，经过同学介绍，王启舵又踏上了前往三亚市崖城镇打工的路途。这次是个短工，由于当地的一个芒果基地在八九月农忙之际劳力不够，所以请人来采摘芒果。做了两个月之后，王启舵回到了番茅村，从此再也没有离开家乡。

2005年，新的机会摆在了王启舵的面前。王启舵的堂哥在五指山市的利达超市帮他找到一份做保安的工作，一个月500元，只需要从晚上十点干到第二天早晨七点半，白天回家小憩后还能不耽误干农活。王启舵毫不犹豫地接受了这份让村里很多人羡慕的工作。在这个新岗位上，王启舵一干就是五年，由于工作认真负责，他成为了保安部的负责人，单位给他上了社会保险，现在每月扣除社保后还能收入800元。王启舵乐于助人，有着良好的人缘，在他的介绍下，他的爱人王优云也很快进入了利达超市卖副食品。讲到这些，王启舵的脸上写满了自豪。

回首自己十年的打工历程，王启舵说，正是这些年跟外界的交流，增长了自己的见识，扩大了自己的眼界，也让他知道了外面的世界是什么样。他认为自己深刻认识到两件事，一是在外面的打工过程中知识是多么重要，当初正是由于自己缺乏知识，所以很多工作做不了；二是人脉的重要性。自己的各项工作都是亲戚和朋友们介绍的，正是他在平时生活中很好地维持了这些人脉关系，才真正地让自己和家庭受益。

由于受到学历不高的影响，王启舵在打工过程中始终无法找到一份固定的、能挣大钱的职业。感受到知识的重要性，王启舵将全部希望放在了自己孩子的身上。虽然家庭不是特别富裕，但王启舵依然坚持要让子女接受他能负担的最好的教育。为了儿女将来的发展，王启舵认为一切付出都是值得的，现在自己虽然能力有限，但是就算再苦自己也一定要给孩子提供较好的学习条件。王启舵说，"再苦不能苦孩子，再穷不能穷教育"，只有读好书，子女们才能成才，才能改变这个家庭的命运。王启舵年满五岁的女儿已经在五指山市的幼儿园上过两年学了，而全村包括王启舵家在内，只有两户人家送孩子上幼儿园。王启舵坚持教育从娃娃抓起，认为只有让孩子们从小就接受良好的教育，才能让他们赢在人生的起跑线上，才能真正地在日后的社会竞争中立于不败之地。王启舵说住在村子路口的老师家族的经历给了他很大的启发，当年老师家一共七口，收入也不高，但是无论如何缺钱，都会咬牙供孩子们上学，现在这个家族的孩子们个个都是大学生，成为了村里人羡慕的对象。他现在最大的心愿，就是能看到将来自己家也出一个大学生。在提到自己的女儿时，王启舵十分开心："她现在认识不少字了，还会背唐诗，看来送幼儿园确实是值得的。我们大人少吃点少喝点省出来的钱把他们培养好了，让他们成为最幸福的，我就满足了。"确实，对于王启舵这样一个不算太富裕的家庭来说，幼儿园一学期近1000元的费用不是个小数字，在未来的一段时间内，儿女的教育费用会成为这个家庭主要的经济支出。王启舵表示他现在也无法想太多以后的事，只能尽自己最大的能力去供孩子们读书。

王启舵家的土地状况如表9－1所示。其中水浇地2亩，旱地10亩。我们了解到，2009年全年，王启舵家中的经济收入除去夫妻在利达超市打工挣的钱之外，主要来源于种植业和养殖业（2009年家庭经济收入情况如表9－2及表9－3所示）。种植业的收入包括去年家中种植的2亩水稻，按照市价折算约为2000元，王启舵家中曾种有10亩橡胶，然而由于树龄偏大不再出胶液，两年前全部卖掉，至今还未种上新的橡胶树，因此2009年10亩旱地未能带来经济收入。除此之外，王启舵家还养了两头猪，2009年收入为1600元。

表9－1　**2009年家庭承包土地情况**　单位：亩

总面积	水浇地面积	旱地面积	良田面积	荒地面积
12	2	10	12	0

数据来源：根据王启舵口述整理，2010年7月。

表 9-2　　2009 年家庭农作物、牲畜、家禽情况

种类	亩数	折算价值（元）	种类	亩数	折算价值（元）	种类	个数	折算价值（元）
玉米	0	0	瓜果	0	0	羊	0	0
麦类	0	0	花草	0	0	牛	0	0
薯类	0	0	烟草	0	0	马	0	0
棉花	0	0	橡胶	0	0	驴	0	0
蔬菜	0	0	糖茶	0	0	猪	2	1600
水稻	2	2000	槟榔	0	0	禽类	0	0
大豆	0	0	药材	0	0			

数据来源：根据王启舵口述整理，2010 年 7 月。

表 9-3　　2009 年家庭收入来源情况　　单位：元

职 业	收 入	职 业	收 入
从事种植业	2000	本乡镇就业工资	0
从事渔业	0	外出打工	15600
家庭手工业	0	从事运输业	0
从事畜牧业	0	政府补贴和社会救济	0
从事养殖业	1600	出租耕地、房屋等	0
从事旅游业	0	其他经营收入	0
总收入合计	19200		

数据来源：根据王启舵口述整理，2010 年 7 月。

王启舵家的经济水平在全村应该属于中上等，这从他家拥有的耐用消费品可见一斑。王启舵家有一台拖拉机，除此之外，喜爱唱歌的年轻夫妇还购置了一台影碟机和一套组合音响，家里还有一辆村里农户很少有的摩托车（2009 年家庭耐用消费品情况如表 9-4 所示）。

表 9－4　　2009 年家庭耐用消费品情况

项目	数量	项目	数量
电视（台）	1	拖拉机（台）	1
电冰箱（台）	0	卡车（辆）	0
洗衣机（台）	0	小轿车（辆）	0
照相机（部）	0	电话（部）	0
影碟机（台）	1	组合音响（套）	1
电动车（辆）	0	手机（部）	2
摩托车（辆）	1	自行车（辆）	0

数据来源：根据王启舵口述整理，2010 年 7 月。

表 9－5　　2009 年家庭支出情况　　单位：元

总支出	生产性	衣服	食品	看病	教育	娱乐	红白喜事	交通	通信	住房
13100	1000	200	7000	500	2000	600	600	600	600	0

数据来源：根据王启舵口述整理，2010 年 7 月。

全家去年全年的总支出为 13100 元。其中生产性支出大约为 1000 元，由于家中地不多，因此拖拉机的油费和种子、化肥的费用等都相应地少一些；为了让孩子们拥有更幸福的童年，虽然两夫妻极少添置新衣服，但偶尔会给孩子们买些新衣服，2009 年衣服这项支出大约花费了 200 元；去年家中比较大的一笔开支是食品，除去主食之外，孩子们经常会吃些零食，2009 年这项大约花费了 7000 元；夫妻俩都还年轻，身体底子好，孩子们也不经常生病，全家只是偶尔会开点感冒药，因此看病这一项的花销只有 500 元；由于人缘较好，夫妻两人偶尔会跟同事出去聚聚，娱乐娱乐，2009 年全家人花费在娱乐项目上的开销是 600 元；家中有两部手机，去年共 300 元左右的话费；红白喜事随份子钱大约花了 600 元（王启舵家 2009 年支出情况如表 9－5 所示）。

在我们的访谈过程中，我们看到王启舵家的客厅里面，摆满了各式各样的儿童玩具，其中有些是时下城里的孩子正流行玩的，也是在番茅村有孩子的家庭中极少见到的。显然，王启舵为了让孩子们受更好的教育，在努力按照城市的水平抚育着孩子。据王启舵介绍，他和妻子正在攒钱准备去五指山市买房，他们相信在市里更良好的教育氛围下，孩子们能够更好地学习。在我们走访过的家庭中，有不少户都有小孩子，但是只有王启舵家在幼儿教育上投入如此之多。相比而言，村里的大部分家长或者由于观念的原因或者因为经济条件的制约，往往舍不得对教育投资。这不禁让我们思考，在未来竞争越来越激烈、对人才素质要求越来越高的社会里，如果不能接受良好教育，农村孩子如何在社会中参与竞争呢？这样发展下去会不会进一步加剧城乡的两极分化呢？

教育问题不仅仅是番茅村的问题，更是广大农村地区的问题。中国的农业、农村问题，说到底，都是农民问题。只有农村教育不断发展，农民的素质技能不断提高，三农问题才能从根本上得到解决。希望农村的所有父母，都能够如王启舵一样重视子女教育，也希望我们国家不断增加在农村教育上的人力、物力、财力投入，帮助农村的家长们减少和消除在子女教育投资上的后顾之忧。衷心地希望这位眼界开阔、重视教育的农村汉子能够凭借着自己的努力将孩子好好教育成才，也衷心地祝福他的孩子们能早日圆父母的梦想，为家、为国争光。

（二）再穷也不能穷教育的胡雪芳家

胡雪芳，女，黎族，大概30岁出头的样子，初中文化水平，普通话一般，但与人沟通基本上没什么障碍，无宗教信仰。第一眼见到胡雪芳时，觉得她并不像30刚出头的人，有些显老，瘦瘦小小的，皮肤比较黑。当时她正和一个长相十分可爱的小女孩一起坐在屋前一边择菜，一边和另外几个妇女在拉家常。得知我们想采访她时，她非常热情地予以配合，旁边的小女孩很乖巧地为我们搬来了凳子。

胡雪芳和比她大十岁的黄仁忠在外打工时相识，相处了一段时间之后，感情稳定，于是她就嫁到了番茅村，夫妻俩开始过起了平平淡淡的生活。胡雪芳和黄仁忠现在育有一个九岁半的女儿和一个两岁的儿子，尽管经济上比较拮据，一家四口倒也其乐融融。胡雪芳嫁过来时没赶上30年才调整一次的土地分配，所以全家就只有结婚前黄仁忠所分得的六分二的地，加上夫妻俩文化水平偏低，家里的收入来源并不多。平常，丈夫黄仁忠主要在外面跑摩的，买摩的的钱是结婚之前打工攒下来的，现在这笔支出倒是也慢慢地有了一些回报，成为了胡雪芳家不可或缺的收入来源。胡雪芳自己则主要做家务和照顾孩子，闲暇时也做一些黎族妇女传统的手工活——织锦，这也是绝大部分当地妇女都熟悉并从事着的一项副业，这部分收入也可以满足一部分家庭生活支出。

经她本人同意，我们进屋参观了她家。虽说是砖瓦房，却能明显地感觉到房屋老旧。据她本人说，这仅有的一间半房建于20世纪90年代，长期的日晒雨淋，又遭受着每年一到两次的台风肆虐，早已年久失修，难以再起到遮风避雨的作用，只是苦于经济拮据，一家人只能继续在这拥挤的房子里生活着，每到下雨的时候就得用盆子接漏下来的雨。屋内基本上没有什么比较新的家具或者电器，也就一些平常生活必需的锅碗瓢盆、床铺桌子之类的，比较显眼的就是屋角的桌子上堆着的一些书籍和文具，应该是大女儿的学习用品。值得庆幸的是，这里每家每户都装上了自来水，这给村民们的生活带来了极大的方便（胡雪芳家主要的耐用消费品见表9－6）。

表9－6　　2009年家庭耐用消费品情况

项　目	数　量	项　目	数　量
电视机（台）	0	拖拉机（辆）	0
电冰箱（台）	0	卡车（辆）	0
洗衣机（台）	0	小轿车（辆）	0
照相机（台）	0	电话（部）	0
影碟机（台）	0	组合音响（套）	0
电动车（辆）	0	手机（部）	1
摩托车（辆）	1	自行车（辆）	0

数据来源：根据胡雪芳口述整理，2010年7月。

由于家里人多地少，六分二的地有五分是用来种植水稻，但就算是收成最好的年景，每年收获的稻谷也就只够勉强糊口，并无余粮可卖。另外那一分二的地用来种蔬菜，除了满足自家的生活需要外，偶尔也会卖掉一些当季吃不完的蔬菜。她们所在的番茅村离所属的五指山市区很近，市区里这些年一直在大力发展旅游业，新建了许多度假山庄和假日酒店，所以蔬菜的销路并不成问题，胡雪芳家2009年承包土地的情况如表9－7所示。

表 9－7　　2009 年家庭承包土地情况　　单位：亩

总面积	水浇地面积	旱地面积	良田面积	荒地面积
0.62	0.5	0.12	0.62	0

数据来源：根据胡雪芳口述整理，2010 年 7 月。

然而，苦于家里院落狭小，仅有的一间半屋处于好几户人家房子的夹缝中，屋子旁边仅有一小块空地供乘凉、择菜和洗衣之用，因此胡雪芳家并没有空闲地方来饲养鸡鸭等家禽，相比别人家就少了些较为容易获得的收入。丈夫黄仁忠白天在市里跑摩的，一般送客的距离在 1～2 公里之间，每次收一元，平均一天也能赚到一二十元钱。此外，在我们调研的番茅村，几乎家家户户都种植橡胶，少则几亩，多则几十亩，种橡胶的收入几乎成了当地人最为重要和稳定的收入来源，而胡雪芳家由于地少没有种植橡胶，于是在这个并不是太富庶的村庄中显得更为拮据。2009 年胡雪芳家的农作物种植、牲畜及家禽饲养情况如表 9－8 所示。

表 9－8　　2009 年家庭农作物、牲畜、家禽情况

种类	亩数	折算价值（元）	种类	亩数	折算价值（元）	种类	个数	折算价值（元）
玉米	0	0	瓜果	0	0	羊	0	0
麦类	0	0	花草	0	0	牛	0	0
薯类	0	0	烟草	0	0	马	0	0
棉花	0	0	橡胶	0	0	驴	0	0
蔬菜	0.12	500	糖茶	0	0	猪	0	0
水稻	0.5	1050	槟榔	0	0	禽类	0	0
大豆	0	0	药材	0	0			

数据来源：根据胡雪芳口述整理，2010 年 7 月。

具体说来，这个四口之家的收入来源如表 9－9 所示。

表 9-9　　2009 年家庭收入来源情况　　单位：元

职 业	收入	职 业	收入
从事种植业	1550	本乡镇就业工资	0
从事渔业	0	外出打工	0
家庭手工业	3500	从事运输业	6000
从事畜牧业	0	政府补贴和社会救济	0
从事养殖业	0	出租耕地、房屋等	0
从事旅游业	0	其他经营收入	0
总收入合计	11050		

数据来源：根据胡雪芳口述整理，2010 年 7 月。

由此可知，2009 年胡雪芳一家的收入来源比较单一，土地太少、家里劳动力缺乏是她家无法获得更多收入的最直接的原因，而文化水平不高也在很大程度上阻碍了他们的致富道路。

尽管一年的收入有限，但是对于每一个家庭来说，很多支出却是刚性的，尤其在胡雪芳家，两个孩子的教育支出是最重要最必不可少的部分。

表 9-10　　2009 年家庭支出情况　　单位：元

总支出	生产性	生活性	看病	教育	红白喜事	交通	通信	住房
9200	1200	5000	1000	800	800	0	400	0

数据来源：根据胡雪芳口述整理，2010 年 7 月。

从表 9-10 所列的家庭支出情况来看，胡雪芳一家的生活非常简朴。其中，生产性支出主要包括购买水稻和蔬菜种子、农药和化肥的费用，另外还有所租借的犁田机、脱粒机等的费用。近几年来，物价上涨了不少，这一方面的支出自然是一路飙升。衣服主要都是给两个孩子添置的，他们正处于生长发育年龄，自然是一年比一年高出一截，衣服也就年年需要换新。食品方面的需求是刚性的，柴米油盐是每一个家庭最基本的需求。番茅村村民几乎都加入了最近几年推行的新农合，有不少人已经从这项政策中得到了直接的好处。尽管胡雪芳和她丈夫身体尚好，但他们一家也积极地加入了新农合，因为他们相信这是值得的。红白喜事随份子的钱虽然不多，但对于这个拮据的家庭来说，也是一笔不小的支出，对于这个中国的传统习俗，无论家境如何大家都还是自然而然地恪守着。当然，这个数字只是她的大概估计，算上电费等一系列的琐碎支出，一家人每年大概能保持收支平衡，如果不生大病，就是他们感觉最幸福最安稳的光景了。

引起我们注意的是，胡雪芳家在教育方面的支出达到了 800 元，而她的两个孩子一个还没上学，一个也只是上小学三年级，尚处于免费义务教育阶段，对于这样的一个家庭，却乐于在孩子们的教育上花这样一大笔支出，是值得我们钦佩的。因此，我们饶有兴趣地跟她聊起了教育方面的事情。从她的一言一语中，我们了解到，她对“再穷不能穷教育，再苦不能苦孩子”原则的坚持。在胡雪芳看来，自己和丈夫就是因为文化程度太低，才难以致富。年轻时，他们俩在外打工，也只能干最低端的毫无技术含量的工作，辛辛苦苦几年下来也没攒多少钱；结婚后，他们俩在家务农，也始终没有找到一条能获取更多收入的路子。因为有了自己的亲身经历，尤其是因此而导致生活困难，他们比谁都体会得深刻，所以夫妻俩清楚地认识到教育的重要性。正因为这样，他们在两个孩子的教育上，才表现得如此开明。事实上，在我国很多农村地区，还依然存在着在教育上重男轻女的思想，而这个贫穷的家庭，却把对女儿的教育看得比什么都重要，在他们夫妇俩的心里，一直坚持着就算砸锅卖铁也要送孩子们上学这个信念，这是多么得难能可贵。

让我们备感欣慰的是，胡雪芳的大女儿，学习成绩一直名列前茅，是一个品学兼优的孩子，放学回家后经常帮家里做一些力所能及的家务活，让父母很是引以为傲，正所谓穷人的孩子早当家吧。提到父母对自己念书的支持，小女孩表示，自己比同龄的孩子拥有更好的学习条件，因为爸妈不仅会在精神上鼓励她，在物质上也是毫不吝啬。当我们看到这个正在母亲旁边择菜的孩子，觉得她身上除了纯朴，更表现出一种志气，似乎这么小就已经意识到了自己身上所承载的父母的希望和梦想。访谈结束后，我们给小女孩送了随身携带的笔等文具作礼物，尽管不贵重，但是我们想对于她来说也是一种鼓励和肯定，她很礼貌地感谢了我们。临走时我们嘱咐她要好好学习，她坚定地点了点头，祝愿她离梦想越来越近。

从胡雪芳家出来，我们一直在讨论，也在思索。贫困显然是这个家庭面临的最大困难，很多像冲山镇番茅村一样的村庄、一样的普通家庭，同样面临着类似的困境。因为贫困，大部分家庭选择将有限的经济收入用到了提高生活水平或者做些小生意上面，下一代的教育问题似乎被遗忘了。的确，这就是黎族贫困地区的现状，子女上学是一笔不小的开支，短期内看不到回报，因此很多父母不得不让子女早早辍学，甚至让未成年的子女去工作以获得经济收入。

然而胡雪芳对子女教育的重视让我们意识到，教育并没有在这块边远贫瘠的土壤枯萎，只是在等待着浇灌。胡雪芳的这种做法在村民中并不多见，为教育而投入的开支或许让胡雪芳的家庭雪上加霜，但这种重视教育，相信知识可以改变命运的观念却弥足珍贵。

同时我们也看到，贫困地区的教育落后，与当地政府对教育的重视和投入力度不足也有极大关系。少数民族地区的财政相对薄弱，教育经费匮乏，师资力量薄弱，导致了这些地区的教育往往处于缓慢发展状态。可喜的是，我们从当地政府了解到，他们一直都在努力，也一直都致力于把当地的教育抓上去，整个五指山市甚至出台了一些比其他经济发达地区更为优越的教育政策来造福当地百姓，比如，除在九年义务制教育免费之外，这里的孩子连上职业中学都是免费的，如果考上大学，政府还会联合在当地投资的一些企业来资助他们完成学业。

然而，对于边远的少数民族地区而言，改善较为落后的经济状况是当务之急，只有经济发展了，教育的发展才能步上新台阶。从冲山镇番茅村的现状来看，30 年一次土地分配的制度，可以尝试让其变得更加灵活一些，比如缩短土地重新分配的年限，根据嫁娶、出生或者死亡情况每隔三五年进行小规模调整等，也许会让家庭人口与土地面积不对等的情况得到改善，从而让类似胡雪芳这样的家庭获得更多的土地经济收入。

同时，宣传也是提高普通家庭和百姓对教育重视程度的非常有效的手段。政府进行普及和宣传教育，改变人们的观念，让百姓正确认识教育的重要性。只有教育发展，经济才能发展，教育与经济是密不可分的，二者相互影响，相互作用。我们知道，当地政府为经济的发展做出了不少的努力，包括农业上的直接补贴、科技下乡培训、新型农村合作医疗的推出以及农村养老保险的引入等，这些政策都能促进当地经济发展。我们相信，随着经济的发展，当地的教育水平也能跃上一个新的台阶，到时会有更多的家庭像胡雪芳家一样重视子女的教育，意识到知识的重要性。知识可以转化为生产力，知识可以创造财富，知识可以改变命运，冲山镇番茅村的明天一定会更加美好。

（三）重视子女教育的黄利权家

上午 11 点多我们来到稻田边的一户人家，正巧一家人都在：女主人坐在正门边的一块阴凉地上织锦，男主人刚从地里干活回来，正在逗着小儿子玩，一家人其乐融融。听罢我们的来意后，男主人热情地将我们迎进屋里。

七月的海南虽然格外炎热，但是屋里却让我们倍感凉爽，还有一台摇摆的电风扇在不停地工作着。这间正屋虽不大，不过东西倒很齐全。淡蓝色的地板瓷砖，看起来已有些年头了，但是打扫得很干净，感觉很清爽；左右两排木质家具，擦得很是光亮，零散摆着些主人家小儿子的文具盒以及翻开的作业本；屋里靠墙的位置摆着一台崭新的电视机，还有一整套的影碟机、音响设备；墙角还放着一台饮水机。整个屋子显得朴实而又整洁。

男主人叫黄利权，今年 47 岁，他妻子叫黄凤英，今年 41 岁。两人都是黎族，无宗教信仰，初中文化，1990 年经人介绍认识后结婚，如今已育有两女一子，其中大女儿 18 岁、二女儿 16 岁、小儿子 6 岁。父母跟着黄利权的大哥住，所以现在家里就他们夫妇俩以及三个儿女，共五口人。

同这里大多数的黎族村民一样，黄利权家的收入来源主要依靠种植业（包括橡胶、水稻和蔬菜）、养殖业（鸡、鸭和猪）以及织锦（家庭收入来源见表 9－11）。

黄利权家有 3 亩橡胶地，共种了 200 多株橡胶树，不过能割胶的只有 80 株。其他的橡胶树栽种了才六七年，尚不到割胶期（通常橡胶树栽种六七年后才能开始割胶，当然割胶期的长短与天气状况、管理技术也有极大的关系），等到明后年差不多才可以出胶。即使是已能出胶的橡胶树，也并不是每天都能割胶，通常是每连续割胶两天后需要隔一天才能再对同一株橡胶树进行割胶。将割下来的橡胶晒干后再将其卖给专门来收购橡胶的人，或者自己拿到市里去卖，通常每公斤橡胶的价格是 12 元到 15 元，这样平均算下来，黄利权家大概每天能依靠卖橡胶获得 20 多元的收入，一年算下来，大概能靠种植橡胶树获得 6000 元的收入。

黄利权家还有一亩多水田种植水稻，每年种植两季，第一季能产 1500 斤左右稻谷，第二季能产 1000 斤左右。按每斤水稻 1.2 元的市场价来计算，种植水稻可获得 3000 元左右的收入。但他们很少卖稻谷，绝大部分都留着自己吃或者用来喂养家禽牲畜。采访时，他们特别提到，如果能多有些田地就好了，那样就可以多种些水稻、多有些收成，也就有剩余的稻谷可以出售换些钱回来。不过番茅村本身就人多地少，人均土地面积只有四分八，所以村民感叹土地太少也是事出有因、在情在理，只是基于现有条件限制也无可奈何。

黄利权家还种有两三分地的蔬菜，种了青菜、地瓜、卷心菜等，除了留一部分供自己家里平时吃外，时不时还会到市里菜场去卖些多余的蔬菜。由于蔬菜生长具有周期性，所以男主人往往是每隔 20 来天或者一个月左右去卖一次菜，每次大概能卖得 100 块钱，一年下来差不多能有 1000 元的收入。自己家菜地面积较小，种植的蔬菜品种也有限，所以平时他们也会去市里的菜市场买些其他品种的菜或者肉回来吃，自己既卖菜也买菜，尽量多样化地安排平日的饮食。

黄利权家 2009 年还养有四头猪，当被问及猪长大后如何处理时，男主人介绍说通常会把猪全部卖掉，四头猪按每斤猪肉 7 元计算的话，大概能卖 4000 元。他们这里不像有的地方那样会将肉腌制或者风干，平时只吃鲜猪肉，所以等猪仔长大后也就没必要存大量的猪肉，便将其绝大部分卖掉，平日里想吃猪肉时便去菜场买新鲜的猪肉吃。至于家禽，黄利权介绍说也不敢多养，因为害怕被偷，以至于白白花粮食饲养了。去年家里只养了 12 只小鸡仔，按照惯例，等到鸡仔长大后全都是自己家里吃掉，不会将其卖掉。从这方面来看，他们对家禽的饲养是典型的自给自足型。即便是出售按照每斤鸡肉 10 元钱的市场价来算，这 12 只鸡也只值 300 元左右。

在整个访谈过程中，这家的女主人黄凤英都一直坐在门边的空地上织锦，织锦所得也算是他们家庭收入的一个重要组成部分。黄凤英娘家在另外一个黎族村寨，早在出嫁前便跟着母亲学习过织锦，但是这十多年来很少织过，手艺也逐渐生疏。直到 2006 年村里成立了“黎族织锦传习所”，经老板刘香兰组织进行培训后，才对织锦技艺重新熟练起来。现在，黄凤英也同村子里大多数的黎族妇女一样，每天农活、家务之余便坐下来织锦，完成老板交由的订单进而获得相应的报酬。但是对于黄凤英来说，每天的时间还是很有限，以至于每个月大约只能织出两条黎锦来，这样获得的报酬大概也就四五百块钱，一年下来靠织锦能赚上 5000 元左右。

另外，去年寒假时，在学校老师的统一安排下，黄利权的大女儿去了市里的翡翠谷酒店实习，一个月发 800 元钱。除此之外，由于家里农活较多，还有年幼的小儿子需要照看，所以黄利权夫妇俩便很少再出去打工，也就没有其他渠道的收入了。

表 9-11　　2009 年家庭收入来源情况　　单位：元

职 业	收 入	职 业	收 入
从事种植业	10000	本乡镇就业工资	800
从事渔业	0	外出打工	0
家庭手工业	5000	从事运输业	0
从事畜牧业	0	政府补贴和社会救济	0
从事养殖业	4300	出租耕地、房屋等	0
从事旅游业	0	其他经营收入	0
总收入合计	20100		

数据来源：根据黄利权口述整理，2010 年 7 月。

通过黄利权的介绍，我们同时了解到他们家承包土地的情况以及主要的生产性固定资产状况，详细数据见表 9-12、表 9-13。

表 9-12　　2009 年家庭承包土地情况　　单位：亩

总面积	水浇地面积	旱地面积	良田面积	荒地面积
4.3	1	3.3	2	0

数据来源：根据黄利权口述整理，2010 年 7 月。

表 9-13　　2009 年家庭主要生产性固定资产数量情况　　单位：台

汽车	拖拉机	犁田机	收割机	机动三轮车	牛车	脱谷机	水泵	其他
0	0	1	1	0	0	1	1	0

数据来源：根据黄利权口述整理，2010 年 7 月。

对于家庭支出（支出情况见表 9-15），夫妇俩坦言主要把钱花在了生活支出上，即平日买油、盐等的支出（大概每个月花 300 元钱）和大小女儿平时的生活费（300 元）；还有每年都会有种子、化肥等生产性支出 1000 元左右。2009 年，黄利权家没有添置新的耐用消费品（家庭耐用消费品情况见表 9－14）。虽然家里三个孩子都在上学，但教育支出并不是家庭花销的主要部分，这在很大程度上得益于国家以及地方政府的好政策。

表 9－14　　2009 年家庭耐用消费品情况

项目	数量	项目	数量
电视机（台）	1	拖拉机（台）	0
电冰箱（台）	0	卡车（辆）	0
洗衣机（台）	0	小轿车（辆）	0
照相机（台）	0	电话（部）	1
影碟机（台）	1	组合音响（套）	1
电动车（辆）	0	手机（部）	2
摩托车（辆）	0	自行车（辆）	0

数据来源：根据黄利权口述整理，2010 年 7 月。

表 9－15　　2009 年家庭支出情况　　单位：元

总支出	生产性	生活性	看病	教育	红白喜事	交通	通信	住房
9800	1000	7200	0	200	400	400	600	0

数据来源：根据黄利权口述整理，2010 年 7 月。

访谈过程中一直待在屋子里的小儿子，现年 6 岁，今年 9 月份就该上学前班了，每个学期要交 100 元的学费，吃住都在家里。据黄利权介绍，儿子 4 岁多的时候便被送到幼儿园上学了，算是这村里读书比较早的小孩，其他很多小孩甚至不上幼儿园而直接到年满 7 周岁的时候被送去上小学一年级，当然这其中很重要的一个原因就是上小学不用交学费，但是上幼儿园得交学费。不过这家主人认为，让孩子先去幼儿园打好基础，再去上小学的话就不会感觉学习太吃力；至于学费，相比较于免费的九年义务教育，对于这个普通的农村家庭来说还是会有经济压力的，不过看着自家孩子比同龄的其他孩子多识了些字、多学了些知识，觉得所交的学费还是值得的。

黄利权夫妇重视对孩子的教育不仅体现在小儿子身上，他们的两个女儿也深受其利。大女儿今年 18 岁了，在市里的一所职业高中念书，专业是酒店服务与管理，学制两年，现在已经读完一年级，还有一年就毕业了。在海南省的五指山市，读职业高中也是免学费的，因此，大女儿的花费主要是生活费了。每周黄利权给女儿 50 元钱当做生活费，这样算下来一个月大概 200 元钱。大女儿在假期往往会去酒店餐馆实习，这样既将所学专业知识学以致用，还能领得相应工资来补贴生活费用。去年寒假时，在学校老师的统一安排下，她去了市里的翡翠谷酒店实习，一个月发了七八百块钱，实践过程中还学到了很多课本中没有的知识。在访谈的时候，黄利权提及他大女儿这些天正在寻找实习的酒店，好在这个暑假能进一步得到锻炼。问及大女儿所学的专业以及以后的就业方向，这家主人介绍说他们自己没什么文化，也不懂得帮女儿选择什么专业，更没有能力帮女儿找工作，只要女儿学着喜欢、以后干工作开心就好，做父母的当然是会全力支持的。

这家的二女儿今年 14 岁了，刚读完初中一年级。她目前的成绩还不错，在班上 50 多名同学中排在第六七名左右。问及二女儿以后的求学打算，黄利权坦率地表示，不管家里经济情况如何，以后她能读到什么程度，父母就供到什么程度。在这样普通的农村黎族家庭里，有对儿女的教育如此开明的父母，非常令人感动。当然，现在的好政策也为父母供养儿女上学减轻了不少负担。比如这家的二女儿，上学期间都是在学校吃住，除了不交学费外，连住宿费和伙食费都不用交。在后来的跟踪采访中得知，原来这是海南省五指山市政府的特别财政补贴，对于本市进行九年义务教育的学生，学费、书本费、生活费、住宿费等都是全免的，这无疑大大减轻了这些学生家长的负担，也避免了贫困家庭的孩子因无法承担昂贵的学费而失去受教育的机会。

除此之外，五指山市冲山镇政府还建有扶贫教育基金会，这在整个五指山市是一个特别的创举。其主要资助对象为冲山镇每年考上大专和大学的贫困学生，通常是一次性补助 3000 元，但倘若家庭特别困难的，将会补助 5000 元。该基金会自创立以来，已经支出 20 多万元用来支持贫困学生继续学业。扶贫教育基金会的资金主要来源于三个方面：一是镇里干部、职工自愿捐赠的款项。二是由来冲山镇投资建厂的各外地企业捐赠的款项，目前一共有 32 家进驻冲山镇的外地企业，其中绝大多数捐款在五万到十万元之间，最低也有五六千元。如此一来，通过向扶贫基金会捐赠款项的形式，将企业的社会责任与捐资助学联系在了一起。三是镇政府拨出部分财政收入补充到扶贫教育基金会，从而进一步保障了捐资助学的资金来源。该基金会的建立，大大减轻了诸多如同采访的这家主人黄利权夫妇一样全力支持孩子上学的家长的后顾之忧。

然而，尽管有国家和地方对于教育的诸多支持鼓励政策，也并非每个家长都如这家主人这般能意识到孩子教育的重要性，进而让孩子完完全全地接受九年义务教育甚至更高级别的教育，这也就必然会造成学校学风不浓、辍学的现象发生。家长的短视以及教育理念的薄弱，其结果将导致下一代在起点上便落后于同龄人。在如此优厚的教育鼓励政策下，家庭教育花费已经不再是主要矛盾，家长对教育重要性的认识才是关键所在，因此，需要进一步完善的就是增强家长的教育理念、扫清适龄儿童入学接受教育的最后一道屏障。受访的这家主人黄利权夫妇不得不算是重视孩子教育的家长典范，尽管家庭收入来源有限，但对于三个孩子上学读书仍是热情十足。

国家优惠的教育政策减轻了正处于成长阶段家庭的经济负担，使他们能够在满足基本生活需求后还略有结余。谈及积攒下来的钱，黄利权说还有一个心愿就是希望能翻修、扩建一下房子。现在他们所住的砖瓦房建于1996年，虽说有五间房，但面积都很小，一共才70多平方米。随着三个孩子逐渐长大，想将房子扩建一下，这样住起来更宽敞更舒服些，当然还是要留些积蓄用作孩子以后上大学用的。男主人的长远打算再次让人感受到他们对于孩子教育的重视，可怜天下父母心，也希望这对勤劳善良的夫妇的心愿能够实现，毕竟只有知识才能改变命运，这是真理！

（四）用心培育儿女的王凤莲家

在村小组组长王志文的带领下，我们沿着一条狭窄得仅容一人行走的小路，来到了王凤莲的家。

王凤莲，女，40岁，黎族，初中文化水平。丈夫陈德荣亦40岁，二人结婚多年，育有两女一子。提到大女儿，王凤莲五味杂陈。因为自己的女儿是番茅村里为数不多的几个大学生之一，女儿从小成绩就十分优秀，每次考试都能在班里名列前茅。高考的时候，王凤莲的大女儿不负重望地考上了大学。对于这个教育质量并不好的村子，这是一件相当了不得的事情，不知道有多少人羡慕她。但是与此同时，大学里昂贵的学费也成了让王凤莲一家忧心忡忡的事。对于王凤莲家来说，全家人每年万余元的经济收入根本不足以培养出一个大学生。按照普通高校的收费标准，一个大学生每年的学费在5000元左右，而生活费也随着物价的上涨而水涨船高。好在上学那年，国家有了专门针对贫困学生的助学贷款，才让拿到大学录取通知书的大女儿得以起身奔赴广西大学。王凤莲的二女儿也在附近的五指山市读中专。我们在她家访谈时，只见到了王凤莲最小的儿子，小男孩正在冲山镇小学上学前班，但是面对我们问他学了什么的时候表现出一脸茫然。据调查，番茅村的儿童都是喜欢上学的，学校生活给了他们除了种田割胶之外另一个崭新的天地。但是，学校的师资力量却显得十分薄弱。这里教师的工资待遇不高，教学环境又差，虽然在不断地进行着改进，但是也难有好的教师愿意留下来为这个小小的黎族村寨贡献自己的力量。尤其是在儿童的启蒙阶段，基本的学龄前教育都没有落实。因而，村里能够出几个大学生，已经是很不容易的事情。

王凤莲的丈夫白天去了五指山市打工，只有王凤莲热情地招待了我们一行人。她操着一口并不流畅的海南普通话给我们介绍了家庭的收入情况。

2009年，王凤莲家的收入共10650元。主要来自从事种植业、外出打工、养殖和织锦四项收入（见表9－16）。

表9－16　**2009年家庭收入来源情况**　单位：元

职 业	收 入	职 业	收 入
从事种植业	6100	本乡镇就业工资	3600
从事渔业	0	外出打工	0
家庭手工业	800	从事运输业	0
从事畜牧业	0	政府补贴和社会救济	0
从事养殖业	150	出租耕地、房屋等	0
从事旅游业	0	其他经营收入	0
总收入合计	10650		

数据来源：根据王凤莲口述整理，2010年7月。

王凤莲家的土地在全村来说少得可怜。全家五口人仅有一亩耕地。平均每人二分地的水平让一家人很难通过种地实现自给自足。连续几年气候状况不好，不是干旱就是台风，致使水稻产量不高，因此将地里产出的水稻全部留存自家食用之外，王凤莲还要购买大量的粮食进行补给。在三亩多的山地上，丈夫陈德荣种了100株橡胶，如果按照正常的产量，一亩一次全割时最多30元钱，少的也有20元。3天可割一次，一年可以割8个月左右。但是陈德荣的橡胶才种下不久，原有的能够开割的不多，因而每年的橡胶收入也有限。今年遇到连续干旱几个月，橡胶基本没有收入。倒是200多棵槟榔长势很好，也到了成熟可结果的年份。槟榔是一种极具经济价值的作物，除了可以直接食用之外，还可以做成药材，作驱虫、消积、下气、行水、截疟等用。对于虫积、食滞、脘腹胀痛、泻痢、脚气等也有一定的疗效。因此村里经常有人来收购槟榔再转卖加工，经销到各个省份。按照每斤0.5~1元不等的收购价格，王凤莲家的槟榔估计可以卖五六百元。这个数字对于王凤莲的家庭来说，已经算是不错的收入了。

表9-17　　2009年家庭承包土地情况　　单位：亩

总面积	水浇地面积	旱地面积	良田面积	荒地面积
4	1	3	0	4

数据来源：根据王凤莲口述整理，2010年7月。

表9-18　　2009年家庭农作物、牲畜、家禽情况

种类	亩数	折算价值（元）	种类	亩数	折算价值（元）	种类	个数	折算价值（元）
玉米	0	0	瓜果	2	500	羊	0	0
麦类	0	0	花草	0	0	牛	0	0
薯类	0	0	烟草	0	0	马	0	0
棉花	0	0	橡胶	3	2850	驴	0	0
蔬菜	0	0	糖茶	0	0	猪	0	0
水稻	1	2000	槟榔	0.9	600	禽类	5	150
大豆	0	0	药材	0	0			

数据来源：根据王凤莲口述整理，2010年7月。

除了种植一些农作物，王凤莲在家还养了一些小鸡，但是她并不会专门买饲料来喂，只是散养在房屋前的小片空地上，任凭它们自己觅食。这种散养方式喂大的鸡和用饲料喂养的鸡有明显的不同。因而在市场上，收购者看

一眼就能分辨和区分出喂养和散养的鸡，并且按照不同的价格来收购。由于这种散养的鸡肉质鲜嫩，而且营养价值很高，收购价格一定会高于普通养鸡场的鸡。2009 年，王凤莲家种植和养殖两项一共收入 6000 余元。

平日家中的活计都由王凤莲一人承担，而陈德容也和大部分村民一样，选择到五指山市打工挣钱。他最擅长的工作是烧砖。窑场烧砖工们的工作环境非常艰苦，除了粉尘高以外，每天都要冒着近 50 摄氏度的高温进出窑洞，对于年富力强者还可忍受，年纪稍微一大便不能继续干下去。陈德荣今年 40 岁了，身体很好，但是也不能长期待在窑洞里干活，每个月干 10 ~ 15 天的工已经是极限。在五指山市，烧砖工人的工资是按天计算的，陈德荣休息一天就相当于损失了 80 元钱的收入。因此，在身体状况允许的情况下，陈德荣还是尽可能的去上工。2009 年一年，陈德荣打工共收入 3600 元。

另外一项能给陈家带来收入的就是王凤莲在家的织锦活计所得了。黎锦是海南黎族妇女为之骄傲的一项传统工艺，它的艺术价值和经济价值都是极高的。黎锦的花样繁复但并不杂乱，具有一种独特的美感。在当地，一块黎锦的披肩可以卖到三四百元的价钱。但是，由于王凤莲平日还要忙碌家中的活计和照看小孩，只能在闲暇的时候织几条腰带，一个星期能够完成一条就不错了。王凤莲织出的腰带也不是直接拿到市场上去卖，而是直接卖给村里的一个收购者。但是按照约定俗成的规矩，中间商往往会极力压低收购价格赚取差价。因此，一条手工精美的黎锦腰带，王凤莲仅能得到 20 元的手工费。但是据我们了解，这样的腰带在当地商场里出卖，标价 60 元。如果经过包装行销海外，价格恐怕会更高。老实的王凤莲按照每条腰带 20 元的价格，一年仅能够凭借织锦获得 800 元的收入。其余的利润都被中间商拿走了。

从王凤莲家的收入水平来看，这家人生活得并不好。除了日常开支外，三个儿女都在上学，教育支出需要一大笔钱。这也让存款不多的陈家非常艰难。我们观察到陈家的房子，是两间不足 70 平方米的老旧砖房。屋里黑漆漆的，散乱的堆放着打谷机、犁田机等农具。王凤莲说，1993 年自家的土地被占用，每亩补偿几百元钱，王凤莲家便用这笔补偿款盖了现在这所房子。否则，恐怕现在一家人还住在简陋的茅草屋里。家里除了一台电视机外，别的家电均无。一台固定电话也是便于王凤莲在家和女儿联系才安装的。陈德荣没有摩托车，到五指山市打工都是步行前往。

表 9 - 19　　2009 年家庭耐用消费品情况

项 目	数 量	项 目	数 量
电视机（台）	1	拖拉机（台）	0
电冰箱（台）	0	卡车（辆）	0
洗衣机（台）	0	小轿车（辆）	0
照相机（台）	0	电话（部）	1
影碟机（台）	0	组合音响（套）	0
电动车（辆）	0	手机（部）	1
摩托车（辆）	0	自行车（辆）	0

数据来源：根据王凤莲口述整理，2010 年 7 月。

表 9 - 20　　2009 年家庭支出情况　　单位：元

总支出	生产性	生活性	看病	教育	红白喜事	交通	通信	住房
12060	620	3800	1440	5360	300	0	540	0

数据来源：根据王凤莲口述整理，2010 年 7 月。

从表 9 - 20 看王凤莲家 2009 年的家庭开支，最大的两项就是教育和食品的支出。光教育一项的费用几乎占据了全年总支出的 50%。大女儿在广西上学，因有助学贷款，陈德荣和王凤莲才免去为巨额学费奔波的苦闷。但是，每个月也要给女儿准备一两百元钱支撑学校里的生活，剩下的部分就必须要女儿自己辛苦些，在上学之余打工挣些了。二女儿读的中专，一年交纳学费 2000 多元，全靠陈德荣夫妻两个人交纳。小儿子因上学前班，未算在九年义务教育之内，所以每个学期也有 180 元的学杂费。但是，陈德荣和王凤莲再辛苦，拿出这笔钱也是心甘情愿并且快乐的。在番茅村，一家能够培养出一个大学生就是极大的荣耀，是众人羡慕的眼光，是儿女远大的前程，也是这个家庭光明的未来。因此，王凤莲省吃俭用，连买菜都只挑些白菜、菜心等便宜的品种，自己养的鸡都不食用，而是拿到市场上去卖，鸡蛋用作孵小鸡，自己从不舍得吃。就这样，王凤莲每天只想着怎么把儿女的学业维持下去，从一家人本就拮据的生活中一点一点省下钱来。

在生产性支出一项，王凤莲坦言买不起种子。对于每斤 20 元的价格难以承受。王凤莲家的地少些，买种子也不多，所以问题不大。但是对于那些拥有大量耕地的农户来说，居高不下的种子价格的确是影响农民发展种植业的一大障碍。提到种子补贴，王凤莲却说从未得到过，不知道是番茅村的工作中哪一个环节出了问题。在走访的几家农户中，大家都说并未收到种子补贴款。国家出台种子补贴政策，本来是想帮助广大农民渡过种粮难关。但是，不仅补贴的政策使种子本身价格被抬高，又限制最低零售价，而且此政策在执行过程中在像番茅村这样的偏远农村不能落到实处。结果使农民在花高价买了“良种”后又得不到补偿，这实质上等于提高了种子的价格。一粒种子救活一个世界，农业是国家的基础，而种子则是农业的基础。如果继续让广大农民抱怨种子价格高，买不起种子的话，这对于我国农业的发展是十分不利的。化肥的价格也是节节攀升，有时候王凤莲手里没有余钱买化肥，便会将上一季收获的稻谷拿出来些卖掉，然后用卖稻米的钱去买化肥。

王凤莲的小儿子正处在长身体的阶段，据说小时候没有钱买奶粉，经常把米糊充做奶粉食用，平时也吃不到鸡蛋、牛奶等富含营养的食物。据了解，番茅村的儿童很少吃到鸡蛋一类食物，所以身材普遍偏瘦小，王凤莲的小儿子也是如此。王凤莲也很少给儿子买衣服，她说，“孩子的衣服买来也穿不了几年，还是穿些旧的，还能节省一些”。亲戚和朋友经常把自家小孩不穿的衣服送给王凤莲，她也欣然接受。对于自己和丈夫，王凤莲就更舍不得花钱买衣服了。一年下来，只有在过年的时候王凤莲才会给孩子买件新衣服，因此，在衣服上的支出极少，一年仅 200 元。

王凤莲和陈德荣二人身体都很好，去年一年没有患过大病。虽然全家五口人都参加了新型农村合作医疗，但是在一般情况下，大家得了病都不会去定点大医院治疗，而只是到熟悉的小诊所找医生开个方子拿些药而已。小孩子身体弱，倒是时常得些小感冒之类的病，严重时也要打几天的吊针。2009 年，王凤莲家在看病上的花费有 1000 多元。

由于自己家生活困难，对于番茅村里其他人家的红白喜事，王凤莲显得并不积极。只在有人组织集体“凑份子”时才参加一下，每次也不过 20 元钱，倒是亲自去帮忙的时候居多。在这个偏僻的小村子里，人与人之间的联系显得尤为密切和充满人情味。

闲谈之中，王凤莲的大女儿打回了电话，说是学校里的课程都已结束，再有一门考试后即可回家。王凤莲和我们说着自己的女儿，脸上露出了舒心的微笑，想念女儿的心情溢于言表。相信女儿回家后能够帮助王凤莲多干些活，也让这位长年操劳的母亲好好休息一下。我们也希望，女儿能够早日毕业找到工作，为家庭多分担一些！

十、收入偏低户

（一）生活困难的王良形家

在我们到达五指山市的第四天上午，在村妇女小组长的带领下，我们来到了王良形家。王良形，男，37 岁，黎族，他的妻子叫王月琴，35 岁，也是黎族，两个人均没有宗教信仰。家里有一个老父亲，67 岁，老母亲两年前已经去世。夫妇有一个女儿和一个儿子，大女儿叫王静静，14 岁，小儿子叫王想，今年 9 岁。

王良形家住的地方离村里的柏油马路较近，大概有 100 米。他家住的地势较高，和临近的几户人家挨得很近。村里的道路比较狭窄崎岖，大约有 3 米宽。平时一下雨，他家门口的道路就非常难走。他最大的愿望就是希望乡里能再给村里拨一些钱，把通向家门口的道路也修成柏油马路。给我们开门的是他的女儿王静静，她穿着校服，袖口已经磨破，脚上穿着一双白胶鞋。小姑娘很热情地请我们到屋里坐。在简单地说明来意后，她非常欢迎我们来到她家，对我们这些来自北京的陌生人充满了好奇。

王静静家的屋门比较破旧。一家老小挤在一间 10 平方米的小房子里。据家里的老人说这间老房子已经有 50 多年的历史，最外面木头的颜色已经变成了深褐色。由于年代久远，房子曾经作过一次大的修整。屋子里灯光昏暗，中间挂着一个白布帘子，帘子后面是全家唯一的一张大床，帘子的前面是家里仅有的一张小桌和几把凳子。由于屋子太小，物品码放十分凌乱，甚至连换洗的衣服都堆在床上。小儿子王想很怕生人，见到有陌生人来到他家就躲在帘子后面不愿出来。

门口靠墙的位置歪歪斜斜地堆着劈好的木柴，勉强够全家使用。年迈的爷爷在墙边种了一些茄子、豆角，家里人一年四季不用花钱买菜了。女孩家里连盖厨房的地方都没有，母亲平时只能凑合着在房檐下做饭，要是遇到下雨就只能蹲在房檐下吃饭了。由于煤气的价格较贵，家里除了做早饭外，平时都不舍得用煤气。番巴村的电价是0.5元/度，除了父母晚上偶尔看看电视以外，家里一般都不怎么用电。王静静尽量在学校完成作业，这样放学后就能帮母亲做晚饭。村里最为困难的问题是用水，每户人家都有一根扁担和几个大水桶。和我们聊天的时候，小姑娘已经挑了四桶水了。“村里人要到村口排队挑水，赶上用水高峰的时候，至少要排上半个小时”。别看她身材矮小，但用扁担挑起两大桶水却毫不费劲。夏天赶上洗衣服、做饭，小姑娘不知要来来回回走多少里路。王静静说她心里总在想：什么时候家里能像学校一样用上方便、干净的自来水呢？

表10－1　　**2009年家庭收入来源情况**　　单位：元

职业	收入	职业	收入
从事种植业	5000	本乡镇就业工资	5000
从事渔业	0	外出打工	5000
家庭手工业	0	从事运输业	0
从事畜牧业	0	政府补贴和社会救济	0
从事养殖业	1000	出租草场、耕地、房屋等	0
从事旅游业	0	其他经营收入	0
总收入合计	16000		

数据来源：根据王静静口述整理，2010年7月。

表10－2　　**2009年家庭的农作物、牲畜、家禽情况**

种类	亩数	折算价值（元）	种类	亩数	折算价值（元）	种类	个数	折算价值（元）
玉米	0	0	瓜果	0	0	羊	0	0
麦类	0	0	花草	0	0	牛	0	0
薯类	0	0	烟草	0	0	马	0	0
棉花	0	0	油料	0	0	驴	0	0
蔬菜	0	0	糖茶	0	0	猪	2	1000
水稻	1	3000	橡胶	18	2000	禽类	0	0
大豆	0	0	槟榔	0	0			

数据来源：根据王静静口述整理，2010年7月。

由于村里经济落后，王静静的父亲王良形初中毕业后就开始外出打工，至今已有15年，算得上是“资深打工者”。但从2006年以来，王良形外出打工的次数不像以前那样多，这主要因为哮喘的老毛病困扰着他的身体。

2009年，王良形一家总收入不到2万元，在全村属于比较困难的家庭。其中，妻子外出打工5000多元，占到全家收入的1/3左右。家有橡胶地18亩，其中有300株胶树能够开割。由于胶树一般要长到7年左右才能开割，割胶收入只有2000元。此外，王良形种植了1亩左右的水田，折合现金收入大概3000元。（见表10-1、表10-2、表10-3）一个14岁的小姑娘竟能把家里的经济情况说得如此清楚是难能可贵的，小小年纪的王静静已经开始能为父母排忧解难了！

小姑娘告诉我们，村里人不用为橡胶找销路而发愁。五指山附近有两个民营橡胶收购站负责收购当地农民的橡胶，其中最近的一家离村口不到500米。每个家庭可以随时将生胶卖给橡胶站，而不必等橡胶站上门收购。但和其他家的情况一样，她家地里的橡胶树也经常发病。病情严重的时候，整片橡胶叶干枯而死，村民们通过村委会向镇里反映了这一情况。2008年，冲山镇政府派来的刘技术员挨家挨户调查走访，最终发现村民们种的橡胶普遍得了枯叶病。刘技术员亲自指导村民，一旦发现橡胶发病，就及时剪掉生病的叶子，每10天喷洒1次农药，连续喷2~3次，以控制病害发生和蔓延。收果后，结合清园，把枯老病株割除，集中烧毁，消灭越冬场所。妈妈王月琴按照技术员的办法操作后效果一般，她希望镇政府能再多派一些农业方面的专家来村里看看。“毕竟橡胶收入是我们村的一项很重要的收入来源啊！”

表10-3　**2009年家庭承包土地情况**　单位：亩

总面积	水浇地面积	旱地面积	良田面积	荒地面积
19	1	18	1	0

数据来源：根据王静静口述整理，2010年7月。

表10-4　**2009年家庭主要生产性固定资产数量情况**　单位：台

汽车	拖拉机	打草机	收割机	机动三轮车	牛车	摩托车	水泵	其他
0	0	0	0	0	0	0	0	1

数据来源：根据王静静口述整理，2010年7月。

提起家里的橡胶树，王静静说自己刚上初中的时候就跟爸爸学会了割胶的技术。在正常情况下，橡胶树栽后6年起就可以开割产胶。最好的产胶时间是凌晨之前，所以村里人都在早上两三点钟起床进林。大家头戴光亮的胶灯，手持弯月形的胶刀，对着开割的胶树树皮，小心翼翼地削割。每次只能在1/2的树皮上环割约1毫米厚的一层，既不能伤树，又要割开乳胶导管，让胶水沿着割线坡度流进树下的胶杯中。所以，割胶是个技术活。

“每年暑假我都在家干农活！”光说不够，小姑娘还主动请缨，现场展示她在庄稼地里的“身手”，“比如喷农药，得倒着走”。王静静演示了如何背上农药壶、一边按手柄喷药，一边徐徐向后退。她还强调喷药要均匀，必须耐心细致，左右两旁的庄稼都要照顾到。演示完洒农药后，小姑娘说除草也是一件技术活。在作物生长的整个过程中，根据需要可进行多次中耕除草，除草时要抓住有利时机除彻底，不得留下小草，以免引起后患。

听到我们问制约家里农副业收入增长的主要原因时，王静静告诉我们，她家目前的问题就是缺少劳动力。父亲王良形经常有病，母亲既要干农活，又要外出打工，弟弟王想还很小，所以她每天放学以后，都要帮父母干农活。割胶、插秧等农活她都会干。

表 10－5　　**2009 年家庭支出情况**　　单位：元

总支出	生产性	衣服	食品	看病	教育	娱乐	红白喜事	交通	通信	住房
18300	2400	300	12000	1000	600	200	200	1000	600	0

数据来源：根据王静静口述整理，2010 年 7 月。

表 10－6　　**2009 年家庭耐用消费品情况**

项目	数量	项目	数量
电视（台）	1	拖拉机（台）	0
电冰箱（台）	0	卡车（辆）	0
洗衣机（台）	0	小轿车（辆）	0
照相机（台）	0	电话（部）	1
影碟机（台）	0	组合音响（套）	0
电动车（辆）	0	手机（部）	1
摩托车（辆）	1	自行车（辆）	0

数据来源：根据王静静口述整理，2010 年 7 月。

我们问王静静会不会因为干农活而耽误学习？小姑娘表示她会尽量在不耽误学习的情况下帮助父母劳动。她明白自己上学的机会是非常难得的，小姑娘的懂事令我们非常感动。当我们说到想看看她的作业本时，王静静显得有点不好意思，但她还是同意了我们的要求。她告诉我们平时尽量在学校里完成作业，这样就可以回家干农活了。我们问她："平时还有时间复习功课吗?"小姑娘说几乎没有时间。而自从增加了物理课以后，她觉得自己的学习兴趣不再像从前那样。"那你初中毕业后还打算继续上高中吗?"王静静说她还是打算上职业学校。村里面能上高中的孩子不多，一方面是学习成绩达不到要求，而另一方面的原因就是家里的经济情况不允许。

在调研走访过程中，我们发现这些年国家始终高度重视治理教育乱收费问题。海南省也多次强调，坚持把加大教育投入作为解决教育乱收费问题的重要保障，要求各市县认真贯彻教育优先发展战略，深入推进农村义务教育经费保障机制改革。从 2004 年秋季新学年开始，海南省在全省 18 个市县、农垦、洋浦以及企事业单位公办的普通小学、普通初中以及义务教育阶段的特殊教育学校、特殊教育班，全面推行"一费制"收费办法。原 45 个扶贫开发工作重点乡镇的农村小学和初中仍继续按照省教育厅、省财政厅规定的收费范围和标准实行"一费制"收费办法。冲山镇政府按照义务教育实行"以县为主"的管理体制，坚持市县政府投入为主，学生交费为补充的原则，确保用于农村义务教育的投入不低于规定的比例。为了配合市里义务教育阶段学校推行"一费制"的收费办法，冲山镇政府要求学校要按规定的项目和标准收费，不得擅自设立收费项目，提高收费标准或搭车收费。任何部门和各学校不得强行向学生推销生活用品和学习用品，切实减轻学生和家长的负担。此外，冲山镇政府还制定了健全资助家庭经济困难学生的保障机制。镇政府和教育行政部门进一步加大了对资助家庭经济困难学生的工作力度，每年要安排一定专项经费用于资助像王静静这样的少数民族贫困家庭。

谈到女儿，王良形感到十分愧疚。他从心里感激女儿对家里的付出，"真是难为我们家闺女了!"父亲王良形患有腰间盘突出，不能长期干重活。家中像插秧一类的累活就只能由妻子和女儿代劳了。一旦腰病犯了的时候，下腰痛和坐骨神经痛，几乎连一步道都不能走，只能卧床休息。每次病情发作的时候，王良形要睡硬板床。症状再重时，他就得去市里的私人诊所打封闭针。

我们问他为什么不去正规医院？妻子王月琴告诉我们，新型农村合作医疗制度是以大病统筹为主的农民医疗互助制度，普通疾病医疗费用等不在该保险范围内。此外，农村医疗保险的报销手续很烦琐。有的村离报账中心和信用社很远，来回的车费都比较贵，在很大程度上降低了农民的积极性。

王良形的妻子告诉我们，丈夫的病都是在外打工时落下的。年轻时，妻子王月琴在家里干农活，操持家务，照顾孩子。而丈夫主要在海口、广东等地打工，基本上跑遍了广州各地。那时，丈夫每年回家一次，一般是在春节放假时才回来，在家里待上十多天，过完春节再出去。丈夫的一次受伤令她记忆犹新。2004 年，王良形在海口的一家采石场打工，采石场主要为水泥厂提供一种原材料——石灰石。丈夫具体的工作是打风钻放炮，也就是用风钻在石头上打眼。然后放入炸药将石头爆破。刚去时他什么也不会，就先看别人操作，自己在旁边悄悄地学，然后自己摸索，慢慢地就学会了。一次在采石场打风钻时，因为石头周围泥土过多引起塌方，他被埋在泥石堆里面，工友们发现后奋力营救，及时将他救出，不然后果不堪设想，这真可谓是九死一生。丈夫从不愿意向外人说起这些事情，他觉得虽然出门在外充满了艰辛，但怕家里人担心。现在回想起来，他又觉得这些苦也没有什么大不了的，过去的都过去了。

沉重的生活负担让王良形颇感吃力，每年的收入勉强维持日常开支，日子过得紧巴巴的，平时很少吃肉，只有来客人时才买一点。2009 年的生活开支约 18300 元（见表 10－5），家里除了有一台电视、一辆摩托车、一部电话和一部手机外，再没什么值钱的东西（见表 10－6）。看到别人家过得比自家好，他心里总觉得不是滋味。他希望孩子们能够好好念书，做一个有知识的人，因为这一点自己在多年的打工生涯中深有体会，没有知识即使外出打工也是困难重重。虽说供孩子读书很吃力，但他和妻子认为，哪怕是不吃不喝，就是去借钱贷款也愿意一直供下去。只要孩子们认真读书，将来出人头地，自己付出再多也值得。谈到对今后生活的打算，王良形希望冲山镇能大力开发本村的旅游业，因为番巴村是靠近五指山市最近的村子。每年都有很多游客到这里参观，买一些椰子、槟榔等土特产品。况且，番巴村是黎族少数民族自治村，可以结合黎族文化开发村寨，而这也是符合国家开发海南国际旅游岛的战略。

王静静说父亲王良形是一个乐观向上的新时代农民，谈话中虽然聊到了辛酸的经历，但他还不时发出阵阵爽朗的笑声，看得出他是一个性格开朗、坚强乐观的人。生活的艰辛虽然压弯了他瘦弱的身躯，但磨炼了他坚强的意志，他始终相信通过自己的劳动来改变家庭的贫困。同时，他也是一个很有眼光的父亲，他重视孩子的教育，愿意不惜任何代价供孩子读书，希望将来孩子们能靠知识改变命运，不再重复他们这一代人四处奔波的生活。我们祝福这个从小就替父母分忧的黎族小姑娘，祝福这个善良的家庭，愿好人一生平安！

（二）渴望改善生活的王杜星家

番巴村，宁静而又祥和，夏虫的鸣叫声更为这里增添了一份静谧的气氛。我们在村支书的带领下，找到了王杜星家。王杜星，男，黎族，27 岁，没有任何宗教信仰，普通话讲得很流利，初中文化水平。他的妻子叫卢春玉，汉族，25 岁，海南省乐东人。小夫妇两个人和公公婆婆一起生活，家中有一个 5 周岁的儿子，现在五指山市冲山镇中心小学上学前班。王杜星家是一个典型的老少之家。番巴村依山而建，三面环山。这里的居民大部分为黎族，但除了还保留少数的传统习俗外，看不出其他的少数民族特征，这里的居民沿袭祖祖辈辈的种植业，并以此为生。

王杜星一家离村里的柏油马路不算远，大概有 20 米。他家门口是一个篮球场，平时村里的年轻人经常在一起打比赛，他家和临近的几户人家挨得很近。他家里的住房是砖瓦房，屋子是坐北朝南的，但大门朝向西，住房建筑面积是 20 平方米左右。男主人告诉我们，村里大概每家至少有一辆摩托车。由于田地离他们住的地方至少有四五公里，要是走着去大概要一个小时，十分浪费时间，而摩托车可以帮助大家解决这个难题。况且，接送子女上下学、去乡里买种子和带老人去五指山市看病等都离不开它，就连村里的有些妇女也会驾驶摩托车。

表 10－7　**2009 年家庭收入来源情况**　单位：元

职业	收入	职业	收入
从事种植业	5500	本乡镇就业工资	0
从事渔业	0	外出打工	0

续表

职业	收入	职业	收入
家庭手工业	0	从事运输业	0
从事畜牧业	0	政府补贴和社会救济	125
从事养殖业	4100	出租草场耕地房屋等	0
从事旅游业	0	其他经营收入	0
总收入	9725		

数据来源：根据卢春玉口述整理，2010 年 7 月。

表 10－8　　2009 年家庭农作物、牲畜、家禽情况

种类	亩数	折算价值（元）	种类	亩数	折算价值（元）	种类	个数	折算价值（元）
玉米	0	0	瓜果	0	0	羊	0	0
麦类	0	0	花草	0	0	牛	0	0
薯类	0	0	烟草	0	0	马	0	0
棉花	0	0	油料	0	0	驴	0	0
蔬菜	0	0	糖茶	0	0	猪	5	3500
水稻	2	2000	橡胶	8	3500	禽类	10	600
大豆	0	0	药材	0	0			

数据来源：根据卢春玉口述整理，2010 年 7 月。

说到摩托车，我们自然要提到王杜星的腿。妻子卢春玉说，丈夫 2004 年在广东打工期间，骑摩托车外出，被斜冲过来的小汽车撞成了左胯骨骨折。虽然对方违反了交通法规，但是由于自己是无证驾驶，并没有获得赔偿。由于广州的医药费用太高，花了大约 4000 元后，为节省治疗费用，他只好回到家乡冲山镇就医。在镇医院前后治疗了两次，骨头虽然是接好了，但还是留下了后遗症，走远路的时候左腿不太吃劲。

卢春玉一家有 2 亩土地，她家的土地在番巴村并不算多。自然灾害、物价上涨、资金不足等都是让他一年到头很苦恼的事情。2009 年 5 月，一场暴雨突然袭来，致使他家的 1 亩多水田被淹，前期的投入几乎就要化为乌有，眼看水稻就要落得颗粒无收的结局。王杜星赶紧向朋友借了 1 亩多水田，补

种了一茬其他作物，由于时令还不算太晚，水田总算没有绝收。但他家的收成却减少了 2000 多元钱。卢春玉向我们反映说，狂风暴雨等恶劣天气和自然灾害是影响她们村农业生产的重要因素，特别是家家户户种植的橡胶树，有时一场病虫害过后往往就意味着一年的劳动付诸东流了。

番巴村的土壤品质很低，土地零星破碎，有的地方基本上不适应机耕。同样的生产面积，劳动强度要高于平坦地方的若干倍，加上土地的肥力低下，生产投资方面严重不足，高强度的劳动换不到等价的收入。所以，勤劳的村民虽然付出了年复一年的劳动，却总是不能致富。小两口明白，仅仅依靠务农是改善不了家里的贫困面貌的。2009 年卢春玉一家种植橡胶 8 亩，年收入 3500 元，这是令她十分欣慰的一件事。她非常感谢冲山镇政府派来的技术员，卢春玉一边回顾着去年的收成，一边向我们介绍技术员免费培训村民橡胶栽培技术的场景。

2009 年，王杜星一家的纯收入接近 1 万元。家里收入的主要来源情况为：种植橡胶 8 亩，3500 元，水稻 2 亩，2000 元，闲暇时他们夫妻俩还在自家菜园子里种植一些蔬菜等供自己食用。去年他家养了 10 只鸡和 5 头猪，由于猪肉价格较好，因此他家的养殖业收入高达 4000 多元。最后他家领到政府发放的种子补贴 125 元（见表 10 - 7、表 10 - 8 和表 10 - 9）。由于孩子年纪还小，所以夫妇两个人暂时没有外出打工的打算。

表 10 - 9　　2009 年家庭承包土地情况　　单位：亩

总面积	水浇地面积	旱地面积	良田面积	荒地面积
10	2	8	2	0

数据来源：根据卢春玉口述整理，2010 年 7 月。

表 10 - 10　　2009 年家庭主要生产性固定资产数量情况　　单位：台

汽车	拖拉机	打草机	收割机	犁田机	牛车	马驴车	水泵	其他
0	0	1	0	0	0	0	0	0

数据来源：根据卢春玉口述整理，2010 年 7 月。

说到 2009 年的暴雨，卢春玉还是心有余悸。她告诉我们，庄稼人就是靠天吃饭，一旦赶上恶劣天气，他们就怕地里的农作物受损失。特别是2010年上半年农资价格上涨很快，农民反映强烈，对农民种田积极性造成了一定的影响。农资购买量大为减少，冲山镇的农资经销商反映今年的化肥价格还是呈上涨趋势，厂家、批发商不愿大量发货，经销商只能进一点卖一点，而这直接导致了农民种田的积极性不高。我们认为，影响农民种田积极性不高的因素主要是农资价格上涨导致成本增加效益下降。各种物价上涨，生活成本增加，致使农民种田收入本来不多，其购买力还在下降。自从我国实施农村家庭联产承包责任制以后，农村生产方式几十年一成不变，生产力没有质的飞跃，土地产出效益增加不明显。而随着我国社会经济各行业快速发展，农民就业门路增加，收入渠道拓宽，种田的吸引力严重削弱，种田比较效益太低，农民纷纷转向其他行业的经营，这一点才是农民种田积极性下降的深层次因素。

当问起以前农民为什么怕种地呢？卢春玉说负担太重。那时，农民种地的负担有：农业税、农业特产税、屠宰税、“三提五统”等。农业税每亩地要交80斤稻子，乡统筹每亩地要交50斤稻子，村提留每亩地要交30斤稻子。而水稻亩产也就是500斤左右。除掉化肥、农药等成本，再缴上农业税和“三提五统”，农民种一亩地只赚点口粮。那时候，谁家要是卖一头猪，还得交40元屠宰税。因为种地不赚钱，不少农民外出打工。既然种水稻不赚钱，当问起村民为什么不种高效经济作物如橡胶、香蕉、瓜菜、芒果等呢？卢春玉说，有不少人种经济作物，但要交农业特产税，而且负担高过种水稻。

2005年，海南率先全国取消农业税，同时给予农民种地各种补贴，极大地调动了农民的积极性。“以前，番巴村有农民怕种地，全家外出打工，多少年都不回家。”卢春玉说：“现在，不少村民愿意跑回来要地种，至少愿意打工不忙的时候抽空回家割胶、插秧”。外出打工农民为什么回来要地种？现在种地，政府提供多种补贴，卢春玉家去年就领到了125元补贴。“以前农民种地，人均负担近100元，而现在农民种地，不但实现‘零税负’，而且国家还给农民各种补贴人均达200多元，一减一加，农民年人均增收差不多300元。”

我们认为，要提高农民种田积极性，增加粮食作物播种面积，确保粮食安全，要做好三点，一是国家通过各种手段调控农资价格；二是继续增加农资综合补贴力度；三是通过促进农业产业化发展，推进农民专业合作社建设进程，集中土地，推广机械化、规模化、集约化生产模式，提高农业生产力，这才是长治久安解决“三农”问题的治本之策。当然，这是一个长期、系统的工程，需要全社会的共同关注和努力才能实现。

表 10 - 11　　2009 年家庭支出情况　　单位：元

总支出	生产性	衣服	食品	看病	教育	娱乐	红白喜事	交通	通信	住房
17200	1200	600	12000	200	600	300	500	1200	600	0

数据来源：根据卢春玉口述整理，2010 年 7 月。

表 10 - 12　　2009 年家庭耐用消费品情况

项目	数量	项目	数量
电视（台）	1	拖拉机（台）	0
电冰箱（台）	0	卡车（辆）	0
洗衣机（台）	0	小轿车（辆）	0
照相机（台）	0	电话（部）	1
影碟机（台）	1	组合音响（套）	0
电动车（辆）	0	手机（部）	1
摩托车（辆）	1	自行车（辆）	0

数据来源：根据卢春玉口述整理，2010 年 7 月。

夫妇俩的生活是很简朴的，平时花销能省就省，但他们表示今后对孩子的教育投入将不会吝惜。30 多平方米的卧室里，电视、影碟机、电话、组合音响等“大件”都是结婚时买的，婚后就没有添置过其他的东西。（见表10 - 12）两口子也好几年没有买新衣服了，2009 年主要给孩子买了几件新衣服，用在买衣服方面的花销一年只有 600 元。5 岁的儿子身体健康，偶尔生个小病，父母带他去乡卫生院看病、吃药，去年全家医药费花销不多，就 200 多元。他们把孩子送到冲山镇中心小学接受教育，孩子去年上学前班，今年 9 月就正式上一年级了。镇里的小学是寄宿学校，学费、杂费全部免除，国家还拨给孩子们每月 40 元的伙食补助。到周末回家时，王杜星骑摩托车从学校接孩子回家，周日下午再送孩子去学校，一个月要 100 多元钱的交通费。平时还要给孩子买一些小零食和课外书之类，这些钱虽不少，但在他们看来都是值得的，两个人辛辛苦苦不就是要给孩子创造一个好条件吗？此外一年的消费还包括食品 1.2 万元、生产性支出 1200 元、娱乐 300 元、红白喜事 500

元、交通费1200元和通信费600元，其中食品支出仍是主要的支出。这样下来，王杜星一家去年一年的总支出达1.7万多元（见表10－11）。

聊天中王杜星告诉我们这么一件事，他经常在电视上听到种种关于培养孩子的花费。电视节目说上海市社会科学院根据2009年物价水平，核算出上海孩子从出生到30岁，要花费49万元。“在北京地区生育一个孩子的费用比20年前涨了100多倍”。他看到报纸上新华社的一则消息报道：如今生育一个孩子需要四五千甚至上万元不等。北京的许多医院，尤其三级甲等医院生个孩子的费用较20多年前涨了100多倍。那么是不是花费的金钱越多，就一定能收获的越多吗？他对此表示很大的疑问。

当今时代，不少家长因自己的孩子教不好而苦恼。他们在物质上能慷慨解囊，可以把最流行的玩具搬回家，也可以给孩子报这个特长班，那个智力开发班，但他们在孩子身上却最吝啬一样东西——时间。孩子的学习环境很重要，家庭是孩子学习的第一场所，父母就是孩子第一任老师，也是孩子最好的朋友，如果孩子有什么事也不敢和父母沟通，那做父母的就是一种失职。不知道孩子想什么，需要什么，怎么去教育？多陪孩子聊聊，多和孩子沟通，才是教育孩子的根本。“爱他，就和他共读吧！”每天抽20分钟陪孩子一起读书，远离电视和网游，这成为现在年轻父母中的新宣言。不再逼孩子读书，而是先逼自己每日抽出时间来“陪孩子读书”，这实在是年轻父母们责任归回本位的体现。教子有法，没有定法。因孩子的性别、个性、家庭背景不同，应有不同的教子方法。多给孩子一些时间，和孩子共同活动，这无疑是每一个做父母教育孩子最基本的、必要的。王杜星夫妇为什么如此关注子女的教育问题呢？他们再也不想孩子像自己一样没有文化。“今后就是当农民也要有文化！种田和打工都要有文化懂技术，从小要学好文化知识，掌握一门技术，无论是种田还是打工才会有出路。”王杜星非常感慨地对我们说。

当我们问他们还希望得到什么帮助时，王杜星说家里还是希望能得到一些贷款，虽说橡胶收入不低，但是种地的成本也是很高的。市里的首家农村小额贷款公司开业仅一周，前来贷款的农户预约已排到8月底，如果没有小额贷款，他去哪里筹集钱呢？农民贷款难，难在无担保。“农民其实最讲信用，关键是要找到有效的办法。”王杜星补充说。他给我们讲了一件海南省乐东县积极为农民办理贷款的事情。2009年乐东引导先富农民给农民贷款提供担保，信用社大胆发放贷款1300万元，帮助近300个农民种上高效农作物。

可贵的是，目前农民到期还款率100%。“贷款期限是6个月至1年，目前到期贷款还款率是100%。”王杜星说：“因为是个人提供的担保，所以没有人赖账”。由于种种原因，过去金融机构在农村放的贷款坏账率较高，农民整体信誉降低，导致金融机构在农村放贷款门槛设置越来越高。村小组组长王志文说，先富农民给农民贷款提供担保，无论是与政府为农民成立的担保公司相比，还是与农民小额贷款多户联保相比，都更有效率。它通过市场机制引导先富农民带动大家共同致富，是非常有创造性的探索。我们希望番巴村小组所在的村委会能把他的建议向冲山镇政府反映一下，看看能不能再想一些办法帮助村民们多找一些筹资的渠道。

王杜星夫妇给我们小组留下的印象是积极向上的、乐观的。我们望着王杜星脸上充满希望的笑容，心中替他欣喜不已。或许是年轻的缘故吧，他们对生活并不抱怨什么，美好的生活需要靠自己勤劳的双手去创造，态度决定命运。应该说，生活给予每个人成功的机会是同等的，收获不同，只是人们的态度不同罢了。从某种意义上说，态度就是目标，是追求，是熊熊燃烧的信念篝火。这让长年在大城市生活的我们眼前一亮，正是这种朴素的生活态度使我们心灵得到净化。将近两个小时的访谈，使我们在了解黎族村民生活的同时，也多了一层对生活的感悟！

（三）勤劳朴实的黄金香家

黄金香，女，黎族，1970年生，现年40岁，初中文化水平，普通话一般，但能通过普通话表达简单的意思、进行基本沟通，无宗教信仰。第一眼见到黄金香的时候，就觉得黄金香是一个特别随和的人，之后在和我们的沟通交流过程中，她一直是满脸笑意，十分配合地回答我们的问题。采访的时候黄金香的小女儿一直待在身旁，一双大眼睛忽闪忽闪好奇地看着我们，时而还露出童真的笑容回应我们打量她的目光。黄金香一家共五口人，丈夫黄海清也是黎族人，今年43岁，长得非常结实，一看就是干农家活的好手。黄金香和黄海清是在干农活的时候偶然认识的，后来黄海清托媒人去黄金香家提亲，两人就结成了连理。婚后，黄金香很快就生下了一个女儿。大女儿现年16岁，已经初中毕业，正准备去读职业中学。她并不想留在家里学习黎族的传统手艺——织锦，而希望像村里的很多青年人一样，学点技能到大城市打工。黄金香的第二个孩子是男孩，今年 11 岁，读小学四年级。小女儿 5 岁，今年九月份就要开始上学。

黄金香家的房子是 1997 年重新修建的，平房样式，屋顶可以用来晾晒稻谷等，实用性较强。她家共有两间屋子，房子虽然不大，但是建得非常的结实，实砖实瓦，该用的建材一点儿都没省，到现在已住了 10 多年，没有像当地其他一些人家的房子那样出现漏雨的现象。遇上每年夏季到来的台风，黄金香一家也不用出去躲避。黄金香家的经济状况在村里还算较为不错。家里有一台电视机，一家人平时主要的娱乐活动就是看电视。丈夫黄海清为了干活方便买了一辆摩托车。做饭用的是电饭煲，用来煮米饭方便又实惠，这得益于农村电力的普及。现在几乎每家每户都能用得上电，也能用得起电。但是如果像煮猪食之类的，几乎所有人家还是只能选择烧木柴，因为木柴不需要去买，每隔几天上山砍上几担就够用十天半个月的，这样的话也可以省下一些支出。番茅村家家户户都已经用上了自来水，政府做的这件实事，极大地方便了村民们的日常生活。此外，她家里还有一套组合衣柜和一套组合音响，是黄金香当年结婚时家里给置办的嫁妆，一直留用至今。黄金香家主要耐用消费品情况如表 10 - 13 所示：

表 10 - 13　　**2009 年家庭耐用消费品情况**

项 目	数量	项 目	数量
电视机（台）	1	拖拉机（台）	0
电冰箱（台）	0	卡车（辆）	0
洗衣机（台）	0	小轿车（辆）	0
照相机（部）	0	电话（部）	0
影碟机（台）	0	组合音响（套）	1
电动车（辆）	0	手机（部）	1
摩托车（辆）	1	自行车（辆）	0

数据来源：根据黄金香口述整理，2010 年 7 月。

与以往传统的农村生活方式相比，黄金香家现在的生活方式变得现代化一些了，生活水平也比刚结婚那时提高了。尽管家里有摩托车，而且坐车去市区也特别方便，但每次去市里买菜及其他日用品时，黄金香都是步行到市里去，除非有特别紧急的事情，因为坐车的话还要花一元钱的路费。对于像黄金香这样朴素节俭的农村妇女来说，这些费用都是要节省下来的。黄金香的娘家并不是很远，如果坐车的话要花三元钱，逢年过节回娘家探亲时，一般情况下黄金香也都步行前往。

黄金香家主要依靠农业种植为生。黄金香家虽然有五口人，但由于三个孩子都没有赶上分地，家里只有一亩多地，其中大部分用来种植水稻。由于黄金香丈夫黄海清的种植技术好，在农活上经验丰富，每年种植两季能收1000多斤稻谷。稻米是当地村民平时最基本最主要的口粮，如果有吃不完的稻米就会卖掉以补贴家用。水田旁边有较宽的田埂，田埂上可以种植各种时令蔬菜。平时吃的蔬菜基本上都是自己家种的，但各种荤菜如肉、鱼等都只能到市里去买。除了水田之外，家里还有一点旱地，会种植一些类似地瓜等比较耐旱的作物。地瓜叶和梗主要用来喂猪，好一些的地瓜留给自家人食用，质量较差的地瓜也会用来喂猪。据黄金香反映番茅村的农业补贴还不能满足农业生产的需要，今年的化肥补贴是20斤/户，这对于只有一亩多水田的黄金香家是远远不够的，更不用说对于那些家里地较多的农户了。黄金香家每年在化肥上都要花费100多元钱，相对于地里所产生的收益来说，这也算是一笔不小的支出。并且水稻种植基本上是处于自给自足的状态，只够满足一家人的温饱，并不能带来多少额外的收入，更别提通过水稻种植致富了。黄金香家用的是杂交水稻种子，这样每年的产量会高一些，但种子的价格也比一般的种子贵。杂交水稻种子是每斤16元，她家每年大概需要买10多斤种子，相应地在这一项上的支出就要200元左右。2009年黄金香家的土地承包情况见表10－14。

表10－14 **2009年家庭承包土地情况** 单位：亩

总面积	水浇地面积	旱地面积	良田面积	荒地面积
1.88	1.5	0.38	1.88	0

数据来源：根据黄金香口述整理，2010年7月。

1998年，当地政府开始发动村民种植橡胶，事实证明，这一尝试是非常成功的，因为从现在就可以看到，整个番茅村几乎每户人家的主要收入来源都是种植橡胶，橡胶让番茅村村民的生活水平上了一个台阶。但是，由于种植橡胶的缘故，村民养牛就不再那么方便了，因为放养的牛很有可能会吃掉刚栽下的橡胶苗，为了让橡胶苗顺利地成长，当地政府劝诫大家不要再养牛。于是，像其他人家一样，黄金香家也把放养了几年的牛以每头500元左右的价格卖掉了，卖牛的钱再添一部分钱购买了一台价格2000元左右的犁田机。用了现代化的机器之后，种水稻就更加省时省力了。养牛的时间也被节省下来，可以用到其他方面。而今，养猪在当地农户中较为普遍，黄金香家现在也养了2头小猪，小猪是每头100元购买的。据黄金香说，这些小猪一般养一年左右可以出栏，长势较好的话8到10个月也可以出栏，喂猪主要用地瓜叶和野菜。每头猪如果是整猪卖的话价钱一般在400元到500元，零卖的话收入更多一些，但很麻烦。她家每年从养猪这一项可以赚800元到900元。此外，黄金香家是较早响应村里种植橡胶号召的农户。橡胶种植是当地政府为了改善黎族村民的经济状况并根据当地的气候等特点而引进的一个重要项目。黄金香家共种植了200株橡胶，由于种植较早，她家的橡胶明年就可以割了。其他种植橡胶更早的村民，已经开始割胶了，家里的经济情况也得到了明显的改善。由于橡胶每年都可以割，管理得好的话可以连续割很多年，这就给村民带来了稳定的收入，尽管从种植到产生收益需要长达七八年时间，然而一旦开始产生收益，也是比较长期和稳定的，因此对当地村民来说是个非常不错的项目。提起明年自己家就可以开始割胶，黄金香就带着掩饰不住的幸福期盼（2009年黄金香家的农作物种植、牲畜及家禽饲养情况见表10－15）。

表10－15　　**2009年家庭农作物、牲畜、家禽情况**

种类	亩数	折算价值（元）	种类	亩数	折算价值（元）	种类	个数	折算价值（元）
玉米	0	0	瓜果	0	0	羊	0	0
麦类	0	0	花草	0	0	牛	0	0
薯类	0.26	400	烟草	0	0	马	0	0
棉花	0	0	橡胶	5	0	驴	0	0
蔬菜	0.12	500	糖茶	0	0	猪	2	1000
水稻	1.5	2030	槟榔	0	0	禽类	12	70
大豆	0	0	药材	0	0			

数据来源：根据黄金香口述整理，2010年7月。

从上表可以看出，水稻是重要的农作物，但是黄金香家从明年开始就可以从橡胶上产生更多的收益。除了种植橡胶之外，黄金香还通过自己的手艺增加收入。她参加了村里的织锦传习所，今年参加织锦的妇女每人分了10只小鸭，折合成市价是35元。小鸭饲养起来非常简单，平时随便喂点菜叶就行，3个月就可以养大。家里还有两只下蛋的母鸡，平常下的鸡蛋一般都留着自己家吃。番茅村是一个典型的黎族村，一些黎族的文化活动都会选择在番茅村举行，比如黎族比较重要的节日“三月三”。织锦是黎族文化的重要组成部分，也是黎族妇女的传统手艺。但是，把织锦的独特优势与商业结合起来是在村里办了黎族文化节之后慢慢发展起来的。目前，织锦带来的收益还并不可观，但从长远来看是可以为当地的经济发展开创出一条新路子的。黄金香一般利用一些零碎时间来织锦，由于黎族织锦是纯手工制作，费时费力，她平均每个月也就织两条，收入二三百元，积少成多，以补贴一部分家用。眼看着村里的年轻人都到外地打工，获得的收入要多得多，黄金香的女儿便不愿意再学习这种传统的技艺并继续以这种手艺谋生，而希望有机会去外面的世界看一看闯一闯。

黄金香的丈夫黄海清是一名瓦工，赚钱较多。近些年，海南省一直致力于发展旅游业，这也带动了建筑业的发展。不仅当地要兴建一些宾馆和餐饮设施，一些村民的生活水平提高之后也会改善自己的住房条件。所以周围的建筑活很多，黄海清可以揽到很多活干，并且这些年他的工钱一直都处于上升趋势，这让黄金香家的物质生活有了一定的保障（黄金香家的收入来源情况见表10－16）。

表10－16　**2009年家庭收入来源情况**　单位：元

职业	收入	职业	收入
从事种植业	2930	本乡镇就业工资	0
从事渔业	0	外出打工	0
家庭手工业	3500	从事运输业	0
从事畜牧业	0	政府补贴和社会救济	0
从事养殖业	1070	出租耕地、房屋等	0
从事旅游业	0	其他经营收入	7500
总收入合计	15000		

数据来源：根据黄金香口述整理，2010年7月。

黄金香夫妇充分调动自己家的资源和能力，努力扩大收入来源。从传统的农业经营，如水稻种植、地瓜种植等，到最新的橡胶种植，通过自种蔬菜自养家禽节约生活支出，到养猪增加收入。除此之外，黄金香和丈夫黄海清还利用自己掌握的技能，通过织锦和揽瓦工活进一步增加了经济收入。据黄金香说，尽管夫妇俩都勤勤恳恳地干活，一年省吃俭用也只能积攒下1000多元钱。她可能有些谦虚，但考虑到他们一家三个未成年的孩子都在上学，全家一年的支出也确实不是一个小数目。

在医疗和养老方面，黄金香一家都参加了已推行的新型农村合作医疗，今年每人交了30元，对于即将推行的农村养老保险她家也很积极。目前黄金香夫妇和三个孩子都身体健康，全家人基本不生病，在医疗上的支出非常少。养老方面，黄金香夫妇结婚的时候每人交了500元钱，属于一次性付清，当时承诺他们60岁之后可以领取养老金，但具体领取多少还不确定。在日常支出方面，三个孩子的衣服、文具、书籍、零食花费都很大，占了他们家支出的很大一部分。家里摩托车的油费也是一项经常性支出，一年将近500元钱，因为丈夫经常要出去干活，摩托车是必不可少的交通工具。家里另一项大支出是走亲戚送红包的花费，黄金香说，就是最一般的亲戚朋友需要送红包的时候最低也要花50元钱，一年下来她家在这一方面的支出也达到了1000元。在手机通信费用上，她家很节俭，一年下来也就花费200多元。每年要交的电费不是很多，因为平时家里该上学的上学，该做工的做工，白天家里一般没人（2009年黄金香家的支出情况见表10－17）。

表10－17 **2009年家庭支出情况** 单位：元

总支出	生产性	生活性	看病	教育	红白喜事	交通	通信	住房
10300	1500	6000	200	700	1000	500	200	0

数据来源：根据黄金香口述整理，2010年7月。

相比村里普通的农民，黄金香夫妇俩都有一定的技能，并且二人齐心协力积极拓展收入来源，他们家的生活水平与村里一般家庭比起来还算不错，属于中上等水平。明年黄金香家的橡胶就可以割胶了，她家又会多一项较为稳定的收入来源。相信在他们夫妻俩的共同努力和用心经营下，一家人的日子会越过越红火。

（四）年过半百的织锦女工张桂英家

张桂英，女，黎族，53岁，小学文化水平，普通话一般，但能用普通话与人沟通，无宗教信仰。初见到张桂英的时候，她正坐在草席上认真细致地织锦，还戴着一副老花镜，印象最深的是她头上花白的头发和岁月在她脸上留下的一道道痕迹。当我们说完此番前来的意图后，张桂英很爽快地接受了我们的采访。

张桂英的丈夫叫黄家吉，也是黎族人，两个人是从小就定下的婚事，可谓是青梅竹马。张桂英刚成年时，双方父母就开始商量他俩的婚姻大事，但因为当年收成不好，又逢家里的长辈去世，婚事就推迟了两年。这是中间的一段小插曲。结婚后，他们两口子和其他普通村民一样过起了日出而作、日落而息的日子。张桂英和黄家吉共育有四个孩子。大儿子今年28岁，现在三亚工作，从事建筑行业，在工地里做包工头，在整个番茅村外出打工的年轻人里边也算是小有成就的。2008年，大儿子结婚，媳妇是邻村的，他们两人在三亚相识，恋爱一段时间后决定结婚。婚礼是在老家村里举行的，当时摆了6桌酒席，每桌花费将近600元钱。来喝喜酒的亲戚朋友都送了红包，条件好的能给200元钱，最少也会给50元，以此表达对新人的祝福和经济上的支持。尽管大儿子打工的这几年攒了些钱，但光是结婚买家具就花了将近9000元。这对于张桂英家来说，算是一笔不小的支出。二儿子25岁，也在三亚打工，工作不是很稳定，平均每半年就会换一个工作。二儿子有抽烟喝酒的嗜好，所以本就收入不多的他基本没有积蓄。大女儿今年23岁，在海口打工，还未考虑对象问题。小女儿21岁，目前也在三亚打工，我们采访的时候她正好在家。小女儿自己表示希望能够嫁在海南岛，对于对方没什么太高的要求，只要对方勤快上进一些，两人能齐心协力的过好日子就可以，并不在意对方现有的经济条件。受家里的经济条件所限，张桂英家四个孩子都只上到小学，小学念完后都选择了外出打工的道路。由于素质技能水平偏低，他们大多只能找到那些不太稳定，工资也较低的工作。

张桂英家的住房和村里大多数村民一样是普通的平房，由于是多年前建造，砖瓦上已有明显的风雨侵蚀的痕迹。尽管她家的三间房屋后来有过一次翻修，但其古老陈旧还是显而易见的。修建最早的一间屋子漏雨很严重，可谓是“外边下大雨，里边下小雨”。据张桂英说，每年一到两次的台风给住房带来了很大的损害，再加上平日里日晒雨淋，使得这原本就修建得不够结实的砖瓦房难以再起到遮风避雨的作用。海南岛年年都有台风，大的时候能到12级，小的时候也有七八级。每年的7月至10月，黄桂英家都有几天要出去躲台风。虽然孩子们都到了结婚成家的年龄，但黄桂英一家实在是拿不出足够的钱来修整这几间老瓦房。打量屋内摆设，也就一些平常生活必需的锅碗瓢盆，床铺桌子之类的，基本上看不到比较新的家具或者电器。黄桂英家有一台黑白电视机，还是二儿子去年买的别人家淘汰下来的二手货。这台黑白电视机几乎是家里耗电最多的家用电器了，按当地目前每度0.8元的电费来算，每个月得支出十多元钱。黄桂英家做饭等用的都是木柴，去市里或其他不太远的地方也都是步行过去，节约了不少开支（黄桂英家主要耐用消费品如表10－18所示）。

表10－18　　**2009年家庭耐用消费品情况**

项目	数量	项目	数量
电视（台）	1	拖拉机（台）	0
电冰箱（台）	0	卡车（辆）	0
洗衣机（台）	0	小轿车（辆）	0
照相机（部）	0	电话（部）	0
影碟机（台）	0	组合音响（套）	0
电动车（辆）	0	手机（部）	1
摩托车（辆）	0	自行车（辆）	0

数据来源：根据张桂英口述整理，2010年7月。

谈到经济收入方面，黄桂英说，农民的收入主要还是来源于土地，这也是村里大多数村民的现状。村里的地是按照家庭人口多少来分的，在1985年的时候，村里还是按照8分地/人来分配耕地，而现在出现了人多地少的局面，人均耕地面积只有4.8分。黄桂英家由于人口较多，而孩子们也都赶上了每30年一次的分地，所以黄桂英家的地相比一般家庭来说还是较多的，黄桂英家2009年承包土地的情况如表10－19所示。

表 10－19　　**2009 年家庭承包土地情况**　　单位：亩

总面积	水浇地面积	旱地面积	良田面积	荒地面积
3.2	1.2	2	3.2	0

数据来源：根据张桂英口述整理，2010 年 7 月。

虽然地比一般农户家多些，但从土地获得的收入也仅够维持一家人的基本生活开支。黄桂英说，如果孩子们不出去打工的话，碰上稍差一些的年景，家里就有断粮的危险。丈夫黄家吉平时不仅要下地干活，还要上山砍柴、捡野菜，这对于一位年过半百的人来说，算是比较繁重的体力活了。家里的水田主要用来种植稻谷，旱地则多半用来种植红薯等较为耐旱的农作物。稻谷每年都会积攒下来作为一家人一年的口粮，遇到家里有人生病，就只好卖掉口粮渡过眼前的难关。而她家所得到的政府耕地补贴也很少，黄桂英只记得曾经有一次分到了 30 斤米。化肥补贴一般会按照 6 斤/亩左右来发放，但这对改善农业发展现状还远远不够。每年购买种子的支出在总的生产性支出中占不小的比例，比如水稻种子的价格是 16～20 元/斤，每年得花 100～200 元来购买种子，但是他们并没有得到种子补贴。我国的农业补贴里应该包括种子补贴，但各地的具体实施时间和措施有所差别。

橡胶种植是黄桂英家近年来在农业生产上的一笔较大投入，橡胶种植是当地政府为了增加农民收入，根据当地的地理和气候特点，花大力气，投入大量资金，打造的一项惠民工程。黄桂英家由于缺乏资金，对这个项目心存顾虑，所以最初并没有积极参与。后来看到种植橡胶的村民收益都不错，也很稳定，才下定决心进行投资。黄桂英家共种植了 200 多株橡胶，规模并不是很大，现在树苗才长到第四年，远远没到收割的年岁。尽管如此，橡胶种植却承载了张桂英一家的期望，全家人都盼望通过橡胶种植改善家里的经济现状，让一家人过上更好的生活。去年当地政府计划大力发展旅游业，兴建宾馆住宿和餐饮设施，征了张桂英家一部分地，原本承诺给张桂英女儿解决工作，后来由于种种原因，建宾馆的计划中断，给女儿提供就业机会的承诺也无法兑现，经过双方协商之后，改成为黄家吉提供养老保险，等到黄家吉 60 岁的时候，政府会一次性支付给黄家吉 500 元钱，但是领取的手续是否会比较麻烦还不清楚，张桂英家的支出情况如表 10－20 所示。

表 10－20　　2009 年家庭支出情况　　单位：元

总支出	生产性	生活性	看病	教育	红白喜事	交通	通信	住房
10650	3000	5000	1000	0	1000	0	150	500

数据来源：根据张桂英口述整理，2010 年 7 月。

从张桂英家的支出可以看出，其基本消费集中在生产性和生活性消费上，这也是每户人家较为刚性的支出，每年的收入除掉支出之后，也就略有结余。

除了从事传统的农业耕种之外，张桂英家还饲养了少量的家畜家禽。目前共养了 2 头猪和 6 只鸭子。养猪一般养到 7～8 个月就可以宰杀卖肉了，猪肉平均 10 元/斤。由于海南岛盛产海产品，相对于猪肉来说，海鱼价格较为便宜，味道更鲜美，营养价值更高，一般 5 元/斤，所以这些经济状况不太好的家庭便用海鱼来代替猪肉食用，将家养的猪出售赚取收入，2009 年张桂英家的农作物种植、牲畜及家禽饲养情况如表 10－21 所示。

表 10－21　　2009 年家庭农作物、牲畜、家禽情况

种类	亩数	折算价值（元）	种类	亩数	折算价值（元）	种类	个数	折算价值（元）
玉米	0	0	瓜果	0	0	羊	0	0
麦类	0	0	花草	0	0	牛	0	0
薯类	1.8	2500	烟草	0	0	马	0	0
棉花	0	0	橡胶	0	0	驴	0	0
蔬菜	0.2	800	糖茶	0	0	猪	2	600
水稻	1.2	1600	槟榔	0	0	禽类	6	100
大豆	0	0	药材	0	0			

数据来源：根据张桂英口述整理，2010 年 7 月。

张桂英有一项大多数黎族妇女都会的技能，就是织锦，这也几乎是番茅村家家户户用以拓宽收入来源的一门手艺。张桂英介绍说自己从 12 岁就开始织锦，那时候每年都要做几套衣服出来以备传统节日的时候穿。后来慢慢地，黎族人的生活方式开始越来越汉化，大家不再经常穿民族服装。于是，张桂英有 20 多年都没有再织锦。到 2000 年以后，政府开始重视民族传统文化，

与此同时也有越来越多研究少数民族传统文化的调研组以及参观少数民族文化活动的友人和游客前来，在这些新趋势的启发下，政府发动一些比较有经济头脑的能人在番茅村办起了织锦文化传习所，希望将黎族这一独特的手艺一代代传下去，并发扬光大。借着民族艺术展示的东风，他们还办起了两所织锦工场，村里的很多妇女在闲暇时都可以去工场里揽活干，平时的订单也可以拿到家里完成。工作时间和地点都很灵活。于是，织锦成了村里妇女获取收入补贴家用的最佳选择。尽管已年过半百，视力不如那些年轻妇女，但张桂英还是欣然加入了这个队伍。她现在每月平均完成两条织锦，能给家里带来250元左右的收入，一年将近3000元，对家里的生活帮助不小。具体来说，张桂英家的收入来源如表10－22所示。

表10－22　**2009年家庭收入来源情况**　单位：元

职业	收入	职业	收入
从事种植业	4900	本乡镇就业工资	0
从事渔业	0	外出打工	2500
家庭手工业	3000	从事运输业	0
从事畜牧业	0	政府补贴和社会救济	50
从事养殖业	1500	出租耕地、房屋等	0
从事旅游业	0	其他经营收入	0
总收入合计	11950		

数据来源：根据张桂英口述整理，2010年7月。

由此可知，2009年张桂芳一家的收入来源还算多元化也相对稳定，但是由于家庭情况和自身素质技能的限制，尤其面临着家里几个子女都要成家的现状，张桂英一家在致富的道路上相对来说还是比较艰难的。尽管如此，家里的经济状况一直在改善，未来的前景还是令人充满期待的。

由于文化技能水平较低，不单是张桂英夫妇俩，他们的子女也只能从事低附加值的劳动，这已经成为了全家通往小康道路上的巨大障碍。由于贫穷不能接受教育，由于受教育程度低而继续贫穷，几乎成为了边远落后地区的一个恶性循环。然而，庆幸的是，年轻一代，也就是张桂英的子女们，可以不必像张桂英和黄家吉一样继续固守着家里的三亩二分地，面朝黄土背朝天的生活。大儿子就通过外出务工、在城市打拼改变了祖祖辈辈的生存模式，为一家人带来了新的希望。同时，橡胶种植未来将会给张桂英家带来较为可观的收益，这也是张桂英全家一直所期盼的。随着传统农业经营方式的转变，番茅村也不再像从前那样单纯依靠水稻种植来解决温饱问题，而开始结合当地的地理和气候特点种植橡胶、槟榔等经济作物，这为当地村民改善生活提供了巨大的帮助。我们希望未来当地政府能给番茅村带来更好的、也更适合当地情况的经济发展项目。在海南省旅游业蓬勃发展的大背景下，番茅村作为黎族文化的代表，一定可以发挥自身的优势，不断拓展发展思路，找到更多的致富路子。

（五）人多地少的黄美娟家

黄美娟，女，黎族，24 岁，初中文化水平，普通话流利，无宗教信仰。刚见到黄美娟的时候，她正带着几个小孩坐在门口的长条板凳上，旁边站着一个年轻的女性，几个人时而说笑，时而哄哄躺在她臂弯内的孩子。黄美娟的丈夫叫黄图景，今年 31 岁，也是初中文化水平，两人育有三个女儿，大女儿今年 3 岁，二女儿今年 2 岁，躺在黄美娟怀中的孩子正是她们的三女儿，才刚刚 8 个月大。访谈时，黄图景下地干活去了，留下黄美娟在家里照看孩子。据黄美娟介绍，在他们家里并不是所谓的“男主外，女主内”的分工方式，男女主人都能干活，只是家里孩子都还小，不论谁出去都得留下一个人在家照顾孩子。站在旁边和黄美娟聊天的女孩是黄图景的小妹，现在在市内一家度假酒店打工。黄图景还有一个弟弟，出外打工已有多年。

黄美娟并不是番茅村人，结婚时从邻村嫁过来。现在小两口虽然已成家，但仍和父母以及两个弟弟妹妹住在一起。她家的住房是砖瓦房，1986 年公公婆婆所盖，20 多年来并未翻新却依然牢固。原本是一层四间的平房，黄美娟结婚后，家里为了给他们打造新房，便在老房子上面新加盖了一层，新加层只有两间，倒也足够这对年轻人一家子生活了。房屋虽然简陋，却干净有致，门口左边是一排桌椅，角落里有一个饮水机，房门正对着一个电视柜，除了一个大彩电之外，还有一套 DVD 音响，黄美娟说这是结婚时公婆专门替他俩购置的，家人在干农活的闲暇之余，会听歌以及看家人共同喜爱的电影作为休闲。厨房位于里间，液化气、电饭煲等现代化产品也已进入这个年经的家庭（2009 年家庭耐用消费品情况见表 10－23）。

表 10－23　　　　　　**2009 年家庭耐用消费品情况**

项目	数量	项目	数量
电视（台）	1	拖拉机（台）	0
电冰箱（台）	0	卡车（辆）	0
洗衣机（台）	0	小轿车（辆）	0
照相机（台）	0	电话（部）	1
影碟机（台）	1	组合音响（套）	1
电动车（辆）	0	手机（部）	2
摩托车（辆）	1	自行车（辆）	0

数据来源：根据黄美娟口述整理，2010 年 7 月。

黄美娟结婚前在三亚市的槟榔谷风景区打过三年工，这三年打工经历对她来说不仅增长了见识，获得了收入，更重要的意义在于她正是在这里认识了她的老公黄图景。黄图景那时年轻能干，相比守着家里的几亩田地，他更愿意到外面闯荡一番，但在认识了黄美娟决定相守一生后，他觉得应该给这个家庭、给这个女人一个稳定的生活。2006 年结婚以后，二人便再也没有出去过。

在国家实行包产到户以后，村里按每人 4 分 8 的土地面积分配土地。当时黄美娟还没有嫁过来，黄家两个老人，三个孩子，五口人共分得 2 亩 4 分地。黄图景结婚前，黄家三个孩子均在外打工，家里的土地就由两位老人打理。大儿子成家以后，需要担负起一个新家庭的重担，为了能在村里给大儿子找一个稳定的经济来源，老人决定将 2 亩多的地全部交予这新婚小两口管理。黄美娟家的土地状况如表 10－24 所示。其中水浇地的面积为 1.4 亩，主要种植水稻；旱地为 1 亩，主要种植各类蔬菜，如白菜、青瓜和南瓜等（2009 年黄美娟家的主要农作物情况见表 10－25）。种植水稻 1.4 亩，亩产 800 斤左右，一年两季共 2240 斤，按照稻米市价 1.30 元左右一斤，种植水稻这项折合收入约为 2912 元。调查发现，番茅村的农户种植水稻，亩产大都在 1000 斤上下，少数会达到 1200 斤。黄家亩产只有 800 斤左右，可见这对年轻夫妇对田间地头之事并不擅长，种植技术有限。而且他们家没有拖拉机、收割机等农用机械，每年都是等到需要用的时候再到别家去租借，且近几年也没有购买农用机械的计划。黄美娟介绍说，黄家人口众多，这一亩多地所产的2000斤稻米去年仅够自家食用，没有余粮拿到市场上去出售，因此，种植水稻在2009年并没有为黄家带来货币收入。据黄美娟回忆说，即使年景好的时候，所种植的粮食也并无太多可供出卖，最多一年可卖一两百斤而已。院子里养着的20多只鸡鸭，基本只能满足黄家自家食用的需要，并不能拿到市场上去出售。整体来看，黄美娟家经济的市场化程度很低。这种情况不仅出现在黄美娟一家，我们走访的番茅村家庭几乎都存在不同程度的自给自足的小农经济的影子，耕地资源稀少是一个重要原因。中国的农民，尤其是边远落后地区的农民，对种粮的依赖程度很高，所谓“手中有粮，心中不慌”。在收入极低的条件下，首先保证自己的温饱成了他们最低也是最迫切的要求。对于番茅村这样一个处于热带山区的小村庄来说，每人4分8的土地一方面限制了他们使用先进的大型农业机械、使用先进的生产技术以提高产量；另一方面也限制了水稻种植的市场化程度。对番茅村村民来讲，想要达到致富的愿望，仅靠种粮是永远无法完成的。

表 10－24　　**2009年家庭承包土地情况**　　单位：亩

总面积	水浇地面积	旱地面积	良田面积	荒地面积
2.4	1.4	1	2.4	0

数据来源：根据黄美娟口述整理，2010年7月。

表 10－25　　**2009年家庭农作物、牲畜、家禽情况**

种类	亩数	折算价值（元）	种类	亩数	折算价值（元）	种类	个数	折算价值（元）
玉米	0	0	瓜果	0	0	羊	0	0
麦类	0	0	花草	0	0	牛	0	0
薯类	0	0	烟草	0	0	马	0	0
棉花	0	0	油料	0	0	驴	0	0
蔬菜	1	3500	糖茶	0	0	猪	0	0
水稻	1.4	2912	橡胶	0	0	禽类	0	0
大豆	0	0	药材	0	0			

数据来源：根据黄美娟口述整理，2010年7月。

番茅村地处热带地区，独特的气候条件，有利于橡胶等经济作物的生长，这里的人们几乎家家都种植橡胶。但橡胶种植有个特点，栽种之后七八年才能收割，经济效益才能体现。黄美娟小两口结婚初期并未将这样一项当时看来比较漫长的工作作为家里的支柱，而是专心于发展当年播种，当年收获的田间作物。但随着婚姻生活的继续，随着三个孩子的相继出生，小两口发现家中的经济压力逐渐增大、水稻蔬菜虽然每年都能有收成，但经济效益非常有限，生活所需要的货币收入愈发难以满足。此时，二人就把眼光放到了村里人都视为经济支柱的橡胶上。2008 年，小两口栽种了十几亩橡胶，如果一切顺利，预计八年后就能收割，可以预期到时候橡胶将会成为黄家一项持久可靠的收入。但是，这里同样存在一个问题，即技术问题。与番茅村同在五指山地区的国营农场由于技术条件优越，橡胶栽种后往往六年左右即可收割，而番茅村的村民们普遍缺乏相应技术知识的支撑，橡胶的成长期一般得七八年，有的甚至八九年才能出胶。“科学技术就是生产力”这句话用在番茅村村民身上可谓最恰当不过。对于这样一个地区的人们来说，掌握先进的生产技术、种植知识是他们与恶劣的生产条件作斗争，在有限而贫瘠的土地上讨生活是最有力的武器。据黄美娟介绍，镇上组织的“科技下乡”活动每年只有一次，教授的内容与村民所期望的仍有一段距离。村民普遍希望各种形式的科技推广活动能够广泛而经常地开展起来。黄美娟的这段谈话给了我们很大的启示。许多人都说扶贫工作不好做，很多工作辛辛苦苦开展后却效果平平，其实是没有做到“因地制宜”。不同贫困地区都有其独特性存在，地理位置、生产条件、风俗习惯等都构成独特性的内容。扶贫应该从该地区独特性入手，找到制约其发展的关键性因素，并重点加以解决。以番茅村为例，这一地区耕地资源有限，气候炎热湿润，地理位置偏僻，不利于产业结构调整，很难开展多种经营。即使投入大量资金对其进行补贴优惠，但仍然不能改变其固有的生产条件。有效途径是在现有生产条件上，加大科技投入，增加农业科技含量，提高单位土地面积的劳动生产率，让有限的土地产生出更多的货币收入（2009 年黄美娟家收入情况见表 10－26）。

表 10－26　　2009 年家庭收入来源情况　　单位：元

职 业	收 入	职 业	收 入
从事种植业	6412	本乡镇就业工资	0
从事渔业	0	外出打工	0
家庭手工业	0	从事运输业	0
从事畜牧业	0	政府补贴和社会救济	0
从事养殖业	0	出租耕地、房屋等	0
从事旅游业	0	其他经营收入	0
总收入合计	6412		

数据来源：根据黄美娟口述整理，2010 年 7 月。

2009 年黄美娟家的支出情况如表 10－27 所示，其中生产性支出约为 400 元，主要包括购买种子、化肥的费用，在说到农药化肥费用时，黄美娟表示 2009 年物价上涨十分明显，尤其是农药化肥等农业生产资料，农业种植的压力明显增加。全家人都参加了农村新型合作医疗，每人每年 30 元。黄美娟说，这个政策本身挺好，看病可以便宜很多，但是只能在市里的大医院或者镇卫生院可以报销，而去这些地方看病又不是很方便，因此，黄美娟家人很多时候只好放弃可以报销的机会，更多的时候是选择去一些小诊所看病，虽然花费可能稍高一些，但是很方便。在每年召开的两会上，医院“看病难、看病贵”的问题都会被很多代表、委员提出。国家近年来也做了许多这方面的努力，开展新型农村合作医疗便是其中代表性的一项政策，确实解决了许多农民看病贵的问题，但公立医院“看病难”的问题仍突出存在。老百姓放弃价格优惠的公立医院而选择小诊所，本身就说明了这一问题。

表 10－27　　2009 年家庭支出情况　　单位：元

总支出	生产性	衣服	食品	看病	教育	娱乐	红白喜事	交通	通信	住房
9400	400	1000	5000	1000	0	0	1000	0	1000	0

数据来源：根据黄美娟口述整理，2010 年 7 月。

黄家开支最大项要数在孩子身上的花销。黄家三个孩子还都太小，吃穿用度自然要比大人多，去年一年总共为孩子花了近 5000 元，这对黄美娟一家来说不是一个小数目。明知花费会很大，但为何却要生三个孩子，黄美娟坦言，是丈夫家里想要一个男孩。重男轻女的思想近些年虽有遏制，但在边远地区的农村依然广泛存在，村里经常可以看到“生男生女一个样”的红字标语。此外，黄家还有一项不小的开支便是红白喜事的礼金。番茅村虽然穷，但人情往来却不能随便，每次随份子少则 50，多则 100 元甚至至 200 元，加上村里人大半以上的人家都有亲戚关系，一年下来，礼金也不是一笔小开支。2009 年，黄家共支出礼金约 1000 元。

总体看来，黄美娟一家是番茅村中普通而又幸福的一户，组成家庭四年来，老人平安，孩子健康，生活也在有条不紊地展开，虽然日子过得并不富裕，但未来却充满了希望。

十一、生活贫困户

（一）缺少土地的李海霞家

李海霞，女，28 岁，黎族，初中文化水平，普通话流利，无宗教信仰。我们是在路上遇见的李海霞，当时她正背着一捆木柴，匆匆地在路上走着，一看就知道是一个能吃苦的女人。待我们上前说明来意后，李海霞犹豫一会儿之后，答应接受我们的采访，并带我们来到她的家中。

看到李海霞家的房屋，着实让我们吃了一惊。调查组之前在番茅村采访到的家庭基本都是砖瓦结构房屋，极少数是土坯房，而李海霞家的房屋却是竹屋。从古至今历代文学作品中，经常会有一些山间的竹屋形象出现，居住在这里的人不是文人雅客即是世外高人。历代文人士大夫们也都十分推崇竹在居住环境中的作用，“宁可食无肉，不可居无竹，”纷纷将归隐田园，清泉竹屋的生活作为人生终极理想与追求。但这终究只是士大夫阶层浪漫主义的想象，即使再富有文采的雅客文人们恐怕也无法想象出这五指山下村庄里一户竹屋的真实情况吧。这间竹屋完全没有文学作品中那种悠然见南山的雅致，只是一间简陋的房屋，许多根竹竿错落地搭在一起，中间以麻绳拴结。门也是一排竹竿拼接起来的，开门的时候发出“吱吱”的声响。用手扶着墙，稍微用力即会感到房屋有些许的晃动。在海南省这样一个夏季台风频发、暴雨频降的地区，很难想象这样的房屋和里面的人们是怎样度过那一个又一个风雨交加的夜晚的。李海霞介绍说，这间屋子是五年前自己动手盖起来的，现在已经快要坏了。但是家里穷，盖不起新房。李海霞说，像她家这样的贫困户，住着这样的房子，按照五指山市的政策，政府应该给予 2 万元救助款，让她们盖一间新房。在番茅村，2 万元已经可以盖 2 间砖瓦房了，而这对于她们家来说也已经足够了。但是负责这项事情的办事处却一直没有来，她也曾去镇上反映过情况，镇上给出的答复是还要调查，盖新房的事就这样一直拖了下来。

李海霞家的这间竹屋总共分两间，屋里的东西摆设不多，主要是几把凳子和一张大桌子，南墙下面放着一张大木床，看来这间屋子汇集着客厅、餐厅以及主卧室等多种功能。北墙的一个角落里有一张凳子，凳子上放着一台电视机，这几乎是整个屋子中可以看到的除了电灯外的唯一一件电器。李海霞说，这台电视机是2007 年政府送给她们家的，在此之前她家没有电视，按照当时政府的规定，凡家中没有电视的都由政府出资赠送一台（李海霞家的耐用消费品情况见表 11 - 1）。

表 11 - 1　　**2009 年家庭耐用消费品情况**

项 目	数 量	项 目	数 量
电视机（台）	1	拖拉机（台）	0
电冰箱（台）	0	卡车（辆）	0
洗衣机（台）	0	小轿车（辆）	0
照相机（台）	0	电话（部）	0
影碟机（台）	0	组合音响（套）	0
电动车（辆）	0	手机（部）	1
摩托车（辆）	0	自行车（辆）	0

数据来源：根据李海霞口述整理，2010 年 7 月。

除了电视机外，家里只有一部手机。里间屋子要小一些，除了两张小床外，堆满了各种杂物。两根房梁之间绑着一根尼龙绳，上面挂着一些小孩子的衣服，这里应该是孩子们住的屋子。房子外面的小院中搭了一个小棚子，看起来是厨房，外边码放着一排排整齐的已劈好的木柴。家里没有煤气灶，生活全靠木柴，我们遇见李海霞时她就是刚从山上捡柴回来。

李海霞的丈夫名叫黄海明，今年35岁，小学文化程度，是番茅村土生土长的本地人，李海霞则是从外村嫁过来的。在说到他们结婚时间的时候，李海霞有些吞吞吐吐，顾左右而言它。当得知她女儿的年龄时，我们才明白过来。李海霞的大女儿今年已经11岁了，按这样计算，李海霞16岁的时候即已结婚。早婚现象古已有之，在新中国成立后被法律禁止，但时至今日在边远的农村地区这种现象仍然存在。大女儿今年上小学五年级，学习认真，成绩优秀。小儿子今年刚5岁，李海霞夫妇正准备今年让他也开始上学。"虽然家里穷，"李海霞说，"但好在上学不用交钱了，一定要让孩子念书的"。

李海霞夫妻俩刚结婚时并不是住在现在这个地方，而是在村里的一座山上盖了一间竹屋居住。后来大女儿到了七八岁，到了该上学的年龄，为了方便孩子上学，2005年二人便从山上搬到村里来，盖了现在这间竹屋。孩子在村里的冲山镇中心小学读书。李海霞介绍说，住在山上的日子里，家里只靠着种菜卖菜过活，虽然山下有村里分配的土地，但离家太远，李海霞夫妻觉得十分不方便，便一直将耕地空闲，直到后来搬下山的时候才开始耕种这块田地。李海霞坦言，她觉得在山上住的时候虽然日子过得紧一些，但很"方便"。那时山上不通电，家里照明全靠煤油灯，烧火的时候可以满山捡来柴火，吃水的时候便在家的旁边打天然的矿泉水等等。我们很难理解李海霞为什么会将这种生活形容为"方便"，但我们明显感觉到李海霞非常习惯山上的生活，直到现在也仍然十分怀念。李海霞说，以前和他们一起住在山上的还有几家，现在基本都搬到了山下的村子里，不过他们住在山上只是为了割胶，只有在每年的出胶期才会去山上居住。

在番茅村分配土地的时候，李海霞还没有嫁过来，黄海明只被分到了4分8的土地（李家土地状况如表11－2所示），全部是水田，用以种植水稻。自从二人从山上搬下来住之后，两口子就在这不到半亩地上讨生活（2009年李家农业生产情况如表11－3所示）。半亩地每一季可产出稻米约500斤，一年在1000斤左右，按每斤1.3元的市价计算，种植水稻这项折合收入约为1300元。不过黄美娟说，出产这1000斤粮食也是仅仅够家里人吃，没有能力拿出一部分到市场上卖，因此这项生产也就不能带来货币收入。而且一旦刮起台风，连这半亩地的收成都得毁于一旦。处于番茅村这样的地理位置，农业生产的稳定性本身就弱，一旦遇到自然灾害，经济损失将非常严重。而对于李海霞家这样的农业贫困户来说，这种损失更是巨大的。家里房屋前有一块不大的院子，李海霞将其开辟出来，种上一些青菜，偶尔卖一些贴补家用，可以买到一点油盐酱醋之类的东西。李家以前在田里干活主要是靠牛作工具，但后来越来越发现养牛比较麻烦。一方面工作效率有限；另一方面它和逐渐现代化的村子越来越不相容。在番茅村逐渐发展起来后，村里特别重视村容村貌建设，谁家的牛在路上排便，便要对谁家进行罚款，李海霞就被罚过好几次。加之后来她看到别家用机器耕作既方便又快捷，于是便将家里的这头牛卖掉，和周围几家邻居凑钱买了一台拖拉机和一台犁田机。几家共同拥有所有权，平时机器放在一个邻居家那里，谁家需要的时候便拿出来用。

表 11－2　　**2009 年家庭承包土地情况**　　单位：亩

总面积	水浇地面积	旱地面积	良田面积	荒地面积
0.48	0.48	0	0.48	0

数据来源：根据李海霞口述整理，2010 年 7 月。

表 11－3　　**2009 年家庭农作物、牲畜、家禽情况**

种类	亩数	折算价值（元）	种类	亩数	折算价值（元）	种类	个数	折算价值（元）
玉米	0	0	瓜果	0	0	羊	0	0
麦类	0	0	花草	0	0	牛	0	0
薯类	0	0	烟草	0	0	马	0	0
棉花	0	0	橡胶	0	0	驴	0	0
蔬菜	0	0	糖蔗	0	0	猪	2	500
水稻	0.48	1300	槟榔	0	0	禽类	0	0
大豆	0	0	药材	00	0			

数据来源：根据李海霞口述整理，2010 年 7 月。

番茅村地理位置以及气候环境适合栽种橡胶树，村里几乎家家种胶，且都有不错的收益。李海霞说，刚结婚的时候家里挺穷，虽然知道种橡胶能挣钱，却没钱买树苗。2004 年时，家里略微有了一些积蓄，夫妻二人商量之后，决定种植三亩橡胶林，种了 100 多株橡胶。如果一切顺利的话，预计两年以后这些胶林就可以收割，到那时将会为李海霞家带来一笔可观的收入。2009年，李家还养了两头猪，都是还没长大时即以每头250元卖掉，当家里人想吃猪肉的时候，再到市场上去买。养殖业这项为她家去年带来了500元的收入。

从以上内容可以看出，李海霞家一年的货币收入十分有限（2009年家庭收入来源情况见表11－4），但是黄海明并不想拓宽农业生产，也不肯出去打工，就想在家里照看着孩子和这半亩水田。这种情况给了李海霞很大的工作压力，她不得不想尽一切办法为这个家庭增加收入。2009年李海霞报名参加了村里人组织的织锦培训班，希望靠这门手艺可以多挣一些钱。同村的许多人都会织锦，并靠这门技术获得了可观的收入。每条黎锦可以卖到300元左右，技术熟练的人一个月可以织出三条，每月都固定有近900元的收入，但李海霞刚刚学会，一个月的时间仅能织出一条。2009年，在织锦这项上，共获得收入600元。

表11－4　**2009年家庭收入来源情况**　单位：元

职业	收入	职业	收入
从事种植业	1300	本乡镇就业工资	5900
从事渔业	0	外出打工	0
家庭手工业	600	从事运输业	0
从事畜牧业	0	政府补贴和社会救济	0
从事养殖业	500	出租耕地、房屋等	0
从事旅游业	0	其他经营收入	0
总收入合计	8300		

数据来源：根据李海霞口述整理，2010年7月。

李海霞还有一项重要的收入来源，那就是在市里当环卫工人。每天在街上打扫卫生，从早上10点半一直干到下午5点。每天10点半之前的这段时间，李海霞便用来织锦。聊到这里，我们才明白为什么她的织锦速度会比别人慢许多。我们遇见她时大约在下午5点半，正是她刚刚下班回家的时间，却还得上山捡柴照顾家庭，由此可以想象李海霞每天多么辛苦。李海霞告诉我们，以前她在环卫队是替别人工作，没有正式编制，每月工资450元。这样一干就是四年，由于能吃苦肯出力，她很受环卫队领导的赏识，2009 年底，她终于得到了一个正式指标，进入国家事业单位的正式编制，每个月工资 1300 元，扣除各种保险金等项目，可以领到现金 900 多元。对此，李海霞已经很满足，可以看出，她十分珍惜这份工作。

2009 年，李海霞家的支出情况如表 11－5 所示。其中生产性支出约为 500 元，主要包括购买种子、化肥的费用。李海霞说，近年来，各种商品价格上涨十分迅猛，除了生产资料以外，生活资料如吃穿之类的东西都贵了许多，每天一家人买菜的钱都得近 20 元，有时候没钱了便吃自家门前所种的青菜。2009 年全年生活性支出大约 6500 元。李海霞全家都参加了新型农村合作医疗，但她说平时很少去医院看病，“因为太贵”。平时犯一些头疼脑热的小毛病时，要么就用身体扛过去，要么就用一些民间的偏方处理。李海霞说，生大女儿的时候没有去医院，在家里请来一个接生婆帮忙接生，只花了约 150 元。但后来这种私人的接生婆被政府所禁止，在番茅村便逐渐销声匿迹了。生小儿子的时候，李海霞去了市里的医院，共花了 1200 多元。“没钱，看不起病啊”李海霞的这句话反映了很多受访农户的心声。大女儿今年上五年级，不用交学费、学杂费等费用，所以每年女儿读书只花 100 元左右。李海霞夫妻二人在番茅村的亲戚比较少，这使得令不少村民头疼的红白喜事份子钱并没有太多的困扰，2009 年共花去 400 元左右的礼金。

表 11－5　**2009 年家庭支出情况**　单位：元

总支出	生产性	生活性	看病	教育	红白喜事	交通	通信	住房
8000	500	6500	300	100	400	0	200	0

数据来源：根据李海霞口述整理，2010 年 7 月。

虽然李海霞家生活条件比较困难，但我们从李海霞坚毅的性格和对生活不倦的追求中可以看出，这位朴素的黎族妇女对她的未来充满了信心，我们相信在她的辛勤努力下，生活必将越过越好。

（二）经济拮据的陈香柳家

陈香柳，女，黎族，39 岁，初中文化水平，无宗教信仰。陈香柳与丈夫王亲育有三个孩子，两女一儿。20 岁的大女儿今年高中毕业，正在家中等待高考成绩；16 岁的儿子初中毕业，下半年准备去五指山市就读高中；小女儿只有 8 岁，现在正在读小学三年级。全家五口人共同居住在一个 44 平方米的屋子里。

7 月 10 日下午，村小组组长带着我们调研组一行人来到了陈香柳的家中。入户后我们发现这是一个经济较为拮据的家庭，破旧简陋的砖瓦房，外屋杂乱得摆放着几张椅子和一张已经发旧掉漆的桌子，瓶瓶罐罐堆得满屋子都是，屋里的光线很是不好，主人也没舍得开灯。里屋是个厨房，透过昏暗的光线我们能隐约看到女主人在厨房里忙来忙去。跟组长简单交谈之后，陈香柳从里屋出来招呼我们坐了下来。

接下来的交谈验证了我们的想法，这是一户经济状况不太好的家庭。陈香柳与丈夫王亲两人自结婚以来，依靠着微薄的土地收入支撑着一个大家庭，随着三个孩子陆续到了上学的年龄，原本就不富裕的家庭开始无力支撑了。陈香柳说："真的是没办法，我们现在一年不管怎么样拼命干活，也留不下钱，能不欠债就不错了。"这个拮据的家庭由于经济问题，甚至无力独立购买农用设备，一台花费 2800 元的犁田机是陈香柳与另外三户人家共同出资购买的。家中有一部手机；一台电视坏了很久，没钱修也没有闲钱买新的，更没有看到村里大多家庭都有的影碟机和组合音响（耐用消费品及生产性固定资产情况如表 11－6 和表 11－7 所示）。同时，家里也没有像其他很多农户一样安装有自来水管，饮用的是村里的井水；烧饭也没有使用液化气，而是用木柴。

表 11－6　**2009 年家庭耐用消费品情况**

项目	数量	项目	数量
电视（台）	1	拖拉机（辆）	0
电冰箱（台）	0	卡车（辆）	0
洗衣机（台）	0	小轿车（辆）	0
照相机（部）	0	电话（部）	0
影碟机（台）	0	组合音响（套）	0
电动车（辆）	0	手机（部）	1
摩托车（辆）	0	自行车（辆）	0

数据来源：根据陈香柳口述整理，2010 年 7 月。

表 11－7　　2009 年家庭主要生产性固定资产数量情况　　单位：台

汽车	拖拉机	犁田机	收割机	起耕机	牛车	脱谷机	水泵	其他
0	0	0	1	1	0	0	0	

数据来源：根据陈香柳口述整理，2010 年 7 月。

由于大女儿初中毕业后没有像大多数村里的孩子一样出去打工贴补家用，而是读了三年高中，另外两个孩子还小，因此家中现在只能靠陈香柳夫妻俩苦苦支撑。陈香柳家的土地状况如表 11－8 所示，其中水浇地 1 亩，旱地 10 亩。去年全年家庭总收入约为 5000 元（陈香柳家的经济收入情况如表 11－9 和表 11－10 所示），收入来源有三个方面：种植各种经济作物的收入、养鸡和猪的收入、丈夫偶尔去五指山做临时工的收入。2009 年，陈香柳家共种植 1 亩水稻，收 900 斤左右，按照当年的市场价格折算这一项的收入约为 1000 元。与其他大部分村民一样，家里产的粮食仅供家人自己食用，没有剩余的部分可以拿到市场上去卖；同时，陈香柳家中种植有 10 亩约 300 株橡胶，但由于只开割了 4 亩约 120 株，并且其中的 1.5 亩是 1988 年种的，到现在为止已经不怎么出胶了，所以去年全年种植橡胶给家庭带来的直接经济收入仅为 1500 元；除此之外，为了赚钱贴补家用，陈香柳曾在本就不大的屋子里养了两头小猪崽和三只鸡，2009 年将它们全部卖出，收入 1000 元；最后，丈夫王亲偶尔会去五指山市做临时工，由于不太懂技术，丈夫只能在五指山市的街上找些卖苦力例如挖沟等的工作，有时候村里人也会介绍去做点工地上的体力活，经常出去十几天，工作完成后回家，按天数算工资。2009 年，丈夫一共出去四趟，大约为家里带来了 1500 元的收入。

表 11－8　　2009 年家庭承包土地情况　　单位：亩

总面积	水浇地面积	旱地面积	良田面积	荒地面积
11	1	10	11	0

数据来源：根据陈香柳口述整理，2010 年 7 月。

表 11－9　　2009 年家庭农作物、牲畜、家禽情况

种类	亩数	折算价值（元）	种类	亩数	折算价值（元）	种类	个数	折算价值（元）
玉米	0	0	瓜果	0	0	羊	0	0
麦类	0	0	花草	0	0	牛	0	0
薯类	0	0	烟草	0	0	马	0	0
棉花	0	0	橡胶	10	1500	驴	0	0
蔬菜	0	0	糖茶	0	0	猪	2	900
水稻	1	1000	槟榔	0	0	禽类	3	100
大豆	0	0	药材	0	0			

数据来源：根据陈香柳口述整理，2010 年 7 月。

表 11－10　　2009 年家庭收入来源情况　　单位：元

职 业	收 入	职 业	收 入
从事种植业	2500	本乡镇就业工资	0
从事渔业	0	外出打工	1500
家庭手工业	0	从事运输业	0
从事畜牧业	0	政府补贴和社会救济	0
从事养殖业	1000	出租耕地、房屋等	0
从事旅游业	0	其他经营收入	0
总收入合计	5000		

数据来源：根据陈香柳口述整理，2010 年 7 月。

2009 年，陈香柳家的支出如表 11－11 所示。其中，生产性支出为 800 元，购买化肥、种子等材料花费占了绝大部分；衣服的支出仅有 25 元，对于家庭贫寒的陈香柳来说，满足基本生活所需已经是个头疼的问题，基本没有闲钱为孩子们添置新衣服，往往是小孩子捡大孩子的衣服穿，实在没得穿了才去买件新的；由于家里还种有少量的菜，粮食基本能够自给，因此食品支出主要是购买盐、油的费用，2009 年全家在这一项的开支约为 1150 元；在看病上，陈香柳家几乎没有开支。陈香柳说，除了几年前儿子由于发高烧到 41 度曾经去过冲山镇卫生院住院以外，近几年家人都没有生过大病，有时候感

冒也不吃药，靠自己扛过去，用陈香柳自己的话来说，家里人已经穷得都不敢生病了；2009年，家里最大的一笔开支是几个孩子的教育费用，由于大女儿读高中，不属于义务教育的范围，要交纳的费用很高，加上另外两个孩子的杂费等，全年共花费了2000元左右；家里的一部手机是丈夫用来联系工作用的，据陈香柳介绍这部手机是家电下乡的补贴产品，手机里每月自动返还10元话费，到现在为止还没有为它充过值；去年的花销还包括1000元的红白喜事随份子钱；全家忙于生计，基本没有娱乐活动，因此这一项的支出为零。

我们在与陈香柳交谈的过程中，深切地体会到，这个家庭在收入较少、硬性开支很难压缩的情况下，非常无助。陈香柳家2009年总收入5000元，支出即使一省再省，也有4950元，基本持平，少有富余。可以想象，如果这个家庭中有人生大病或发生某些意外的大额支出，必然会使这个家庭迅速出现负债，加剧其贫困。

表11－11　　**2009年家庭支出情况**　　单位：元

总支出	生产性	衣服	食品	看病	教育	娱乐	红白喜事	交通	通信	住房
4950	800	25	1150	0	2000	0	1000	0	0	0

数据来源：根据陈香柳口述整理，2010年7月。

在被问到家里是否有退耕还林的土地时，陈香柳讲，大约十年前，为响应国家“退耕还林”的号召，陈香柳家和其他一些农户一样，在自家的土地上种上了林业局派发的树苗。但这十年间，本该享受“退耕还林”补贴的家庭却未能享受。对此，我们感到很惊讶。因为在国务院2002年签署的《退耕还林条例》第四章第三十五条中明确地指出：“国家按照核定的退耕还林实际面积，向土地承包经营权人提供补助粮食、种苗造林补助费和生活补助费。具体补助标准和补助年限按照国务院有关规定执行。”[①] 而且，根据国发〔2007〕25号文件精神指示，退耕还林的补助标准为：长江流域及南方地区每亩退耕地每年补助现金105元；黄河流域及北方地区每亩退耕地每年补助现金70元。原每亩退耕地每年20元生活补助费，继续直接补助给退耕农户，并与管护任务挂钩。补助期为：还生态林补助8年，还经济林补助5年，还

① 引自中国退耕还林网 http://www.tghl.gov.cn/zcfg/zc_02_01.htm.

草补助 2 年。根据验收结果，兑现补助资金。各地可结合本地实际，在国家规定的补助标准基础上，再适当提高补助标准[①]。根据国家相关政策，拥有 5 亩退耕地的陈香柳家每年应能拿到 370 元的补助。钱虽然不多，但对于这个生活在贫困线以下的家庭来说，这笔收入还是能够使家庭生活水平得到一定程度改善的。对于“退耕还林”的补助，陈香柳内心充满着期待，她说：“我家和村里其他户都还没拿到补贴。但家里这么穷，真是希望国家能早日把这笔钱发到我们手上。”

在跟我们谈到自己三个孩子的教育费用时，陈香柳显得特别沉重，她说这是她现在最担心的问题。大女儿今年刚参加完高考，估分的结果比较理想，女儿现在一门心思地想报个外地的大学，希望出去见识见识，闯荡一番。对此，陈香柳说：“她想读书是好事，可是我们两个大人负担不起啊，村里人跟我们说读大学一年要将近一万块钱，我们是无论如何也拿不出来的，所以现在准备跟她说让她出去打工赚钱算了。下学期儿子也要上高中，两笔那么大的开销，家里真的是无力承担。”一个成绩优异的孩子做梦都希望凭着自己的努力实现心中的梦想，改变自己的命运、改变家人的命运，如果梦破灭对于孩子来说是多么残忍。调研组的随行老师说：“现在国家对于高等教育的扶持和补助很多，只要你闺女考上了，一定要让她去读书，到学校了只要说明自己家庭贫困，学校会帮忙想办法的，办助学贷款、发放贫困助学金等，肯定都能解决她的上学问题。比如说助学贷款，上学时借，大学毕业后才需要偿还，而且是无息的。一定要让闺女去读书，闺女这么要强，考上大学，千万别耽误了她。等闺女书读好了找好工作，整个家就有希望了。”老师的一番话，让陈香柳感觉到一丝欣慰，这位淳朴的农村妇女似乎看到了希望，一个劲地点头，脸上也露出了访谈过程中少见的笑容。

如陈香柳家庭般的贫困户子女如何接受教育的问题，是我国农村教育面临的典型难题。“百年大计，教育为本”。中国自古以来就非常重视教育，现代社会更是不断提高教育的战略地位。特别是近年来，国家对农村教育的改革相当重视，不断增加对农村教育的投入。但从农村教育整体现状来看，依然并不乐观，农村教育水平与城市相比总体还较落后，还有很多农村孩子过

---

① 引自中华人民共和国中央人民政府网 http：//www. gov. cn/zwgk/2007 - 08/14/content_ 716617. htm.

早地失学、辍学，以及上不起学。对此，需要在几个方面做出努力，首先，教育机构和社会媒体要在农村中做好教育宣传工作，让广大村民真正意识到教育对于子女的重要作用，遏止在一些地区蔓延的“读书无用论”观念；其次，要加强对教育的经济支持。这一点是问题的关键。在我国，教育问题有一多半是经济问题导致的，能够提供经济上的更多支持就能够事半功倍地解决教育上的一些难题。陈香柳家可以说是一个典型，并不是父母不愿让孩子上学，劝孩子放弃学业仅仅是出于经济层面的考虑。对此，既要在教育领域做工作，例如提高农村教育经费的投入、增加对农村贫困学生的补助金额、扩大对农村教育扶助的社会帮扶面、减少学生的教育开支等，又要超脱出单纯的教育层面，在更广泛的经济层面上做文章，包括由政府制定各项有利于农村经济发展的制度政策，针对农民的需要给予各项技术支持和资金扶助，积极鼓励和引导制度创新、理顺价格关系、减少流通成本、扩宽农民增收渠道。我们相信经济状况改善后，配以合理的宣传，一定能使更多的农村孩子有书读、愿读书，有学上、能上学。

结束了采访，我们走出了这个给我们带来很多思考的家庭。在中国农村，像陈香柳这样的经济拮据的家庭还很多，我们真诚地希望在未来的日子里，中国的农业能更发达，中国的农民能更富裕，中国的孩子们都不再为上不起学而烦恼，中国的父母也都不再为供不起孩子读书而忧心忡忡！

（三）因病致贫的黄玉卿家

上午十点多钟，黄玉卿才来到“五指山市黎族织锦传习所”，此时已有很多黎族妇女在忙碌地织锦了。通过采访我们才知道原来她是忙完一大堆家务活后才赶来的。虽然对于她来说，织锦的时间非常宝贵，也很难得，但她还是热情地接受了我们的采访。

黄玉卿是典型的海南黎族妇女样貌，中等个子，体型略显清瘦，由于长年在外劳作，皮肤晒得有些发黑，不过穿着倒是很干净利索。只见她手里拿着一个手机，说是为了看时间好回家做午饭，有时也用来跟家里人联系。黄玉卿今年 38 岁，丈夫长她两岁，但是因患肝癌已于去年去世。夫妇俩共育有两个儿子，大儿子今年 16 岁，刚刚初中毕业，不打算再继续读高中了，但又不想一辈子在家干农活，所以等过完年后应该会跟着熟人一起外出打工，好出去见见世面。小儿子今年 14 岁，已经念完初中一年级了，学习成绩还不错，去年自己考上了五指山市中学。对于这个儿子以后的发展，黄玉卿说尽量供他一直上学，主要看他的学习成绩和读书的意愿了，现在中学连学杂费也减免了，倒是为家里减轻了不少负担。

除此之外，家里还有一位老人，她是黄玉卿老公的大姑，今年已经 80 多岁了，因为老伴已经去世，且没有子嗣，所以便跟着侄媳妇黄玉卿一家住，已有 10 多年了。老人患有很严重的风湿病，平时老是腿疼、脚疼、关节疼的，再加上年事已高，小病不断，所以日常的医药花销是不小的负担。黄玉卿的公公早年已经去世，婆婆现在瘫痪在床，跟着小叔住，自己有时间的话也会过去服侍一下老人。

黄玉卿的娘家在一个黎族和苗族混居的村寨里，两个民族各自的语言互不相同，但大家都会说普通话或者海南话，因此交流起来并无障碍。对于两个民族的青年，相互之间是可以通婚的，只是出生孩子的民族成分得随父亲的民族。当地的苗族人干活特别厉害，擅长走山路，甚至不穿鞋就可以爬山爬树，速度还非常快。问及娘家那边的黎族和五指山市黎族的区别，她说在风俗习惯等各个方面没什么明显的区别。

谈及家里的收入来源，黄玉卿说非常有限，只能靠种植水稻和蔬菜、养猪以及织锦（家庭收入来源见表 11 - 12）。

家里有 2 亩水田，但水稻产量不高。早稻大概每亩能收七八百斤，晚稻大约每亩只能收 500 斤了。按每斤水稻 1.2 元的市场价来计算，种植水稻可获得 1560 元左右的收入。收的水稻不多，能卖的自然也就很少了，每年大概只会卖一两百斤稻谷。

如同其他村民一样，黄玉卿家也种植了 2 亩地的橡胶，不过这些橡胶树才栽上三年，还远没有达到能出胶的程度，至少还得等四五年才能有实际收入。早前，黄玉卿家也种植过橡胶树，但是因为当初不懂技术，没几年就将树皮割伤了，于是便只能全部重新栽种。一般情况来说，橡胶树的出胶期可达 15 年到 20 年，管理得当、割胶技术熟练的甚至可以连续出胶 30 年。但在村子里，也有些同黄玉卿家的情况一样的村民，因为不懂得割胶技术，而大大缩短了橡胶树的正常出胶周期，损失严重。由此可见，当地政府要更加重视种植技术的培训及推广。

黄玉卿家只有 2 分菜地，用来种些蔬菜，平均每个月能收 50 斤左右，按市场上蔬菜的平均价格 1 元/斤来算，靠种菜每年大概能获得 600 元的收入。菜地里种的菜平时大多留作自己家里吃，能够出卖的非常少，当然，也不需要再买多少菜回家吃了，如此一来，在吃菜方面倒也算是收支相抵了。说起今年的情况，因为干旱，而且自己家也没有水井可以浇地，所以能采摘的菜非常少，估计到时候还得买些菜来添补。由于天气的原因，又给家里增加了一些额外的支出。

黄玉卿家 2009 年还养有 3 头猪，长到一二百斤的时候被全部卖掉。市场上每斤猪肉大约 7 元钱，一共收入 3000 多元钱，算是家里最大的一笔收入了。当被问及为何没有多养几头小猪仔时，黄玉卿说家里只有一小间猪圈，空间有限，平时家里吃肉的话要到市里的菜市场单独购买。

说起家禽，黄玉卿便是一阵叹息。2009 年，因为老公生病需要人照顾，所以没顾得上养些鸡鸭。而就在前些天，黎锦传习所的老板给她们每人发了十只小鸭，可不巧的是，没几天便被老鼠吃掉了五只，就在采访的头天晚上，剩下的五只小鸭也全部被老鼠吃掉了。虽然村里老鼠很多，但是村民约定俗成的都不用老鼠药，主要是害怕各家养的狗或者鸡、鸭等家禽误吃了老鼠药而被毒死，甚至在镇上如果卖老鼠药的话，也是会被抓的。然而，如此顾虑重重，导致了村里老鼠猖獗，甚至可能会进一步造成卫生安全隐患，由此造成的损失同样也是不可忽视的。

忙完农活和家务活以后，黄玉卿就会来传习所织锦，不过她说自己技艺不熟练，编织速度很慢，虽说织锦有一年多的时间了，但是去年在家里忙里忙外的，没怎么练习，每个月大概只能织出一条黎锦来，也就赚得 200 多元钱，一年也就 2400 元左右。不过好在黎锦传习所的老板会定期组织培训，通过这大半年的培训，自己的编织技术也得到了很大的提高，而且这里一起编织的黎族姐妹们也非常热心，经常会给她很多指点，帮助她提高。

说起这个织锦培训班，它是由“五指山市黎族织锦传习所”的老板刘香兰组织的，现在已经办到第八期了，每一期都有一二十个人参加，培训对象包括村里村外的众多黎族妇女。培训有专门的教室，织锦的工具和线都是老板发的，培训的老师有时候是刘香兰老板自己，有时候是请市里其他黎锦传承人来上课，讲解的内容除了包括织锦的技术、花纹等，还会涉及相关工具的名称、用法等基础知识。通常是每隔两三个星期上一次课，从早上八点一直到上午 11 点。基础班的学员还要通过考试才能毕业，考试题型包括选择题和填空题，对于有些文化的人来说只要认真听课了基本都能毕业。到目前为止，已经有 126 人从培训班毕业了。当然，即使是毕业之后，也会有不定期的培训，通常是当有了新的订单、出现了新的编织要求时，老板便会组织大家来学习。不管是基础知识的培训班还是后来的不定期培训，都是不需要交学费的，相反的，老板还会每天每人补贴 10 元钱的误工费，再包管大家一顿午饭。对于这些，刘香兰老板说大家都是黎族姐妹，没必要计较那么多，而且都是为传承和发扬黎族织锦技术作贡献。2009 年 12 月份，黎族织锦已成功申请成为国家非物质文化遗产，不管是成立黎族织锦传习所，还是设立培训班传授相关的织锦技艺，都在很大程度上推动了黎锦的传承和发展，当然也给刘香兰的黎锦生意带来了很大的经济收益。如此一来，社会利益与个人利益得到了很好的结合。

表 11－12　**2009 年家庭收入来源情况**　单位：元

职 业	收 入	职 业	收 入
从事种植业	2160	本乡镇就业工资	0
从事渔业	0	外出打工	0
家庭手工业	2400	从事运输业	0
从事畜牧业	0	政府补贴和社会救济	0
从事养殖业	3000	出租耕地、房屋等	0
从事旅游业	0	其他经营收入	0
总收入合计	7560		

数据来源：根据黄玉卿口述整理，2010 年 7 月。

通过黄玉卿的介绍，我们同时了解到他们家承包土地的情况以及主要的生产性固定资产状况，详细数据见表 11－13、表 11－14。

表 11－13　**2009 年家庭承包土地情况**　单位：亩

总面积	水浇地面积	旱地面积	良田面积	荒地面积
4.2	2	2.2	2	0

数据来源：根据黄玉卿口述整理，2010 年 7 月。

表 11－14　　2009 年家庭主要生产性固定资产情况　　单位：台

汽车	拖拉机	犁田机	收割机	机动三轮车	牛车	脱谷机	水泵	其他
0	1	1	1	0	0	1	0	0

数据来源：根据黄玉卿口述整理，2010 年 7 月。（注：拖拉机与小叔家共同拥有。）

谈及家里的支出（支出情况见表 11－16），最大的一部分应该就是医疗费用了。日常的生活开销只是买些油、盐、肉以及少量的菜，很少计算详细的花销数额，大概每个月 400 元吧。大儿子已经初中毕业，不再上学了，小儿子在上初一，但学杂费都已全免，平时只花少量的生活费，所以在教育方面的花费也不算大。在买种子、化肥等生产性支出上，通常每年花费 1000 元左右。至于家庭的耐用消费品，2009 年也没有再添置新的（家庭耐用消费品情况见表 11－15）。近年来，医疗费用主要是因为 80 多岁的大姑以及去年去世的老公。

表 11－15　　2009 年家庭耐用消费品情况

项 目	数 量	项 目	数 量
电视机（台）	1	拖拉机（台）	0
电冰箱（台）	0	卡车（辆）	0
洗衣机（台）	0	小轿车（辆）	0
照相机（台）	0	电话（部）	1
影碟机（台）	1	组合音响（套）	1
电动车（辆）	0	手机（部）	2
摩托车（辆）	0	自行车（辆）	1

数据来源：根据黄玉卿口述整理，2010 年 7 月。

表 11－16　　2009 年家庭支出情况　　单位：元

总支出	生产性	生活性	看病	教育	红白喜事	交通	通信	住房
12100	1000	4800	5000	0	400	300	600	0

数据来源：根据黄玉卿口述整理，2010 年 7 月。

已经跟着黄玉卿一家住了10来年的老公的大姑，现在已经80多岁了，老人年事已高，小病不断，而且还有很严重的风湿病，腿疼、脚疼、关节疼可以算作是家常便饭了。老人现在每天都吃药，大概每周会有30多元钱的医药花销，一年下来差不多会花1500元的医药费。虽然老人参加了新型农村合作医疗，但是小病小痛都达不到报销的最低标准，所以医药费全部只能是自费；老人自出嫁后，不再算作是福建村的人口，在本村也就没有养老保险，所以目前也没有养老补贴。生活和医药上的花费也就全由黄玉卿一家承担了。

黄玉卿的老公患乙肝已经很多年了，直到后来转化为肝癌，去年癌症恶化，在五指山市医院医治了一段时间后，终究还是被病魔夺去了生命。在医治过程中，共花费了1.2万多元的医药费，好在他参加了新型农村合作医疗，报销后自己只支付了3400多元的医药费。在支付医药费时，医院已经将可以报销的额度扣除掉了，所以黄玉卿去支付时只需要把剩下的自己应该承担的医药费部分交上就行，这种方式大大简化了报销程序，避免了患者家属拿着各种票据去不同部门报销的麻烦，极大地方便了群众。问及黄玉卿对整个新型农村合作医疗的感受时，她提到报销确实很方便，不用再跑来跑去的，而且对于他们这些不大懂得具体报销规则、报销标准、报销程序的人来说，省去了很多麻烦。新型农村合作医疗的设立，也确实给参合人员的医疗消费提供了很多补贴，只是每年每人所交的保费逐渐增加，所带来的保费压力也在加重。

在海南省五指山市前年是每人每年交10元钱的保费，去年每人每年交20元钱，今年又涨到了每人每年30元钱，冲山镇福建村的参保比例是99.7%，即基本上所有村民都参保了。像黄玉卿这样的四口人的家庭在村里还算少数，有些家庭上有年老的父母，下面还有两三个孩子，即一家六七口人，按今年每人每年30元钱的保费来算，那么就需要一次性交纳200元钱左右的保费，这对于人均年收入2800多元的福建村来说，不能不算是一笔不小的开支。如果保费再进一步上涨的话，不能不排除有些村民基于收入来源有限或者近年来患病概率较小的考虑，而不再参加新型农村合作医疗。这就是当价格上升到一定程度后，将会排除掉一部分消费者的经济学理论，并且在较低的保费区间，村民们对新型农村合作医疗的需求的价格弹性较低，而一旦保费上涨到一定程度时，需求的价格弹性将急剧增大，那么此时，新型农村合作医疗制度想要实现它的初衷、想要大范围地解决农民“看病难、看病贵”的问题，也就只能成为一句空谈。因此，为了更充分地发挥新型农村合作医疗制度的积极作用、真正地解决农民的“后顾之忧”、实现建设和谐社会的目标，国家和各级地方财政就应该对该制度的实施提供足够的运作资金，通过财政支出的方式对其进行保障，而不是依靠提高农民的参合保费来弥补资金空缺。

民生问题现在是在将来的很长一段时间内依然会一直是中国经济社会建设的一个重点问题。通过对黄玉卿的采访了解到，新型农村合作医疗制度作为民生建设的一个重要举措确实给民众带来了很多的切实利益，在多年逐步推广并实施的过程中也得到了不少改进，比如报销制度的简化等，但是仍有很多问题有待进一步解决，比如参合保费过高、缺乏充足的配套资金的保证等等。除此之外，三农问题还有许多亟待解决的方面，比如怎样带动农民发财致富、提高农民生活水平等等。当然，这一方面要依靠国家各级政府的宏观引导，另一方面当地的一些有胆识、有先见之明的人也起到了带动作用，比如黎族优秀女性刘香兰在番茅村福建村民小组建立“五指山市黎族织锦传习所”，并通过组织培训、传授并发扬织锦技艺的方式为当地村民增加了新的收入来源渠道。

第三部分　农民

十二、番茅村领导班子成员

（一）年富力强的番茅村党支部书记黄运清

黄运清，男，黎族，高中文化，中共党员，1965 年 12 月 14 日生，今年 45 岁。第一眼看到黄运清，就惊讶于他那朴实的气质：晒得黝黑的脸膛，一身草绿色军服（黄运清曾经兼任过村里的民兵营长），甚至连平底的军鞋上也沾了不少泥巴。健谈、朴实的黄运清，一直连任了 21 年村干部，既是目睹番茅村发展变化的见证人，也是引领村民致富的带头人。

在农技方面，黄运清确实是一个非常有能力的人。他 14 岁就学会了犁田，高中毕业后进入番茅大队的国营农场做了割橡胶的胶工，这一干就是 13 年，练就了一手过硬的割胶技术。听说我们想亲眼看看村民如何割胶，黄运清书记欣然允诺，第二天一大早六点多就亲自带我们来到离村庄最近的山坡橡胶林。黄运清告诉我们，别看割胶只是在树上划口子，这可真正是一门技术活。技术好的不仅产胶多，而且不损害橡胶树生长，一株橡胶树可以多割十几年。正说着，黄运清接过一旁正在割胶的小男孩手上的“V”形专用割胶刀，亲自给我们示范起来。只见他双手持刀，沿着树干斜向上轻轻地将橡胶树皮划了大约 180°的一圈。随着刀起刀落，乳白色的胶汁就像牛奶一样顺着切口流淌下来。这时，黄运清提醒我们要仔细地观察切入点和收尾处的刀口：“切口和收尾是割胶最重要的步骤，切得好有助于多产胶，切坏了不仅产胶少，下雨天容易使切口腐烂。”他拍拍眼前这棵大树，仿佛在侍弄一个孩子。

黄运清有一个庞大的家庭，父亲黄老输养育了八个子女，黄运清的大哥早年参军入伍，牺牲在越南战场上；二哥是冲山镇副镇长；三哥现在旅游局工作；四哥在法院工作；大姐刚从海南民族歌舞团退休；两个妹妹一个在国营农场割橡胶，一个下岗待业在家。说到黄运清在番茅村当村官的历史，黄运清书记笑着告诉我们，他这为官一路，事事都跟个“9”字有缘。1989 年 12 月 19 日，24 岁的他第一次坐到了村干部的办公室里，当上了村里的共青团支部书记；两年后的 1 月 9 日，兼任了番茅村委会民兵营长；1996 年 12 月 19 日，刚满 31 岁的他就当上了番茅村委会副主任，党支部副书记；到了 2002 年 9 月 29 日，他在自己 37 岁那年当选上了番茅村委会主任、党支部书记。“还有一个，那是我在 2009 年 12 月 19 日被省里选派到台湾考察农业生产！”黄书记爽朗地笑了，眉宇间透露着自豪的神气。做村干部这些年，黄运清没少给村民办实事，“20 多年来，番茅村的公路通了，村内的道路平坦易行了，冲山镇中心小学的大楼立起来了，番茅村委会、番茅村委会卫生室焕然一新，村民家里有了自来水，村民的生活确实发生了巨大变化”。

正说着，我们来到黄运清位于什分村的家。禁不住黄书记的盛意邀请，我们一行人走进了他那建在高坡上的房子。还未进门，热情好客的黄运清就忙不迭招呼家里的媳妇、女儿接待我们，自己则匆匆拣起墙角的长撩钩去屋外摘椰子。黎族人摘椰子并非是我们想象的那样直接爬到树上徒手采摘，而是用两根长竹竿接上顶端一根弯曲的粗铁丝，形成一支长达十余米的撩钩来“钩”椰子。黄运清把撩钩挂到椰子的底部，撩钩往后一转就钩住了一个椰子，然后双脚后蹬，双臂发力向后一拽，只听“嘭”地一声响，一个青色的椰子仿佛坠落的炮弹一般从天而降。取回椰子后，用镰刀砍去椰子的外壳，在顶上挖洞倒出椰汁，最后剥去黄褐色的纤维状包膜，直到露出嫩白色的椰肉。新鲜的椰汁气味芬芳，入口微甜，别有清新之感；切成条的椰肉紧致细腻，清脆可口。这一顿风味独特的“椰子大餐”确实让我们这些北方人既饱了眼福，又饱了口福。

黄运清家的砖瓦房有三间，一间正厅；正厅两侧是卧室；西边还有一间耳房，土灶上锅碗盆勺很是齐全，这正是一间厨房；正房的东面有一个巨大的铁罐，我们正好奇这是何物，黄书记笑呵呵地告诉我们，那是家里做饭烧火用的沼气罐。房屋外，拖拉机、打草机、收割机、水泵等生产农械一应俱全。走进屋子的正厅，黄运清的女儿正逗着她的小儿子看电视。小家伙似乎一点也不怕家里来的客人，扑闪着机灵的大眼睛瞧着我们不放。每扇房门上都挂着三道“吉祥如意”的红符，房梁上挂着红色的“上梁大吉”的幔布，不用说，这就是黎家为求得平安吉祥的辟邪风俗了。

黄运清的妻子王庆玉与黄运清同岁，是他在通什中学的高中同学，什宝村人。说到他们的婚姻恋爱，粗犷的黄运清脸上洋溢着幸福的神色。他告诉我们在1985年结婚时的情景，“我们黎族人结婚要‘吸酒’！那个‘吸酒’就是夫妻两个人用吸管同吸一碗酒，而且必须一口气喝完的！第二天是摆酒回敬父老乡亲，直闹了一天一夜。到了第四天，新娘就要回娘家，但是吃过一顿饭就得回来。……那时的番茅村经常断电，道路也不好走，还是我举着火把把她领回来的哩”！黄运清有三个孩子，两男一女。大儿子是东方体育学校专科毕业，正想去应聘体育老师，暂时在番茅村当护林员；老二从海南医学院毕业，已经得到医师证，现在五指山市省二院做一名医生；小儿子从职业中学毕业后先跟着村里的青年人在深圳打了一年工，现在已经回来，在家里帮着干些杂活，有时晚上也会出去跑跑运输挣点钱补贴家用。

黄运清家一共分到了四亩半承包地，有三亩多水田，一亩半旱地。勤劳的他在村里工作之余也下地种水稻、番薯和瓜果，这一年能挣到2万多元；他家里还养着几头猪和20多只鸭子，一年带来7000～8000元的收入；再加上小儿子在外打工，黄运清在村里当干部的工资，一家人2009年的收入可以达到近59000元，在番茅村可以算得上是比较宽裕的家庭了。接着，他又给我们计算了家里的支出情况：种子、农药、化肥等生产性支出3000多元；家里人口多，吃穿住行就相对花费多，算起来将近3万余元；黄运清是村书记，通信联系自然少不了，一年要2000多元的通信费；儿子、女儿刚毕业，这一年的教育费用就花了近2万元。这样算来，2009年黄运清一家勉强做到了收支相抵，详细情况如表12－1、表12－2和表12－3所示。

表12－1　**2009年家庭收入来源情况**　单位：元

职业	收入	职业	收入
从事种植业	23800	本乡镇就业工资	8400
从事渔业	0	外出打工	6200
家庭手工业	2600	从事运输业	0

续表

职 业	收 入	职 业	收 入
从事畜牧业	3000	政府补贴和社会救济	0
从事养殖业	5000	出租耕地、房屋等	0
从事旅游业	0	其他经营收入	10000
总收入合计	59000		

数据来源：根据黄运清口述整理，2010 年 7 月。

表 12－2　　2009 年家庭农作物、牲畜、家禽情况

种类	亩数	折算价值（元）	种类	亩数	折算价值（元）	种类	个数	折算价值（元）
玉米	0	0	瓜果	0.3	3000	羊	0	0
麦类	0	0	花草	0	0	牛	0	0
薯类	1.2	2000	烟草	0	0	马	0	0
棉花	0	0	橡胶	15	16000	驴	0	0
蔬菜	0	0	糖茶	0	0	猪	6	6000
水稻	3.3	4000	槟榔	0	0	禽类	20	500
大豆	0	0	药材	0	0			

数据来源：根据黄运清口述整理，2010 年 7 月。

表 12－3　　2009 年家庭支出情况　　单位：元

总支出	生产性	生活性	看病	教育	红白喜事	交通	通信	住房
61000	3000	27000	0	20000	8000	1000	2000	0

数据来源：根据黄运清口述整理，2010 年 7 月。

黄运清是一个阅历相当丰富的人，从改革开放到现在，他亲眼见证了番茅村从贫穷落后逐渐发展到比较富裕。作为连任了 20 多年的村干部和连任了近十年的番茅村委会主任、党支部书记，他对番茅村有比别人更深的感触。作为一名村支书，在黄运清看来，最重要的就是要引导番茅村人民发展生产、带领大家勤劳致富。“平时和普通农民一样下田种地，村里有事要处理时才去

村委会办公。这叫公私两不误!”作为番茅村的“最高领导”，黄运清显得非常低调，在我们面前的，首先是一个地地道道的番茅村农民，其次才是番茅村的书记。他不会坐在办公室里夸夸其谈，更多的时候，他就是一个头戴草帽、肩扛锄头、手持割胶刀，耕作在田野里的普通农民。

黄运清对番茅村的一草一木都极为熟悉，走到橡胶林，他一眼就能看出这片胶林是谁家的，几年树龄，一年能产几斤胶。看着密密麻麻胶林下几个不太和谐的树坑，他像是自家孩子生了病一样，心痛地说：“又有一株树得了白化病①，一株胶要长六七年才能割胶，这一得病几年工夫就白费了。”不过，相对于橡胶树的白化病、烂根病，台风才是番茅村最大的“天敌”。“每次台风一过，这边的橡胶树像火柴杆一样呼啦啦全倒了!”黄运清为我们描述台风过后的惨状，不停地感叹自然的威力。我们发现橡胶树下的空地上，还密密地钻出些嫩绿的小芽儿，黄运清告诉我们，这是橡胶户在胶林地套种的芭蕉苗。芭蕉在幼苗的时候不喜欢多晒太阳，高大的橡胶林正好起到了为芭蕉树遮阴挡雨的作用。等到 40 多年之后，橡胶树不能产胶了，就必须把它们砍去，让底下已经长成大树的芭蕉能够更好地吸收到阳光。正说着，他又指了指脚下，说这就是南药“益智草”，在五指山区产的南药还有胆木、紫蛛等品种，这些草药具有治疗感冒，抑制癌细胞的奇效。一路上，他还不停地指给我们看娇娆的木棉树，生命力顽强的木薯，圆嘟嘟甚是可爱的木瓜，硕大的菠萝蜜……在黄书记的指引下，我们就像走进了一个植物世界，与番茅村人民相伴共生的竟有如此多的植物朋友。

黄运清是一个见多识广的新时代农民，更是一个与时俱进的好书记。这些年来，番茅村的发展是大家有目共睹的。在黄运清的领导下，番茅村统一修了水利，居民户户通上了自来水；村委会的旧址上又盖起了新的村委会办公室和村卫生室；顺利进行了村里的林权改革，每家每户都领到了属于自家的林权证，村里还增添了 626 亩保护林。同时，黄运清为了及时解决村民的切身利益问题，建立了村干部坐班制，每天至少有一个村干部在番茅村委会办公室值班，及时帮助处理村民亟待解决的问题。

随着社会主义新农村建设，番茅村的文娱活动也多起来了：“三月三”的对歌、跳竹竿舞，还有“滚轮”；每年春节乡村集市上的过独木桥、爬藤摘

① 即“白粉病”。

瓜、爬椰子树大赛等趣味活动；为了提高妇女编织技艺特设的织锦比赛、穿针比赛等。番茅村的民风淳朴，民心安定，这是黄运清作为村支书一直津津乐道的事情。他告诉我们在番茅村生活的黎族群众的一些生活习俗：一般都是由最小的儿子跟父母生活并赡养老人；家中一般讲究男耕女织，分工合作。夫妻和睦，孝顺老人是黎族人民的一贯传统。凡到节假婚庆的时候，黎族群众就会穿上最美的黎族服装，载歌载舞增添喜庆。黎族群众殷切好客，有客远来一要敬烟，其次是献酒，最后一定会留客人吃饭。用生长不到一年的嫩竹扎制的竹筒饭以及新娘礼嫁用的糯米糕是黎家最有特色的风味美食。对于番茅村民风民俗，用黄运清的一句话来概括，就是“番茅村以前是、现在是、将来也一定是一个和谐的村庄”！

番茅村尽管是五指山下的一个小山村，但村里人才辈出，生机勃勃。黄运清书记自豪地说，村里有全国优秀企业家王进义，有吹喇咧绝活的高手黄定光，歌声赛过黄莺的民间歌唱家刘香兰，有“歌王”之称的音乐家王照灵。对待道公文化，老实的黄运清似乎有一种深深的敬畏感，“虽然我是党员，但是黎族的辟邪文化确实不得不信”。黄运清告诉我们，在他父亲去世那年，他因为在外工作不能及时赶回家伺候，按照道公的说法家里就会遭灾。果然就在这一年，他家的稻谷给蝗虫田鼠蛀咬一空，颗粒无收；而与他家相邻的几块田地却安然无恙。“不是说我相信迷信，黎族的道公文化流传了这么多年而不衰，自然有它神奇的地方。”

问到对番茅村的发展还有什么看法，朴实的书记沉吟片刻，诚恳地说，番茅村这几年的发展确实比较快，村民的生活也有了很大的改善。但是村里的小问题也不少，总结起来有这么几个方面：首先是村里相当部分农民不能融入新的生产方式，一些原始落后的生产方法和保守陈旧的思想还根深蒂固。对农技人员提供的新方法，新技术接受比较慢；村民们对引进的高产高收的种子、幼仔普遍不信任。新生产方式推广的阻力很大，以至于番茅村至今在产业结构调整上步履缓慢；其次是随着城乡差距的拉大，农民的心理差距和失落感日益增强。甚至生出了“农村孩子读书无用”的想法，许多有天赋的孩子初中没毕业就被迫辍学回家帮忙干农活，导致村里高中、大学以上的高层次人才缺失；最后是黎族传统文化的失传，随着所谓“新时代文化”的风靡，番茅村这个黎族村庄的“黎家味”越来越淡了，许多民族风俗已经到了失传的边缘。

我们这次来番茅村进行村庄调查正赶上村民委员会换届，我们真诚地预祝年富力强、经验丰富的黄运清及其一班人能够继续带领番茅村村民自力更生，艰苦奋斗，在社会主义新农村建设中发挥更大的作用。

（二）明白事理的村委会文书黄利群

黄利群，男，黎族，1961 年生，今年 49 岁，番茅村委会福建村人，初中文化。黄利群是番茅村委会的文书，进村调查的第一天在番茅大队与村里干部座谈的时候，我们就结识了这个真诚、忠厚，甚至有些木讷的村文书，之后的几天他便一直当起了我们走家窜户的向导。他掌管着番茅村委会的文书、统计、财务工作，可以说是最熟悉番茅村的人。为了更进一步了解番茅村近年的经济状况，在进村调查后的一天下午，我们走进了他的家。

黄利群一家人住在 110 多平方米的两层水泥房里，屋子虽然不算大，但是家庭和谐，子女孝顺，却也其乐融融。黄利群和妻子黄锦香有两男一女三个子女：1984 年出生的大儿子至今未婚，在家里帮着黄利群割胶、干农活；二女儿已经出嫁，女婿是福建村本地人，小外孙女已经一岁多了；黄利群和两个儿子住在一起，小儿子今年 22 岁了，刚结婚不久，在家里跟着父亲割橡胶、干农活。去年小孙女的出生给这个家又增添了不少的乐趣。我们走进黄利群家时，他儿媳妇正抱着小孙女“咿咿呀呀”地学电视里五彩斑斓的节目哼着曲子，黄利群则在一旁逗这个白白胖胖的小家伙，脸上露出了温和慈祥的微笑。黄利群家电视机、影碟机、音响、电话机等家用电器一应俱全，后屋的院子里耕田机、风谷机、打谷机等农业机械也摆放得整整齐齐，由此看来，黄利群家是一户非常普通但又相当幸福美满的农家。

问到家里的经济情况时，作为村文书的黄利群对自家的收支也记得清清楚楚：去年一年，他家主要的收入来源于自家 300 多株橡胶树产胶卖得的钱和自己平时在村里做文书的工资补贴；农闲时，妻子和儿媳也会织几幅黎锦拿到市场卖，以补贴家用；番茅村家家都养“五脚猪”①，他家也不例外，这一年总共饲养了 6 头猪，给他家带来了 6000 多元的收入；勤劳的黄利群又在

① “五脚猪”：番茅村特有的品种，因这种猪喜欢用鼻子拱地，以便于寻食地上的昆虫。远远地看仿佛用五只脚在走路，故称“五脚猪”。

家门口的空地上圈起了一排矮矮的鸭棚，饲养了20多只鸡鸭，按一只25元的市场价计算，也有500多元的收入；同时，黄利群家有不到两亩地，种了一亩两分半水稻和半亩蔬菜，在地里辛辛苦苦一年，差不多勉强够一家六口人的稻米食蔬。这样总的来说，2009年他家的总收入为28930元，具体数据如表12－4、表12－5所示。

表12－4　　**2009年家庭收入来源情况**　　单位：元

职　业	收　入	职　业	收　入
从事种植业	12890	本乡镇就业工资	5400
从事渔业	0	外出打工	0
家庭手工业	3000	从事运输业	0
从事畜牧业	0	政府补贴和社会救济	1140
从事养殖业	6500	出租耕地、房屋等	0
从事旅游业	0	其他经营收入	0
总收入合计	28930		

数据来源：根据黄利群口述整理，2010年7月。

表12－5　　**2009年家庭农作物、牲畜、家禽情况**

种类	亩数	折算价值（元）	种类	亩数	折算价值（元）	种类	个数	折算价值（元）
玉米	0	0	瓜果	0	0	羊	0	0
麦类	0	0	花草	0	0	牛	0	0
薯类	0	0	烟草	0	0	马	0	0
棉花	0	0	橡胶	8	8000	驴	0	0
蔬菜	0.5	3000	糖茶	0	0	猪	6	6000
水稻	1.26	1890	槟榔	0	0	禽类	20	500
大豆	0	0	药材	0	0			

数据来源：根据黄利群口述整理，2010年7月。

这个收入显然不能算是富裕的，但是，满足一家六口人的吃穿还是绰绰有余的。

算到总支出的时候，黄利群给我们列出了一笔账：2009 年一年在购买化肥、种子、农药、农具、农业用电等农业生产性支出上花费了将近 1500 元；一家人一年的吃穿住行等基本生活费用总共花了 11000 元左右。黄利群停了停，笑嘻嘻地指着怀里的孙女和桌上的手机说："他俩可是个花钱的大头！去年这个小家伙出生就花了我 6000 多元；家里有四部手机一部座机，一年也得有 5700 元左右的通信费用。"这么算下来，黄利群家也算是收支相抵，略有剩余。算完账，黄利群轻嘘一口气，仿佛一个刚做完作业的小学生，一脸轻松的模样。具体的情况如表 12－6、表 12－7 所示。

表 12－6　**2009 年家庭支出情况**　单位：元

总支出	生产性	生活性	看病	教育	红白喜事	交通	通信	住房
25295	1450	10045	6000	0	1000	500	5700	600

数据来源：根据黄利群口述整理，2010 年 7 月。

表 12－7　**2009 年家庭耐用消费品情况**

项目	数量	项目	数量
电视机（台）	1	拖拉机（台）	0
电冰箱（台）	0	卡车（辆）	0
洗衣机（台）	0	小轿车（辆）	0
照相机（台）	0	电话（部）	1
影碟机（台）	1	组合音响（套）	1
电动车（辆）	0	手机（部）	4
摩托车（辆）	1	自行车（辆）	0

数据来源：根据黄利群口述整理，2010 年 7 月。

黄利群是土生土长的番茅村人，他是看着这个村庄从落后到发展，从贫困到小康长大的，属于那种与村庄一起成长起来的人。1969 年，8 岁的黄利群进入番茅小学学习；1976 年，他从通什中学初中毕业。七年的学习生涯虽然短暂，但对他来说却足以铭记终生。因为农村家庭人口多，作为家里五个孩子的老三，初中毕业的黄利群未能继续深造，对于此他一直耿耿于怀。"我那时想读书家里没有条件，读到初中就不得不回家干活了，现在心里还懊悔当时没多读点书。现在各方面条件是好了，读书都是免费的，但村里有些年轻人却不肯刻苦用功读书，只念到初中就不上学了，村里能上高中、上大学的人非常少。对目前村里孩子们的受教育状况，黄利群更多的是痛心，甚至有些愠怒、不满。

黄利群从小就是个懂事的孩子，每逢假期总要帮家里做农活，15 岁时一天就能挣 8 ~ 9 分。1978 年，初中刚毕业的黄利群进入番茅大队当上了大队的计工员，主要负责记录大队每人每天的劳动量。“当时一个人一天最多能挣到一元，以最壮最勤奋的劳动力为标准，计为 12 个工分。其他的人按照出勤的时间、劳动强度依次递减，有 10 个工分的，也有 8 个工分的；老人一般每天 8 ~ 10 个工分。”对当时计工分的规则，黄利群至今记忆犹新，“那时，生产队的队长是最有权威的，社员做工勤快不勤快、工分的多少，全是队长一个人说了算。‘文革’时期，一个人的工分高低或多或少是和他的家庭出身有点关系的，若是地主成分就相应地扣减工分；一直到 1981 年‘文革’的影响完全过去之后，这种不公平的现象才慢慢地消失了”。

1981 年年底，海南才开始分田到户，黄利群家总共分到了 2 亩多水田和 8 亩林地。农民分到了属于自己的土地，大家的干劲都很足，1982 年番茅大队获得了前所未有的丰收。所谓喜事成双，1983 年，黄利群与冲山镇的黄锦香喜结连理，这个美满的家庭开始有了雏形。

当了 10 年计工员后，黄利群在 1987 年当上了番茅管理区福建经济合作社的副队长。1990 年海南建立特区后，番茅管理区改名为番茅村委会，相应的，福建经济合作社也改为福建村民小组。黄利群继任副组长、组长。一直到 2007 年，黄利群因为工作出色，村民投票选举当上了番茅村委会委员，分管村委会的文书、会计和统计工作。

黄利群是一个称职的文书，对村里的基本经济情况了如指掌：“2009 年，番茅村委会一共种植了双季产水稻 418 亩，年亩产 1800 斤；橡胶 1100 多亩，每亩 40 余株，平均每株可以卖胶 20 多元；槟榔 68 亩，每亩种 100 棵左右，一棵的毛利有 10 多元；种了 30 亩地瓜，亩产 1000 斤左右，这项有近 3 万元的收入；食蔬种植 120 亩，每亩均产 800 多斤。多数是农民自己食用，多余的卖到集市上每月有 1000 多元的收入；甘蔗 10 亩，年收入 2 万 ~ 3 万元；2009 年番茅村的生猪存栏量是 958 头，鸡鸭鹅有 5000 余只。”黄利群侃侃道来，如数家珍一般，“再加上外出打工、房屋折旧、农机更换、酿酒、政府补贴等，番茅村2009年的产值可以达到300多万元”。虽然这个数字不高，但从黄利群略带兴奋的眼神中我们可以看到番茅村这几年确实发生了很大变化。

黄利群告诉我们，这几年政府拨下来的扶贫款，大多用在了农田水利、居民生活基础设施建设上了。他指了指自家门口的那条水泥路，说道：“这条路就是1997年用政府扶贫款修的，当时村民们也自筹了一部分，而整条路都是村民们自己出力建设的！虽然路面没有专业工程队修的那么平整，毕竟是自己出劳力，省了不少钱。村篮球场边上还写着‘1997年建’。”说到这儿，黄利群挺自豪。原来的番茅村，居民生活、灌溉用水都依靠村里的几口水井，每逢干旱总要排起长队打水，很不方便。为了改善村民生活用水状况，村委会在2000年投入了30多万元的扶贫款以及每户100元自筹款，依托番茅村多山的地理优势，在山头上修建了一个水泥蓄水池，引山泉水入村，解决了人畜的饮水以及庄稼的灌溉问题。“现在番茅村的水价非常便宜，每吨只有两毛钱，再加上一年20多元的水利管理费，对大部分村民来说是相当实惠的。但有个问题，山泉水只是在蓄水池里沉淀了一下就到了村民家里，没有经过处理，一到下雨天就比较浑浊。”黄利群说。

黄利群是一个细心的人，在担任村委会文书的这几年里，把村委会的统计材料、财务报表整理得有条不紊。他告诉我们，自从2009年开始，五指山市已经统一将财政由市政府“三资”① 委管理，委托五指山市冲山镇农村信用合作社行使会计、出纳职责。这样的话，村里的所有开支都要经过村主任确认，证明人、经手人签字，方可去市里“三资”委报销。“虽然现在的财务制度没有以前的灵活，但也是对财务工作的规范，防止村委会乱花钱。”黄利群对市里的政策表示支持，“现在都在讲民主监督，像我们村一旦有2000元以上的账务，都必须经过村民讨论才可以实施”。

谈到番茅村的基层干部建设，黄利群表示像他们这样的村干部都是村民们经过几番选举产生的，这是一个非常公平、能代表全村人民利益的集体。村里的选举必须经过“预选、提名、正式选举”三个阶段，每个过程镇里都会派人下乡监督。经过第一轮预选，按得选票多少一次定下了村党支部书记、副书记和村委会委员的人选，同时上报冲山镇备案；然后镇党委、政府根据选举情况综合考察，通知提名村党支部书记、副书记、村委会委员的人选；

① “三资”：资金、资产、资源。

最后一轮是村民统一投票选举产生新一届村民委员会。谈到村干部工资待遇的时候，他说："村里的干部任务并不太重，工资待遇也不算高。村党支部书记每月700元津贴，而我们这些委员一个月才450元。不过都是为人民服务嘛，也就不计较报酬的多少了。村委会的集体所有地都已经在1997年的第二轮承包时全部分给了村民，村委会也没有集体产业。番茅村委会的费用全部要依靠冲山镇政府的直接拨款来支付：一般来说，冲山镇一年拨给一个村委会的经费是2000元，而村民小组一年是1200元。"

对于近几年正在番茅村推行的新型农村合作医疗保险以及农村养老保险制度，黄利群有自己的看法。番茅村的新型农村合作医疗保险要求每人每年上交20元作为保险费，而报销的标准是只有在重病住院的情况下才能得到赔付。这样的标准对于普通的农家来说是过于苛刻了。"基本起不到疾病保险的作用!"黄利群说，"农村养老保险更是形同虚设！前几年每人交了500元的养老保险，至今杳无音讯。有几位老人到60岁了，去镇里要那笔养老保险，结果仍然给了500元，原物返了回来，这500元存在保险公司，居然一分钱利息都没有，还不如存银行呢!"由此看来，新型农村合作医疗和农村养老保险制度在农村地区，尤其是相对落后的少数民族农村地区还相当不健全，要全面推行和完善新型农村合作医疗以及新型农村养老保险制度，还有很长的路要走。

最后，我们向黄文书咨询了番茅村的金融信贷情况，他向我们介绍了有关这方面的现状：五指山市的农村小额信贷利息比较高，要求还本付息时间很短，放贷量也小，一般是三或五户联合担保的制度，抵押标准至少五万元存款。但是番茅村很少有人去银行贷款。"家里有五万元存款，谁还用贷款!"根据我们这段时间在番茅村的调查，农户们普遍反映缺少资金，缺少项目的情况。农村小额信贷的真正作用是解决农户生产、生活的急需，是扶助农村经济发展的一个手段。如果用商业贷款的标准和眼光去看待农村小额信贷，恐怕是很难达到真正目的的。

（三）踏实肯干的村委会委员黄德理

黄德理，男，50岁，黎族，高中毕业，无宗教信仰，普通话较流利。妻子王英兰，48岁。两人育有两女一男，大女儿30岁，已经出嫁，二女儿26

岁，三年前去三亚打工，现在一家建筑公司当仓库管理员，每月能有1500元的收入。儿子28岁，也在三亚做着保安的工作，每月收入1200元。平时家中只有黄德理和妻子两人，农活不忙的时候，妻子也会出去找点活干，我们去采访的时候，王英兰就在海南省第二医院做清洁工，每个月能赚900元。王英兰勤劳肯干，熟悉她的人有什么工作机会都愿意叫她去帮忙。

黄德理并非本地人，而是在番慢村出生。在通什中学读高中时与现在的妻子王英兰相识，两人同桌了三年，后于1979年结婚。1977年黄德理高中毕业并参加了高考，当时他想报考广东民族学院，但最终只差2分，遗憾地落榜。当地每年的5月至10月都是民兵训练的时间，毕业后的黄德理便报名参加，从1977年至1985年他一直在通什市军分区进行民兵集训。一开始黄德理是在步兵大队服役，1982年转为通信员。民兵训练并不像常人所以为的那样多是走走形式、没什么实质内容，事实上，据黄德理讲，民兵训练和正规军训练一样辛苦。比如在做通信兵时，黄德理每天要连续进行发报指法练习不少于8个小时，上下午只能各休息10分钟，每天都练到手指麻木抽筋。教官训起人来也毫不心软，很严格。这样高强度的训练让很多士兵苦不堪言，但黄德理从无抱怨，一门心思地埋头苦练。黄德理的勤奋刻苦没有白费，他多次在黎族自治州八个县军分区举办的各类民兵比赛中获奖：1978年步兵射击比赛第三名，1982年电报集训比赛（背电报硅两瓦电台）第二名，1985年背电报硅十五瓦电台比赛第二名……虽然时间过去了这么久，黄德理向我们说起这些时仍抑制不住脸上的骄傲，对于当时的辛苦，他并没有多提，但可以想见这一个个荣誉的背后是多少汗水的付出。因为训练刻苦、为人稳重，刚参加民兵训练一年的黄德理就担任了映示大队下属民兵排的排长直至1985年。

1985年9月，黄德理离开映示大队，来到番茅大队落户，并一直在番巴村工作生活至今。1986年有着丰富通信方面知识的黄德理开始负责带领番茅大队的民兵进行有信通信的训练，布设电话线路等。经训练，一个合格的民兵进行1000米距离双捆线的放线、收线要在12分钟以内完成，而在正规部队中的合格标准是8分钟。直到现在，黄德理还是番茅大队民兵训练的负责人。1988年黄德理被选为番茅村小组副组长，主管村内水、电方面的事务。2000年，他又被推选为番茅村村委会4名委员之一，主管林业、民兵、治安及文教卫生。

从事村内行政工作这么多年，黄德理说起工作中遇到的事也是滔滔不绝，就自己所主管的几项工作，向我们详细介绍了村中的情况。他提起 2009 年村里发生的一件大事，即山地边界测量勘探工作。过去番巴村山地占用情况比较乱，和邻村接壤的地方也存在归属权不清的地方，虽然早在 1984 年村里就对各户所有的山地进行过划分，但土地面积、边界纠纷仍时有发生。并且当初的土地划分方式也有分歧，存在谁先开荒谁先占地的情况，有些人占有的土地很多，有些人却很少。这一土地分配不均的矛盾随着时间的流逝变得愈加明显。去世的老人和出嫁的女儿分配的土地还留在娘家，新生儿和后娶进门的儿媳却分不到土地。由于土地分配原则不当，导致农户土地分配不公，人地矛盾激化。去年的土地测量工作就是针对这些矛盾而进行的，主管林业的黄德理为此每天早早就带人上山丈量土地、勘测地形，并且在这一过程中还动用了高科技，即通过卫星进行测绘，明确了各村、各户的土地面积和范围。现在基本的测绘工作已经完成，接下来村委会会给各户发放土地使用权证书，并签订使用合同，这样就将各户的土地使用权明确下来。同时村里根据全村土地状况划定了一条每人 8 分地的基准线，若每户平均每人实际分到的地多于这一标准，就会向多出的土地收取部分费用，用以补贴那些地少、甚至没地的村民。通过这种方式一方面解决了农户土地使用权不规范的问题，另一方面对过去不合理的土地分配方法造成的人地矛盾加以缓解。

黄德理接着又跟我们说起了村里的卫生状况。事实上通过几天来在村中的采访，我们已经发现番巴村的卫生状况实在不容乐观。村里垃圾四处乱扔，村口的一片空地仿佛是一个露天垃圾场，风一吹，土路上的大量灰尘伴着垃圾四处飞舞。村内各家的家禽都是散养的，村里到处可见鸡、鸭以及家犬四处乱窜，随地排泄。屋舍间狭窄的沟渠，散发着腐朽的气味。猪圈与屋舍临近，味道更是难闻。小孩子们就是在这样的环境下赤着脚追逐嬉闹，人畜间没有安全的隔离，极容易沾染病菌，据称夜间村内还有老鼠外出活动，这些都形成了严重的卫生隐患。黄德理介绍说，村内卫生状况差，这一方面有人的因素，即村民们确实没有形成良好的卫生习惯，卫生管理不力；另一方面也有自然环境因素的影响。番巴村人多地少的矛盾很严重，房屋密集，没有土地用于盖公厕。水资源的匮乏也不利于当地卫生状况的改善，我们到番巴村采访期间，正赶上当地遭遇大旱，各农户家中的自来水管早已无法出水，村民们若要用水都要到靠近村口的地势低洼处的一个露天水管取水，我们进村调查的这几天就时常看到村民们挑着各式大水桶来往于取水点和家中。确实，若一个村子连基本的生活用水都无法保证，又怎样能搞好卫生呢？在这样的卫生状况下，番巴村没有爆发过大规模的流行病症，实属万幸，但是难道我们能一直将村民的健康寄托于运气吗？虽然上级领导每年两次来这里进行卫生检查，但村里不过是突击打扫一下，把表面的清洁工作做好，把村口的垃圾清理到山上的垃圾场等，反正领导们不会详细检查，很容易应付过去。

应当说，国家对少数民族地区的卫生工作不可谓不重视，政府曾经动员和组织了大批卫生人员到少数民族地区工作，开展关于卫生防疫管理、流行病传播等知识的培训。经过长期的努力也确实取得了一些成绩：少数民族人口增长、体质改善、传染病下降等。但番巴村的情况告诉我们：少数民族地区卫生事业还远未达到令人满意的程度，相反，还有很多问题有待解决。番巴村整体经济发展滞后，人们生活保障水平低，生活质量都难以保证，何谈卫生保健？因此村民们普遍缺乏卫生保健意识，卫生基础薄弱。所以要改善当地的卫生状况，任重而道远。

此外黄德理还提到，村里曾一度出现过好几例甲亢病例，调查后发现，这一方面与村中水质有关，另一方面村民食用的碘盐还存在造假掺砂现象，即使是供销社出售的碘盐也不例外。后经过相关部门的处理，情况才有所好转。食用碘盐是国家确立已久的政策，但直到现在仍有人从中非法牟利，甚至渗透进国营性质的供销社，危害百姓的身体健康，这不能不引起相关部门的警惕。因此，国家在向少数民族地区政策倾斜的同时，更要关注政策执行过程中可能出现的问题，避免因人为因素损害村民利益。

就教育问题，黄德理介绍说因九年义务教育政策的实施，孩子们上学直至初中毕业都由国家埋单。并且，为了提高海南省少数民族的综合素质，在九年义务教育的基础上，国家还另外给予了政策支持，即农村公办中小学校义务教育阶段学生，可享受“两免一补”政策，即免收全部杂费、教材费，对于家庭困难住宿学生补助生活费。在此基础上，还取消了农村义务教育阶段公办中小学校借读费、住宿费、作业本费。这样当地义务教育阶段公办学校彻底实现了“零收费”，所以现在村民还比较配合，孩子们基本都能保证初中毕业，但初中毕业后的升学率便不能保证，并且相对于普通高中来说，当地孩子更倾向于中专学校，因为中专毕业后外出打工更容易一些。分析其心理，大部分家长缺乏“知识改变命运”的意识，上学的目的不是为了求知，仅是谋生手段，其对教育的认知停留在最低阶段。九年义务教育阶段，上学不用自己掏钱，所以都愿意送孩子上学。他们多把培养孩子当做国家的责任，自己很少会监督孩子的学习情况。在这种环境下长大的孩子是很难有更高求学要求的，学习积极性不高，多以初中毕业为最高目标，一旦义务教育阶段结束，继续求学的人数少也就不难理解了。即使有部分人会继续上学，但很多是以是否有利于打工为标准的，因此在当地就出现了选择考中专的学生比考高中的学生多，中专考不上才去上高中这一难得一见的现象。

此外，黄德理还负责村里的治安管理。据黄德理介绍，村里的治安不太好，虽不至于出什么严重刑事案件，但打架、偷盗这些事情还是时有发生。番巴村民爱好喝酒，一些年轻人聚众喝酒，稍有口角就容易酒后失控，打架伤人。还有村民们的家禽都是散养的，平时都四处跑，一些孩子就打起了这些鸡鸭的主意。偷走一两只拿去换钱，有的去买了零食，还有的就去上网。为维护村里的治安，村里的民兵组成了 10 个人的应急小分队，每两人为一组，每周一、三、五轮流在村里巡逻，即使节假日也不休息，有时候在春节这个合家团圆的日子，他们依然尽职地在村里巡视。更为难能可贵的是他们做这些并没有工资可拿，全都是义务行为。但是一来由于他们都有自己的本职工作，只能抽出时间管理村内治安，时间精力都十分有限，不可能面面俱到；二来他们并不属于公安机关，没有处置权，所以即使抓住了犯错的孩子也不能给予什么处分，只得把家长叫来，一起进行批评教育。由于缺乏长期固定的治安机制和实质性的惩罚措施，这些孩子更加有恃无恐，很难杜绝此类事情再次发生，这也是令黄德理一直头疼的事情。

黄德理提到了很多工作遇到的困难，比如番巴村山地多，平地少，农业基础薄弱，难以形成有规划的大规模种植。现有道路普遍狭窄，村内小巷弯曲难行，消防车、救护车等很难进入。村口的乡镇公路已经修了很久，但至今仍只是一个宽度不达标、尘土满天飞的土路。村里缺少必要的卫生室，村民们看病都要到市区，很不方便。村民们即使参加了农村合作医疗，但这一政策是以治疗大病为主，村民们有时自己也要负担不少医疗费用。番巴村虽靠近市区，但并未能将地区优势转化为经济推动力，相反正是由于这个区位优势，给外界造成致富门路多的假象，使得在同等经济水平条件下，番巴村比周围各村更难申请到资金支持。村委会有心为村民们多做些实事，但无奈既无足够的资金，也得不到上级政府的有效支持，很多工作就难以展开。

黄德理讲到，平时领导们也会来村里调查，但多数只是看看表面情况，或到织锦大队这样有当地民族特色的地方参观考察一下，很少进村，完全是官样文章，走马观花，对村里的实际情况并没有完全了解。村委会曾多次向上级政府反映村里的困难，申请政策支持，但常常事与愿违。比如村里土地稀缺，难以有效规划，希望政府帮助安置村民的生产生活问题，国土局派来了调研组进驻，但没几天调研组撤走了，再无音信，此事也就不了了之了。村里的水利设施30年来从未修缮过，基础生产配套设施严重滞后，农业完全靠天吃饭、吃老本。随着人口的增多，土地越来越不够种，现在村里的农业种植越来越落后，已显现出了衰退势头。居民生活用水也常常无法保证，每年一到旱季，村民们家中就无法取水，都要到地势低洼处打水，十分不便。事实上，据黄德理讲，要解决居民的用水问题并不麻烦，相应的设施只需4万元钱就足够，但就是没有此项经费。番巴村曾计划修建引水工程，并且提出村中可以自筹经费35万元，只需向市水利局再申请4万元，但项目报告递上去，收到市里的回复是只能批给2万元。类似的事情还有很多，黄德理说国家为了振兴少数民族经济，确实特别制定了很多优惠政策，这些政策若认真执行的确能极大地带动少数民族地区的经济发展。但实际情况是，国家的政策越向下执行越脱离了其初衷，执行效果实在难以令人满意，中央的政策再好，若得不到有效的贯彻落实，也是一纸空谈，最终只能伤了老百姓的心。而更让番巴村感到无奈的是，由于靠近五指山市区，一旦上面来了什么调查组，市里就爱把他们派往番巴村，就这样番巴村接待的各种领导倒是很多，却没得到什么实际好处。对此，黄德理苦笑着说："市里给安排的任务我们也不能不好好做啊，所以白干不说，每次我们还要抽出时间精力来伺候这些人，有苦不能说啊！"区位优势不但没能转为经济优势，反倒成了番巴村的累赘。

虽然村委会的工作很辛苦也不好做，但踏实勤劳的黄德理并没有什么怨言，只是尽量地将工作与家中生活兼顾起来。番巴村只有两户村民家中养了牛，而黄德理就是其中之一。他家的牛是当初从大队里分得的，大牛下小牛，一直养到现在还有五头。小种牛一头能卖到3500元至4000元，大牛则能卖到5000元至6000元。牛粪也是极好的肥料，他家三个月就能攒一车，拉到自家稻田施肥能省不少肥料钱，这一车按市价能卖250元。养牛没什么成本，每天把牛带到山上放养，山上的草可以当牛饲料，人只要不时地看护一下就可以，确是投入少、回报高的养殖项目，所以黄德理也曾想过在全村发展养牛业，但缺少必要的支持，要办起这个项目谈何容易，所以计划一直没能实现。此外黄德理家中还有4.8亩橡胶地，种有约190株橡胶树，去年每月能有1200元的收入。芭蕉地4亩，约200株，每斤芭蕉能卖1元。但近来他家的芭蕉树已临近6年的退化期，收入有所下降。还有1亩水稻田，所产有限，基本仅供自家食用。黄德理每月从村委会还能领到450元的工资，另有一些补助。加上妻子不时地出去打打工，两个孩子也各自有工作，黄德理家的经济状况在整个番巴村来讲还是很不错的（各项数据如表12－8、表12－9、表12－10所示）。

表12－8　**2009年家庭承包土地情况**　单位：亩

总面积	水浇地面积	旱地面积	良田面积	荒地面积
9.8	1	8.8	9.8	0

数据来源：根据黄德理口述整理，2010年7月。

表12－9　**2009年家庭农作物、牲畜、家禽情况**

种类	亩数	折算价值（元）	种类	亩数	折算价值（元）	种类	个数	折算价值（元）
玉米	0	0	瓜果	4	20000	羊	0	0
麦类	0	0	花草	0	0	牛	5	26000
薯类	0	0	烟草	0	0	马	0	0
棉花	0	0	橡胶	4.8	10000	驴	0	0
蔬菜	0	0	糖茶	0	0	猪	0	0
水稻	1	1000	槟榔	0	0	禽类	0	0
大豆	0	0	药材	0	0			

数据来源：根据黄德理口述整理，2010年7月。

表12－10　**2009年家庭收入来源情况**　单位：元

职业	收入	职业	收入
从事种植业	31000	本乡镇就业工资	5500
从事渔业	0	外出打工	10800

续表

职　业	收　入	职　业	收　入
家庭手工业	0	从事运输业	0
从事畜牧业	26000	政府补贴和社会救济	0
从事养殖业	0	出租耕地、房屋等	0
从事旅游业	0	其他经营收入	0
总收入合计	73300		

数据来源：根据黄德理口述整理，2010 年 7 月。

黄德理已经连任了三届村委会委员，对马上又要进行的村委会改选，他还充满信心。当我们结束采访准备离开的时候，黄德理一边收拾着桌椅，一边还在跟我们谈着村委会工作上的事情，村里的工作是压在他身上的一副重担。一个国家的真实实力和综合国力要看生活在其最底层的人民过着怎样的生活，就中国这样一个贫富悬殊的转型中的国家更是如此，欠发达地区、在总人口中占少数的民族地区，其人民的生活状态、生产生活设施、文教卫生状况才是衡量中国崛起的核心标准。

（四）深得村民信赖的村委会妇女主任王江连

王江连，女，黎族，1981 年出生，初中文化水平，无宗教信仰。王江连和丈夫以及两个孩子共同居住在一个约 40 平方米的屋子里。这间屋子是从以前丈夫家的两间老房子中分出来的一间。由于两个孩子还小，家里的劳动力就是她和丈夫两个人。

王江连是 2000 年从离番茅村只有七公里的福关村嫁过来的，在至今的十年里，这位年轻女性凭着自己的聪明能干、乐于助人渐渐成为了村民们尤其是妇女们信赖的对象，在前年的村干部换届选举中，她作为第一位外来的女性被村民们选为妇女主任。

见到王江连是在来村第一天与村干部们的交流会上。王江连是村干部中最年轻的一个，她作为妇女主任在会上简洁明快的发言给我们留下了深刻的印象。当天下午，王江连带着我们走访了几家农户，在她的帮助下，我们很快地与当地群众打成了一片。在结束几户人家的走访后，我们来到王江连家和她聊起了家常。

一进家门，王江连就热情地招呼我们坐下。王江连家虽然面积不大，但收拾得干净整洁。一个木制的衣柜靠着一面墙，另外一面墙上，则显眼地挂着不少个人和集体获得的荣誉奖状。[①] 这些奖状，是王江连工作成绩的见证，骄傲地向我们昭示着女主人的才干和能力。

王江连先简要介绍了一下自己的情况。她 7 岁开始读书，先是在村里的学校读小学，后在番茅中学读初中。初中毕业之后，年仅 17 岁的王江连带着自己的美好梦想前往五指山市打工，希望能通过自己的辛勤劳动改变命运。但由于人生地不熟，依靠着老乡的介绍她去了个赌场给人端茶拖地。由于年纪小，每月拿到的工资只有 300 元，加之自己不喜欢赌场的环境，做了三个月王江连便辞职去了三亚市的金鸡岭，在那开始卖早餐。好景不长，由于眷恋家乡，王江连在卖早餐近四个月之后还是选择回到了福关村。总体来看，王江连外出打工的时间很短，还不足一年，但在这短短的时间里她却收获了很多，这不仅包括对现实社会的亲身感知，而且包括她在这期间收获的珍贵的友谊和艰辛生活的锤炼。由于在一起打工的女孩子大多数老家都挨得比较近，因此在平时的生活中，她们经常聚在一起谈天说地，畅谈未来，几个姐妹成了无话不说的好朋友。同时，在与姐妹的交往中，年龄不大的王江连表现出超越同龄人的成熟，无论在生活中还是工作上经常关心和爱护姐妹们。这段时间的磨炼使王江连学会了如何与更多的人打交道，学会了如何处理姐妹间的一些问题，这些品质，为后来王江连成为番茅村妇女主任做了良好的铺垫。

当我们问起是否后悔这么快就结束打工生涯时，王江连表示，自己不后悔当初的决定，正是从三亚回来，她才有机会认识了丈夫王永途，说到这里，幸福的表情洋溢在王江连的脸上。王江连表示，有得必有失，虽然不继续打工可能会失去更好地提高生活水平、增加经济收入的机会，但美好的姻缘是无法替代的。如果能选择，她依然会选择回到村子里，选择这个家。

在王江连嫁过来的十年里，两口子在自己家的土地上辛勤耕作，收入虽然不多，但日子过得很开心，特别是两个孩子的出生，更是给这个家庭带来

---

① 据王江连介绍，由于集体类奖状村中没有统一放置的地点，因此一般都暂时放在自己的家中。

了更多的甜蜜和欢乐。当然，日子并不总是由幸福串成的。两个孩子的出生也给家里带来了一定的难处，由于土地不足，带来的经济收入尚不足以抚养两个孩子。说到这里，王江连满脸的无奈。她表示由于整个村子能用以耕作的土地较少，有些以前土地分得较少的农户现在由于家庭人口数量增加，人均土地量不足，因此就算家中再有劳动力也无济于事。这也再次印证了我们在村子观察到的"人地矛盾"较为突出的基本情况。对"人地矛盾"进行深入分析可以知道，由于农地的经济功能被单一强调和重视，农地的经济利益成为决策时最重要甚至是唯一的考虑要素，不同用地主体对农地能够产生的经济利益进行争取，引发人与人之间的矛盾，在土地上显现出来的就是人地矛盾。再进行深层次的思考，可以看出农地功能的单一化主要是因为农地非经济功能价值表达主体的缺失，使得农村土地的利用越来越走向追求经济利益的极端，不可持续、不计后果，人地矛盾日渐严重。① 要缓解人地矛盾可以从调节不同用地主体的经济利益着手，但要解决人地矛盾必须从农地多功能性的主体的树立做起。我国现阶段多个省市已经开始试点着手解决"人地矛盾"这一问题，例如云南省的西双版纳州对于橡胶林地的改革试点②，对于同样以橡胶作为主要经济作物的海南省来说，有一定的参考价值。

王江连与丈夫组建成幸福的小家庭后，刚开始时只是给家里干点杂活，打打下手，有时也会在家里房后养几只鸡。但王江连并不甘心日子就这么一天天过下去，加之两个孩子的出生增加了生活的压力，王江连开始去周围的苗木场给别人种树苗，虽然赚的不多也很辛苦，但毕竟找到另外一种贴补家用的方式，王江连认为再苦再累只要是为了这个家都是值得的。

作为番茅村的妇女主任，王江连的主要任务是宣传、贯彻党和政府在农村的方针、政策。教育、引导农村妇女发扬自尊、自信、自立、自强的精神；提高思想道德素质、科学文化素质和健康素质，同时代表和维护农村妇女儿童合法权益，反映妇女的意见、建议和要求，代表妇女参与村务决策，发挥

① 引自中华人民共和国国土资源部网站 http：//www.mlr.gov.cn/zljc/201007/t20100719_ 725088.

② 针对橡胶种植引发的人地矛盾，中国科学院西双版纳热带植物园的研究员提出建议：合理利用橡胶林里的每一寸土地，在橡胶树下种上其他作物，这样，一方面可以增加橡胶林生物多样性、改良土壤，使得林内生态系统更加稳定；另一方面还能够增加胶农收入来源。这种方式现已经在云南省西双版纳州得到了广泛的推广。

民主参与、民主管理、民主监督作用，推进农村基层民主建设。自从被广大村民选举成为村妇女主任之后，王江连感觉重担在身，时时刻刻都以村干部的标准严格要求自己，响应国家的号召，努力做好自己的本职工作，并想尽一切办法丰富村里妇女儿童的业余生活。2009 年年底，王江连响应镇林业局的号召，带领众多村民上山测量准确数据，为村里进行新一轮的林权制度改革做了不少工作；同时，为了更好地与本村嫁到外地的女性联络感情，去年和今年王江连都发挥了自己善言辞、能交际的特点，将大多数嫁出去的妇女们请回番茅村，与村里的妇女们一块在村里的空地上喝喝酒、聚聚会、聊聊天。虽然事情不大，但对于村里妇女加强感情联系、增加友谊、减少摩擦、增加对番茅村的感情有很大作用。王江连不仅仅是在集体文娱活动上做得有声有色，在给村集体谋福利上也是卓有成效。前年，正是在王江连的努力斡旋下，村民小组集体将村里的一个鱼塘承包了出去，这为村民小组集体每年带来了一部分收入，使得没有村委会财政拨款的番茅村有了一定的经济来源。总之，在这几年的工作中，王江连作为妇女主任，在文娱上，极大地丰富了村民的业余文化生活；在工作上，响应国家和政府的号召带领着村民勤勤恳恳地做了很多实事，在我们看来，这位精明能干的女性正是勤劳勇敢的黎族女性的缩影和写照。

王江连家的土地情况如表 12 - 11 所示，其中水浇地 2 亩，旱地 10 亩。王江连家 2009 年的经济收入情况如表 12 - 12 所示，经济收入除了种植业收入外，还有夫妇两人外出打工以及王江连担任村妇女主任的收入。种植业的收入主要源自 2 亩水稻以及 10 亩橡胶。由于去年海南气候适宜，风调雨顺，粮食产量是近年来最好的，2009 年水稻一项如果按照市价折算大约给王江连家带来 2000 元收入。与大部分村民一样，王江连家生产的粮食都是自产自销，仅供自己食用，没有剩余粮食可以卖；家中还种有 10 亩橡胶，2009 年所有已开割的橡胶共 100 株，由于自己家的那块橡胶地土质好，橡胶的产量较高，2009 年共给家里带来了 6500 元的收入。在谈到村里人种植橡胶的情况时，王江连心情有些许沉重，她说橡胶在村民走向致富道路的前期是最主要的经济作物，村里很多人致富的第一笔资金就来源于种植橡胶的收入，然而由于缺乏必要的技术支持以及管理咨询，大部分村民种橡胶都不太科学规范，往往种得过密导致橡胶树不容易出胶，或是得了病虫害。近几年来，由于第一批橡胶树的树龄偏大，全村的橡胶树出胶量越来越少，很多家庭的橡胶收入有所减少。相比其他农户而言，自己家的橡胶林算是状况较好的，但只有引进新的技术，才能真正地改变现状。除此之外，王江连夫妇两人偶尔会去周围的苗木场种树苗打工赚钱，但由于苗木场每年要人的时间较为短暂，只有两个月左右，而每个月需要请人的时间也不会超过 20 天，因此 2009 年这一项收入只有 2500 元。王江连由于在村里担任妇女主任，与大多数农户相比多一项经济来源，每月能领取 50 元工资。我们能看出王江连家并不算富裕，家中除了必要的例如手机、电视等耐用品外（家庭耐用消费品情况如表 12 - 13 所示），并没有购置其他大宗商品，王江连说家人平时很节俭，总是精打细算。

表 12 - 11　　2009 年家庭承包土地情况　　单位：亩

总面积	水浇地面积	旱地面积	良田面积	荒地面积
12	2	10	12	0

数据来源：根据王江连口述整理，2010 年 7 月。

表 12 - 12　　2009 年家庭农作物、牲畜、家禽情况

种类	亩数	折算价值（元）	种类	亩数	折算价值（元）	种类	个数	折算价值（元）
玉米	0	0	瓜果	0	0	羊	0	0
麦类	0	0	花草	0	0	牛	0	0
薯类	0	0	烟草	0	0	马	0	0
棉花	0	0	橡胶	10	6500	驴	0	0
蔬菜	0	0	糖茶	0	0	猪	0	0
水稻	2	2000	桑麻	0	0	禽类	0	0
大豆	0	0	药材	0	0			

数据来源：根据王江连口述整理，2010 年 7 月。

表 12 - 13　　2009 年家庭耐用消费品情况

项目	数量	项目	数量
电视（台）	1	拖拉机（辆）	0
电冰箱（台）	0	卡车（辆）	0

续表

项目	数量	项目	数量
洗衣机（台）	0	小轿车（辆）	0
照相机（部）	0	电话（部）	0
影碟机（台）	0	组合音响（套）	0
电动车（辆）	0	手机（部）	2
摩托车（辆）	1	自行车（辆）	0

数据来源：根据王江连口述整理，2010 年 7 月。

王江连家去年总支出共计 8420 元（2009 年家庭支出情况见表 12－14），其中生产性支出大约为 1200 元；由于家里的经济条件并不是很好，平时全家人都不购置新衣服，两个小孩的衣服都是亲戚家小孩子淘汰的，因此在衣服这项的花销为零；2009 年家里比较大的一项开销是食品费用，虽然两个孩子还小，但是已经很能吃了，加上她与丈夫两人长期做体力活，本身就需要更多的食品补充体能，2009 年这一项共花费了 5000 元；夫妇两人由于还比较年轻加上身体底子好，因此不怎么生病，遗传了父母优秀基因的两个孩子也很健康，只是偶尔的感冒发烧会去卫生所开点药，2009 年看病这一项花费约 500 元；家中共有手机两部，去年共花费通信费 1200 元左右。

表 12－14　**2009 年家庭支出情况**　单位：元

总支出	生产性	衣服	食品	看病	教育	娱乐	红白喜事	交通	通信	住房
8420	1200	0	5000	500	20	0	300	200	1200	0

数据来源：根据王江连口述整理，2010 年 7 月。

在谈到就要进行的村干部换届选举时，王江连表示自己可能会迫于家庭经济状况不得不选择放弃。由于担任村干部，遇到村里开会或有别的事情，王江连必须赶回村里，这使她外出打工很受限制。她说："没有办法，现在家庭经济条件不好，我们两口子不得不拼命地去外面打工才能够把两个孩子带大，我们受点苦无所谓，不能让孩子受苦啊，再过几年孩子们都要上学了，该存点钱了。"但王江连也表示，虽然有种种不利因素，但如果换届选举自己依然被村民们选为妇女代表，还是会尽职尽责、兢兢业业地为村民们办好每一件事。“别人选你，是对你的信任，也是我的责任，我不会也不能推辞”，寥寥几句话显露出这位年轻的黎族女性甘于奉献的精神。

王江连说她现在最大的希望就是几年后家里的另外七亩橡胶开割时，家庭的经济收入能有较大的提高，毕竟现在国际市场上每吨橡胶的市价已从原来的1.5万元升至2.8万元，在这样的背景下，国内的橡胶收购价也在不断上涨。橡胶价格的攀升使王江连有了念想和盼头，王江连半开玩笑地说：“等到那个时候，我们夫妻两个怕是要忙不过来了喽。”

王江连平时在闲暇之余会看看电视、找朋友和家人聊聊天。对于自己当前的生活王江连既表示满足，也对今后的生活有着一丝的忧虑。喜的是近几年由于惠民政策的不断推行与落实，各项补贴都有所增加，家里每年都会有少量的结余，日子过得也算不错；忧的是两个孩子长大上学的钱怎么解决。后者不仅是王江连一家的事情，也是农村存在的普遍问题。对于如何解决村民教育和社会保障之忧，对于决策者来说，是一个应该引起密切关注和深入思考的问题。

（五）做事认真的福建村民小组组长黄桂南

黄桂南，女，黎族，57岁，初中文化水平，普通话流利，无宗教信仰。黄桂南是番茅村下辖五个自然村之一——福建村的村民小组组长。调查组刚进村时，她就曾代表福建村小组热情地接待了我们。但当我们去她家里拜访时，她却没在家，连续去了两次她家里人都说她出去“忙事”了。天道酬勤，一次偶然的机会，我们竟在村间的小路上遇到了步履匆匆的黄桂南。黄桂南说，这两天她一直在忙村里合作医疗、养老保险的事情，得知我们去她家里拜访过两次时，黄桂南显得有些不好意思起来，连忙把我们带到家中，热情地接受了我们的访谈。

黄桂南家的房屋是砖瓦结构，1976年为结婚所盖，1994年翻新后成为现在这样。黄家门前有一所小院子，院里晾着一些衣服，角落里堆积着许多柴火，门前的台阶两旁摆放着许多花草，整个院子显得整洁有序。除了居住的房屋以外，黄家还有一个小院子，离她家有100米左右。院子里有两个猪栏，里面饲养着几头猪。在其中一间房内，我们看到了一口大锅，黄家人口不算多，怎么用得着这么大的锅呢？正在我们感到疑惑的时候黄桂南介绍说，这个锅是她用来煮猪食的，我们才恍然大悟。据她介绍煮猪食所用的材料均是自家种植的粮食、蔬菜等，从来不添加任何饲料。除此屋子里还放着几台机器，有犁田机、脱谷机等（黄桂南家主要生产性固定资产数量情况见表 12－15）。可见这个小院落既起着“生产车间”又起着“仓库”的作用。

表 12－15　**2009 年家庭主要生产性固定资产情况**　单位：台

汽车	拖拉机	犁田机	收割机	机动三轮车	牛车	脱谷机	水泵	其他
0	1	1	0	0	0	1	0	0

数据来源：根据黄桂南口述整理，2010 年 7 月。

番茅村村委会下辖五个村民小组：番茅、什分、福建、番巴、什好，这五个村民小组原是五个邻近的自然村落，后统一划归番茅村村委会管辖。黄桂南娘家不属于福建村村民小组，1974 年她从什分村民小组嫁到此处。那个时候丈夫还在部队服役，婚事是由双方父母决定的。不过好在两人以前曾是同班同学，相互之间也算比较了解，有一定的情感基础。在“父母之命，媒妁之言”的那个年代，黄桂南夫妻这一桩包办的婚姻也算是幸福的一对了。那个时候，番茅村村民对新中国的法律概念比较模糊，仍然坚守着传统上的民俗习惯。结婚不去民政部门领取结婚证，只要大摆筵席，请亲朋好友喝一场喜酒就算是正式结婚了。黄桂南夫妻就是如此，以至于结婚多年以后，黄桂南夫妇仍然没有领取结婚证。不过他们觉得相对于他俩之间多年的感情而言，一张结婚证明已经没有什么太大的意义。番茅村像黄桂南夫妇这样的情况不止一例。值得庆幸的是，近年来，番茅村村民的法律意识逐渐强化，领结婚证已经成为村中新婚夫妻必做的一件事，婚宴酒席虽依然必不可少，但却早已没有了当初的含义。黄桂南共有四个子女，大女儿今年 36 岁，早已嫁到外地。二女儿今年 34 岁，现在广东打工，尚未成家。三女儿今年 30 岁，也已出嫁。小儿子 28 岁，在三亚读完技校后，去深圳打了一段工后回到家中，现主要是帮家里割胶。

结婚后丈夫从部队转业回来，1976 年被分配到市里的一家国营工厂。这在当时是一个既体面又稳定的工作，颇受村里人羡慕。户口也由农业户口转为非农户口，成了真正的“城里人”。在那个城乡二元化程度极高的年代，拥有一个非农户口意味着可以享受许多“乡下人”所不能享受到的优惠政策，许多人对“非农户口”趋之若鹜。对于黄桂南来讲，丈夫是非农户口，自己可以理所应当的申请非农户口，许多人也劝她这么做。但是黄桂南觉得，自己只是一个农民，除了种田其他什么都不会，非农户口对她来讲没有什么意义，本本分分帮生产队种好田地比什么都强。黄桂南说，事实证明她的选择是正确的，几年后，丈夫下岗，生产队解散，如果不是靠着她的农业户口分得的几亩田地，全家人便彻底失去了生活来源。

结婚之后黄桂南在番茅生产队干活，先是帮生产队做大锅饭，每天可以挣10～12个工分。1977年开始担任生产队出纳员，黄桂南回忆说，那个时候，生产队里生产的农产品如甘蔗、稻谷、地瓜等都是先集中起来再重新分配。她那个时候每半年可分得300斤稻谷，丈夫在工厂做工又有工资收入，所以全家人的生活比同村其他家庭要宽裕一些。1982年，番茅村取消生产队建制，全村按人口分配土地，每人可分6分地。黄桂南的丈夫是非农户口，没有资格参与分配土地，只能按黄桂南以及子女的农业户口分配。有意思的是，黄桂南的小儿子正好是1982年出生，赶在了分配土地之前，因此她家按五口人进行分配，共分得三亩土地。这些土地都是水田，用于种植水稻（黄桂南家的土地状况如表12－16所示）。

表12－16　**2009年家庭承包土地情况**　单位：亩

总面积	水浇地面积	旱地面积	良田面积	荒地面积
3	3	0	3	0

数据来源：根据黄桂南口述整理，2010年7月。

黄桂南表示，土地的亩产高低主要看年景，在风调雨顺的情况下她家一亩能产出1200斤稻谷，在番茅村已属高产。在我们走访的农户中，一般亩产都在800斤左右，我们原以为这和当地的地理气候条件有关，是特殊的农业生产环境限制了亩产的提高。但黄桂南的例子告诉我们，只要有充分的农业生产技术，在番茅村提高水稻亩产是完全可能的。这一点对于番茅村这样以单一化生产经营为主的村庄来讲意义重大。因此在现有客观物质条件下，应该通过农业生产技术培训和提高来缓解农民增收难问题。2009年，黄桂南家收获水稻共7200斤，按每斤1.3元的市场价格计算，去年黄桂南家种植水稻这项折合成货币收入约为9360元，黄桂南家农作物、牲畜和家禽状况如表12－17所示。

表12－17　　2009年家庭农作物、牲畜、家禽情况

种类	亩数	折算价值（元）	种类	亩数	折算价值（元）	种类	个数	折算价值（元）
玉米	0	0	瓜果	0	0	羊	0	0
麦类	0	0	花草	0	0	牛	0	0
薯类	0	0	烟草	0	0	马	0	0
棉花	0	0	橡胶	17	40800	驴	0	0
蔬菜	0	0	糖茶	0	0	猪	13	3250
水稻	3	9360	槟榔	0	0	禽类	0	0
大豆	0	0	药材	0	0			

数据来源：根据黄桂南口述整理，2010年7月。

黄桂南家养有两头母猪，每四个月产一批崽，2009年一共产崽15头，有13头成活下来。黄桂南说她们家粮食产量高，家里人往往吃不完，她便拿多余的粮食来喂猪。她说，用粮食喂养的猪肉比较好吃，市里经常有人专门来她家收购小猪，每头250元，去年这项收入共计3250元。为了保证猪肉的质量，她从来不用饲料喂猪。她介绍说，2008年还养有一群鹅，虽然也获得一些收入，但由于去年太忙便放弃了鹅的养殖。黄桂南坦言这几年里，最让她忙碌的便是照顾老人。黄桂南的母亲和公公原来都是孤身一人居住，黄桂南便将他们都接到自己家中照顾。

1983年，黄桂南开始种植橡胶，他们家算是番茅村比较早种植橡胶的一批农户，最初只种植了11亩橡胶。黄桂南介绍说，农场里面的橡胶树一般一棵可以割30年，而农户种植的橡胶树一般只能割十年，之所以有如此大的差距，原因只有一个，那就是技术。在采访黄桂南的时候，我们经常能够从这个村民小组长的嘴里听到技术这个词，可见她对技术的作用是深有体会的。1991年橡胶树成熟可以开始割胶，每年靠割胶获得不少收入。但三年之后，黄桂南家的这11亩橡胶林被政府征用，虽然她家获得了一定的青苗补偿，但比起橡胶树所能带来的经济效益，相差很多。奇怪的是，土地被征用以后，

政府并没有对其进行开发，橡胶林便荒在了那里，直到一棵棵橡胶树相继死掉。黄桂南坦言自己看到这些确实很心疼。土地荒废了5年之后，1999年政府放弃了对这块土地的开发计划，黄桂南得以在此再次种植橡胶，并且又扩种了6亩。时至今日，黄桂南家17亩橡胶林已经都到了割胶的年龄。2009年共割胶8个月，每月平均割胶10次，每亩地每次割胶可挣得30元，全年橡胶收入共计40800元（黄桂南家收入来源情况见表12－18）。

表12－18　**2009年家庭收入来源情况**　单位：元

职业	收入	职业	收入
从事种植业	50160	本乡镇就业工资	600
从事渔业	0	外出打工	0
家庭手工业	0	从事运输业	0
从事畜牧业	0	政府补贴和社会救济	2040
从事养殖业	3250	出租耕地、房屋等	0
从事旅游业	0	其他经营收入	0
总收入合计	56050		

数据来源：根据黄桂南口述整理，2010年7月。

黄桂南的丈夫在国营工厂当工人期间，由于工作原因，不能经常回家。平日里黄桂南只能一个人挑起家庭的重担，田间地头的活都是她一个人干，回到家里还要照顾几个年岁尚小的孩子。生活虽然辛苦，但夫妻俩各自做好各自的工作，生活平静而充实。直到1986年，这一状况被突如其来的变化打破了。那一年，改革的浪潮席卷全国，黄桂南丈夫所在的工厂进行改制，裁减了许多工人，他也成为了当时中国千千万万下岗工人中的一员。下岗之后，由于没有其他的技能，丈夫在市里已经无法生活下去，便回到番茅村，待在黄桂南辛苦操持多年的家中。在严格的户籍制度下，城镇户口的丈夫无法享受到和黄桂南及其子女一样的农业政策，番茅村历次分配土地都没有将其考虑进来。这个时候，黄桂南更加庆幸自己当初的选择，保留了农民的身份，并没有随大流将户口转到城里。不然随着城镇改革的到来，黄桂南一家必将失去最后的依靠。其实把这个问题放大来看，在改革中千千万万下岗工人的生活安置问题既是一个经济问题也是一个社会问题。改革开放以前的中国经济是公有制经济，工人是国家的主人，拥有绝对的就业权，他们的辛勤劳动为新中国的建设贡献了力量，新中国从解放初期的一穷二白到国家工业体系的初步确立，从落后挨打到国际地位的提升，中国的工人阶级功不可没。改革开放之后，国有企业工人的就业权丧失，形成了大量的城镇失业人口。如何将这部分人口快速转变为经济发展的推动力，如何妥善解决城镇贫困人口的生活问题，已经成为我国推进市场化和城镇化改革所面临的一项重大问题。近年来，国家在城镇社会保障、下岗再就业领域做了不少努力，逐渐消化了国企改革所带来的负效应。然而，对于像黄桂南丈夫这个年龄段的人来讲，体制化年代所形成的单一素质技能随着年龄的增长已经很难发生改变。

黄桂南的丈夫从工厂下岗回到番茅村之后，没有找到其他工作，只能在家里帮助黄桂南做一些农活，每月可以领到政府给予的一定低保金。他在山上搭建了一个茅草房，平日就住在里面，在山上放养着十几头牛，日子过得比较辛苦。1999 年，政府进行护林防火工程，对村民进山进行一定的限制，黄桂南的丈夫便从山上搬下来，住在家里，只是每天放牛时才会上山。黄桂南介绍说，养牛其实也是比较麻烦的一件事，除了每天精心照料不算，牛还经常给他们夫妻俩闯祸。有一次不注意自家的牛偷吃了别人家的橡胶树叶，一次就被罚了 500 多元。而且如果看管不好，还会有人偷牛，黄家就曾因此丢过一头牛。后来，随着农业生产机械逐渐走进番茅村人的生产生活中，黄桂南觉得机器比畜力要先进许多，不仅效率大大提高，而且可以省去不少麻烦。于是 2000 年，黄桂南卖掉了家中的牛，买回来了拖拉机、犁田机等农用机械，黄家的农业生产又上了一个新的台阶。

说到黄桂南的村干部职务，她笑着说，其实从撤销生产队，实行村民小组的 1981 年开始，她就想出来帮乡亲们做点事，但一直身体不好，这个想法也只好作罢。直到 1992 年，黄桂南的身体状况好转，便参加了当年的村干部选举，当选为福建村村民小组副组长，分管妇女工作。番茅村的村民小组每三年一换届，黄桂南当了一届的副组长之后，后来一直都担任组长。黄桂南介绍说，从 1992 年到 2005 年，她担任组长的工资每月最多只有 10 元，但是做的事情却很烦琐，而且经常会“挨骂”。黄桂南举了一个例子说，2003 年，政府对养猪户进行补贴，但文件规定只有有沼气池的养殖户才在补贴范围内，因此就有许多养猪户没有得到补贴。虽然是文件规定，但许多村民仍然不理解，将责任都推在了黄桂南身上，她说，那段时间，她没少挨别人的骂。即使如此，黄桂南告诉我们，只要做到问心无愧，不论多么艰难，她都会把这个工作继续做下去。

（六）热心的番巴村村民小组组长王志文

王志文，男，47岁，黎族，无任何宗教信仰，现任番巴村村民小组组长。妻子，李珍，女，43岁，黎族，普通农村妇女。夫妇俩一共有两个孩子，大女儿王营，25岁，目前正在三亚打工；小儿子王易，19岁，在家帮助父母务农。

得知我们的来意后，王志文十分支持，并且亲自为我们挨家挨户联系采访的时间。在我们要离开番巴村的前一天下午，我们单独采访了这位村里的大忙人。

小组长个子虽然不高，但看上去比较硬朗，皮肤黝黑（因为地处热带，紫外线照射很强烈），高颧骨，眼睛深陷，脸上一道道深深的皱纹记述着岁月的沧桑。王志文生于1963年，父母一共生了4个孩子，他是家里最小的儿子。父亲祖籍是海南保亭人，早年在广西当兵，参加过边疆解放战争，复原后调到五指山市冲山镇人民政府负责征兵工作。母亲是番巴村里的一位普通的黎族妇女，勤劳且贤惠。童年时代的王志文十分幸福，父母恩爱，兄弟姐妹十分和睦。他告诉我们，父母的简朴生活给他留下了深刻的印象。那时整个国家都很困难，他家也不例外，除了过年给孩子买件新衣服以外，父母总是穿旧衣服，但每逢过年却总要想办法给老家的亲戚寄钱。父母对孩子们的要求很简单，不求他们一定要飞黄腾达，就是希望他们做一个对国家有用的人，无论从事什么工作都要对得起良心。父母的这些话对王志文产生了深刻的影响。

在和我们的聊天过程中，王志文强调了学习普通话的重要性。“我们现在从小就教孩子说普通话，除了老人以外，家里面的人是尽量说普通话！”随着改革开放和社会主义市场经济的发展，社会对普及普通话的需求日益迫切。我们国家是多民族、多语言、多方言的人口大国，推广普及普通话有利于增进各民族各地区的交流，增强中华民族凝聚力。“特别是像我们这样还比较穷的少数民族村庄，掌握了普通话，我们和别人交流起来方便多了！”的确，语言文字能力是文化素质的基本内容，在少数民族中推广普通话是素质教育的重要内容。

每当回忆起儿时的岁月，王志文就不禁感慨，他和村里的小伙伴每天都要光脚走路到学校。当时家里十分困难，根本就穿不起鞋，就连学校的老师也是整年穿着破旧的草鞋。早上背上一个窝头就算是中午饭，吃不饱饭是经常的事。“奇怪的是孩子们也不怎么觉得苦，一想起能见到小伙伴和老师，心里就高兴。”这可能就是孩子们天真而又无忧无虑的天性。

1975 年，王志文小学毕业，顺利升到番茅中学上初中。但是由于历史的缘故，整个学校都在搞阶级斗争，老师经常挨批斗，学校的风气十分混乱。“要是当时能给我继续上学的机会，接受学校正规教育，我的文化程度比现在还能好，还可以为我们黎族老百姓再多做些事。”说到此处，小组长不禁有些黯然。的确，史无前例的“文化大革命”，对我们国家的教育事业造成了严重地破坏，使一代人失去了宝贵的学习机会，少数民族地区的教育水平更是出现了严重的倒退。初中毕业后的王志文便失去了继续上学的机会，不得不回家种地。

1979 年迎来了改革开放的春天，全国各地开始落实家庭联产承包责任制。王志文也开始了他在大队橡胶场的工作，种植橡胶、割胶便是他的日常工作。“那时大队的橡胶苗非常少，整个大队才 30 多个工人。”但是，他在大队里学到了重要的管理经验，这对他日后的工作有很大的帮助。后来，由于大队的橡胶地被外面的老板承包了，王志文选择离开了大队的胶场。

1982 年 5 月，王志文和村里的老乡一起承包了三个生产队的橡胶。大家吃住都在一起，就是希望能认真干出点事业。说到橡胶树，小组长显得很高兴。他耐心地向我们介绍说，橡胶树属热带植物，我国的橡胶产区原来只有海南岛生产，后经科学家选种培育，现在云南、台湾、广东、广西也成为重要的产胶基地。那时他和村里的老乡每天都是在凌晨之前就开始割胶，大家一般都在早上两三点钟就起床进入大队的橡胶林。大家头戴光亮的胶灯，手持弯月形的胶刀，对着开割的胶树树皮，小心翼翼地削割。小组长说：“割胶可是一件技术活！如果没有经过培训和长期的认真实践是干不来的。”

通过小组长的介绍，我们不禁深深陷入了沉思。劳动是人的本质的核心，它与需要、交往、意识四要素的统一构成对人的本质的规定。劳动者是劳动的主体，也是生产的主体。劳动者的素质技能是生产的根据，它的集中发挥构成生产力的内容。经济的发展，核心是人的发展，是人的素质技能的提高。

经济是以劳动者有意识地在交往中满足需要的社会过程，经济发展是人本质各要素的矛盾运动进程，经济发展的根本是劳动者素质技能的提高。在社会主义市场经济高度发展的今天，提高自身的素质技能才是每一位劳动者的根本出路。

表 12－19　**2009 年家庭收入来源情况**　单位：元

职业	收入	职业	收入
从事种植业	14000	本乡镇就业工资	3600
从事渔业	0	外出打工	12000
家庭手工业	0	从事运输业	0
从事畜牧业	0	政府补贴和社会救济	0
从事养殖业	4400	出租草场、耕地、房屋等	0
从事旅游业	0	其他经营收入	0
总收入合计	34000		

数据来源：根据王志文口述整理，2010 年 7 月。

表 12－20　**2009 年家庭的农作物、牲畜、家禽情况**

种类	亩数	折算价值（元）	种类	亩数	折算价值（元）	种类	个数	折算价值（元）
玉米	0	0	瓜果	0	0	羊	0	0
麦类	0	0	花草	0	0	牛	0	0
薯类	0	0	烟草	0	0	马	0	0
棉花	0	0	油料	0	0	驴	0	0
蔬菜	0.1	3000	糖茶	0	0	猪	4	3200
水稻	2	8000	橡胶	2	3000	禽类	20	1200
大豆	0	0	药材	0	0			

数据来源：根据王志文口述整理，2010 年 7 月。

俗话说“读万卷书不如走万里路”，通过和老乡的实践，使年轻的王志文真正明白了什么是市场经济，什么是竞争和效率。当时的中国刚刚流行知识分子下海经商，民营企业大量引进西方先进的科技技术和管理经验。他非常羡慕那些下海经商和努力打拼的自由创业者。他也常常问自己，“什么时候我也能像他们一样做点自己喜欢的事情呢”？1985年，王志文经家里人介绍和同乡的李珍结婚了。一年以后他们可爱的大女儿顺利降生。一家人的生活是非常甜蜜和令人羡慕的。

婚后不久，由于工作努力，王志文第一次被村民们推举为村小组出纳，主管番巴村村民小组财务工作。这对于他来说又是一个全新的考验，毕竟自己没有系统地学习过财务管理知识。好在妻子李珍非常理解他，主动承担起琐碎的家务活和照顾年幼的女儿。为了更好地完成工作，不辜负村民的信任，王志文不得不牺牲了一些和爱人、孩子在一起的时间。对此，这位年近五旬的小组长表示深深的歉意。

王志文当选为番巴村村小组出纳的消息一经传出，身边的朋友表示非常不理解。“放着自家的事情不干，为什么非要去忙大家的事情？不种地要是赔了怎么办？”王志文坦然地告诉我们，就连妻子也没少劝过他。可是，王志文却表示自己没有权利辜负村民的信任，“大家选我当出纳，说明大家信任我！我只有好好地为大伙工作”！他想换一种全新的工作方式，不能只考虑自己的一些狭隘利益。“每个人都只想自己，集体的事情谁去办呢？”这是他经常挂在嘴边的口头禅。王志文说刚开始时他也不知道应该从哪里下手，到底应该做些什么呢？但是，王志文有一个最大的优点就是不轻言放弃，只要是做出的决定就不后悔。通过几年的努力，他自学了基本的财务会计知识。

作为一名村里的出纳，王志文兢兢业业。大到几十万元的村民集资款，小到几十元的农民合作医疗款，每一笔账目都记得仔仔细细。任何村民都可以随时查账，每一笔款项，他都配有详细的文字说明和财务签章。他深信一句话：“世界上怕就怕认真二字。”作为一名基层财务人员，更要与每一位村民保持密切联系，切实维护国家的财经纪律，不能谋取任何不正当的私人利益。

表 12－21　2009年家庭承包土地情况　单位：亩

总面积	水浇地面积	旱地面积	良田面积	荒地面积
4	4	0	4	0

数据来源：根据王志文口述整理，2010年7月。

表 12－22　　2009 年家庭主要生产性固定资产情况　　单位：台

汽车	拖拉机	打草机	收割机	机动三轮车	牛车	马驴车	水泵	其他
0	0	1	0	0	0	0	0	0

数据来源：根据王志文口述整理，2010 年 7 月。

许多村民都说他乐于助人，王志文多少年来，爱讲一句话，“群众的事，该帮的不帮，该说的不说，心里过不去”。他是这样说的，更是这样做的。该村村民王章存在我们采访时深有体会地说：“在番巴村，他忙的都是大家的事。”村民有的想外出搞劳务，他就出去揽活计；有的村民为家中的橡胶积压发愁，小组长就上冲山镇、到五指山市找销路，有的家庭需要化肥、种子、农药，他就外出联系采购。谁家里有困难，总有他的身影。

番巴村长期缺水，人畜饮水有困难，王志文看在眼里，急在心上。他四处张罗联系打井的事，还把自己多年的津贴全部捐给了村里的打井工程。2001 年 6 月，番巴村终于打出了自己的第一眼机井，全村人吃水有了保障。事后，村里要还他的钱，小组长说什么也不要。

其实，村里人都清楚，王志文家的日子过得也很拮据。每年除了国家给的那点补助和村里几百元的补贴，就是那 4 亩责任田的收入，其他的钱他一概不要。当村干部这么多年，无论是外出开会，还是给村里办事，他从未报销过 1 分钱的差旅费，也从未领取过 1 分钱的补助，都是自己掏腰包。村里打井时，他家里还没有电视机，几次想买，总是下不了决心，当时“快 90 岁的父亲年老多病，吃药看病正需要花钱。”后来，冲山镇里要给他增加补助，王志文却坚决谢绝。

表 12－23　　2009 年家庭支出情况　　单位：元

总支出	生产性	衣服	食品	看病	教育	娱乐	红白喜事	交通	通信	住房
18400	1200	400	12000	500	0	800	1000	1000	1500	0

数据来源：根据王志文口述整理，2010 年 7 月。

表 12－24　　2009 年家庭耐用消费品情况

项目	数量	项目	数量
电视（台）	1	拖拉机（台）	0
电冰箱（台）	0	卡车（辆）	0
洗衣机（台）	0	小轿车（辆）	0
照相机（台）	0	电话（部）	1
影碟机（台）	1	组合音响（套）	0
电动车（辆）	0	手机（部）	1
摩托车（辆）	1	自行车（辆）	0

数据来源：根据王志文口述整理，2010 年 7 月。

在调研过程中，我们对他家的经济情况作了一个较为全面的了解。他家一共承包土地 4 亩，其中水稻 2 亩，橡胶 2 亩，从事种植业和养殖业一年所获得的收入是 18400 元，外出打工和他本人工资收入共 15600 元，一年全家的总收入是 34000 元（见表 12－19、表 12－20、表 12－21）。家里有一台电视机、一台影碟机、一辆摩托车、一部手机和一部电话，另外还有一台打草机，（见表 12－24）去年一年家庭生产和生活性总支出为 18400 元，全年家庭结余 15000 元左右。（见表 12－23）

1995 年，经过番巴村村民选举王志文当选为村民小组组长，自己家里的农活怎么办呢？“多亏了妻子和孩子在家帮我干农活！”小组长认为正是他们的默默付出才成就了自己的事业。当选村民小组组长后，王志文更加体会到责任的重大。

为了参加冲山镇的座谈会，他跑了 50 多户人家，7 个村寨。他说，在代表会上，要说的话很多，都是与农村、农民有直接关系的。“新农村建设要注意节约耕地的事要说，经济发展越快越要关心贫困户的事要说，干部的工作作风问题要说……”他一口气列了一串事。

王志文曾经有三次机会离开村委会和别人合伙创业，但他最终还是放弃了。他说：“我离不开番巴村，就像鱼儿离不开水。”他常对村里的党员们说。全村 5 个村民小组，400 多口人，谁家家境怎样他心里像镜子一样明白，谁有什么困难他总会很快知道。“看见群众困难不帮，还算甚党员干部？”小组长对我们说。

随着王志文的名望在番巴村传开，不少人开始打他的主意。一次，无锡几个商人想做橡胶生意，但省里批下的指标紧张。听说王志文认识很多镇领导就托人来找。来人要他当董事长，还拿出为他印好的名片，开出条件，只要弄到指标，每月酬金 1 万元。小组长听这话不对头，以“顾不上”推掉了。还有一个推销员找王志文推销铜线，开口就要给他 30% 的回扣，掏出一大沓现金。“这是干啥，买你的东西还给钱?”推销员说：“现在都这样。”小组长严肃地说：“我就不是这样!”最后村里以公道的价格买了铜线。那位推销员给他来信，感叹地说：“您才是真正的共产党员!”有这样为老百姓一心一意服务的好组长，番巴村村民对他们的未来充满信心。

“村民自治”的提法始见于 1982 年我国修订颁布的《宪法》第 111 条，规定村民委员会是基层群众自治性组织。村民自治，简而言之就是广大农民群众直接行使民主权利，依法办理自己的事情，创造自己的幸福生活，实行自我管理、自我教育、自我服务的一项基本社会政治制度。村民自治的核心内容是“四个民主”，即民主选举、民主决策、民主管理、民主监督。因此，全面推进村民自治，也就是全面推进村级民主选举、村级民主决策、村级民主管理和村级民主监督。随着番巴村小组村民民主自治的逐步推进，百姓的生活将会越来越好。

十三、为黎族的发展作出贡献的人

（一）生活在番茅村的战斗英雄王文光

王文光，男，黎族，现年 80 岁，没有念过书，无宗教信仰。王文光老人是我们调研组本次调研过程中走访的为数不多的战斗英雄之一。他早年参军，是解放战争中海南解放力量中的一员，在战斗中流过血负过伤，为海南人民的解放事业贡献了自己的力量。王文光老人今年虽然已经 80 岁了，但早年的战斗生活锻造了他健壮的体魄，至今身子骨很硬朗，精神头也很好。由于王文光老人能听懂普通话但说的不是很好，我们的采访大部分是在他女儿的帮助下进行的。

王文光出生在一个普通的番茅村家庭里，家里有六个孩子，他排行老二，上有一个姐姐。由于父母亲去世得早，王文光被寄养到亲戚家，由姐姐把其余的弟弟妹妹们拉扯大。18 岁之前，王文光和大部分本村村民一样，在村中务农。1948 年 6 月份，是王文光个人生活发生重大转变的日子，解放军来到番茅村动员大家参加革命，过了十多年苦日子的王文光响应革命的号召，加入了解放军的大家庭。由于当时参军的人大多数是从农村出来的过惯苦日子甚至连饭都吃不饱的穷孩子，大家有着共同语言，生活得十分融洽。当时，正处于海南解放战争的关键时刻，王文光加入琼崖纵队[①]后马上投入战斗。从 1948 年 9 月至 1949 年夏，琼崖纵队集中主力向琼崖国民党军发动了三次攻势，进一步扩大和巩固了根据地。1949 年秋，国民党军进行“清剿”，琼崖纵队遂转入反“清剿”作战。当时王文光所在的琼崖纵队分队在琼中、屯昌等地与驻扎在琼崖的国民党军进行了艰苦卓绝的战斗。艰苦的战争生活让一个不谙世事的少年迅速成长为一名骁勇善战的战士，1949 年 11 月份的一次战斗，是王文光老人所经历的最凶险的一场战斗，当时王文光所在的琼崖纵队分队在屯昌附近对国民党军实施“白天包围、晚上攻击”的战术策略，在跟往常一样的包围过程中，国民党军射来的一颗子弹从老人的肩胛骨穿过，当时才 19 岁的王文光难忍剧痛，昏迷过去，再次醒来的时候已经被战友送到了医院。至今回忆这件事，老人依然心有余悸，倘若子弹再偏一些，就不知道会造成什么样的后果了。然而，负伤不满半个月，伤口还未结疤，老人便迫不及待地出院，再次投入到战斗中，直到海南最终解放。在战争中，老人立过几次二等功、三等功。

1950 年海南解放之后，王文光老人被安排到琼中，看守地主劣绅以及其他一些犯人。1962 年是老人的从军生涯中极为重要的一年，那年为革命、为祖国作出重要贡献的王文光光荣地成为了一名共产党员。1964 年，在军队服役长达 16 年的王文光转业回到了番茅村，娶妻生子开始了自己的新生活。

王文光与今年 70 岁的爱人王桂南共育有八个孩子，两男六女。由于在战斗中负过伤，王文光右肩不能受力，因此养家的重担主要由爱人王桂南扛了下来。当然，王文光也从未脱离劳动，据在五指山市电视台工作的二女儿介绍，由于

---

① 琼崖纵队是中国共产党在海南岛领导的，以 1927 年 9 月海南岛农民起义队伍为基础组建的，是经历了土地革命战争、抗日战争和解放战争的一支人民武装。这支人民武装经历了长期艰苦卓绝的斗争考验，终于创立了以五指山为中心的革命根据地。

常年锻炼，现年 70 岁的王桂南依然能够下地劳动。老人的孩子们已经陆续结婚成家，如今老人跟着自己的小儿子一起生活在 1986 年盖的房子里。

在我们的访谈过程中，老人家隔壁的一栋两层小楼引起了我们的注意。这是一栋崭新的钢筋水泥房，有阳台、铝合金窗户，一面墙壁的瓷砖上还写着“国家彩票公益金资助”。与村里其他房屋相比，这栋小楼显得高档和大气。一问才知道，这是王文光老人家的新房子。这栋房子是去年年底民政局和民宗局为了帮助像王文光老人这样的战斗英雄改善生活条件，出资一半帮忙盖起来的，而基金会的钱也即将到位，帮助老人提高生活水平。经历戎马生涯的老人对此是十分感激的，他感觉这是党和国家对他所作贡献的肯定。

在谈到自己现在的生活时，王文光老人的脸上不时浮现出笑容。在党和国家的关心和帮助下，这位早年为我国的解放事业作出过重要贡献的老人，日子显然过得十分顺心、舒畅。王文光老两口现在和自己的小儿子、儿媳妇以及两个孙子、一个孙女共同居住在我们进行访谈的大约 120 平方米的房子里。老人的大孙子今年刚满 18 岁，已经高中毕业，正准备去五指山市打工；小孙子今年七岁，正在冲山中心小学上二年级；孙女今年 12 岁，小学毕业下半年将上初中。祖孙三代生活安定，其乐融融。

王文光老人家主要的经济来源（2009 年家庭经济收入情况如表 13 - 2 和表 13 - 3 所示）是儿子和儿媳妇在村里种地的经济收入以及老人每月的政府补贴。家里的土地状况如表 13 - 1 所示，有水浇地 2 亩，旱地 10 亩。去年家里种植了 2 亩水稻、10 亩橡胶以及五六分的青菜、豆角，收获的稻谷按市价折算约值 2000 元，由于家里人多，所收获的稻谷都供自家人食用，并未上市场交易；10 亩橡胶是家里重要的经济来源，2009 年约带来 3000 元收入；五六分的青菜和豆角除了自家食用之外，还有多余部分可拿到市场上售卖，这部分全年共收入 500 元。除了种植业，家里 2009 年还养了三头母猪，折合成市价约为 2500 元。此外，王文光老人的儿子偶尔会去五指山市打零工帮别人盖房子，一天能赚 50 元左右，由于不是每天都有活，2009 年这一项收入约 3000 元。王文光老人家最大的一项经济收入是老人每年的抚恤金，由于老人被评定为七级因战[①]，每个月能获得 689 元的补助，2009 年加上政府其他项目

① 根据中央文件精神，五指山市制定的相关转业军人补助标准如下：五级因战 1164 元/月、六级因战 913 元/月、六级因公 865 元/月、七级因战 689 元/月、七级因公 606 元/月。

的补助，一共获得1万元。

表 13 - 1　　2009 年家庭承包土地情况　　单位：亩

总面积	水浇地面积	旱地面积	良田面积	荒地面积
12	2	10	12	0

数据来源：根据王文光老人的女儿口述整理，2010 年 7 月。

表 13 - 2　　2009 年家庭农作物、牲畜、家禽情况

种类	亩数	折算价值（元）	种类	亩数	折算价值（元）	种类	个数	折算价值（元）
玉米	0	0	瓜果	0	0	羊	0	0
麦类	0	0	花草	0	0	牛	0	0
薯类	0	0	烟草	0	0	马	0	0
棉花	0	0	橡胶	10	3000	驴	0	0
蔬菜	0.5	500	糖茶	0	0	猪	3	2500
水稻	2	2000	槟榔	0	0	禽类	0	0
大豆	0	0	药材	0	0			

数据来源：根据王文光老人的女儿口述整理，2010 年 7 月。

表 13 - 3　　2009 年家庭收入来源情况　　单位：元

职 业	收 入	职 业	收 入
从事种植业	5500	本乡镇就业工资	0
从事渔业	0	外出打工	3000
家庭手工业	0	从事运输业	0
从事畜牧业	0	政府补贴和社会救济	10000
从事养殖业	2500	出租耕地、房屋等	0
从事旅游业	0	其他经营收入	0
总收入合计	21000		

数据来源：根据王文光老人的女儿口述整理，2010 年 7 月。

与其他村民相比，由于有政府补助，王文光老人家的经济条件较为优越，

然而勤劳简朴的老人从不铺张浪费，家里购置耐用消费品也是能省则省。除了生产必需的工具之外，耐用消费品很少，并且都是用过很多年的旧货，家中很多年未添置新的耐用品，甚至电视机坏了很久也没舍得换新的（2009 年家庭耐用消费品情况如表 13－4 所示）。

表 13－4　　2009 年家庭耐用消费品情况

项目	数量	项目	数量
电视（台）	1	拖拉机（台）	0
电冰箱（台）	0	卡车（辆）	0
洗衣机（台）	0	小轿车（辆）	0
照相机（部）	0	电话（部）	0
影碟机（台）	0	组合音响（套）	0
电动车（辆）	0	手机（部）	1
摩托车（辆）	1	自行车（辆）	0

数据来源：根据王文光老人的女儿口述整理，2010 年 7 月。

王文光老人一家 2009 年全年支出如表 13－5 所示：全家总支出约为两万多元。其中，生产性支出大约为 1200 元；由于大人们很少添置新衣服，孩子们则大都穿亲戚家孩子们穿过的旧衣服，因此去年衣服这项支出大约只花费了 100 元；去年家中比较大的一项开支是看病的花费，虽然身体比较健康，但毕竟王文光老人已经年满八十，爱人王桂南也年满七十，难免会有一些小毛病要去看医生，一次门诊下来总是要花费 500 元到 600 元，而老人从前年开始气管落下了一些小毛病，在家要常备着药，这也是一笔不小的开销，加之去年小孙子感冒发烧，由于没有及时治疗转为肺炎住院，也花了不少钱。加总在一起，2009 年王文光老人一家看病这项报销之后大约花费了 3000 元；由于粮食和菜基本上都是自己种的，平时大家吃饭主要花费的是油、盐钱，因此全家人一个月大约花费 100 元，2009 年在食品一项上共花费 1200 元；2009 年，王文光老人家最大的一笔开支是盖新房子所花费的 2 万元，当时民政局提供了 15000 元的红砖，民宗局提供了水泥，老人家自己负担了另外一半约 2 万元将新房子盖起来。此外，家中有一部手机 2009 年共花费 360 元左右，红白喜事随份子大约花费 300 元。

表 13 - 5　2009 年家庭支出情况　单位：元

总支出	生产性	衣服	食品	看病	教育	娱乐	红白喜事	交通	通信	住房
27160	1200	100	1200	3000	500	0	300	500	360	20000

数据来源：根据王文光老人的女儿口述整理，2010 年 7 月。

在访谈中，我们从王文光老人的女儿那儿了解到，这些年在国家和政府的关心下，补助力度不断提高，王文光老人的生活水平能够得到有效的保障。同时，五指山市的当地领导们也对战斗英雄的生活状况十分关心，每年的劳动节、国庆节、建军节、中秋节、春节都会来看望老人。去年五指山市副市长、财政局局长、民政局局长以及冲山镇镇长都曾前来看望老人，对老人嘘寒问暖并送来节日的问候，这些都让老人极为感动。今年庆祝海南解放 60 周年，五指山市四套领导班子的成员都来到村子，给村里的战斗英雄们送来了被子、大米等生活必需品。在解放战争结束了几十年后的今天，我们的党和国家并没有忘记这些为我国革命事业作出过贡献的战斗英雄们。中国是个懂得感恩的国家，中华民族是个懂得感恩的民族，正是因为当初有着像王文光老人一样的英雄们的流血牺牲，才会有我们现在美好安定的生活。对这些战斗英雄，中国不会忘了他们，中华民族也不会忘了他们。

当我们调研组请王文光老人的女儿讲几句感言时，她表示，这么多年来，她最大的感触就是父亲选择的这条路是对的，老人现在在国家和政府以及几个儿女的共同照料下，晚年生活很幸福，她由衷地感谢党和政府这些年来对自己父亲的悉心照顾。

在谈到对未来生活的展望时，老人表示自己现在生活得很好，国家在各方面都照顾得很周全，他只是担心随着自己年龄的不断增长，今后在医疗上花费得可能会更多，虽然说自己参加了新型农村合作医疗，但是只有住院才给报销，自己和老伴经常去门诊看病，一次 500 元 ~600 元的花销，对于这个不算太富裕的家庭也是一笔不小的负担。老人说，如果能够在门诊费用上再得到一些政策照顾，自己就真的没有后顾之忧了。的确，医疗问题不论在城市还是在农村，都是现代人关心的焦点问题。在我国广大农村，自新型农村合作医疗制度从 2003 年起在全国部分县（市）推行以来，已经牢牢地扎根下来并取得了一定的成绩。但在肯定成绩的同时，我们也要看到相关的不足。现在新型农村合作医疗存在的主要问题有社会满意度低、保障水平低、宣传不到位、程序过于烦琐等。正是由于这些因素的影响，我国广大农村地区的老人们依然害怕生病、不敢上医院。我们认为，农村医疗问题是社会主义新农村建设中的重要一环，只有政府通过加强贯彻落实、放宽报销要求、提高报销水平等强有力的手段，才能进一步改善农村医疗状况。并且，在政府发挥引导性、统领性作用的同时，也要多利用舆论力量，对新型农村合作医疗进行大力宣传，真正地让广大农民明白新型合作医疗的好处，真正贯彻落实新型合作医疗制度。

我们相信，随着我国新型农村合作医疗制度的逐步完善，在政府的努力以及社会各界的大力支持下，包括王文光老人在内的所有农村居民们，都能享受到更实惠的医疗，能在党和国家的照顾下，安享晚年。

（二）精干朴实的五指山市文体局局长刘宏杰

我们调研组一行16人先到达三亚，然后再去调研地点五指山市。五指山市文体局局长刘宏杰特意专程随车从五指山市赶过来接我们。他中等匀称的身材，黑红刚毅的脸膛，尤其是一双明目炯炯有神。这位和蔼可亲的局长亲自随车将我们从三亚一直接到了调研所在地——五指山市冲山镇番茅村委会。一路上，局长丝毫没有官架子，而是热情地与我们聊起了海南省五指山地区的人情地貌。望着车窗外绵延的山岭，郁郁葱葱的林木，盛开的山花。在海南炎热的盛夏居然还有这样一处凉爽的地方，我们感到调研任务可以顺利完成了。

随着村庄调查的深入，刘宏杰局长作为一位在当地工作了20余年的黎族干部，逐渐地进入了我们的视野。为了求证一些当地的文化风俗，我们一行4人又走进了刘局长的办公室。

刘宏杰，男，海南省乐东县人，1964年3月3日生，黎族，属于黎族的分支哈黎。刘宏杰局长与我们颇有些渊源，他原是中央民族大学1985届政治系政治经济学专业的毕业生。毕业后，刘宏杰抱着报效祖国、建设家乡的宏伟愿望，毅然回到当时还相当贫穷落后的海南黎族苗族自治州工作。因为刘宏杰是民族自治州少有的正规大学毕业生，在“少数民族干部正规化理论教育”活动中被直接调入中共广州黎族苗族自治州委讲师团教授政治经济学课程。刘宏杰在教学过程中并没有拘泥于课本和现有的教案，而是结合当地的实际，创造性地提出了政治经济学教学课程改革方案，使他在当地的教师队伍中享誉一时；1987 年 12 月，海南脱离广东省编制而独立建省，自治州政府也撤销建立通什市，刘宏杰调入通什市委宣传部，任理论组的组长，主抓形势教育工作；1993 年 9 月，因为工作出色，刘宏杰调任通什市市委党校担任副校长，主要管理中央党校驻通什函授学院兼讲授政治经济学。近十年的政治经济学理论研究和教学生涯，不仅极大地丰富了刘宏杰的专业理论知识，更历练了他在实践中运用经济理论知识的能力。

刘宏杰有一个幸福美满的家庭：爱人刘俏慧在五指山市第一小学当小学教师；家里有一儿一女，儿子正在北京上大学，女儿也在读书。说到家庭，刘宏杰的眼光开始温润起来。他说，这些年来自己一直忙于公务，常年在外工作，对孩子、对爱人更多的是照顾不周的愧疚。从 1996 年起，刘宏杰被调往相对偏僻落后的五指山乡任乡党委副书记。“当地条件之差出乎每个人的想象!”用刘宏杰自己的话说，“那时五指山乡还没有通电，走一趟就得摸黑好几个小时的烂泥山路”。面对这 50 多公里的泥泞盘山路，为了不耽误工作刘宏杰只好住在乡政府办公室，平均两个多月才回一趟家的生活持续了将近一年。1997 年刘宏杰被调回通什市担任市政府副秘书长，主管市里的文秘档案工作；2001 年通什市改称为五指山市，刘宏杰继任副秘书长直至 2003 年升为正秘书长；2005 年之后，刘宏杰调任五指山市文化广电体育局任局长、党组书记至今。

刘宏杰局长虽然不是番茅村土生土长的本地人，但在五指山 20 多年的工作经历，他和当地群众打成了一片，反而使他比本地人对当地的风俗有更为清晰的认识。言谈间，刘局长详细地给我们对比了黎族的两个分支——“杞黎”和“哈黎”：五指山地区主要分布的是杞黎族，只在与乐东县交界的番阳乡存在少数哈黎族。他们之间主要的区别首先在于语言不通，虽然同是黎族，但是两个支系之间各自的语言说法各异，互不相识。其次是服饰的偏好不同，杞黎族人喜红，且以短脚裙为妇女的主要服装；哈黎族人喜黑，妇女多穿长裙。在丧葬习惯上，杞黎族往往是不入棺①的，且在当日就须安葬；而哈黎族一般是要入棺，而且是择吉日入土。“但有一点是共通的，那就是热情好客，

① 杞黎族所谓的“不入棺”习俗是指在亲人丧葬时，遗体和棺材是分开抬至埋葬点，再将棺木先吊至坑底，最后才将遗体放入棺内。

嗜酒如命！”说到这儿，刘局长笑了，“黎族的酒文化由来已久，以烈度的高低排列来分主要有米酒（或再经过蒸馏提纯成为“白酒”）、酒［酉丙］[①] 和酒滴。无论是婚庆、来客、插秧、收割、起地、上梁、封顶等，都是喝酒庆祝，一醉方休。酒是黎族的一种文化，一种精神，一种象征！”

“黎族的辟邪文化和道公文化也非常有意思。”刘局长如是说。黎族辟邪是一种起源于生老病死的原始宗教，早期的黎族人民生活非常艰苦，长期缺医少药，于是带有宗教色彩的道公便担当起了“消灾救人”的职责。后来经过上千年的发展传承，辟邪文化逐步成为“病前预防，病中治病，逝后祭祀”以及询卦、消灾等黎族人民生活的必要环节，“酒米算命”一项绝技更是本地道公的不传之秘。解放后，黎族的辟邪文化和道公文化曾受到过极大的摧残，直到 20 世纪 90 年代以后这种文化才逐渐恢复盛行。当我们问刘宏杰局长自己信不信道公时，“站在政府的立场上，”刘宏杰局长严肃地说，“对于这种近于迷信的古老文化风俗，我们并不提倡。但就我个人看来，这种文化确实有其神奇之处”。

作为文化局的领导，刘宏杰对黎族文化的传承是相当重视的。他向我们描述了原始的黎家生活：割胶、种田、放牛等农活是勤劳的黎族男人的“专利”；持家、做生意却是黎族女子们的活计；而每一个黎族女孩在成年时都必须向自己的长辈学会织锦这门技艺。套用刘局长的话，“当时确实是一幅男耕女织的田园风光！”但是黎寨的风俗也在不断变化，“尤其是解放后，在黎寨中破‘四旧’盛行，将许多原汁原味的黎家习俗都废除了，黎人的汉化也相当严重！”刘宏杰痛心地说。为了恢复黎族织锦这项传统技艺，刘宏杰在几个黎寨村庄之间组织了多次“织锦比赛”。一方面是为“织女”们提供一个织锦的交流平台，能够有效地提高广大黎族妇女的织锦技艺，另一方面也有利于打开黎锦的销路，使之成为五指山黎寨的主要收入之一。

刘宏杰为官几任，兢兢业业，为这里的黎族百姓做了不少好事、实事。用他自己的说法来形容是“我这个人性格好，待人又比较随和，喜欢且善于跟老百姓打交道。”在五指山地区工作的 25 年里，刘宏杰的的确确把这里的乡亲当成了自己的亲人。

“刚当上五指山乡党委副书记那阵，条件非常艰苦。真是要水没水，要电

---

① “酉丙”（bing）：黎族的一种米酒，烈度比酒滴高而低于“白酒”。

没电。天一黑你就什么事都做不了……”刘宏杰走马上任后的第一件事就是解决当地群众的饮水、照明等基本生活难题。为了尽可能地减短工期，常常是他亲自带着乡干部下水沟拉水管；自个儿跑到电站为村民协调拖欠的电费。刘宏杰在五指山乡一年的时间里，那里的群众不仅通上了电，喝上了洁净的自来水，而且家家户户还看上了电视。

调任五指山市政府秘书处后，尽管身居高位，刘宏杰心系群众的本质从未改变。2000年前后，正处于体制制度改革的阵痛期。政府颁布下来的政策和少数群众的经济利益产生了冲突，群体性事件也一再发生。刘宏杰利用自己性格温和，平易和善的优点成为政府和群众之间联系的纽带和桥梁，运用智慧和真诚化解了一次次危机。最让他记忆犹新的就是“摩的司机聚集案件”和“农村电网改造工程”两件事。

刘宏杰局长告诉我们，就在十多年前，五指山市区狭窄的马路上到处是拉客的摩的和三轮车。这些随处停放的摩托车、三轮车，不仅毫无规范管制，随意载客拉客、占道、闯红灯等成了家常便饭，甚至有的车主连必要的牌照证件都不全，是五指山市区道路交通安全的重要隐患。针对这一种情况，五指山市政府下通知一律禁止摩托车、三轮车非法载客。但是，当这个过于笼统的“一刀切”决定颁布后，当即引发了一场重大的群体性事件——几百辆摩托车、三轮车聚集到了市政府的广场门前，一些激动的摩的司机甚至扬言要在政府门口亲自把车烧了。此举当即引来大量群众围观，形势千钧一发。就在此时，作为市政府副秘书长的刘宏杰挺身而出，主动担当起了政府与群众之间的调解人，亲自出面与这些激动的司机们协商谈判。我们问刘宏杰局长：“面对这种危险的情形，自己心中是否有顾虑?”刘宏杰笑了，“我当时就跟他们说‘车是自己的，烧了也不能解决问题；有什么要求可以提出来慢慢商量嘛，没有跨不过的坎，没有说不清的道理!’他们和我一样都是人，只要温和地与他们讲道理，讲事实，事情总是能解决的。……到后来，市里专门成立了领导小组，重点借鉴了四川、重庆等地的三轮、摩托车载客管理经验，在五指山市区逐步推广客运的规范化管理，同时开通多个公交线路为市民出行提供方便。这样做不仅仅是对市区道路行驶安全的保障，更是为那些以跑客运为生的车夫们保留了一条生计之路”。在刘宏杰的轻描淡写之间，我们看到了一个情为群众所托，心为人民所想的官员形象。

“前几年搞农村电网改造，本来山区的耕地就非常有限，这次又要占用当地农民不少的农田、林地，因此群众的反对声音很大，工程也曾一度搁置……当时省里催得急，下面基层遇到的阻力又很大，事情就显得非常棘手!”刘宏杰有些焦急地说。最后，和善、亲民的刘宏杰又当上了政府与群众之间的“和事老”，亲自走进那些“钉子户”的家里，挨家挨户地找群众拉家常，讲道理，做好思想协调工作；同时提出了“保证不苛扣群众的征地补偿，一文不少，分钱到户；保证亲自丈量被占用的土地，做到尽量不破坏农民已种植的农林经济作物”的承诺。“结果五指山市农村电网改造工程是全海南完工最快，而且是赔付最少的工程!”刘宏杰局长认真地说，“要记住一点，只要处处为群众着想，人民群众就一定会把你当做亲人”!

“作为政府秘书长，就是要做政府与人民之间的传话筒。一头要装着百姓的心声，一头要宣传政府的政策精神。”说起秘书工作，刘宏杰颇有心得，跟我们侃侃而谈起秘书工作的“三前三后”。在几年的秘书长工作中最令其记忆深刻的事就是“北京来的‘同一首歌’”。

2005年初，五指山市迎来了央视的“同一首歌——海峡两岸共度‘三月三’”晚会，作为千载难逢的一次对外宣传五指山黎族的机会，刘宏杰当时可谓是铆足了干劲。从节目的统筹安排到活动细节上的修改，无分巨细，事必躬亲。仅仅是表演的节目单就反反复复地修改了足足一个礼拜。最后，“同一首歌”节目在五指山大放异彩，圆满成功，一直忙碌在人前幕后的刘宏杰却因为劳累过度住进了医院。

刘宏杰是有名的“工作狂”，但对于名利却相当地淡薄。2008年奥运会火炬经过五指山时，作为文化局局长的刘宏杰本可以毫无争议地当上光荣的火炬手。但是，他却出人意料地推掉了这个无数人梦寐以求的任务，亲自派兵布将，以确保火炬在传递过程中万无一失。“要背熟火炬路过的每一个路口和站点，同时还要与公安、交警协调一致；以至于火炬车队的行程时间安排都必须亲自审核。”几昼夜的不眠不休耗尽了刘宏杰的心血，等火炬车队驶离五指山的当天，他又一次住进了医院。

接手五指山市文化广电体育局之后，刘宏杰充分利用文化体育这个平台，积极筹办各项文体活动和为民工程，极大地丰富了当地群众的业余文化生活。期间，最主要的成就是抓起了农村的文化设施建设：仅2009年到2010年一年间，五指山市文化广电体育局完成了“村村通电视”地面接收建设6000户，使居住在山区的群众也能享受到电视节目的乐趣；与此同时，五指山市文化局又组织了一个农村电影流动队（亦称“2131”工程），架起电影设备翻山越岭深入山区群众之间，坚持做到让每个村一个月看到一场电影。在农村健身设施建设上，刘宏杰争取在每个村都修建一个篮球场，“这项工程不仅解决了农村青少年农闲时的一个去处，锻炼了他们的身体，更为重要的是多了个篮球场就少了一个打架的地方!”刘宏杰为这个一举两得的创举而感到高兴。同样的市文化局在每个村委会都建起了“农家书屋”，不仅丰富了农民们的闲暇生活，也有助于普及农业技术知识。

走出刘局长的办公室，七月的五指山还是一如既往的晴空万里。望着干练、稳重、让五指山人民信赖的刘局长，我们顿时对五指山的未来充满了期待。

（三）扎根黎寨的五指山市农业科技服务站站长陈恒德

走进通什艺苑科技开发服务有限公司[①]源自于一次巧合：当载重卡车驶过暴晒的公路，飞扬的尘土将我们推向路边的仓库——在一扇宽大的铝皮门后面一袋袋码放得整整齐齐的化肥和种子，以及闻声而来的慈眉善目的老太太——她就是这个地方的女主人张雄珍。热情好客的老人将我们迎进院子，让我们坐下，沏上略涩的五指山绿茶，笑意盈盈地给我们讲起了他们的故事。

在与老人的交谈中，我们总觉得她有所保留，尤其是看到我们掏出照相机和录音笔时，更是表现出高度的警觉。老人说有许多媒体表示要采访她和她老伴，更有不怀好意者乘机窃取了艺苑科技的资料。我们看出老人的疑虑，立即呈上“985”村庄调查的介绍信和王老师的身份证，反复解释我们此行的目的，这才消除她的顾虑。“我给你们洗水果去!”老人沧桑的脸上终于舒展开了轻松的笑容，抱歉地搓搓手起身。恰在此时，屋外摩托声响过，走进来一位精神矍铄的老大爷——艺苑科技的主人，陈恒德老先生。

陈恒德，汉族，1938 年生，广东罗定人，中国致公党员，农艺师、高级研究员。陈先生自从 1962 年在华南农学院毕业后支边到海南省陵水县病虫害防治技术站工作，这一干就是 23 年。1984 年陈恒德调入五指山市任海南省通

① 通什艺苑科技开发服务有限公司：以下简称艺苑科技。

什市科委副主任，因为工作出色，陈恒德多次获得了全国、省部级荣誉：1992年个人被评为海南省侨务先进个人；1993年被评为海南省侨联的先进个人、各项工作先进个人（中国致公党海南省委会颁发）；1994年全国侨联先进个人，并在领导全省农村妇女“双学双比”竞赛活动中被评为有突出贡献领导干部（省人民政府颁奖）；1995年被评为全国农业科技推广先进工作者（农业部、国家科委、林业部、水利部、人事部、国家开发办颁发）；1997年获海南省侨届先进知识分子称号；1999年荣获全国归侨、侨眷先进个人称号。陈恒德敬业奉献，退休后亦不肯就此休息，他创立了海南省通什市艺苑科技开发服务有限公司，同时兼任通什侨星农业科技服务部技术顾问和通什市电大的农技教师，用自己精湛的技术继续造福这一方人民。

在番茅村，99%都是黎族，像陈恒德一家都是汉族的家庭非常少。陈恒德老人自1962年来到海南民族地区，已经默默地为民族地区奉献了49年的岁月。当我们问及老人是什么让他能舍弃故土，扎根民族地区的，老人笑而不答，“我来到黎寨近50年，作为一个外乡人能更清楚地看到黎族人民的生活习俗、优良传统以及海南黎族在改革开放后的飞速发展。黎族人民热情好客、团结友爱、邻里和睦、互帮互助”。

热情好客指的是黎族人民对远方来客愿意倾其所有，款待来宾。老人微笑着告诫我们在黎家用餐切不可贪杯久留，时间一长连未下蛋的雏鸡，正育仔的母猪亦不惜宰杀敬客。黎家人好酒，待宾朋必要以酒酣为畅。一场酒席要全家老少齐上敬酒，往往非得喝到宾主齐醉，人事不省方才罢休；团结互助指的是黎寨中邻里和谐，相亲相爱。传说在战争年代黎族领袖王国兴带领五指山地区的黎族人民坚决拥护中国共产党的领导，黎族人民热爱领袖，就统一地将自己的姓氏改作了“王”姓，寓意于要黎族大家庭“亲如兄弟，密似姐妹”。时至今日，番茅村中主要的大姓还是以“王”和“黄”① 为主，共同的姓氏赋予了村民团结友爱、互帮互助的品质。比如一旦有红白喜事常常是要邀请整村的人一起参加；平日里若有事相求他人，邻里之间从来不吝相助。这种和谐气氛也是我们行走在番茅村中时时处处都能见闻的。正是当地黎族群众的这种品质，成为陈恒德一家坚持留在黎族地区服务的最大动力。

---

① “黄”原是“王”字的误读，久之则成为番茅村的另一大姓氏。

“这几年五指山变化太大了！”说起番茅村黎族群众的生活变化，陈恒德老先生感叹道，“80年代我来到五指山，这里清一色的都是茅草房，村与村、户与户之间只有狭窄的泥泞小道，一到下雨天那真是一脚高一脚低地踩泥路回家，当时就连市政府也只是两层的大楼！”老人说到今天番茅村的变化很感慨，“2000年后，这里的茅草房全部都改造成了砖瓦房，这些房子政府都给补助。连我家这个原来7个人挤48平方米的小测报站也扩建成了250多平方米的两层小楼”！

陈恒德是五指山一带远近闻名的农业专家。尤其是1990年进驻五指山市病虫害测报站工作期间，帮助番茅村指导农业栽培，新品种作物推广，解决了橡胶、槟榔等经济作物病虫害问题，深受当地黎族群众尊敬。

谈起病虫害的防治，陈老先生如数家珍。分析近几年来的农田种植情况，他向我们介绍说威胁当地农作物最主要的病虫害是“两病一虫”，即白粉病、疮痂病和天牛。白粉病是由于病毒引起的一种常见病虫害，自植物幼苗始均会发病，尤其是对当地的橡胶树危害甚重。病状表现为一开始叶片上产生的黄色小点，而后扩大发展成圆形或椭圆形病斑，表面生有白色粉状霉层。霉斑早期是单独分散的，后联合成一个大霉斑，甚至可以覆盖全叶，严重影响光合作用，使正常新陈代谢受到干扰，造成早衰，产量受到损失。疮痂病是一种为害嫩叶、嫩枝、幼果的真菌感染病害。受害叶片开始呈现油浸状斑点，后变蜡黄色，病斑扩展，并向一面隆起成圆锥形的瘤粒突起。如病斑聚集，叶会变成扭曲畸形，果也会变成畸形果，落叶落果严重。天牛则是常见的植物害虫，以钻木、吮吸植物汁液为生。天牛幼虫是淡黄或白色，体前端扩展成圆形，上颚强壮，能钻入树内生活两年以上，破坏木材。化蛹前向外钻孔道，在树内化蛹，新羽化的成虫经此孔道而出。由于这种钻木习性，天牛危害木材甚巨。轻则造成橡胶出汁率下降，重则导致植物枯死。除了这“两病一虫”，像介壳虫、野壳虫、蝗虫等也是当地主要的病虫害之一。“野壳虫等害虫是1982年从菲律宾引种棕榈树时检疫不当而引入的外来病虫害，仅去年一年因介壳虫致病的橡胶树就达五六千亩之多！”说到这儿陈老先生痛心疾首。

陈恒德先生将自己的青春和事业都奉献在了海南黎族地区这片至今仍不甚发达的地方，半个世纪以来为村民种植生计排忧解难，在引进优良品种、科学田间管理、病虫害防治上为民造福。我们问陈恒德老人：您作为一个外乡人，进入黎寨后是怎样博得村民尊敬的?”老先生微笑着说：“我把他们当做自己的兄弟姐妹，为他们带来农业技术，带来经济实惠，自然是要受到欢迎的喽!”讲起刚进入海南黎族苗族自治州通什市番茅管理区①的时候，老人说了一段惊心动魄的故事：当初向村民们推荐除草剂的时候，大部分村民宁愿延续古老的手工拔草也不愿意相信一个外乡来的青年农业技术员，推广的阻力非常大。更有凶悍的村民挥着锄头恶狠狠地要挟：若洒了这些除草剂使水稻受到影响就要砍死他们。“那时候不光是生活条件很差，更是人生地不熟，确实是两眼泪汪汪啊!”张雄珍老人生动地形容当年的艰苦岁月，坦陈当年她也哭过闹过觉得住不下去了，但这丝毫没有动摇陈恒德的决心。为了让村民直观地看到产品的效果，陈恒德在公路边开出了成片的试验田，亲自施肥灌溉。每引进一个新品种，陈老先生总是在自己的试验田里先种上一季，等到自家的水稻大获丰收，产量比原先翻了好几番，铁铮铮的事实让那些固执的村民们完全相信了陈恒德。就在这一次次亲历亲为的实验中，陈恒德终于得到了当地村民的认可，并逐渐达到了被“迷信”的地步。“现在，只要是我推荐的牌子，一定是销量最好的！一旦村民田里有问题首先想到的是请测报站的陈老先生来看看!”陈老先生乐呵呵地向我们说道，“近几年，番茅村的种植方式、作物品种、技术使用简直发生了翻天覆地的变化，从原来的手工拔草改为100%使用除草剂；水稻的产量在引进新品种后，从原来亩产平均四五百斤一跃升至千斤；农药品种也极大地丰富，我来番茅村之前只有不足十种农药，效果不理想。近几年不断引入新型农药，其种类多达300多种”。

陈恒德一家于1984年由陵水病虫害防治站迁至五指山市番茅管理区，一直以测报站为家。1990年，一家人凑钱买下了通什测报站前的土地；1996年又买下测报站周围140多平方米土地，依着山坡盖起了两层的钢筋水泥房和一间农药种子仓库。陈恒德和张雄珍老人育有两儿两女，均已成年：或承继父业，坚持在五指山测报站工作，或在市里开农药专卖店销售种子、农药；或远赴海口广东打工挣钱补贴家用。一个大家庭12口人倒也生活得其乐融融。家庭的主要收入来源是陈老先生的农技服务，尽管老先生年逾七十，却老当益壮，退休后兼任了许多工作：包括协助省、市就业

① 1990年以后“通什市番茅管理区”改名为“五指山市番茅村委会”。

局、市教科局、农技推广中心，乡、镇政府举办科技培训，受训对象主要是农村干部、各乡农民工、待业青年、种植专业户等；领导农业技术下乡；在电视大学（省直属分校），海南农业科技学校兼职教授农业技术；同时还担任了五指山市关心下一代委员会副主任、科教团团长、五指山市农业科技 110 站站长等社会职务。闲暇时侍弄几亩橡胶，水稻以及以种菜为乐。陈恒德全家一年的收入可以达到 12 万元左右的可观数字，其中以农技服务为主的收入就达到 7 万余元。家庭一年的总支出在 5 万元左右，主要用于孙辈的教育和一家人衣食住行等生活必须的费用。老人家中电视机、冰箱、洗衣机、照相机、电话等家用电器一应俱全，农用车、卡车各一辆、摩托车三辆、手机四部（详见表13－6、表 13－7 和表 13－8）。总的来说，这在当地也是一个相当富足的小康之家。

表 13－6　　**2009 年家庭收入来源情况**　　单位：元

职 业	收 入	职 业	收 入
从事种植业	0	本乡镇就业工资①	70000
从事渔业	0	外出打工	20000
家庭手工业	0	从事运输业	0
从事畜牧业	0	政府补贴和社会救济	0
从事养殖业	0	出租耕地、房屋等	0
从事旅游业	0	其他经营收入	30000
总收入合计	120000		

数据来源：根据陈恒德口述整理，2010 年 7 月。

表 13－7　　**2009 年家庭支出情况**　　单位：元

总支出	生产性	生活性	看病	教育	红白喜事	交通	通信	住房
51500	3000	18000	2000	10000	15000	2000	1500	0

数据来源：根据陈恒德口述整理，2010 年 7 月。

① 本乡镇就业工资主要是农技服务费。

表 13－8　　2009 年家庭耐用消费品情况

项 目	数 量	项 目	数 量
电视机（台）	3	拖拉机（台）	1
电冰箱（台）	1	卡车（辆）	1
洗衣机（台）	1	小轿车（辆）	0
照相机（台）	1	电话（部）	3
影碟机（台）	0	组合音响（套）	0
电动车（辆）	0	手机（部）	4
摩托车（辆）	3	自行车（辆）	0

数据来源：根据陈恒德口述整理，2010 年 7 月。

作为一个在此生活了近半个世纪的外乡人，说起对番茅村黎寨的看法，陈恒德老先生用了“发展很快，问题不少”八个字概括了现状。老人告诉我们，在番茅村的 26 年里，目睹了一个遍地泥泞、满眼草屋的原始村庄变为村间水泥路，家家砖瓦房的现代化农村。在物质逐渐富足的前提下，番茅村村民的精神面貌也发生了极大的变化。原本粗狂、原始的乡风开始逐渐发生着改变，“讲文明，讲礼貌”的新风尚开始在村民之间传播开来。原始的文脸习俗绝迹了，男人们出门干活也都穿上了裤子[①]。农业生产方式发生了巨大的变化，村民自身的素质技能有了很大提高：原来黄牛犁田，人工拔草的方式已经被淘汰，番茅村家家用上了犁田机，风谷机[②]等农业机械。稻谷产量这些年已经翻了一番多，村民们掌握了橡胶种植、槟榔种植和割胶技术，还有家家户户都会织黎锦，村民的生活确实有了极大的改善。

番茅村总得来说还是一个相对不太发达的地区，大部分村民生活还比较拮据。分析村民难以富裕的原因，老人提出了下面几个问题：

首先是先进的农林科技还未普遍、完全推广，原始落后的耕作方式仍然有很强的生命力。老人举了犁田的例子：按照科学的犁田方式，应该在上一次收割之后当即予以翻犁，犁田以后经过十天以上的风化晒田才可以进行下

① 海南天气潮热，加之黎寨早些时候非常贫穷，男人出去种田都不穿裤子。

② 即一种通过人力手摇风扇，利用稻谷饱满程度不同将稗谷吹到一侧而实现分粒的小型农用机械。

一轮播种，这样才能保证新种的幼苗有充足的空气。而按照当地传统的耕作方式往往要等到播种前才予犁田，甚至是早上犁田下午插秧。这样就极易发生稻谷发黄、枯死症状，以至于严重减产。

其次是当地的饮酒习俗。黎族人好酒，尤其是以家酿米酒为甚。黎族米酒素有“饮而不醉，醉而不醒”之称，入口极为甘甜，但是后劲很大。黎族饮酒习俗自古而来，老少皆爱。每逢婚嫁喜事，迎接贵客都会大量饮酒，且不醉不休，所以每年耗费在酿酒上所用的粮食很多。而且醉酒容易误事，常有孩子喝醉酒忘了上学，大人喝醉酒误了工点的事发生。“全村弥漫在酒糟醉梦之中，何来富裕？何来发展？”说到此处，陈恒德老先生有些痛心。

还有一个是未成年人的教育问题。陈恒德老人告诉我们，尽管在当地普遍推行了九年义务教育，甚至连职业学校和部分高中也都实行了免费入学。但是从总体上说全村的受教育水平仍然非常低，村民教育观念相对落后，中小学学生的辍学率比较高。加上近些年外出打工的家长日渐增多，在家无人看管的“留守儿童”便成了村里的一大问题。在家的孩子除了一早起来割胶便别无它事，往往整天在村里三三两两结伴游荡，不务正业的青年人大多是这些辍学青年和“留守儿童”。随着这个人群的扩大，村里小偷小摸的情况便多了起来。“村里水井上装的抽水机没几天就不翼而飞；我家种的水果还没熟就被人摘了个精光。”张雄珍老人指着院子边上几天前因为被偷盗严重，一气之下砍得只剩枝干的葡萄藤、荔枝树，痛心地说，“不是心疼这些水果，你看那些小孩‘噔噔噔’从棚顶这头爬到那头，一不小心掉下来那该怎么办！”不仅是偷盗问题，村里很多年轻人缺乏管束，打架斗殴时有发生。“年轻人气盛，下手不知轻重。有些因此年纪轻轻的就落下残疾，多可惜啊。”陈老先生叹气道。

最后，在我们的要求下，陈恒德老先生说出了自己对番茅村今后发展的建议：

“最重要的就是要落实科学发展观！”老人一本正经地说，“就是说要合理地规划好番茅村的新农村建设和农产品的市场化工作”。“第二点就是要搞好粮食生产，现在一亩七八百斤的平均产量是远远不够的，要不断地引进、选育优良品种，同时指导农民加强田间管理……这就离不开我们这些农业技术人员啦！”老人自豪地笑了。“最后一点，就是要加强对青少年的科学教育，提高村民整体素质，改善教育教学的环境。让孩子们多读书，少游荡！”“黎族是一个勤劳的民族!”陈恒德老先生补充道，“我真希望他们在辛勤劳作的过程中更有头脑，更懂技术!”正如陈恒德老先生一生所追求的那样，他把技术和智慧带到了番茅村，同时也殷切地希望自己终生奋斗的地方能结出丰硕的果实，就像张雄珍老人所形容的那样“他呀看见新品种的瓜儿比见到什么都开心!”半个世纪了，老人早已扎根在这片青山旷野之中，他把自己当做黎寨的一分子，番茅村的繁荣发展就是老人最大的心愿。

当我们离开公路边的小屋，那一串爽朗的笑声还萦绕耳边。村边道旁的铲车正挥动着巨臂铺设番茅村至毛道乡的公路，夕阳照亮了耕种回来的村民那满意的笑容。看着这一番和谐景象，我们也真心祝愿番茅村的明天更加美好，祝愿这个默默在少数民族地区播种智慧，播种希望的老人终能得偿所愿。

（四）外来的蔬菜种植承包人林立业

清晨走在番茅村纵横交错的田间小道上，朝阳的斜晖将山谷间的农田照得分外妖娆。一片开阔的土地，上千副支架搭起了一个菜园，架上的苦瓜、青瓜[①]以及道边挺直的芭蕉绿油油的甚是可爱。我们一行人顿时兴奋起来，纷纷取出包中的相机，对着这些蔬菜一阵拍摄。恰巧，不远处走来几个浇水的老大伯，我们正想上前搭讪，木讷的老伯把我们当成了电视台的记者，搓了搓手，指指田埂边上几间简易房，笑着说:“我们也不了解啊，我们只是来打工的。有事儿要采访嘛就找我们老板，他就在那边……”顺着手指的方向，一个头戴凉帽，一身粗布衣裤的中年汉子出现在我们眼前:皮肤黝黑，操着一口略带闽南方言的普通话，“我就是这儿的老板，你们找我有事”?便是这样，我们认识了这位不远千里来海南承包种菜的外地汉子——林立业。

林立业，男，汉族，福建福州人，今年刚好 30 岁。林立业的年龄不算大，但论起包地种菜这行业却是真正的行家里手。自初中毕业，林立业就跟着三个表哥在各地承包菜地果园搞蔬果种植，至今已经有好几年了。多年的蔬果种植确实给这个年纪轻轻的“老板”积累了不少种植经验。当我们在简易棚门口看到他时，这个“林老板”正亲自挥舞着铲子，卖力地搅拌着两堆

① 青瓜：即黄瓜。在海南黄瓜栽培季节较长，仅露地栽培达 9 个月以上，而利用设施栽培可实现全年生产供应。

化肥。“我们可是技术工人!”他告诉我们，这个菜园里从良种培育到肥料的配比，从支架的搭建到农药的选用，都是在他们哥仨的亲自指导下完成的。“我们做的是小本经营，比不得那些大农场有专门的技工，这里一切技术活都得我们自己来做!”林立业颇为自豪地说。

林立业在老家有个相当幸福的家，父亲林梦才今年53岁，母亲秋香52岁，妹妹还小，正在家乡读书。林立业说每逢别人问到自己的老家，内心多少有些怀念。自己很早就随着几个表哥四处打工挣钱，回趟家更是难得。想到自己不能在父母跟前服侍两位老人，林立业有些内疚：“没办法，只能挣了钱多寄点回家好好孝敬两位老人!”林立业在海南承包种菜的另一个重要原因是他娶了位海南媳妇。说到自己的爱人，林立业忽然腼腆起来：“她叫金江，是三亚崖城人。”林立业说现在这块地才刚刚整理妥当，那个简易的窝棚刚搭起来不久，还没来得及把媳妇接过来，“再过几天她就过来了!”林立业眼里满是期待。

这里的32亩蔬菜地是林立业2010年刚过完年与什分村[①]商量，四月份才向什分村的农民承包的，一共包了村中30多户人家的土地，平均每亩地花了1400元，租期三年。我们问林立业“为什么千里迢迢跑到人生地不熟的海南种菜，而不是在自家多承包几亩地?”他说，在福建老家那边，种蔬菜的人已经非常多了，就连自家的土地也承包出去给别人种菜了。不远千里来海南种菜，一是看中了海南一年四季长春、阳光充足的“风水宝地”；二是因为五指山这一带都是山区，本来田地就不多，很少能有像他这样大规模承包搞蔬菜种植的。凭着自己有些技术，想试一试在这儿能不能赚到钱。林立业三兄弟已经不是第一次来海南了，他们在2005年就开始“登陆”海南岛搞蔬菜水果种植，以前一直在保亭县种芒果和蔬菜。一株芒果的成本是30多元钱，兄弟仨一共种了6000余株。但是前几年在保亭县种的芒果收成不太如意，没挣多少钱。所以，今年专门跑到五指山来改种青瓜和苦瓜。“我们是第一次尝试种青瓜和苦瓜，要是收成好能挣到钱，我们就在这里留下来。”林立业说。

林立业给我们算了一笔账，他说兄弟三个在这32亩地上一共投了10多万元，包括：向村民承包土地的45000元承包费；雇8个农民工的工资每人

① 番茅村委会下辖5个自然村，什分是其中一个自然村。

每天要60元，农忙时还要临时增加2个人，工资则涨到了80元一天；买青瓜、苦瓜种子将近6000元的支出；青瓜、苦瓜用的竹竿支架，每根3元，用了几千根；建在田埂边上的大棚花了将近8000余元；水泵、拖拉机、摩托车、犁田机等农用机械都是新买的，花了近18000元。这么算下来，兄弟仨第一年的投资将近18万元。“这些钱都是以前打工积蓄下来的，一分钱都没向银行贷款。等这一季的青瓜、苦瓜熟了卖掉，估计就能收回15万元左右。”说这句话的时候，林立业挺骄傲的，黑红的脸上闪现了兴奋的神色，仿佛已经看到了32亩菜地上瓜果累累以及市场上供不应求的场面，“再过十多天，这些青瓜、苦瓜就完全长熟了。我们的菜主要销往三亚和海口，到时候我租辆车把菜拉到那边的蔬菜批发市场就行了！”

林立业三兄弟是非常有经济头脑的人，正当我们好奇为什么要费这么大劲把瓜果蔬菜拉到海口、三亚去卖，而非在五指山本地销售。林立业向我们介绍了海南蔬菜市场的一些基本情况。“五指山本地的蔬菜水果市场比较小，而且基本上已经饱和了。五指山市区距农村较近，周围的农民一般都会把多余的蔬菜提供给市里，价格又压得很低，对于像我们这样的规模化生产就很难挣到钱了，租车去三亚、海口这些大城市，销售价格能提高很多，虽然麻烦些，但能多挣些钱。”说完，林立业憨厚地笑了。“海南人还有一个习惯，就是喜欢去农贸市场买菜，觉得农贸市场的菜新鲜。你们去看看市里的超市，没有一家销售农产品的！所以，将蔬菜拉到三亚、海口批发市场上卖也是迫不得已。”林立业无奈地耸耸肩。

林立业对瓜果蔬菜种植非常内行，他说种青瓜、苦瓜还是比较省事的，一个礼拜只要浇一次水，施一次肥。说着，他给我们看简易棚边上正“突突”冒水的水泵，“水都是从村里蓄水的水塘里抽的，这一片农业用水都是靠这个水塘。”我们询问这里的农用水价格，林立业摆摆手，表示他用的水都是从村里的水塘无偿抽取的，不用额外交费，“当时和村里签协议的时候都包括在承包费里了。”他指给我们看菜地里工作的农民，只见他们熟练地从水桶里舀起一勺水，慢慢地顺着瓜藤的根部浇下。“虽然一周才浇一次，但这么一次一定要让蔬菜吃透。”林立业对这种既节约用水，又保护植物的灌溉方法表示满意，“我们规模不大，还来不及修建灌溉水渠，这种人工的办法倒也勉强可以。”“今年海南的气候有点反常，已经四个月没有下雨了。”林立业有些担忧地告诉我们，“虽然我种的这些青瓜、苦瓜都比较耐旱，而且蔬菜水果都是喜阳的植物，但要是再不下雨连人畜饮水都要困难了。”他看着越来越浅的水塘，不无忧虑。林立业的蔬菜是按季节种植的，海南四季如春，所以，蔬菜一年可以产三季。这第一季种的是青瓜和苦瓜，从下籽到收获只要三个月，七月底就可以采摘了。等这一季的青瓜、苦瓜收获了，下季就改种大白菜。“都试试呗，说不定哪样最挣钱。”林立业说，今年算是在试验，等确定了哪些蔬菜最迎合市场，再定下来专门种哪些菜。

我们调查的番茅村人均耕地较少，村民主要种植水稻、玉米、橡胶、槟榔等农作物和经济作物，村民房前屋后都种了些蔬菜水果，基本能满足一家人食用。村民住的地方距五指山市区很近，到蔬菜市场买菜很方便。他们把自家省下来的土地让林立业承包种菜，主要是为了增加收入，并不是有多余的土地。我们觉得村民这样做可以使有限的耕地发挥更大的作用，因为这里的村民是没有这个能力和胆量承包32亩土地种植蔬菜水果的。他们既没有种植蔬菜水果的技术、经验，也不愿意投巨资去搞他们不熟悉的规模化种植。天性本分、安逸的村民满足于现在安稳（还比较穷苦）的日子。所以，大家省出来的土地宁愿让外来人耕种，他们坐享其微薄的收益。从这一点我们可以看到，今天中国的农民守着自家的土地年复一年的耕种同样的农作物、经济作物，如果没有好的种植品种或乡镇工业的出现，他们的收入是很难增加的。只依靠农产品涨价，而农产品涨价的同时其成本也在迅猛上涨，农民的收入还是只能维持基本生活需要。因此，中国的农民要想彻底改变自己的生活状况，除了耕种自家的土地外，还应该改变思想观念，接受新技术、新产品，用自己的辛勤劳作获得生活状态的根本改变。我们衷心希望番茅村村民能够像林立业那样，积极对待生活，更多一些胆量和勇气，在自己的土地上收获更多惊喜，彻底改变目前的生活状况。

十四、继承黎族传统文化和技艺的优秀代表

（一）退休校长符育信

我们来到番巴村后不久就听说村子里有个教育世家，一家出了好几个教师，这让我们惊讶不已，在番巴村这个整体教育状况落后的村子里，以教书

为生的实属少数，更何况一家还出了好几个教师。我们不禁对这一家人产生了好奇，决心要采访一下这位大家长——符校长。早晨来到符校长家时，恰逢符校长外出遛弯回家，弄清我们的来意后，符校长欣然接受了我们的采访。在他家那个宽敞的凉棚下，符校长将他的经历和教育理念向我们细细道来。

符育信，男，62 岁，黎族，退休小学校长，无宗教信仰，普通话流利。老伴于 5 年前去世，目前和两个儿子生活在一起。

符校长祖上本是五指山市乐东县人，但小时候家里太穷，生活难以为继，他的父亲四处寻找谋生的出路，后经人介绍，举家卖身来到番巴村给一位符姓地主放牛，孩子们也都改姓了符。因此符校长与后面提到的符亚荣老师是叔侄关系。当时符先生的父亲并没有签下卖身契，只是一种口头契约，但这种信用一直维持到现在，符老先生已经去世多年，当初的老地主现在已是重病缠身，常年卧病在床，符校长就主动承担起了照顾老人的责任。我们了解到，在番巴村，村民们普遍很重视口头契约，平时即使有金钱往来等也很少要立字据，谁家资金上周转不过来，亲戚朋友都愿意尽力相助，也无须考虑什么时候还、多少利息等。由此可见当地淳朴的民风，在物欲横流的当今社会，这种信用观已不常见到。

符氏家族重视子女的教育，长辈间常常有攀比孩子学习成绩的习惯，在对待孩子读书的问题上向来严厉，在符校长这一支尤为如此。符育信祖籍乐东县，乐东民风尚学，学校教育条件较好，不论是教师还是学生都很认真对待学习，因此每年五指山市中榜的大学生尤其是考上清华北大这样的名牌大学的学生中多出自乐东县。符校长祖上也多出文人官宦，就是在这种祖上的传统和后天的家庭熏陶下，符校长这一支中不仅出了多名大学生，更有好几位当了老师。符校长的 9 个孩子中有 3 个在琼州大学完成了函授课程，小儿子今年刚刚从海南大学管理学院毕业，目前正在准备考公务员。大女儿和四女儿分别在番茅村中心小学和畅好小学教书，最小的两个女儿都在三亚当小学老师。

说起几个孩子时，符校长满心欣慰，但是回忆起当初自己辛苦供几个孩子上学时的艰难，老人也不禁欷歔。那时家里人口多，仅养活 9 个孩子就已属不易，更何况是上学了。当时还没有九年义务教育，每当新学期要交学费时往往是家里最愁的时候了。符校长到现在仍清楚地记得当时小学一年级到四年级的学费是每学期 100 多元，小学高年级则要 200 多元一学期。当时家中为了凑足孩子的学费，把所有能省的花销都省掉，说砸锅卖铁、拆东补西一点也不为过。一家人常常只吃稀饭，根本吃不饱，苦得孩子边吃饭边掉眼泪，但即使如此，符校长当时也是狠着心教育孩子“黎家的孩子没出息才只能吃稀饭，汉族孩子有干饭吃，你们想吃干饭就要努力读书”。看到别家的孩子早早辍学外出打工赚钱，孩子们也想过利用空闲时间找份工作补贴家用，但是符校长坚决不肯，他怕孩子们分心，打工虽然能赚到钱，但孩子就可能变得浮躁，不再踏踏实实地学习。因此即使自己再苦，符育信仍坚持让孩子们专心读书，从未动摇过。“一定要把孩子们教好，将来才能让他们有更好的生活，现在我辛苦一些没有关系。”这就是符校长单纯而坚定的想法，它一直支持着符校长供孩子读书直至成才。现在符校长的几个孩子中除了27岁的二儿子符雄武在家务农照顾老人，21岁的小儿子符雄坚刚刚毕业在家外，其余几个都顺利找到工作，衣食无忧。现在家里的橡胶基本都靠二儿子，由于注意利用科学的种植技术，种植合理，符校长家的橡胶收成很好。老人讲到二儿子也很爱看书，尤其爱好历史，说起历史大事总是头头是道，当时迫不得已只能让他读到高中就回家务农，确实可惜了。好在小儿子很争气，虽然现在因为准备公务员考试，大学毕业后还未正式工作，但是已经开始打工，每个月的收入能达到近千元。

符校长1966年从黎族自治州师范学校毕业，这是一所专门培养小学教师的院校。毕业后他先来到报隆小学任校长，同时还兼任语文和数学老师。5年后由于工作出色，很得学区领导的信任，又不断把他派到各个深陷困境的学校任校长，让他帮助学校解决问题，5年为一个任期，解决好一个又调往下一个。就这样，在符校长的教学生涯中，他先后到鸿鸦小学、番茅小学、工农兵小学、福关小学、福利小学任职，最后符校长又回到番茅小学，后因老伴身体不好需要照顾，符校长申请了退休，回家照顾病重的妻子，就此离开了他辛勤耕耘了一辈子的教育岗位。在被问到为什么在刚刚毕业、年纪轻轻的时候就能够被委以重任时，符校长想了想说，这也许要归因于他踏实稳重的性格，他责任心强，工作得力，只是单纯想一定要把工作做好而从不在其他一些杂事上分散精力，人也老实本分。这些特质对于一个要扭转困局、突破发展的岗位来说尤为重要，因此当时符校长人虽年轻又毫无实际经验仍被领导看重，变成了一个哪有困难就往哪冲的“救火队长”。符育信这些性格上的特质也是他教育孩子的一贯原则，因此孩子们才能在艰苦又充满诱惑的环境下专心读书，才能取得如今的成绩。

符校长的大半生都在为五指山市辖下的各县镇的小学教育事业奋斗着，因此对这些地区尤其是番茅村的教育状况非常了解。他认为，番茅村整体教育状况落后是不争的事实，但这其中最为突出的因素则在于人们对教育的普遍不重视。有些家长把学校当做托儿所，把孩子交给学校就什么都不管了，自己很少过问孩子的学习，更不要说督促孩子读书了。现在有了九年义务教育，情况还稍微好了一些，家长还觉得反正不用花钱，不上白不上。但是初中毕业后，就很少有家长还愿意继续供孩子读书。很多孩子其实很聪明，成绩也不错，继续读书可以很有前途的，但是由于家长落后封闭的观念，他们觉得孩子就算读很多书，还是一样回家种地，和自己没什么区别，反而花那么多钱上学实在是增加负担。符校长自己就经历过很多学生家长因为经济方面的困难，不听校方劝阻，执意要孩子辍学回家的事情，对这样的事情符校长也无可奈何。但转念一想，对于他们的这种选择我们也能够理解，因为在番茅村，大部分家庭经济状况都不好，拿出那么一大笔钱来供孩子上学实在困难，孩子继续读书后能否顺利找到满意的工作也难说，因此大部分人都不愿意为远期不明朗的利益而做现实的大笔投资，毕竟不是每个家长都能够像符家那样想得多、看得远。因此，更确切地说，贫困的经济只是阻碍教育发展的外部因素，而落后的思想意识才是教育发展的不可逾越的鸿沟。在番巴村，我们看到大部分家庭的经济状况差别不是太大，各家各户从事的也多是橡胶、水稻种植，各家的小孩也都是光着脚丫、在不甚整洁、狭窄的小弄堂里追逐打闹……这种生活状况的一致让他们彼此产生了认同感，也正是这种认同感令他们丧失了改变命运、改善生活的动力。只是守着祖祖辈辈口手相传的生活经验，周而复始的延续着这些早已形成了的乡土知识、社会运行规范。在这种环境下，通过教育获得的外界知识，对一般村民来说是一种可有可无的奢侈品，他们缺乏对教育的需求。我们在调查中发现，大多数人让孩子上学也都是从经济角度考虑问题的，希望孩子上学后能多挣些钱，生活得更好一些，而几乎没有人把教育和个人素质的提高联系在一起，说明他们对教育的认识还停留在最底层，这也正是其思想的落后之处。

面对家长的这种“读书无用论”，更需要地方政府和学校的共同努力来帮助他们转变思想，把目光放长远。但现实情况又是怎样的呢？符校长毫不客气地指出，政府官员对教育事业并不甚关心，只知吃饭应酬，搞官样文章，并没有为教育事业的发展做几件实事。那么以教书育人为己任的学校又是怎样的呢？在此对于其他方面我们不多做赘述，只想提的一点就是关于少数民族地区教师的素质问题。在采访中，我们了解到一个现象，有些汉族老师甚至是校方领导不尊重民族团结，在黎族学生面前出言不逊。少数民族学生有着强烈的民族情感，随着知识层次的提高，信息接触面的扩大，这种民族意识会日益增强，平时的言语稍有疏忽，就会挫伤他们的民族情感，严重时更会造成民族矛盾。教师被誉为人类灵魂的工程师，是帮助人们摆脱蒙昧、不断进步的，将知识和信心带给需要的人们，这种歧视学生的老师如何能够公平负责地教导学生，如何能够完成自身的崇高使命？我们的56个民族都充满了智慧，都能创造出灿烂多姿、令人尊敬的文化，部分地区的落后是复杂的历史、地理等因素造成的暂时性的情况，教师的作用就是为了带领他们走出落后的生活状态，怎能反过来嘲笑他们呢？如若学生们都有知识，就不需要教师了？在少数民族地区尤其需要老师了解少数民族的历史、现状，尊重他们的风俗习惯，真诚地帮助他们解决实际困难，做有利于民族团结的事，使各民族学生从思想上真正树立起互相尊重、互相信任的观念，激发他们为振兴民族而努力学习的民族意识，这样才是少数民族地区所需要的合格教师。

采访中，符校长真诚地向我们提出了他的期望：希望中央政府能够加大对少数民族教育事业的财政和人力投入，关心和支持少数民族地区的教育发展。我国的56个民族，由于历史原因，各民族的发展水平很不均衡。每个民族都有着保存和延续本民族传统文化的强烈愿望，也有着振兴本民族和提高本民族经济水平及社会地位的迫切需要。在这一过程中，他们需要的不是几句空话，而是实实在在从少数民族的需要出发做几件实事。事实上，这也是作为我国多数民族的汉族人不可推卸的责任，毕竟只有每个民族都得到充分的发展，才能实现中华民族整体的充分发展。

在被问到还有什么因素制约着这个村子的发展这一问题时，符校长批评了有些村民的懒惰、贪图享受的弱点。原本当地政府为带领村民脱贫致富不是没有想过法子，比如村里免费提供土地、橡胶种子、化肥、农用器具等，村民们只需出劳力，不用耗费任何成本就可以获得橡胶地的使用权和收益权，但还是有些人不愿出力，宁可在家穷闲着，也不愿劳动。人不勤奋，即使各种外部条件政策再优惠也是徒劳。不过符校长在分析这一现象时又把它归结到教育的老问题上，教育不仅仅是传授知识，还是对人的精神面貌的整体改造，帮助人们改正好逸恶劳、贪图享受的恶习。

我们感到奇怪，番巴村会定期举行村民委员会的公选，符校长既然有很多想法，身体又硬朗，为什么不参选，实现自己的抱负呢。符校长听后无奈地摇摇头说符氏家族在本村是小姓氏，又是从外地迁来的，与土生土长的番巴村民始终是有一些隔阂的。虽然平时大家相处时说说笑笑，非常愉快，但是一旦碰上选举这种大事时，符氏家族的人总是处于很不利的地位。事实上，家里人不是没有试过参选村委会，但是村民们普遍不会把选票投给符家人，可见这种家族姓氏观念在番巴村民中还是很强烈的。对此符家人也只有无奈接受，也就不再动这参选的心思了。

以下是关于符校长家经济状况的介绍。符育信拥有高级教师职称，每月工资收入约 3000 元，其中基本工资有 2000 元，另有各类津贴、补助等。水稻田约 2.5 亩，所产只供自家食用，按市场价折合约 2300 元，但今年海南省整体大旱，2 亩多的水稻田一直干涸着，所以今年的水稻产量很不乐观。符家有橡胶地约 33 亩，当初种橡胶的时候，村里来了技术员指导大家耕种，并告诉大家橡胶不能种的太密，否则会影响橡胶的采光、吸收养分等，因此符校长家 33 亩地只种了橡胶约 1000 株。同时在培育的过程中还注意采用科学的技术，因此橡胶产量很好，开割时每天能有 150 元的收入。产量虽好，但也不能贪多而让橡胶树消耗过大，因此每年只有 5 ~ 6 个月的时间割橡胶，其余时间则让橡胶树休养，保存养分，使来年的产量得到保证。这样每年仅种橡胶的收入就有约 27000 元。

表 14 - 1　**2009 年家庭承包土地情况**　单位：亩

总面积	水浇地面积	旱地面积	良田面积	荒地面积
35.5	2.5	33	35.5	0

数据来源：根据符育信口述整理，2010 年 7 月。

表 14 - 2　　2009 年家庭农作物、牲畜、家禽情况

种类	亩数	折算价值（元）	种类	亩数	折算价值（元）	种类	个数	折算价值（元）
玉米	0	0	瓜果	0	0	羊	0	0
麦类	0	0	花草	0	0	牛	0	0
薯类	0	0	烟草	0	0	马	0	0
棉花	0	0	橡胶	33	27000	驴	0	0
蔬菜	0	0	糖茶	0	0	猪	0	0
水稻	2.5	2300	槟榔	0	0	禽类	0	0
大豆	0	0	药材	0	0			

数据来源：根据符育信口述整理，2010 年 7 月。

表 14 - 3　　2009 年家庭收入来源情况　　单位：元

职 业	收 入	职 业	收 入
从事种植业	29300	本乡镇就业工资	36000
从事渔业	0	外出打工	8000
家庭手工业	0	从事运输业	0
从事畜牧业	0	政府补贴和社会救济	0
从事养殖业	0	出租耕地、房屋等	0
从事旅游业	0	其他经营收入	0
总收入合计	73300		

数据来源：根据符育信口述整理，2010 年 7 月。

表 14 - 4　　2009 年家庭耐用消费品情况

项目	数量	项目	数量
电视（台）	1	拖拉机（台）	0
电冰箱（台）	0	卡车（辆）	0
洗衣机（台）	0	小轿车（辆）	0
照相机（部）	0	电话（部）	0
影碟机（台）	1	组合音响（套）	0
电动车（辆）	0	手机（部）	3
摩托车（辆）	0	自行车（辆）	1

数据来源：根据符育信口述整理，2010 年 7 月。

从支出来看，符校长家花在食品、娱乐和通信上的费用是最多的。由于家中可食用农作物只种了水稻，并无其他瓜果菜蔬，因此食品花费就多一些。老人平时也喜欢和几个老朋友聚一聚，加上在家照顾老人的两个儿子也年纪轻轻，平时也常外出应酬，每年的娱乐支出也很大。老人享有全公费医疗，2009 年虽住过院，但费用全部报销，因此看病这一项支出为 0。采访中我们询问符校长，为什么家中也像别家那样没有买农用机械呢？老人笑着给我们算了一笔账，就拿收割机来说吧，买一台要花费 2 万元，但每年只有收割那几天才用，平时只能放在角落里闲着生锈，很不划算。但是如果租一台收割机，一天只要 100 元，家里水稻田又不多，两天就能割完，这样算起来还是租的合算。因此符校长家的打草机、收割机等都是在农忙时才租来用几天。听着这些话，我们也不禁佩服老人的精打细算。

表 14－5　　**2009 年家庭支出情况**　　单位：元

总支出	生产性	生活性	看病	教育	红白喜事	交通	通信	住房
15000	400	10200	0	0	600	200	3600	0

数据来源：根据符育信口述整理，2010 年 7 月。

表 14－6　　**2009 年家庭主要生产性固定资产数量情况**　　单位：台

汽车	拖拉机	犁田机	收割机	机动三轮车	牛车	脱谷机	水泵	其他
0	0	0	0	0	0	0	0	0

数据来源：根据符育信口述整理，2010 年 7 月。

符校长辛苦了大半辈子，现在闲下来了，也并未感到不适应，相反他很满意现在的生活状态。家中衣食无忧，儿女的生活也都不用操心，还很孝顺他。自己每天早晨出门逛逛菜市场，既锻炼了身体，又把一天中要吃的菜买回家，有时候兴致好还会爬爬山。空闲的时候约上几个老友出门聊聊天、喝喝茶。或者拾掇拾掇屋子，像我们采访所在的符校长家的凉棚就是老人自己的主意，他将家中空闲的一小块地开辟出来，搭了一个简单的草顶木棚，又在周围种上了几棵竹子和椰子树，既视野舒展，又通风清爽，坐在下面聊天喝茶很是舒适。符校长还有一个愿望，就是趁着身体还硬朗要到北京看一看，还细细地向我们询问北京的天气、消费情况，还有名胜古迹等。老人说他有个同事是北京人，常提到北京的风土人情，他也很受感染，希望亲身去感受一下北京，毕竟那是我们祖国的首都呀！临走时，我们都祝愿老人能顺利实现自己的愿望，也期待着我们能够在北京重聚。

（二）国家级非物质文化遗产传承人刘香兰

刘香兰，女，黎族，41 岁，初中文化水平，普通话流利，无宗教信仰。刘香兰经营着一个织锦工场，我们见到她时，她正在给工场里的员工进行业务培训。当我们提出想对她做一个人物专访时，刘香兰微笑着，爽快地答应了我们的请求。

番茅村受访的村民几乎全都姓黄，刘香兰是一个特例。她告诉我们，她虽然不是本村人，但却从小就对番茅村有独特的感情。在刘香兰小的时候，冲山镇的几个村子当中，就数番茅村各方面的条件最好，家里人便将她送到这里上学，完成了小学和初中的学业。她和丈夫便是那个时候认识的。刘香兰的丈夫名叫黄启良，今年 42 岁，黎族。他和刘香兰家里有一点远房表亲关系，加上从小就是同学，因此很小的时候感情就很好，用刘香兰的话说，这就叫“青梅竹马”。小时候感情基础很好，加上两家有远亲关系，这桩婚姻便顺理成章的做了下来。刘香兰和黄启良于 1989 年结婚，婚后育有三个儿女，大女儿今年 20 岁，已经出嫁到别的村子去了。大儿子今年 19 岁，正在上高一，暑假期间正值割胶期，大儿子便回来帮家里割胶。小儿子今年 13 岁，刚刚小学毕业。提起小儿子，刘香兰一脸的自豪，似乎有说不完的话。刘香兰介绍说，他的小儿子有一项特长，就是会黎族的民族乐器。在海南的保亭县一带，黎族音乐流传广泛，能人辈出。而五指山市对于这项艺术却少人问津，已经面临失传的危险。刘香兰说，她不想让这门艺术在五指山市失传，想把小儿子培养成黎族音乐的传人，便让儿子拜保亭县著名黎族音乐家王照安为师，学习黎族乐器。让刘香兰欣慰的是，小儿子不仅爱好这门艺术，而且资质聪颖，颇有天赋，学习时间不久已经小有所成，学会了不少曲子。

经过调查我们发现，刘香兰是一个非常能干的女性，无论是种植、养殖或是经营手工工场，她都能做到最好，在村里首屈一指，而且这么多的事在她手里边处理得都井井有条，令人佩服。

刘香兰介绍说，1997 年村里按人口分配土地，她家里加上老人孩子共有七口人，分得耕地三亩三分六。有意思的是，她的小儿子正是在那一年出生的，赶在分土地之前，因此也算作一口人，这样，一个襁褓中的孩子也分到了四分八的土地，刘香兰家的耕地状况如表 14－7 所示。她家的地都是水浇地，主要种植水稻。刘香兰说，家里事情多，劳动力不足，三亩多的水稻田往往忙不过来，因此便将一亩地租了出去，自己留下两亩多水田自己耕种。我们采访的大多数番茅村村民家里都会有一部分耕地用于种植各种蔬菜，一是方便食用，二是近些年蔬菜价格上涨，自种自食能省下不少钱。而刘香兰家里却没有留出旱地种植蔬菜，她坦言，这还是因为事情多，劳动力不足的缘故。不过刘香兰告诉我们说，在她和丈夫刚结婚时，家里条件不好，住的是茅草房，房前屋后也有几分旱地，刘香兰曾亲手种植了不少蔬菜，白菜青瓜豆角等都种过。由于刘香兰种植的蔬菜产量高质量好，她还被村里人称为“种植能手”。2009 年，刘香兰家的农业生产情况如下（家庭农作物、牲畜和家禽状况见表 14－8）。种植水稻 2 亩，亩产 1100 斤左右，一年两季共 4400 斤，按照稻米市价 1.30 元/斤计算，2009 年种植水稻这项折合收入约为 5720 元。

表 14－7　　**2009 年家庭承包土地情况**　　单位：亩

总面积	水浇地面积	旱地面积	良田面积	荒地面积
3.36	3.36	0	3.36	0

数据来源：根据刘香兰口述整理，2010 年 7 月。

表 14－8　　**2009 年家庭农作物、牲畜、家禽情况**

种类	亩数	折算价值（元）	种类	亩数	折算价值（元）	种类	个数	折算价值（元）
玉米	0	0	瓜果	0	0	羊	0	0
麦类	0	0	花草	0	0	牛	0	0
薯类	0	0	烟草	0	0	马	0	0
棉花	0	0	橡胶	10	24000	驴	0	0
蔬菜	0	0	糖茶	0	0	猪	10	5250
水稻	2	5720	槟榔	0	0	禽类	0	0
大豆	0	0	药材	0	0			

数据来源：根据刘香兰口述整理，2010 年 7 月。

值得一提的是，在我们调查到的番茅村村民当中，种植水稻的亩产差不多都在八九百斤上下，而刘香兰却能将她家的亩产提高到1100斤，这是非常了不起的。一方面说明了番茅村的耕地并非不利于水稻的生长，限制水稻亩产最主要的原因在于种植的技术而非客观条件。另一方面也说明了村民们送给刘香兰“种植能手”的称号实至名归，刘香兰确实在农业生产技术上有过人之处。随着聊天的深入，我们发现，她的过人之处并不仅限于此。

刘香兰还是村里著名的“养殖专业户”。家里有一个小型的养猪场，是当年贷了一部分款，自己动手建起来的。每五个月出栏一批，现在里面还有10多只猪。刘香兰家养的猪分为大猪和小猪，小猪卖250元一头，别人买去主要是自己家养，养大后或卖掉或吃掉。对于那些长成的大猪，村里许多养猪家庭都是直接整只卖掉，但是刘香兰却不同，她则是先把猪杀掉，然后再卖肉。据我们调查得到的数据，一只成年猪的重量在四五百斤上下，如果活的整只卖，可以卖到七八百元左右，一公斤约合四五元。而猪肉的价格却保持在一公斤12元左右，期间的差价相差了两三倍。刘香兰正是看准了这一点，先杀后卖，可以更多的赚取这其间的差价。听到这里我们很惊奇，作为织锦厂老板的刘香兰竟然还会杀猪。刘香兰笑着说到，在养殖领域尤其是养猪这方面，各种技术她都会，从喂养到接生、屠宰甚至兽医她都很精通。周围邻居谁家的猪生病了，都会请她去诊治。最初是由于工作需要来接触这些方面，到后来则完全是出于爱好而深入研究。刘香兰说，如果时间和精力允许的话，她会选择从同村别的养殖户那里买来猪，然后自己杀掉再拿到市场上去卖，即成立一个小型的屠宰加工厂。只是要忙的事情实在太多，这个想法也就此搁浅。刘香兰介绍说，从结婚的那年开始，她就开始养猪，起初只有一两头，经过多少年的辛苦和努力，才发展到今天的规模。刘香兰用于喂养的饲料都是自己调配的，她觉得只有这样猪肉的质量才能有保证，客户满意生意才能越做越好。于是她便在山上种了几分地的地瓜叶，用自己种的青菜来喂养自家的牲畜。但是随着规模越来越大，用于喂养的青菜日渐供应紧张。为了缓解这个压力，前年便又在山上腾出一亩多地种植地瓜叶。除了养猪之外，刘香兰也偶尔养一些鸡和鸭，不过她说，养鸡鸭需要看气候的适宜程度，例如她觉得今年的气候异常干旱，就不适合养殖鸡鸭。看来养殖领域内的门道还真不少，行行出状元，刘香兰这个“养殖专业户”也绝非浪得虚名。

对于番茅村家家都从事的橡胶种植业，刘香兰自然也有涉及。在她和丈夫结婚那年，她就开始栽种橡胶，也是经过了多年的摸索提高，逐渐扩大了栽种面积，到2009年，刘香兰家的橡胶林已有十多亩，其中100株已经到了割胶的年龄。大儿子放假在家的这段时间，割胶的一应事务全由大儿子负责。

表14－9　　2009年家庭收入来源情况　　单位：元

职业	收入	职业	收入
从事种植业	27500	本乡镇就业工资	0
从事渔业	0	外出打工	0
家庭手工业	30000	从事运输业	0
从事畜牧业	0	政府补贴和社会救济	0
从事养殖业	5250	出租耕地、房屋等	800
从事旅游业	0	其他经营收入	0
总收入合计	63550		

数据来源：根据刘香兰口述整理，2010年7月。

刘香兰可以说是番茅村发展多种经营的代表（家庭收入来源情况见表14－9），不但从事的领域多，而且她在各个领域内都是番茅村的佼佼者。但是，刘香兰最出名也最为人所称道的则是她的另一门手艺——黎锦。

黎锦是黎族人民特有的一种工艺形式，质朴而华美，广受黎族人民喜爱。在黎族地区，几乎家家户户的妇女都会这门手艺。刘香兰生活在一个织锦家庭，在她13岁的时候，大姐就开始教她织锦。刘香兰在这方面也很有天赋，学习得很快，没多久就能织出一条漂亮大方的黎锦。很小的时候她织出来的黎锦就可以卖钱，贴补家用。结婚前很长一段时间，刘香兰就在大姐的家里织锦作为生活来源。海南作为黎族人民聚居区，吸引着全国各地游客前来参观领略黎族风情。而番茅村正是一个典型的、有着浓郁民族风情的黎族村寨。当地政府便于20世纪80年代在番茅村建立了一个黎族风情村，作为旅游景点吸引广大游客前来参观游玩。黎锦是黎族绚烂文化中的一朵奇葩，也是这个黎族风情村所展示的一个重点项目。刘香兰介绍说，当时风情村内90%以上的人都会织锦。一方面向广大游客展示织锦技艺，另一方面也将黎锦这种工艺品推向了更多的人群。参观过织锦的游客大多数都会买下一两条带回家去，这也是当地人增收的一条好途径。刘香兰当时就在风情村内织锦，一个月可以卖出两三百元左右，这在当时也是一笔很可观的收入。在挣钱的同时，刘香兰利用这个机会广泛向各个织锦高手学习，各家各户的手法、图案等都有差别，刘香兰博采众长，积累了丰富的经验和许多独到的创意，为以后自己的创业奠定了坚实的基础。

20 世纪 90 年代，政府出于发展旅游业的整体考虑，将这个黎族风情村整村搬到了三亚，番茅村这个大山里的小村庄又恢复了往日的宁静。刘香兰不愿意随着风情村去三亚，便留在家中继续织锦。在三亚、五指山等黎族聚居地区中，许多餐馆、旅店及其他服务行业服务员的制服往往都采用黎锦制作，这就为织锦行业提供了一个广阔的市场。刘香兰在家织锦这段时间，失去了旅游观光客这一重要客源，周边县市的服务员制服则成了她新的产品销售点。此外，许多黎族聚居区的县市往往在博物馆的展柜中也需要放置一些黎锦，借以展示黎族风情。刘香兰也为不少博物馆提供各式各样风格独特的黎锦制品。

在织锦厂一张靠墙的桌子上，摆放着许许多多的奖状奖牌，这些奖牌都是这些年来刘香兰在各种比赛上获得的或者各级部门颁发的荣誉，见证了刘香兰在织锦行业多年以来的成长历程，可以说，每一块奖牌背后都有一段丰富多彩的故事。刘香兰指着其中一块奖牌告诉我们，这是她 2006 年参加海南省织锦比赛获得一等奖的奖牌，说起这块奖牌，还有一段故事。在 2006 年以前，刘香兰主要是靠在家务农赚取收入，虽说务农是把好手，但田间地头的活毕竟比较少，和丈夫两个人干起来也很轻松，空闲时间比较多，闲下来的时候就织锦以贴补家用。刘香兰逐渐不满足于这种比较闲适散淡的生活，希望出去打打工，可以多挣一些钱。于是她先来到一家农家乐里给人家洗碗，干了一段时间以后，家里人不想让她这么辛苦，便给她另谋了一份工作。刘香兰有个姐夫在五指山市的一家公司里当经理，正好这个公司也有经营黎锦的业务，她便到这里上班，虽然做的是行政工作，但偶尔她自己也会织一些锦缎卖给公司，刘香兰织的黎锦质量上乘，深受客户的欢迎。有一天她刚到公司，经理便过来跟她说："海南省要在海口市举办一次黎锦织锦大赛，借以弘扬黎族优秀的织锦艺术。你织锦技术这么优秀，不如你也去参加这个比赛吧，肯定能拿大奖。"刘香兰之前从来没想过自己能去参加这么大的场面，织锦不过是一种爱好、一门手艺，而且也没想过自己能在全省拿奖。可经过经理再三的劝说，她突然想到，全省那么多的织锦艺人齐聚一堂，必然是高手如云，此去即使不能拿奖也能够广泛学习别人的先进经验技术，对日后自己水平的提高也必定大有裨益。刘香兰回到家中把事情一说，家里人非常支持，不仅支持，刘香兰的大姐以及大姐的女儿也想一同去参加比赛。想当年刘香兰的织锦技艺还是大姐教会的，“徒弟”都去比赛，“师父”岂有不去之理。没想到在高手如云的全省织锦比赛中，刘香兰以其精湛的技术和独到的创意，技压群雄，一举夺得大赛的一等奖。大姐和大姐的女儿表现不俗，也获得了二等奖。在海口的这段时间，刘香兰不仅参加比赛拿了奖，更是认识了许多黎锦行业的著名艺人和企业老板，经过和他们的几次深入交谈，刘香兰的思想发生了一些改变，黎锦这门艺术究竟如何在自己的手上做大做强，开始成了刘香兰考虑的问题。从海口比赛回来之后，刘香兰突然有了一个想法，决定在番茅村开办一个黎锦企业，自己动手，将自己从事的这门艺术发扬光大。

2007 年 2 月 5 日，刘香兰在番茅村建立起了当时番茅村唯一的一个黎锦加工厂。她利用在海口认识的几位企业人士，迅速为自己的企业搭建了一个销售平台。那个时候海口的酒店流行用黎锦做装饰，窗帘、床罩等饰品都采用黎锦，刘香兰便以这个企业为依托，向海口的酒店提供黎锦制品。刘香兰坦言，那个时候由于中介的存在，黎锦价格很低，虽然订单数量可观，但利润不高，工人们都很辛苦。创业初期，这种局面是难以避免的。做到后来，由于刘香兰工厂产出的黎锦质量优秀，广受欢迎，她很快便在海口的黎锦界有了一些名气，并且积累了一些人脉关系。刘香兰已经不满足于这种中介存在下的间接交易模式，开始尝试直接和客户联系，签订订单。2008 年底，刘香兰中断了与代销企业的合作，和海口的一家酒店直接签订了第一份订货合同。黎锦这一产品和大多数工艺品一样，客户群相对固定，市场需求量不大，而且具体要求也存在差别，因此不能批量生产，只能实行订单生产。订货人需要产品时，便给刘香兰发一个订货单，单中写明产品的数量、大小以及艺术风格，至于具体的图案则不去规定，刘香兰根据订单中的要求，自行设计图案花色，然后将小样寄给订货人，如果订货人对设计的图案满意，则正式签订买卖合同，如果不满意则发回让刘香兰重新设计。刘香兰在黎锦这个行业做了近 30 年，不仅经验丰富，熟知顾客心理，而且好学的她利用各种机会，广泛学习了各家的织锦技术和图案艺术。时至今日，刘香兰在应对客户对图案的要求时，已经是驾轻就熟，炉火纯青。她设计的图案样式广受好评。

虽然工厂里还有许多工人，但她们只负责生产，产品设计这一部分一直是刘香兰亲自负责。刘香兰说，产品的质量直接关乎企业的生死，质量不好不仅仅是赚钱少的问题，更会影响企业声誉，逐渐地就会在激烈的市场竞争中被淘汰。采访中，我们感受到了刘香兰对这个厂子倾注的热情，也感受到了她想把这个企业做大做强的强烈愿望。刘香兰告诉我们，她现在正在准备注册一个商标“香兰黎锦”，将本民族的这门艺术，将自己的这个企业，更进一步地推向市场。正是在这种责任心的推动下，刘香兰黎锦加工厂的生意蒸蒸日上。2009 年，刘香兰接到订单总计达 200 多份，2010 年情况更好，仅三月份一个月就收到订单 100 多份。

刘香兰是一个极富有民族情怀的人，从前面讲到的她支持她儿子学习黎族音乐的事便可知一二。除此之外，她还在她的织锦领域内做了一件在番茅村引起轰动的大事。2007 年，就在她的黎锦加工厂开业后不久，她就自己组织、开办了第一期“织锦培训班”。番茅村地处山区，土地资源匮乏，农民增收方式有限。而黎锦作为一种深受市场所接受的艺术品，近年来已经使村中很多织锦家庭获得了一种增收的新途径，经济收益很可观。许多家庭都想加入到这个领域里来，只可惜没有掌握这门技艺。刘香兰说，她自己在织锦领域找到了一条好路子，她也要让番茅村的乡亲们都能从中获益，于是便自己出资出力开办了这个培训班，而且全部培训都是免费。开课之初，这个培训班便受到村民们的广泛欢迎，到后来，不仅番茅村，附近几个村子里的妇女们也都大老远地赶来听课，培训班异常火爆。2009 年全年共办了七期培训，每期都有 10 到 20 人报名，截止到现在共有 126 名学员从这个培训班中毕业。刘香兰的学生中有许多后来直接留在了她的黎锦厂工作，根据接到的订单进行加工。刘香兰给她们提供工作场地以及生产工具和原料，黎锦生产出来以后由刘香兰进行验收，验收合格的便以每条 300 元左右的价格收购。刘香兰说，她并不要求她的学生们都能留下来帮她工作，只要热爱黎锦，就可以来培训班学习，即使毕业后不在工厂里做工，刘香兰也会经常把自己接到的订单发给她们去做，“都是为了弘扬黎族文化”，刘香兰如是说。刘香兰免费举办黎锦培训班的事情也感动了镇政府。镇文化馆拨给刘香兰 1000 元钱作为支持资金，支持她在村民增收、文化传播方面所做的努力，鼓励她将这件好事继续做下去。

2009 年，以黎锦为代表的“黎族传统纺染织绣技艺”被评为“国家级非物质文化遗产”，在这一领域有着杰出地位和贡献的刘香兰被文化部评为“国家级非物质文化遗产‘黎族传统纺染织绣技艺’代表性传承人”。在小小一块黎锦上奋斗了多年的刘香兰，终于获得了国家和社会的认可，也终于可以在一个更大的平台上弘扬她所喜爱的黎锦艺术。刘香兰介绍说，她现在正在努力，争取黎锦成为“世界级非物质文化遗产”，让全世界的人们都来认识和接受这一门古老而多彩的艺术。

访谈结束后，刘香兰的经历和思想让我们看到：即使是在边远的山村，依然有聪慧能干的新时代女性在奋斗。我们衷心地祝愿她的黎锦事业能够蒸蒸日上，她的梦想早日成为现实。

（三）黎族器乐的传承人符亚荣

符亚荣，男，黎族，中学化学教师，39 岁，无宗教信仰，普通话流利。妻子王金霞，黎族，两人育有一子一女，女儿今年 9 岁，正在读小学三年级，儿子刚刚 2 岁。现和 55 岁的母亲、65 岁的父亲同住。

刚走进番巴村，符家簇新的住所很是显眼。蓝漆大门，雪白墙壁，地上铺着花纹瓷砖，屋内宽敞明亮，与我们之前所走过的村民家有很明显的不同。采访中，我们得知，这栋房子是去年开始修建，今年刚刚入住的。很特别的一点是，符老师还响应政府号召，将新房的卫生间修成了无公害环保型，这是番巴村仅有的一个，为此政府还补助了符家 800 元作为激励。番巴村的卫生状况从整体上说还是比较落后的，大部分村民家中都没有厕所，而是到公共厕所，并且公共厕所也比较简陋，再加上村中的家禽都是放养的，二者中没有隔离，有可能造成流行病的传播，对村民的健康造成潜在的威胁。可以看得出，符老师是个思想上比较开通、对新鲜事物的接受能力比较强的人，人也很随和健谈，风趣幽默。比如，采访中他就笑谈到，盖房子的钱大部分是贷款得到，自己每个月 1300 元的工资中有 1050 元都要偿还银行贷款，再加上学校的工作比较忙，家中一切大小事务、吃穿用度都要靠妻子张罗，自己简直就成“吃软饭”的了。

符老师祖上并不是土生土长的番巴村人，“文革”时期，由于家庭成分问题，符老师的爷爷为躲避政治迫害从五指山市番阳镇入赘来到本村，从此就一直在番巴村生活。符氏家族爱读书、重教育在番巴村是出了名的，本村仅有的几个大学生都是出自符家。像符亚荣老师的父亲就是新中国成立后，在本村靠自己努力考取大学的第一人。而符老师本人也是琼州大学师范专科化学专业毕业，又在今年完成了函授课程。为了让女儿得到更好的教育，符老师没有像其他村民那样选择让孩子到本村内的中心小学，而是到五指山市一小就读。也许是受到良好的教育背景和家中气氛的熏陶，符老师的女儿虽年仅9岁，但谈吐得体，举止大方，衣着干净整齐，与村中其他同龄的孩子很不相同。符家的孩子能得到良好的教育，并非因为其家境富裕，能够负担高昂的教育费用。事实上恰恰相反，当年为了供符老师读书的父辈们，家里也是砸锅卖铁，紧缩开支，千方百计地凑钱供孩子上学。而符家的孩子也很是懂事争气，学习成绩都很不错。如今看来，当年符家人读书的艰辛没有白费，良好的教育让他们有更好的工作机会，了解更科学的耕种技术，现在族内人多生活富足，衣食无忧，各家也盖起了漂亮的新房，孩子们也能得到更好的教育机会，过上了令村里人都羡慕的生活。

在父辈的严格监督下，符老师刻苦读书，终于在24岁那年化学专业毕业，来到冲山镇水满中学教书，这一教就是14年，其间在黎族的传统节日——“三月三”的表演活动上，符老师与他现在的妻子王金霞相识、相恋，并最终幸福地走到了一起。在水满中学教书期间，符老师主要教授化学，但由于当时学校条件有限，师资不足，符老师也间或教一点数学、语文、英语、政治、生物、物理等。特别是符老师爱好黎族传统的乐器舞蹈，学校里又缺少音乐老师，符老师就又主动承担起了音乐老师的担子，还自发的利用课余时间组织学生们学习黎族的舞蹈和乐器等。由于工作做得出色，符老师被指定为五指山市民间器乐传人之一。对此，符老师自己谦虚道，这是因为老一辈的器乐传人年纪渐渐大了，年轻的一辈大多对此不感兴趣，整个水满乡只有他一人会些传统乐器，这才将此传到了他的身上。其实，我们从符老师苦练乐器的经历中，就能看得出符老师获得这一称号绝非徒有虚名。符老师学习黎族乐器时并没有专人教授，而是凭着自己的兴趣自学勤练，但是有时他的这种热情并不被人所理解，例如当年上学时在宿舍里练习，同宿舍的人嫌声音不好听，他就跑到没有人的实验室去练。结果又有人说他有毛病，实验室气味那么重，他倒跑去练习器乐。无法符老师只好接着换地方，去深山里接着练，这次依然有人议论他，独自一人竟往那种荒无人烟的地方跑……正是凭借着这种不被人所理解的坚持，符老师学会了很多种黎族乐器，如咧咧、鼻萧、洞箫、口弓、叮咚等。尽管符老师自己热爱黎族器乐，并肯花时间和精力去练习，但是周围一些人对黎族器乐很是漠视，这让符老师很是忧心。拿黎族古老的民间乐器——鼻萧来说，在十年动乱期间，鼻萧就被当做“四旧”来清除，当时只有偏远的黎寨山村的黎族老艺人能够吹奏，流传下来的鼻萧曲也是寥寥无几。后来，随着这些老人一个个的离世，会吹鼻萧的人越来越少，年轻人很少有人学习吹奏，古老的鼻萧已濒于失传。面对黎族传统艺术的这种窘境，符老师坦言自己并没有能力去改变，只能利用自己在学校的机会让更多的孩子接触和了解黎族的传统文化，尽自己的微薄之力。

在水满中学，符老师自己组织了一支文艺队，专门练习黎族的歌舞，还代表学校参加一些演出和比赛。一开始这支队伍完全由符老师自己操办，从歌曲舞蹈的创作和编排，到服装设计，再到演出联络等，符老师都付出了很多心血。渐渐地，这支文艺队有了些名气，并且获得了一些荣誉。不但在市里的比赛中多次获奖，还代表五指山市参加海南省的比赛，反响很好。符老师还自己创作了许多黎歌，如《祖国祖国我爱你》《计划生育歌》等，并且歌曲形式多样，像现在流行的说唱形式，符老师早在1998年就运用到自己的歌曲创作中了。2000年在五指山市文艺晚会上，水满中学200多名学生就演唱了符老师写的歌——《共产党好》。虽然我们没有亲耳听到这些黎歌，但单从歌名就能感受到符老师浓浓的爱国热情。说到写黎歌，符老师还是流露出了一丝遗憾，就是关于黎族的文字。黎族文字现在已经失传，黎族人都是只会说黎语，却不会书写。符老师写黎歌都是用汉字书写，唱的时候再用黎语发音。有时这两种语言并不能很好的相互翻译，只能做上自创的特殊记号，这样很不利于传播，也实在是黎族文化的一种巨大损失。另外符老师还曾参与拍摄过有关黎族舞蹈、器乐的纪录片，并同市文化局一起搞过这方面的研究。

符老师搞这个文艺队也遇到了很多困难。当时在学校里学生的生活条件很差，饮食质量也得不到保证，参加文艺队可以去旅游点表演获得收入，改善学生生活。但尽管如此，因为孩子们对这些黎族传统的艺术形式大多不感兴趣，更不肯下工夫练习，因此参加文艺队的学生很少，男生更少，而有些黎族舞蹈是需要一定数量的女生和男生共同配合完成，人员缺编必然影响到表演的效果。符老师在操办文艺队的过程中也没有获得任何报酬，尽管文艺队外出表演可以创收，但这部分收入全都给了学生，他未取分毫。付出这么多心血却没有任何回报，为此符老师也有过彷徨的时候，但最终他还是坚持下来，因为从开始他就明白，自己做的这件事，讲求的就是奉献精神。符老师教的是初三毕业班的化学课，原本面临升学压力，补课加班是常事，他又将很大精力放在教授黎族歌舞上，对自己家里的事自然照顾的少了，照顾孩子和老人的重任就放在了妻子身上。尤其是孩子，符老师为教育别家的孩子尽心尽力，但花在自家孩子身上的精力却有限，想到这些也不能不心酸。因此，符老师对自己美丽能干，又勤劳懂事的妻子充满感激和骄傲。在采访中，夫妻间的几句谈话不经意间就透露出这两人夫唱妇随的幸福美满。

说到黎族传统文化的传承问题时，符老师坦言如若政府不把这件事认真抓起来，黎族文化的前景确实堪忧。现在当地政府多把黎族文化的保护当做面子工程或者是创收的手段来办，并非把保护黎族文化、推广民族文化作为出发点。例如，每年的“三月三”是黎族的传统节日，理应是举办一些黎族传统的节庆活动，但是如今在一些地方“三月三”却是和其他的活动（如啤酒节、交谊舞大赛等等）捆绑举行，活动中也少有黎族传统的东西，反倒是请来一些所谓明星助阵，甚至还有其他民族的文艺表演，声势搞得很大，对旅游业也有一定的带动作用，但节日本身却被弄得不伦不类，失去了黎族节日的本真。符老师组织的文艺队还常常沦为一些政府官员搞官样文章的工具。上级若有领导来视察了，文艺队就被拉去吹吹打打、唱唱跳跳一番，台上的孩子们认真表演，台下的领导却并未认真欣赏。有时孩子们要自己背着重重的乐器，跋山涉水走很长的路去到表演地点，表演完后不过几元钱就打发了，完全得不到起码的尊重。学校对文艺队的态度也往往随着校领导的更替而变动，这位领导比较重视，支持的力度就大些，换了另一位可能就不一样，并没有形成一种完整的制度对文艺队进行扶持，这支文艺队的发展也就缺乏长远的计划。就连符老师自己的黎族器乐传承人的评定，当时也是由于多地在申请非物质遗产，当地政府跟随这趟风潮而进行的。这样的事情经的多了，符老师也开始有些厌倦。后来台湾影星林青霞与海南省政府共同出资，合作建造了多所中学——思源中学，五指山市一些乡镇中学纷纷合并其中，水满中学也在其中，符老师也就离开了水满乡，回到番巴村，在当地的思源中学教书。现在学校配有专门的音乐老师，符老师也就不再参与文艺表演的事情了。

采访中，我们问到关于现在黎族传统文化的保护问题时，符老师认为关键在政府，政府要真正为民族文化提供展示的平台，而不是只当做一种官样文章、创收手段来对待。要知道经过漫长的发展，海南省以黎族为代表的世居民族与汉民族共同创造了灿烂多彩的区域文化，是我国民族文化宝库中的一朵瑰丽的奇葩。56个民族的文化各具特色，留住各民族的传统文化，保存文化的多样性，也就是留下民族精神的根本。尊重少数民族文化，就是对民族平等的一种肯定和体现。不论时代如何变迁，民族的凝聚力仍然是第一位的。如果一个民族没有了自己的文化，即使能长久的存在，也如同失去了灵魂，没有生气，成为一盘散沙。一个没有深厚文化底蕴、文化后劲的民族，是不可能得到良好的、可持续发展的。但是在番巴村的几天采访中，我们很少看到具有黎族特色的民族文化，民族文化特色正渐渐淡化。现存文化如若得不到及时的保护，就有可能永远失去。事实上相对于我国西部少数民族聚集地区而言，海南黎族文化的抢救更为紧迫。因为黎族人口相对较少，居住区域相对较小并且地域偏远，在历史上又没有建立过地域广大的政权或王朝，其文化影响力有限，如若没有特殊的保护措施，当面对强势文化的冲击时，很容易就会被影响甚至是趋同，民族间文化的差异日趋缩小，黎族文化和特征就会失去明显的差别，这是不可改变的历史规律。而现代文明的冲击，在新一代黎族青年的价值观、心理层面产生了深刻的影响，这对于黎族文化的传承也是一个极大的考验。因此面对这样的现实问题，端正态度，采取有效措施保护黎族的传统文化刻不容缓。

符老师认为保护黎族传统文化可以从很多方面入手。例如可以搞一些黎族文化论坛，为各方面的研究人员提供一个交流、学习的平台，在论坛上大家可以介绍各自的最新研究成果，通过交流互相启发，不断深化研究深度。建立专门的黎族文化研究所，将黎族丰富的文化分门整理，建立档案，尤其对一些濒于失传的传统艺术要进行抢救性保护，要有计划地通过各种媒体进行宣传，并将研究成果免费向公众开放，让更多的人了解黎族人和黎族灿烂的文化。将保护黎族文化和个人的经济利益适当结合，实现经济与文化发展的良性互动。比如政府可以有意识地组织人们学习黎族织锦、器乐、舞蹈、饮食等，并在学成之后为他们提供合适的就业渠道或创收方法，有了经济激励，人们自然愿意学，这样不仅有利于黎族文化的延续，也可以让更多的人接触到黎族文化。在当地的歌舞团应招收更多黎族演员，为各族群众奉上更多更精彩的黎族文艺表演。保护黎族文化还要从孩子抓起，在黎族学校开设专业黎族音乐舞蹈课程，青少年宫设置兴趣班，器乐店里摆上更多黎族的器乐等，培养孩子们学习黎族文化的兴趣，这样才能延续黎族文化的生命力。但这首先需要培养更多专业的黎族音乐歌舞老师。符老师提到现在他所在的思源中学，虽然开设音乐课，但老师多不是黎族人，对黎族音乐舞蹈一窍不通，自然无法教授，黎族的孩子反倒更多地去学习其他民族的音乐舞蹈。可见师资力量跟不上也是制约黎族文化发展的因素之一。办好各种黎族民俗节庆活动，民族节庆活动是民族文化集中对外展示的平台，是推广民族文化的重要形式。对黎族节日、歌舞、习俗、饮食、服饰、婚丧嫁娶中的积极部分进行搜集、挖掘、包装，将民族文化资源优势转化为经济优势。而要办好民俗节庆活动，最重要的一点是要保持和弘扬原生态的民族文化，是对黎族传统文化的真实再现，不可随意改变，突出它的文化内涵和特色，而不是把它搞成一个单纯的歌舞表演大会。将黎族民俗活动与旅游业相结合，使民俗节庆成为旅游活动的亮点。并且积极引导群众恢复渐渐淡化了的节庆意识，政府应当正确引导群众开展恢复工作，使民族的传统文化更加灿烂地发展。但无论是哪种途径，都离不开政府的重视和支持，政府应当将这项工作常态化、机制化，而不是盲目跟风，走形式、搞突击，成为一时兴起的短期行为。符老师就说到，国家民委也曾来当地了解过黎族器乐舞蹈，但没几天人就走了，最终也不了了之。这样的事情经的多了，当地群众必然产生厌烦和抵触情绪，不利于今后保护工作的展开。对文化的保护不可能一蹴而就，而应脚踏实地，落到实处。

采访中，我们问符老师：为什么番巴村看起来和一般的汉族村子没什么大的区别，我们很难看到一些黎族的特色。符老师解释道，这是因为这几年黎族汉化得很严重，而且是当地政府有意识的汉化。因为汉化如今已是大趋势，面对汉文化的强大包围，黎族的孩子们为了将来有个好前程，不得不将学习汉文化作为重点，而不会一味坚持黎族传统。这也是现在黎族人的普遍想法，即使是作为黎族器乐传承人的符老师也不例外。比如我们询问符老师是否会让自己的两个孩子学习黎族器乐，进而致力于黎族文化传承时，符老师坦言他不会强求孩子，这要看孩子是否对此感兴趣，也要取决于孩子将来的发展。事实上现在的黎族孩子很多对黎族文化都不大感兴趣，受现在浮躁的流行文化的影响很深，符老师对此也感到很无奈。

另外还有很多人认为黎族的有些东西不适于时代的发展，要被淘汰。例如黎族特色的茅草屋很不安全，容易引起火灾，当地政府从安全角度考虑就强制拆迁了很多茅草屋，对于新建村民住房，也不准再建茅草屋。因此现在邻近城市的黎族聚集区已很难再见到茅草屋，只有在一些偏远山村，黎族传统保留得很完整的地区才能见到茅草屋。我们认为当地政府的这种考虑出发点是合理的，对于已经丧失了生存发展空间或其社会功能发挥受限的文化，不能一味保留，应有所破除，但是像番巴村现在这样几乎失去了民族特色则就是破除得有些过头了，这将不利于民族文化多样性的发展。多元文化是我国这样的多民族国家的价值连城的瑰宝，它同一个民族的现代化并不矛盾。相反，文化的同化不但有损于民族感情，有违于民族政策，也会对我国的多民族和谐社会的构建产生不利影响。试想，如果我们把一切少数民族文化都破除，一致汉化，那么多年以后，我们的社会会是一个什么样子呢？面对千篇一律的文化形式，我们难道不会感到乏味和遗憾吗？因此我们迫切需要政府的倡导、舆论的引导、媒体的宣传，在全社会尤其是少数民族地区形成热爱民族文化、尊重民族文化、保护民族文化的良好氛围。加强监督和调控，正确处理好少数民族文化保护和民族地区现代化之间的关系，实现文化效益和经济效益的双赢。

以下是关于符老师家2009年经济状况的一些介绍。符家主要的收入来源来自符老师的工资收入，年收入16000元左右。另外家中种了266株橡胶，占地约8亩，其中2009年有200株开割，年收入约3200元。水稻田约3.5亩，所产水稻多是自家食用，水稻价格浮动较大，全年折合约4000元。此外家中还有约1.8亩土地用于种植蔬菜瓜果，由于种植种类较杂且不固定，面积也不大，所产也是自家食用，所以这部分折价较模糊，只能大概计算。

表14-10 **2009年家庭承包土地情况** 单位：亩

总面积	水浇地面积	旱地面积	良田面积	荒地面积
13.3	3.5	9.8	13.3	0

数据来源：根据符亚荣口述整理，2010年7月。

表 14－11　　2009 年家庭农作物、牲畜、家禽情况

种类	亩数	折算价值（元）	种类	亩数	折算价值（元）	种类	个数	折算价值（元）
玉米	0	0	瓜果	0.6	400	羊	0	0
麦类	0	0	花草	0	0	牛	0	0
薯类	0	0	烟草	0	0	马	0	0
棉花	0	0	橡胶	8	3200	驴	0	0
蔬菜	1.2	800	糖茶	0	0	猪	1	900
水稻	3.5	4000	槟榔	0	0	禽类	0	0
大豆	0	0	药材	0	0			

数据来源：根据符亚荣口述整理，2010 年 7 月。

表 14－12　　2009 年家庭耐用消费品情况

项目	数量	项目	数量
电视（台）	1	拖拉机（台）	1
电冰箱（台）	0	卡车（辆）	0
洗衣机（台）	0	小轿车（辆）	0
照相机（部）	0	电话（部）	0
影碟机（台）	1	组合音响（套）	0
电动车（辆）	0	手机（部）	1
摩托车（辆）	0	自行车（辆）	0

数据来源：根据符亚荣口述整理，2010 年 7 月。

表 14－13　　2009 年家庭收入来源情况　　单位：元

职 业	收 入	职 业	收 入
从事种植业	8400	本乡镇就业工资	15600
从事渔业	0	外出打工	0
家庭手工业	0	从事运输业	0
从事畜牧业	900	政府补贴和社会救济	800
从事养殖业	0	出租耕地、房屋等	0
从事旅游业	0	其他经营收入	0
总收入合计	25700		

数据来源：根据符亚荣口述整理，2010 年 7 月。

由于2009年符家刚盖了新房，因此住房这一项的开支很大，总共花了8万元，其中向银行贷款3万元，3年还清，向亲朋好友借款2万元。生产性支出主要是买种子和化肥农药等，由于家里种的地不多，所以这部分支出不算多。由于自家种了水稻和一些蔬菜瓜果，基本够自家食用，平时采买有限，加上孩子们的零食，食品支出约600元。现在家中只有一个女儿在上小学，由于处在义务教育阶段，所以家里教育支出不大。看病是家中支出的大项，由于父母亲身体不好，常年要吃药。符老师的母亲患有肾结石引发的尿毒症，父亲患有糖尿病，两位老人申请医疗保险时，得到的答复竟然是："您家里能培养出大学生，肯定挺富裕的，用不着参加医保。"就这样两位老人到现在还不能落实医保问题，看病开销太大，因此老人也不愿住院，只是靠平时打针吃药维持病情。对此符家人都希望政府能够规范医疗保险的参保制度，不要让这种莫名其妙的理由耽误了老人的病。

表 14－14　　2009年家庭支出情况　　单位：元

总支出	生产性	生活性	看病	教育	红白喜事	交通	通信	住房
85200	400	1100	3000	200	0	200	300	80000

数据来源：根据符亚荣口述整理，2010年7月。

表 14－15　　2009年家庭主要生产性固定资产情况　　单位：台

汽车	拖拉机	犁田机	收割机	机动三轮车	牛车	脱谷机	水泵	其他
0	1	0	0	0	0	0	0	0

数据来源：根据符亚荣口述整理，2010年7月。

谈到未来的家庭计划，符老师笑言他计划来年再贷款在现有的住房上再加盖一层，这样家里人能住得宽敞些，此外符老师还有贷款买车的计划，我们都说符老师的消费意识很超前。不过孩子的学业还是他现在最关心的问题，他还是秉承了符氏家族尊师重教的理念，希望孩子能好好学习，多读书深造，将来能生活得更好。至于黎族文化的传承，符老师觉得这只是自己的爱好，不愿强加给孩子，这一重任也不是靠个人能够完成的，更多的是靠全社会的力量，尤其是政府来起主导作用。

（四）黎族民间音乐艺术家王照灵

"vuen cei hei vuen cei hei
Lo, deuux beis laux uu guen, Beis nax
ais vuen uux mans bhaeis, veis
mex laux di cei koeng, kun
dhix beis kauux kauux buuen vuuem, ais
nax dzins tiax koux, van
neix ghoux nax baei coem zau pa, Baeis
roengx guus taufans, roengx
ueng me dhe fas, hlien laux waei dhaeng
bhaux, riangs bhaux nams
fas, ga hlien laux be nax, you
moeng laux bheuu ghaeix faens。"①
……

我们第一天走进黎寨的织锦村，就被教歌房里一阵优美动听的黎族乐曲吸引住了。随行的村民们介绍说："那是王照灵在教授黎歌。王照灵是五指山地区远近闻名的'歌王'，许多流行一时的黎寨歌曲都出自他手……"于是，王照灵便成为我们的调研对象。

然而，寻访这位"歌王"的过程并不如想象的那般轻松：时下正是五指山地区的农忙季节，王照灵家在承包的山坡地里种了400多株橡胶。为了免去每日来回奔波之苦，他索性搬到了山上照看橡胶林。我们三番五次登门造访都是铁将军把门——吃了闭门羹。正当我们犹豫不决是否应该上山林中去寻访时，在村口的小卖部看到了他那匆匆的身影——粗布衬衣，中等个子，黝黑的脸膛，清澈的眼睛，笔挺的鼻梁。因为山上的照明用电都靠蓄电池提供，正巧那天电量用干了，王照灵不得不回家来充电，这确是"踏破铁鞋无

① 《拣螺歌》，王照灵词曲。以上为黎语歌词，大意是"拣螺去拣螺嘿勒，带妹去拣螺。妹不去就吃不到田螺哎勒。妹啊，快来拣，装满你的腰篓。等下我俩带回家，放在土锅煮哎勒。跟酒糟一起煮，好吃过酸蟹酱哎勒。蟹酱算菜没有它好吃。比南瓜叶还要好吃。快去拣螺哟。"

觅处，得来全不费工夫”。

王照灵，男，黎族，五指山当地久负盛名的民间歌手、作曲家、艺术家。他创作有《黎家人民爱歌舞》《拣螺歌》《织锦歌》《黎族人民迎奥运》《辟园种山兰》等一系列富有黎族田园生活气息的歌曲，以反映黎族原生态生产生活为特色，曲调优美悦耳，歌词生动活泼，通俗易懂，朗朗上口。主要是以讴歌五指山的自然风光、描写黎族人民的农业生产以及赞颂男女青年之间的美好爱情为主题。不仅饱含着鲜明的民族特色，同时糅合了现代流行乐曲的音色特征，粗犷包含着古朴，欢快又不失雅致，深受当地群众的喜爱并得到广泛的传唱。

王照灵回忆起自己曲折的身世，他变得有些伤感起来。1964 年 10 月 10 日王照灵生于通什地区番茅管理区福建村，父亲原是番茅附属中学的教职员，母亲则在家务农。家庭虽然算不上富裕却也和和美美，其乐融融。自小起王照灵就表现出非凡的艺术天赋：歌舞书画样样精通。番茅村秀美的自然风光以及童年的无忧无虑赋予了王照灵宽广的艺术创造空间和天马行空般的想象力。尤其是从初中起学会了识歌曲乐谱，王照灵对音乐有了更深的感悟和想象。然而天有不测风云，高二时的一场家庭变故成了王照灵人生的转折点。在“文化大革命”中，王照灵的父亲因不慎丢失了学校的公款，受到了极为严厉的批斗和迫害，在残酷的精神和肉体折磨下最终选择了自杀。王照灵的母亲接受不了王父自杀以及村里人侧目而对的双重打击，终于留下两个孩了，改嫁他乡。一场灾难使年少的王照灵从一个自小父母疼爱，衣食无虑的孩子，变成了一个丧父失母，无人关怀的孤儿，生活一下子就陷入了困顿。因为家庭贫穷，王照灵在高二就不得不辍学在家，以给人放牛为生计。即使后来王照灵靠自己的不懈努力考上了广东省音乐学院，却因为缺钱而遗憾地失去了这次进一步深造的机会。据王照灵说，前一阵子市里准备选派他到海南省民族音乐学院专修班进修，但因为民族宗教局的领导发生了调动，系统学习音乐创作理论的事便再一次不了了之。这样，王照灵又一次在音乐殿堂的门槛前与它失之交臂。

接连不断的打击并没有折断他飞往音乐世界的翅膀。尽管没能够接受系统正规的音乐教育，辍学期间也曾在通什味精厂打过工，去环宇电子厂做过保安，但凭着王照灵对音乐的无限执著和热爱，依靠艰苦的自学学会了谱曲和填词。1986 年，王照灵开始自己谱曲填词，创作歌曲。据他自己描述，当时写的歌曲大多受兴致引起，随感而发。若兴致到时，脑中乐思便如山泉般涌动，喷涌不息。往往是记完了随身携带的便笺，连香烟壳、手巾纸也成了这一首首传唱一时的黎歌的载体。1989 年以后，海南岛日趋开放，旅游服务产业日渐兴旺，海南黎族苗族自治州的少数民族特色就成了发展旅游产业的重点。才艺双全的王照灵看准这个机会，凭着自己一副好嗓音跑到“黎苗风情寨”度假村做起了一名业余舞台歌手；1990 年，王照灵专程到自治州歌舞团学习了舞蹈，在掌握了黎族传统竹竿舞和舂米舞等舞技之后，便长期辗转于海南省各个度假村之间以唱歌、教歌、跳舞、演艺挣钱；2005 年后，王照灵的年龄慢慢见长了，长期的奔波使他对生活更加思定。加上在度假村教歌那 1200 元/月的待遇也逐渐不足以补贴家用。于是王照灵选择了回家务农，继续经营管理那十余亩橡胶林。割橡胶相对来说是一个比较劳累的活计：每天清晨必须赶在太阳直射之前将每棵橡胶树开好了切口收集胶汁。面对自家的 400 多棵橡胶树，王照灵不得不把家安到了胶林边上，每隔四天打摩的回家一趟给蓄电池和手机充电，顺道也将湿胶带回家晾干，这样就能卖个好价钱。尽管现在的生活比较辛苦，王照灵指了指身旁的二胡、吉他，微笑着说：“有它们陪我呢，它们就是我的快乐！”

走进王照灵家有些阴仄仄的小楼，发现他住的是两层三室一厅的水泥房，唯一的亮点是灰白的墙壁上挂满了他在各处演出获奖时拍摄的照片。招呼我们落座后，王照灵忙不迭地从里屋捧出了更多的演出照片给我们欣赏，指着图片中那个穿着黎族传统服装的人，满面春风地说：“看，那个人就是我！”摩挲着这些记载他在音乐艺术生涯中风华岁月的照片，王照灵黝黑的脸上泛起了自豪的神色。他付出了艰苦的努力和极大的热情去追逐音乐艺术的步伐，同样的，音乐也给予了他无尽的欢乐和荣誉。包括传唱一时的著名黎族乐曲《拣螺歌》，获 1997 年首届海南欢乐节乐曲二等奖；海南省“三月三”歌唱比赛优秀作品奖；2009 年 9 月，“庆祝新中国成立 60 周年”海南电视台“献血杯”《家庭才艺》演出三等奖等等。说到他丰富的音乐创作，王照灵指了指自己的脑袋，笑眯眯地说，“那就是靠的灵感！”……“2008 年，为了迎接奥运会市里要我写一首黎族人民喜迎奥运的歌曲，当时催得特别急，中午十一点通知下午必须写出来，结果，那首《黎族人民迎奥运》我在下午三点钟就交稿了！”说到这里，他脸上充满了骄傲的喜悦。

王照灵不仅词曲写得好，自弹自唱更是一绝。他擅长的乐器有二胡、笛子、琵琶、吉他、口琴、电子琴等。在我们的一再要求下，王照灵换上嫩黄色的黎族传统小马甲，戴上宽大的头巾，调试好吉他。一手扶琴，五指轻弹：《黎家人民爱歌舞》那欢快的乐符就像奔流不止的小溪一般从他指尖流淌出来……一曲唱罢，见我们意犹未尽，他又用黎语重复了一遍。“单这首曲子来说，虽然可以用黎语、汉语两种语言来演唱，但是就与乐谱配合以及句尾押韵的程度来说，用汉话唱可就远远比不上黎话好听喽！”说着，王照灵又比划着用黎语和汉语两种语言为我们比较起这首歌的关键词句。由此看来，王照灵对本民族的语言更是无穷的热爱。

王照灵多才多艺，他不仅是一名技艺精湛的乐手，更是一个全面的艺术家，设计房屋建筑是他的另一手绝活。以前从未想象过音乐能和建筑设计融于一人之手，但当他将以往设计的房屋草图展现在我们眼前时，我们立即被这一幅幅精美绝伦的构图深深吸引住了。厚重平实，屋顶弓曲尤似龟背的龟形房；宽阔能容，又不失黎家风情特色的黎族谷仓；两檐飞翘，形状设计别具一格的山间凉亭；精巧别致，端庄秀气仍不失大方的姑娘绣房；古朴耐用，化腐朽变神奇的仿古黎族船形屋……谁也无法想象，这些构思奇巧，栩栩如生像音乐般灵动的建筑图居然是出自于一个从未学过一天建筑绘画的设计者之手。尤为惊叹的是他为民族风情园景区设计的景区平面图：形似牛角，气势不凡的景点正门；一幢幢极富黎家特色，错落在山间水旁的楼台水榭；曲水妖娆，萦绕在山丘之间的亭角微露——层峦叠翠之中宛似一座人间仙境。“只可惜后来景区资金不足，到现在还没能全部完成。”王照灵不无惋惜地说道。

王照灵作为五指山黎族音乐文化的优秀传继者，对黎族文化的传承有着自己的理解。“黎族是一个能歌善舞的民族，”王照灵如是说，“黎家乐器也非常丰富，著名的乐器包括鼻箫①、唎咧②、叮咚③等几种乐器，甚至有技艺高超的艺人随手摘片树叶都能吹出美妙动听的乐曲来！”对于民族音乐的传承和

---

① 鼻箫，是黎族富有特色的边棱气鸣乐器，因用鼻孔吹奏而得名。黎语称虽劳、屯卡、圆哈。流行于海南省各地。鼻箫大多用石竹制作，其长短、粗细规格不一，民间多使用一根无节的细竹管，管长 60 ~ 70 厘米、管径 1.6 厘米左右。

② 唎咧，即“口萧”，黎族的吹奏乐器。黎语称“唎咧”。由七个从细至粗的竹管套接而成。嘴在内，全长约 20 厘米，上细下粗，共六个按音孔。最上一节细竹管削劈出一片薄竹，作为吹奏竹簧，或在竹簧内插入麦秆片或树叶片以吹奏。

③ 叮咚，黎族特有的敲击体鸣乐器，用两根长约两米的碗口般粗的木头上下次悬吊而成。因乐器的发声而得名，黎语称“朗”。流行于海南省东方、保亭、白沙、乐东等地。木制，最初目的是吓跑野兽，后发展为节奏乐器。

保护现状，王照灵深表惋惜。“老的艺人都逐渐老去了，青年们又不屑于学习民族乐器。去年村里的黄定光老人去世，五指山一带吹唎咧的绝学就已经失传。像鼻箫等古老的传统乐器也都面临着后继无人的困境。”王照灵自己带过十几个徒弟，真正潜心苦练，得到其真传的也仅有什好村的黄良新一个人，而像他自己那样能演奏六种乐器的歌手已经是绝无仅有的了。王照灵的爱人、小儿子也都能歌善舞，甚至一家三口曾上了海南电视台的家庭才艺表演，并捧回了三等奖。但是这些古老而枯燥的黎族传统终究不能平静少年躁动的内心。“一天到晚只哼哼些流行音乐，对黎族的传统音乐却不感兴趣！”王照灵有些心痛和不甘，“作为一个黎家人，首先需要对自己民族的音乐有感情”！说到民族音乐的创作，王照灵坚持认为要把民族的传统成分和现代流行音乐元素紧密地联系起来，推陈出新才能具有生命力。王照灵是这么说的，同时也是这么做的：由他谱写的歌曲能很好地将黎家风味和时代气息结合了起来，形成了一种黎族人民愿意唱，全国人民乐意听的新乐风、新时尚。

当被问及对现在保护、发展黎族音乐有什么建议和意见时，王照灵反复地向我们阐述了传统技艺失传所面临的困境。他告诉我们，因为历史的原因，长期以来黎族的传统民歌仅仅是依靠黎族人民一代又一代以口唱的方式来传承，并没有系统的文字记载；黎族的演奏方式诸如吹鼻箫、唎咧等传统技艺，更是由师傅亲自独授，根本就不存在通行的方法。随着这些“国宝级”的黎族老艺术家相继过世，大多的青少年们又没有兴趣和毅力来继承这些艺术，一门门艺术绝学就随着老人们的仙去而深埋土底。另一个问题在于缺少对传统艺术的专项投入资金。

作为一个民间歌手，王照灵的生活是相当清贫的：三个子女都远在外地打工，一个月七八百元的月薪仅够自己勉强度日；妻子黄小丽在五指山市区当一名清洁员，闲暇时也织些黎锦补贴家用；王照灵自己守着的10余亩橡胶林是家里主要的生计来源。平时偶尔教教歌、上台演唱也赚不得多少钱。我们帮王照灵算了一笔账：一年的橡胶种植按每亩40株算能得到毛收入不到1万元；种了2亩槟榔，但还未到收获期，只有投入没有产出；养了3头“五脚猪”和25只鸭分别收入2100元和500元；王照灵偶尔会出去演出一次，一年下来大约有2000元的收入；妻子黄小丽每月的工资是1000元，另加做些手工黎锦每年能赚1000元左右；三个儿女在外打工分别是每月800元、600元和800元。这样算来，一个五口之家一年的毛收入也仅仅54000元，具体的收入情况如表 14－16、表 14－17 所示。

表 14－16 **2009 年家庭收入来源情况** 单位：元

职业	收入	职业	收入
从事种植业	10000	本乡镇就业工资	12000
从事渔业	0	外出打工	26400
家庭手工业	1000	从事运输业	0
从事畜牧业	0	政府补贴和社会救济	0
从事养殖业	2600	出租耕地、房屋等	0
从事旅游业	0	其他经营收入	2000
总收入合计	540000		

数据来源：根据王照灵口述整理，2010 年 7 月。

表 14－17 **2009 年家庭农作物、牲畜、家禽情况**

种类	亩数	折算价值（元）	种类	亩数	折算价值（元）	种类	个数	折算价值（元）
玉米	0	0	瓜果	2	500	羊	0	0
麦类	0	0	花草	0	0	牛	0	0
薯类	0	0	烟草	0	0	马	0	0
棉花	0	0	橡胶	10	10000	驴	0	0
蔬菜	0	0	糖茶	0	0	猪	3	2100
水稻	0	0	槟榔	2①	0	禽类	25	500
大豆	0	0	药材	0	0			

数据来源：根据王照灵口述整理，2010 年 7 月。

王照灵取出了许多自己写的歌曲，又拿手机放了些闲时特意录下来的音乐，说，“我真的是缺少资金啊，否则就这些乐曲足够出一张专辑了！”没有资金，没有宣传，也就不能保证自己的知识产权。“现在许多人用我写的曲子，却从来不知道有我这个人！”说到这儿，王照灵有些悲哀，也有些无奈，

① 2 亩槟榔当年还未结果，故没有折算价值。

“就连那首传唱得最广泛的《拣螺歌》，世人也只知道有个唱歌的黄丹婷，从没有提起过写词作曲的王照灵！我也想好好把黎族音乐搞下去，可是没有钱，什么也干不了。”面对王照灵的困境，我们也深表惋惜：在经济发展过程中，文化的改变，传统的流失是全国各地都非常普遍的事情。尤其像五指山黎族音乐这些古老原始的非物质文化遗产，更是日渐稀少，怎样让这些古老的艺术重新焕发生命力是一个值得大家去思索的问题。

结束了对“歌王”王照灵的专访，我们的心情都有些复杂。黎族文化应该是一个丰富多样的综合体，当我们沉醉于黎族织锦的巧夺天工之美时，可曾注意到织女们身边播放的，是我们都熟识的流行歌曲而非这些古朴无华的黎族民乐。一个民族的文化不仅是那些为世人所熟知的东西，还包括与它相伴而生的习惯。谁来为黎族音乐传统的继承埋单，成了当前黎族文化面临的最大问题。即便是有宏图大志、才华横溢如“黎寨歌王”王照灵，缺少了“经费”，民族艺术复兴的梦想恐怕也难以高飞。我们认为，五指山市和冲山镇应该重视发挥黎族民间艺人的作用，在生活上、经费上给予一定的支持，使黎族瑰宝能够一代代传承下去，这既是对黎族人民的贡献，也是对中华民族的贡献。

十五、富有创新意识的番茅村能人

（一）“打工皇帝”王庆聪

王庆聪，男，26岁，黎族，无宗教信仰，初中学历，普通话流利。在家中7个兄弟姐妹中排行第7，上有2个哥哥和4个姐姐，1989年父亲就因病去世了，母亲王英兰如今也已经快60岁了。现在王庆聪和二哥王庆勇及一个姐姐王锦宾一起生活。

2000年王庆聪初中毕业，原本成绩优异的他是可以继续求学的，他也收到好几家中学的录取通知书，但无奈家中经济条件有限，实在无力供他上学，就这样懂事的王庆聪自愿放弃了上学。不久，年仅17岁的王庆聪和朋友结伴去了三亚，从此开始了他的打工生涯。

第一份工作是在三亚市田独镇百越民族文化村表演黎族传统歌舞。这是一个以黎族为主、苗族为辅，宣传少数民族文化的旅游景点。老板也是番巴村人，当时他在五指山市里贴了招工启事，王庆聪和朋友就一起去了，由于根底好，他很快就被录用了。当时主要的表演节目有打竹舞、对山歌等等。整个表演队一共有几十人，基本上每个人都有固定的编排，但偶尔遇上谁不能上的时候，多才多艺的王庆聪还会临时顶替一下。在旅游旺季，他一天要表演20至30场，他记得很清楚，最忙的一天，他竟然参与了62个节目。开始的时候，众多年轻人在一起，大家整天说说笑笑倒也十分热闹，也并不觉得辛苦，而且从事的也是自己喜爱的工作，王庆聪也觉得很开心。讲到当时的经历时，王庆聪还拿出自己珍藏的相片册给我们欣赏，一张张照片上，身着黎族传统服装的青年男女虽年纪尚幼，略显青涩稚嫩，但每个人的脸上都洋溢着笑容，充满青春活力。在我们的央求下，王庆聪还唱了一首祖辈传下来的古老黎歌——《隔久不来这个村》，曲调悠扬，充满异族风情，虽然听不懂歌词，但是也能感受到歌曲所表达的热情。就这样，王庆聪在这里工作了近一年，但是当三亚炎热的气候渐渐消除了他最初的新鲜感，他开始感到疲惫和一丝迷茫。旅游点的工作虽然不用劳心费神，但确实劳动负荷过重，况且他每表演一个节目只能得到9毛钱的收入，一个月下来也不过400多元钱的工资，这样下去实在没什么前途。因此2001年王庆聪辞去了工作回到家中。

这一待就是三年。2004年，闲不住的王庆聪再次离开了家，这一回他选择去了广州。至于为什么会去广东，其实这里面还有一个缘由。原来那时的王庆聪爱好粤语歌曲和文艺片，尤其喜爱陈慧娴的歌曲，他常常守着珠江电视台看粤语文艺节目，所以这次他知道姐夫也在广州就毫不犹豫地跟去了。尽管心底有着对广东的这种偏爱，及亲人的照拂，但年轻的王庆聪要独立在离家这么远的地方谋生并不是一件容易的事。首先一个问题就是语言障碍，勤奋的王庆聪只得多听多练，渐渐地他就能用当地话交流了，普通话也大有长进。此外由于学历低，并且没什么打工经验，找到的工作也不很理想。一开始他在一家食品厂当工人，看管着流水线，刚去的时候资历浅，什么杂活都要做。有时候赶上夜里原料供应商来送货，他白天上了一天的班也要去帮忙卸货，他深刻地记得，最忙的一次他有两天两夜都没有休息。即使没有遇到这种特殊情况，平时加班也是常事，工作到夜里八九点那是家常便饭。工作十分辛苦，但当时的生活待遇却不高，每个月的固定工资只有700多元，加班费也很低，睡在六七个人一间的集体宿舍，常常休息不好。所以王庆聪坚持了近一年，积累了一些工作经验，就转到另一家企业工作。

2005 年，王庆聪进入位于黄浦经济技术开发区的李锦记食品有限公司。这是一家大型的食品企业，工作环境有了很大提升，用工也很标准。每天 8 小时工作制，包工作餐，五险一金都很齐全，加班制度也很清晰规范。每天王庆聪工作之余还要接受公司安排的培训，包括工作规范、食品卫生知识、操作规范管理等，虽然辛苦些，但他自觉生活过得很充实。在这里工作了半年，王庆聪通过了食品 GMP 的认证，也就是“良好的操作规范”（一种特别注重生产过程中产品品质与卫生安全的自主性管理制度），从劳务工转为正式工，每个月基本工资有 600 多元，再加上加班费、各种保险福利总共能有近 1600 元的收入，这些工资除去 200 元的房租，对于那时的王庆聪来说，足够令他生活得不错。但两年后，王庆聪再次面临选择。2007 年公司要搬迁到广州市新会区，如果随公司到新厂区，工资就会降低；若不去只能终止劳动合同，虽能获得一笔赔偿，但王庆聪将面临失业的境地。考虑再三，王庆聪出于对自己几年工作资历的自信决定跳槽。于是拿着一万多元的赔偿（包括两年的平均工资 3000 多元、失业保险、住房公积金等），王庆聪开始寻找他的下一个工作。

很快，王庆聪就通过网上招聘的方式成功进入屈臣氏公司，找到了一份在饮料生产线上操作机器的工作。这份工作和上一份在待遇上差不多，还能学到新东西，比如关于微生物的知识就是他在工作之余进行培训时学到的。只是加班过于频繁，令他多少感觉到工作的压力。

尽管在外工作辛苦，王庆聪还是时时惦记着家里。他省吃俭用，租住着仅 10 平方米的单间，每到周末不用上班，就自己做饭。这样把省下来的钱寄回家，补贴家用，多则上千，少则几百，从未间断。

但是多年的打工经历在帮助王庆聪改善生活条件的同时，也极大地损害了他的健康。在屈臣氏封闭的饮料生产厂房内，二氧化碳含量超标，长期待在这样的环境中极有可能对身体造成伤害，许多工人都因此而患上了职业病。进入屈臣氏工作后几个月，王庆聪就感觉到呼吸有些不畅，经检查后确诊是二氧化碳吸入过量引起的过敏反应。一开始他也没有十分在意，仍然坚持上班，可是后来情况加重，身体不适的频率也加快了。2009 年更是因患上甲亢而住院治疗，医生说这也和工作压力大、情绪紧张有关。不得已，2009 年 7

月王庆聪决定辞去工作，回家休养。直到现在，王庆聪还患有鼻炎，这是当初过敏反应造成的后遗症，一到冬天病情就会加重。

因受身体状况的影响，王庆聪暂时打消了再次外出工作的想法，安心留在家中。不过王庆聪始终是个闲不住的人，一回到家不久他就在自家后院盖了一间小房养了近 100 只孵化鸡，每年能产 3 批鸡蛋，平均每只鸡每批能下蛋约 20 个，以市价 0.6 元/个计算，年收入能达到 3600 元。王家还有 7.6 亩橡胶林，平均每天割胶收入能达到近 90 元，每年近 6 个月的割胶期，年收入有 15000 元。水稻田 1.8 亩（1992 年村中大片土地被征用转给企业用于经济开发，王家也有约 1 亩水稻田被征用，至今这块土地的所有权、使用权情况仍不明晰，且当初被征用时，农民没有获得赔偿款），一亩水稻田两季产粮约 1000 斤，总收入约 1800 元。另有约 2 分地种了一些蔬菜，但产量有限，仅供自家食用（2009 年王家土地承包情况及各种农作物、牲畜、家禽情况如表 15－1和表 15－2 所示）。

表 15－1　2009 年家庭承包土地情况　单位：亩

总面积	水浇地面积	旱地面积	良田面积	荒地面积
9.6	2	7.6	9.6	0

数据来源：根据王庆聪口述整理，2010 年 7 月。

表 15－2　2009 年家庭农作物、牲畜、家禽情况

种类	亩数	折算价值（元）	种类	亩数	折算价值（元）	种类	个数	折算价值（元）
玉米	0	0	瓜果	0	0	羊	0	0
麦类	0	0	花草	0	0	牛	0	0
薯类	0	0	烟草	0	0	马	0	0
棉花	0	0	橡胶	7.6	15000	驴	0	0
蔬菜	0.2	200	糖茶	0	0	猪	0	0
水稻	1.8	1800	槟榔	0	0	禽类	100	3600
大豆	0	0	药材	0	0			

数据来源：根据王庆聪口述整理，2010 年 7 月。

综上，王庆聪家2009年各种家庭收入来源情况如表15－3所示。

表15－3　**2009年家庭收入来源情况**　单位：元

职业	收入	职业	收入
从事种植业	17000	本乡镇就业工资	0
从事渔业	0	外出打工	0
家庭手工业	0	从事运输业	0
从事畜牧业	0	政府补贴和社会救济	0
从事养殖业	3600	出租耕地、房屋等	0
从事旅游业	0	其他经营收入	0
总收入合计	20600		

数据来源：根据王庆聪口述整理，2010年7月。

环顾王庆聪的家，房间虽不太大，但布置得很整洁，家用电器也是我们在当地采访所走过的家庭中最全的。除了基本的电视、影碟机、电风扇，还有一套组合音响，电冰箱在村中并不常见，甚至我们还看到了一台消毒柜，这即使是在城市中也不是很普及。王庆聪还喜爱照相，各个时期的相片都塑封好保存在相册中，我们发现相册中还保存着他打工时签订的用工合同、体检报告、个人简历等各种文件，看得出他是一个热爱生活，并且做事很有条理、懂得维护自己的人。

表15－4　**2009年家庭耐用消费品情况**

项目	数量	项目	数量
电视机（台）	1	拖拉机（台）	0
电冰箱（台）	1	卡车（辆）	0
洗衣机（台）	0	小轿车（辆）	0
照相机（台）	1	电话（部）	0
影碟机（台）	1	组合音响（套）	1
电动车（辆）	0	手机（部）	3
摩托车（辆）	1	自行车（辆）	0

数据来源：根据王庆聪口述整理，2010年7月。

王庆聪家2009年各类支出情况如表15－5，生活性支出包括购买食品、衣服及娱乐等，还有交通和通信的支出等。

表15－5　**2009年家庭支出情况**　单位：元

总支出	生产性	生活性	看病	教育	红白喜事	交通	通信	住房
7350	1600	1050	3000	0	600	500	600	0

数据来源：根据王庆聪口述整理，2010年7月。

表15－6　**2009年家庭主要生产性固定资产情况**　单位：台

汽车	拖拉机	犁田机	收割机	起耕机	牛车	脱谷机	水泵	其他
0	0	0	1	1	0	0	0	0

数据来源：根据王庆聪口述整理，2010年7月。

王庆聪在当地外出打工的农民中算得上是最成功的一个，后来的几份工作都是在正规大型企业，可以称得上是番巴村的“打工皇帝”了。几年的外出经历令王庆聪开阔了视野，并深切地意识到番巴村的落后，和发达地区的巨大差距，更培养了他敢于拼搏、不甘落后的性格，他希望能利用自己多年在外的生存经验带领大家摆脱清贫的生活状态。采访中，王庆聪向我们透露了一个自己心中酝酿已久的计划，他期望在近期进行的村委会改选中能够成功当选委员，这样他就可以将自己的抱负付诸实践。第一个项目他计划带领村民进行五脚猪规模化饲养，五脚猪是五指山市的原种猪，皮厚油少，肉质结实，鲜嫩爽口，多吃不腻，是外地游客品尝海南美食时必点的一道菜，因此需求量很大，价格也高，一斤能卖到近20元钱，若能特供宾馆，则价格更是成倍增加。与番巴村相邻的村子有人已经成功地搞起了这个项目，这人恰好是王庆聪外出打工时结识的朋友，俩人还一起讨论过合作养猪的事，若是项目能搞起来，朋友首先就可以帮助王庆聪解决销售渠道的问题。至于养殖地点，王庆聪计划将村中被企业租用的养蜂场收回来解决用地问题。国家为经济落后地区尤其是少数民族地区制定了一系列拉动经济的优惠政策，王庆聪计划申请这些优惠政策来解决项目资金问题。番巴村有大片的山地，非常适合五脚猪的饲养，加上原本村中就有人在饲养五脚猪，有养殖经验，计划好了项目的资金、用地、渠道这些关键问题的解决方法，王庆聪还不断对这个计划进行完善，期望能够打好这致富的第一炮。

另外利用黎族文化特色发展旅游业也是一个脱贫致富的途径，少数民族文化对于其他民族的群众来说有着巨大的吸引力，越来越多的人来到五指山市旅游，希望感受不同的民族风情，因此王庆聪认为应当抓住这个机遇。事实上，已经有本村的村民进行过这样的尝试，开办农家乐，但是时间不长就搞不下去了，因为单凭个体的力量形不成规模，很难拓展市场。所以王庆聪想要发展旅游业必须要有政府的统一规划，制定出黎族文化产业发展的总体规划，在明确总体目标、战略后，采取有步骤的政策措施，并保证黎族文化的保护及规划的贯彻落实。还要邀请民族文化专家进行指导，打造出当地的特色，这样才能将当地的黎族文化资源转变为拉动经济的一个增长点。

我们在采访中还留意到在王庆聪的书桌上摆放着很多书籍、报刊、笔记本等，有《共产党章程》《科学发展观重要论述摘编》《你不可不知的情商》等书，还有《环球时讯》《大江报》《环球军事》等刊物。这引起了我们的兴趣，因为在当地普遍不重教育的环境中，很少有这样爱好读书看报的人，我们还发现当地报刊亭也是屈指可数。王庆聪坦言自己越发感到自身的知识储备欠缺，几年的工作经历更是让他认识到知识对一个人发展的重要性，多了解时事还能让人开阔视野，审时度势，抓住机遇，因此他常常买书报看，尤其他爱好军事，还喜欢看一些成功论的书，平时也常常上网浏览新闻等。

在谈到番巴村的发展问题时，王庆聪认为当地的落后状态很重要的一个因素就是村民们目光狭隘、保守不前。人们需要走出去看一看外面的世界，视野开阔了、能力提高了，才能培养出他们敢于挑战、敢于拼搏的精神，才能加速农民综合素质的提高，由农村生产方式所决定的农民孤立、守旧、安于现状、愚昧落后的状态才能得到切实改变，农村的现代化改革才有可能成功。我们从王庆聪身上看到了外出打工农民回乡后迫切的创业诉求，在经济发达地区的闯荡，令他们不仅学到了技术、开阔了视野、积累了资金，更重要的是他们的观念发生了根本的改变，过去靠天吃饭，墨守成规，甚至还有些“等、靠、要”的懒惰思想和对国家救济的过分依赖都已不复存在。在现实生活中已经有无数成功的例子，那些经历过市场经济洗礼的打工回乡农民们，已日渐成为带动当地经济快速发展的一支新生力量。他们不仅通过打工经历培养了创业的必备素质，还有着对家乡的了解和改变家乡面貌的强烈愿望，在王庆聪的身上，我们仿佛也看到了这些成功农民的影子。

关于番巴村的问题，王庆聪还提到了当地村民知识水平的欠缺和教育的落后，这是多位采访对象都共同提到的一个问题，说明这一问题已经被很多人所意识到，但实际的解决情况如何呢？我们只想举一个例子来说明，在来到番巴村的第一天，我们一行人与村委会的委员们进行了一次座谈，我们在会议室里看到了一排书柜，里面摆满了各种书籍，内容涉及养殖技术、党政、历史、教育等多个方面，但当时书柜上了锁，所以不能打开翻阅。在采访时，我们问王庆聪这些书籍的实际作用，他说这些书平时少有人翻阅，自己一开始还去看过，但一般会议室都不开，多数只能是开会的时候翻一下，又不能借回家，十分不便，所以虽然感到书籍内容不错，但慢慢也就不再去看了。我们不禁感慨，我们平时常讲读书的重要性，教育人们要多读书，但这绝不仅仅只限于把书买回来，然后扔在一边就不管了！更重要的是如何让人们真正去细细阅读，没有人翻阅的书籍，即使内容再好也等同于一堆废纸。

另外王庆聪还提到了村民贷款难的问题。现在随着大量信息的快速传播，越来越多的农民开始懂得了市场经济的运行原则，一些头脑灵活的农民也想利用贷款进行项目经营，但是相关的国家政策却与农民的实际情况不能很好的契合。这里主要的问题一是贷款额度小，二是贷款期限短。例如根据 2009 年颁布的海南省十大惠农政策，符合条件的农户结成 5 户联保小组，仅能获得不到 2 万元的无抵押贷款。有 3 年以上经营经验的商户，组成 3 户联保小组，一次性可贷 2 万元。贷款期限也多以一年为期。但现实中，一个成型的投资项目所需的资金越来越多，不到 2 万元的资金根本形不成什么有竞争力的项目。并且一些项目可能很有发展前景，但短期内资金回笼较慢，一年内很难实现盈利。就拿五脚猪的饲养为例，五脚猪体型较小，且成长缓慢，养一年仅能长几十斤肉，再加上项目刚上马，前期会有许多准备工作，一年内很难出售，如何能偿还贷款。因此，王庆聪希望国家在制定各项农村政策时，应考虑到农民的实际情况、真实需要，才能使优惠政策落到实处。

回家后不久王庆聪便递交了入党申请书，并于 2010 年 7 月正式成为一名光荣的共产党员。成为党员后的王庆聪更加期望能够多为村子的发展尽自己的力量，带领全村走上富裕之路，实现自己的抱负。在这里我们希望王庆聪的愿望能够实现，更希望王庆聪的例子能够成为番巴村中的榜样，从村中能够走出更多像王庆聪一样有远见、有抱负、敢于拼搏的青年。

（二）精明能干的织锦老板黄慧琼

黎族织锦技艺有着悠久的历史。2009 年 10 月，海南黎族传统纺、染、织、绣技艺获联合国教科文组织批准，列入首批急需保护的世界非物质文化遗产名录。近年来，在各级政府和社会组织的引导、资助下，黎族传统织锦技艺和旅游业结合，产生了新的市场需求，既为黎族群众增加了新的收入来源，又使少数民族文化遗产得以继续传承。

在番茅村有一座“黎锦文化传习所”即黎族织锦技术培训学校，专门从事黎锦的研究和生产。这是一幢两层的楼房，墙上贴着白色的瓷砖，在整个番茅村特别显眼，周围被椰子树环绕着，很有海南风情。楼的二层是工作室，只见屋内七八个女子席地而坐，每人一张席子，一把木针，几团织线，一幅幅色彩斑斓的黎锦，缓缓成形，展现在我们眼前。黎家儿女身上的漂亮衣装也是用这简单得不能再简单的工具生产出来的。屋内正前方的黑板上写着黎族歌曲，在这里织锦的妇女告诉我们，这上边写的是上次过“三月三”时他们唱的黎族歌曲。这里的老板黄慧琼给我们介绍了这首歌曲的内容，还应我们的要求哼唱了一段。歌词写得都是黎语中的吉祥话，表达了黎族人民对党的感谢之情以及对新生活的期盼。

黄慧琼是特别精明能干的女人，她曾获得过海南省五指山杯黎族织锦技能比赛最佳创意奖，现在经营着一家黎族织锦公司，同时管理着黎族织锦培训学校。在番茅村这个宁静的黎族小山村，有许多黎族妇女和黄慧琼一样，继续用黎族古老的传统手工编织技术，生产黎锦旅游工艺品。在这里工作的黎族妇女，多是普通的家庭妇女，除了农忙，其他时候几乎天天来公司织锦补贴家用。

得知我们的来意后，黄慧琼很热情地接待了我们。在她的介绍下，我们了解了很多关于她的故事。

黄慧琼，女，1968 年出生，小学文化，普通话流利。黄慧琼的丈夫叫黄启清，1964 年出生，也是小学文化。我们采访的时候黄启清刚好有事外出。黄慧琼是个精明、能干并且非常有闯劲的黎族妇女，学习能力很强，是个多面手，家里的粗活细活样样都很精通。黄慧琼和黄启清是经别人介绍认识然后结婚的。婚后不久，他们的第一个孩子降生了，孩子的降生自然给全家带来了很大的喜悦，黄慧琼也品味了初为人母的甜蜜滋味。而今这个大女儿已经24岁了，目前在三亚打工。后来，黄慧琼又生了一个儿子和一个女儿。儿子现在20岁，曾在当地的一所职业中学里学习过酒店管理，毕业后在酒店做服务员。小女儿现年15岁，还在上初中，小女儿很聪慧，黄慧琼夫妇俩非常希望小女儿能去读大学，接受更高的文化教育，成为村里为数不多的大学生之一。

在织锦厂采访完之后，黄慧琼还带我们去她家参观了一下。她家的住宅也是平房，比当地村民的住宅要宽敞一些。房子是1994年建的，大概70平方米。家里收拾得非常整洁，一看就知道这家的女主人是个贤惠、会理家的人。家里的家具和电器也非常齐全，有电视机、红木椅、饮水机、影碟机等等。由于经常要干体力活，衣服非常脏，洗衣机难以清洗干净，所以番茅村村民很少购置洗衣机。整个村的日常用水都靠自来水供应，十分方便。平时炒菜用的是液化气，做饭用的是电饭煲。但是如果煮猪食的话还是要烧木柴，因为猪食量大，用液化气很不划算。黄慧琼说，家里一直希望建一栋新房，这样5口人住得会更舒心一些。现在物价上涨很快，目前在当地建一个像样的房子大概需要6万元。现在家里各项收入一直很稳定，已有经济实力建新房了，再加上全家人都已参加了新型农村合作医疗，平时的大病小病都有了保障，也解除了盖新房的后顾之忧，黄慧琼现在希望早日能住上新房。

小学毕业后，黄慧琼一直忙于家里的农活，包括种地、砍柴、看牛、捡野菜等，小时候所经受的这些磨炼使黄慧琼里里外外都是一把好手。那时候家里主要种植水稻和各类蔬菜，比如南瓜、辣椒、冬瓜、茄子等。年龄稍大点的时候，村里很多同龄人都开始去外地打工赚钱，黄慧琼也经不住诱惑跃跃欲试。此时她得知自己家的一个亲戚在江西一家小县城的酿酒厂工作，黄慧琼那时也很想学习一门手艺，于是就跟随着亲戚去了江西。她在江西待了三年左右的时间，最初只是在工厂里干一些最简单最琐碎的工作，像洗米、看物资之类杂七杂八的活。但就算是这样烦琐的小事情，黄慧琼也干得非常认真细致，加上她干活时的麻利和热情，很快就得到了酿酒厂老板的赏识，于是顺理成章地得到了在酒窖跟随师傅学习酿酒技术的机会。黄慧琼学习非常刻苦认真，对自己要求也很严格。经过近半年的学习，黄慧琼终于成为了一个合格的帮手，对酿酒的各个流程都掌握得非常熟练。后来又经过一年多的学习和实践，黄慧琼就可以独立酿酒了。这时候，酒厂的老板希望拓展业务，他非常看好海南的市场，而黄慧琼恰好是海南本地人，对海南的情况比较熟悉，老板明确表示要带黄慧琼去海南发展。其实，村子里很多出去打工的人，特别是妇女，一到结婚的年龄都会选择回到家乡，然后在家乡成婚并安安稳稳地生活下去，这也是黄慧琼当时的打算。后来，由于当时经济形势不好，还有一些其他的原因，这个事情迟迟没有定下来，黄慧琼也没能等到酒厂去海南发展就自己回到了家乡。黄慧琼认为，在江西的这段经历是她年轻时候非常重要的一段经历，不仅让她学到了一门实用技术，也培养了她与人的交往能力与商业眼光。

回家之后，黄慧琼就过起了相夫教子的生活，平时赡养老人照顾孩子，在田间劳作，在家养些鸡鸭，也算简单安逸。黄慧琼是一个性格开朗活泼的人，对唱歌跳舞等各类活动都有极大的兴趣和热情，随着村里对外交往的增多，文艺气氛日益活跃，黄慧琼也经常参加村里组织的各类文艺活动。20世纪90年代末，政府为了支持少数民族地区的发展，实施了很多优惠政策。对当地的实际情况进行考察之后，当地政府决定引进橡胶种植项目。黄慧琼和黄启清商量之后，觉得这是一个很好的机会，于是就第一个响应了。项目前期政府还组织了橡胶种植技术培训，黄慧琼每次都积极参加，因为有前面学习技术的经历，这次就更加得心应手一些。在番茅村，黄慧琼也算是最早掌握了橡胶种植技术的一批人。由于橡胶苗是政府统一引进的，为农户节省了很多成本。普通农户种植的橡胶树一般需要长到七八年左右才可以割胶，届时也才可以带来收益，所以投资期是比较长的，但橡胶开始割胶之后一般可以连续20~30年产胶。黄慧琼家第一次就种植了200株橡胶，在村里算是规模较大的。橡胶树因为受到精心照顾，长势喜人，现在已经有一批开始割胶。终于盼到了产生效益的一天，黄慧琼心里充满了喜悦。“刚发现有一批橡胶树可以割胶了，家里人还凑在一起，小小庆祝了一番”，黄慧琼说，嘴角还挂着微笑，足以想见当时该是多么的兴奋。由于割胶要在凌晨日出之前进行，刚开始的时候，黄慧琼一家觉得非常辛苦甚至有点吃不消，往往是别人还在做着香甜的梦，他们就要赶紧起来赶往山上割胶了。按照黄慧琼家橡胶的种植规模，她丈夫一般凌晨三点多就要起床去割胶，因为必须赶在太阳出来前全部割完。割完之后的橡胶液体要用桶封存起来，白天进行晾晒，晾晒成固体状之后会有人专门来村里收购。销路的问题有政府解决，他们自己不用担心，只是偶尔价格会有些波动，但总体来说这一项的收入还是比较稳定的。黄慧琼家另外还有300株未割胶的橡胶树，已经种植8年了，再过一年左右的时间也可以割胶了。到那时候，500株橡胶树都会创造收益，家里的收入水平也会上一个新的台阶，但与此同时家里的劳动力也会更紧张一些。黄慧琼早就考虑到了这一点，开始跟儿子和女儿商量，希望他们回家帮忙，到时可以把割胶的活儿分配给儿子干，所获得的收入不会比他在外打工少。由于橡胶种植项目的引进，村里劝诫大家不要再养牛，因为牛会吃掉还未长大的橡胶幼苗。黄慧琼家里曾养了好几头牛，本来是留着耕种水田用的，于是也不得不把家里的牛都卖掉，然后用卖牛的钱购买了一批机械设备如犁田机来种植水稻，不过这也刚好促进了农业耕种的现代化。

聊到织锦的话题，黄慧琼眉飞色舞，甚为骄傲。黄慧琼起身从一间小小的储藏间内翻出各种黎族的服饰，包括筒裙、上衣、头巾、银饰等，边为我们讲解介绍，边鼓励我们试穿拍照留念。从她的话语中，我们得知，黎锦在春秋时期就富有盛名，是中国最早的棉纺织品。黎族村寨男女老幼身上的筒裙、上衣、花帽、花带、胸挂、围腰、挂包，甚至日常生活中的被子、壁挂、桌布、靠垫等都是织绣品。黎族女孩从小耳濡目染织锦工艺，到10多岁的时候就开始为自己今后的嫁妆准备各式黎锦做的衣物，她自己则从7岁就开始织锦了。而今，儿时不经意间学就的技艺——织锦，却改变了黎族农家女黄慧琼的人生。

在现代科技普及前，原始传统的织锦材料都是天然产物，黎族人采用木棉花蒴果内的棉花、粗麻纤维及山野大然植物色素作原料染线，这些染料色彩鲜艳，不易褪色。据黄慧琼介绍，现在为了提高效率，直接进成品线织布，传统染色技艺已成为一项需要保护的古老手工技术了。不过，传统并未完全废弃，为便于农家妇女手工制作，现在她们使用的仍旧是原始的踞腰织机。木制踞腰织机的使用方法是织锦女子席地而坐，双脚顶住木杆，双手上下左右按照纹理挑花走线，正刺反插、精挑巧绣。一块2米左右的花布一般需要两个星期才能完成，而制作一套黎族传统盛装则需要几个月的时间。

黎族的头饰最是特别。黎族女子一般都束髻于脑后，押以骨簪或银叉，包裹黎锦做的绣花头巾。这样的头饰配筒裙很有味道，筒裙长短不一，有极短的迷你裙，也有长过膝盖的。我们顺手掂了一下戴在脖子上的项圈，发现手工锻造的银饰手感扎实富有质感。黄慧琼说她们村里最后的一位手工制作银饰的老人前几天刚去世，现在在市场上买的新银饰根本不能与之相提并论。

和所有传统文化的困境类似，黎锦也面临着“博物馆化”的尴尬。一般黎家女子平时穿普通汉装，只有在过年、农历三月三或参加婚礼等日子，姑娘小伙才会穿上黎族传统服饰。要打开黎锦销量，还要靠外来消费，现在公司里作为旅游产品比较好销的是沙发布、围巾等，一般2米长，50～60厘米宽的锦布大约300元钱，根据花色繁简有所差异。黄慧琼还说，她将到上海世博会推广黎锦，希望能为黎锦发展开拓一条新道路。

“政府在村里设立了黎锦传习所，只有62户人家的福建村民小组，经常在传习所参加织锦的妇女，就有100多人，年纪大的有六七十岁，最小的只有九岁。”黄慧琼告诉我们，“市里派来的老师，教我们编织新的花样，还帮助我们设计新的产品”。

她还介绍说：“虽然我们仍旧按照老人们传下来的工具和方法编织黎锦，但我们很少再为自己织筒裙和花边。现在，我们主要根据酒店和旅游景区的订单，编织沙发布、桌椅套、床饰、壁挂，还为游客生产披肩、手机袋、电脑包等。随着海南旅游业的发展，酒店和景区下的订单量越来越大，单靠个人完成不了，为了接单，2007年，我们村的21位姐妹，组建了一家黎锦编织公司。”

现在，织锦生意是黄慧琼家最重要的收入来源，黄慧琼向我们娓娓道来自己建立织锦厂的历程。

织锦是在橡胶种植之后，番茅村根据当地村民的民族特色，发挥他们独特的优势发展起来的另一个大项目。番茅村在海南是一个典型的黎族村寨，拥有精湛的织锦技艺，村里的织锦能手在很多相关比赛中都获得过不少的奖项。进入21世纪以来，海南省的旅游业飞速发展，随之来村里参观少数民族文化的人也越来越多，加上各级政府部门对少数民族文化遗产的重视，番茅村也有了更多的发展机遇。由于番茅村是一个典型的黎族村寨，被当做黎族文化的窗口，各种少数民族研究机构和政府工作单位都来番茅村参观、考察，这些频繁的文化交流活动也给番茅村带来了商业机会。2007年，政府组织建立黎寨文化展示和传承的活动，当时选择在番茅村举行。“三月三”那天，很多政府机关和相关单位，还有其他地方的黎族代表在番茅村和当地村民一起举行了盛大的活动，有商业需求和对黎族文化进行研究的专业人士也参加了此次活动。活动举办完毕之后，番茅村第一个织锦厂在当地政府的支持下正式成立了。织锦厂的成立不仅发挥了黎族传统织锦技术的长处，也解放了村里妇女劳动力，让村民们有了新的收入来源。起初织锦厂依靠的是黎寨文化展示和传承活动上积累的订单，生意还比较冷淡。好在黎锦非常精美，得到了客户的一致肯定和好评，市场反应非常好。随着市场需求的不断扩大，黄慧琼果断地抓住了这一商业机会，开办了村里的第二家织锦厂。

织锦厂的发展并不如预期中那么顺利，由于黎锦是纯手工制作，费时费力，所以相比市场上大规模机械化生产出来的同类产品价格要高出许多，一般客户没有能力承受，为了开拓销路争取到更多的订单，她们的价格往往低于黎锦原有的价值。前期的织锦产品主要供应酒店和海南旅游市场作为旅游纪念品出售，而这部分需求并不是很稳定。在利用举行黎族文化活动的时候签下的几个订单完成之后，新的客户迟迟没有到来，黄慧琼的织锦厂面临停产的危险。黄慧琼不仅是一个非常有商业眼光的女性，同时也是一个非常有胆识和魄力的女性。她决定不能坐在家里等，而是要主动出击。在分析了不同客户的需求之后，黄慧琼决定从较近的市区星级酒店客户开始下手。黎族织锦工艺精美，同时生产周期也非常长，主要是因黎锦都是纯手工制作，所有的制成品都是靠人工一针一线来完成的。而事实上，为了与其替代品竞争市场份额，黎锦还无法以民间艺术品的价格出售，仍然只能作为一般的商品和一般的手工制品来出售，尽管其工艺是如此的高超，制作是如此的精良，这和没有品牌有很大的关系。尽管如此，黄慧琼作为一个农村创业者要解决的问题远不止这些，她眼下最焦虑的事情是开发客户拿到订单，让织锦厂先运转起来。争取客户并不是那么容易，起初，黄慧琼带着几个样品一家一家酒店去跑，很多酒店都承认黎锦的工艺非常精美但并不是酒店所需要的，他们需要的是更低成本的酒店用品。在挫折面前，黄慧琼并没有放弃，而是继续努力着。最后终于有一家酒店答应试一试，可以让黄慧琼先生产一批产品作为前期试用，但同时酒店也把价格压得很低，此外织锦的图案也必须按照酒店方面的要求来办。面对工厂即将停产的困境，经过一夜痛苦的思考，黄慧琼还是答应了对方的条件。回到织锦厂，黄慧琼的第一个任务就是突破技术难题，将客户所要求的图案织出来。于是，黄慧琼和几个技术精湛的姐妹一起苦心钻研，终于在一个星期后成功地实现了这个突破。第一批订单让客户非常满意，于是对方决定将黄慧琼的织锦向旗下其他的酒店推广。黄慧琼在织锦技术上并不是全村最好的，可是在商业经营上，黄慧琼却有着过人的能力。这一单生意把黄慧琼的织锦厂从停产的边缘挽救了回来，同时黄慧琼也从中意识到，不能靠几个传统的图案打开市场销路。慢慢地，黄慧琼逐渐注意到黎锦并不是只可以应用在服装和装饰上，现在她的织锦厂已经发展到可以做出钱包、女士坤包、鼠标垫和沙发布等更为实用的物品。这极大地拓宽了织锦厂的经营领域，使订单与日俱增。

黄慧琼织锦厂的生产安排非常灵活，村里的妇女有时间就来工厂织锦，如果家里有事情，比如有小孩需要照顾，也可以拿到家里做。由于生产时间长，订单的多少也不固定，这种织锦生产的灵活性也可以适应不同的订单情况。现在黄慧琼最关心的事情就是织锦的价格一直都是被压低的。织锦既然是一个小众群体掌握的技艺，而且要耗费很多的劳力，同用机器批量化生产出来的产品相比，价格上是有相当的劣势的，而客户对价格的要求往往更甚于质量。黎族织锦面临着艺术品的质量却只能卖机器生产品的价格的困境。由于当地妇女劳动力相对还是很便宜，妇女只是赚些钱补贴家用，所以织锦厂在这样的境况下还能勉强运营下去。黄慧琼一直在寻找各种机会将自己的产品做成品牌，甚至希望能够打入奢侈品的行列，至少也作为少数民族优秀文化的一部分发扬光大。苦于种种条件的限制，黄慧琼这个愿望的实现还有很长的路要走。采访到这里，我们提到北京的南锣鼓巷专门卖有中国民族特色的商品，很多都是作为艺术品来出售的，面对的客户主要是外国游客，尽管很多商品质量和做工很一般但都价格不菲。在南锣鼓巷拥有一家形象店，还可以面对全国的客户做批发生意。聊到这里，黄慧琼赶紧拿出了纸和笔记下这条信息，并详细打听了南锣鼓巷的具体位置。她认为这是个难得的商机，一定会有广阔的前景，不由得面露喜悦之情。黄慧琼同时还想到海南也有很多外国游客，开发外国游客既可以提高织锦的价格，还可以开辟新的市场。

作为有商业头脑的黎族人民，黄慧琼果断地抓住了每一次机会，并充分发挥了自身所具有的独特优势。她不仅通过政府的优惠政策发展了家庭橡胶种植业，为家里提供了稳定的收入来源，也抓住了少数民族文化发展和传承的契机，将织锦生意做得有声有色，带动全村人共同致富。但是由于条件的限制和小作坊式的生产方式，其摆脱个体经营模式依然存在重重的困难。

黄慧琼的成长历程，展示了黎族人民追求更好生活的能力和愿望，也暴露了番茅村村庄经济发展中所遇到的问题。

（三）有文化的酿酒师黄秋琼

在五指山市冲山镇番茅村采访过程中我们发现，黎族男女老少都喜好饮酒，尤其是按照传统工艺酿造出的美酒。于是，我们决定要采访村里有名的酿酒户——黄秋琼。一提到酿酒，村民们都热情地给我们介绍村里那个漂亮的酿酒师黄秋琼。村民们夸黄秋琼不仅打小就会酿酒，而且亲切随和，酿出的酒在这一带很有名气。黄秋琼为人热心，办事爽快，偶尔遇到需要喝酒解乏碰巧又没带钱的村民从不计较。酒甘美，人更美，所以黄秋琼和她酿的酒在当地都久负盛名。经村民指路，我们怀着好奇的心情快步向黄秋琼家走去。一行人走了大概十分钟，一股酒香扑鼻而来，我们知道离黄秋琼家很近了。来到黄秋琼家，我们终于见到了远近闻名的酿酒师黄秋琼。

黄秋琼，女，1964 年出生，46 岁，高中文化程度，普通话十分流利，无宗教信仰。黄秋琼的丈夫名叫王育琼，今年 48 岁，常年在外打工，夫妇俩共育有三个儿女。由于同龄人大都只念到初中毕业，早早就结婚了，这使得文化程度较高同时年龄也偏大的黄秋琼在同龄人中稍显与众不同。1982 年黄秋琼高中毕业时，除了工作问题，婚姻问题就成了黄秋琼当时的第一要务。在热心人的张罗下，黄秋琼和王育琼在黄秋琼家第一次见面。王育琼比黄秋琼大两岁，虽然文化程度不如黄秋琼，可是人长得很英俊，又能说会道，为人忠厚，孝顺长辈，善待朋友，在村里是一个口碑很好的小伙子。见面之后，双方都很满意，父母也都同意。1984 年 5 月，黄秋琼和王育琼正式登记结婚，结为连理。婚后生活一直平淡和美，一年后黄秋琼生下第一个孩子也就是她的大女儿。孩子的降临给家里增添了喜庆的气氛，但同时也增加了家里的负担。之后黄秋琼又生下二女儿和小儿子。一家人生活在一起很是热闹，家里气氛也非常和谐温馨。然而，仅仅依靠务农带来的收入对于这个五口之家的生活来说是远远不够的，为了养活一家人，摆脱拮据的经济状况，丈夫王育琼开始了外出打工的生涯，于是家里的重担都落到了黄秋琼的身上。让丈夫倍感宽慰的是，黄秋琼不仅照顾好了家里的老人和孩子，还独自挑大梁经营起了酿酒生意和小商店，成了村里一个不折不扣的有文化有技能有头脑的女强人。而今，三个孩子都已结束学业，开始了打工生涯。为了寻求更好的发展，这三个孩子都没有留在家里学习祖传的酿酒技艺，家里的生意还是由黄秋琼一人照料。目前，大女儿在一家服装加工企业做工人，二女儿在一家酒店做服务员，小儿子和父亲在工地做仓库管理员。

虽然从黄秋琼的穿着打扮上，我们丝毫看不出任何少数民族的痕迹，可是她的脸庞和五官还是具有比较明显的黎族妇女特征。黄秋琼是我们采访的黎族村民里边普通话最为流利的一位，这可能是由于黄秋琼的学历较其他人高的缘故。另外因为常年做生意与不同的人打交道增长了见识，她待人非常大方，说话条理也很清晰，不像普通的农家妇女。现在儿女都独立了，丈夫也回到了自己身边，平时在家帮忙做些家务。奋斗了20多年的黄秋琼说对现在家里的经济情况非常满意，家里的小商店能提供稳定的收入来源，酿酒算是一项副业经营收入。于是，我们很自然地转到了酿酒这一话题上。酿酒是黄秋琼娘家的祖传手艺，可是黄秋琼刚毕业的时候并没有打算依靠酿酒来谋生。

在中学的时候，黄秋琼就开始帮家里干许多农活。当时村里很多人家都养牛，黄秋琼家也不例外。黄秋琼从小和别的孩子一样，也要到山里放牛。由于黄家有祖传的酿酒手艺，所以黄秋琼从小就为爸妈打下手帮家里酿酒。到了十五六岁的时候，黄秋琼就已经对酿酒的流程和技术要领很熟悉了，只是还没有独自实践过。那时候村里很少有人做买卖，家家户户都是自给自足的状态。黄家酿的酒虽然是数一数二的，但是酿出的酒也都是自己家里人饮用，或者馈赠亲戚朋友。虽然没把酿酒当成生意来做，可是那时候村里村外都知道黄家酿的酒好喝，甚至还有很多人登门请教酿酒的秘诀，也有人以其他的东西来换酒喝。

和村里的其他同龄人一样，黄秋琼也有外出打工的经历。结婚后，黄秋琼也随丈夫到海口去干了一段时间，这一短暂的经历尽管并没有为黄秋琼带来多少经济上的收入，但是在外面世界所接触到的新事物却开阔了黄秋琼的眼界，甚至在生活习惯和思维上都对黄秋琼产生了一些影响，或许这也是我们初见黄秋琼时无法从其穿衣打扮上分辨出她是一位少数民族妇女的原因。在外打工的那几年里，黄秋琼在超市当过收银员，也在酒店当过服务员。大城市的生活经历给了黄秋琼改善生活的强大动力和渴望，再加上她文化程度较高，因此并不甘于当时的生活状况。苦于家里老人孩子需要人照顾，黄秋琼就回到村里发展，平时做些杂工。后来，黄秋琼在镇上的一家合作社做柜员，从这段新的经历中所积攒起来的经验也为后来她开小商店打下了基础。

黄秋琼工作认真，对顾客热情随和，服务周到，最重要的是她善于分析客户需求。工作期间经常有顾客问有没有自酿的酒卖，而合作社和商店并不供应这些，于是黄秋琼就想自己家的酿酒手艺这么好，为什么不自己酿酒卖呢？黄秋琼第一次自己独立酿酒还是在她22岁的时候，那年父亲非常忙，母亲要照顾孙女和忙地里的活计，分不开身。当时要过节，酒是必备的过节物品，黄秋琼就只好担当起酿酒的任务来。“第一次独立酿酒心里难免有些忐忑”，黄秋琼说，“好在凭借对各个流程的熟练掌握，第一次酿酒还是非常顺利的。酿出来的酒味道非常不错。虽然第一次没有父母酿的好，可和别人比还是要强出很多。爸爸还夸奖了我，当时感觉很骄傲，很高兴”。此后，黄秋琼的酿酒手艺一次比一次好，正所谓熟能生巧。虽然每年就酿几次酒，每次酿出的酒也不是很多，借助于从小对酿酒的耳濡目染，她的酿酒水平一直很稳定，酿出的酒也一直倍受肯定和赞美。在1997年之前，酿酒对于黄秋琼来说都只是一个传统，每年或者只是在节日需要的时候酿那么几回，仅限于满足家里和亲戚朋友的日常生活需要。

在采访过程中，我们发觉黄秋琼是一个很有生意头脑的人。还在合作社工作的时候，黄秋琼就敏锐的觉察到自家酿的酒在当地会有不错的市场。在大城市的生活经历使她看到中国日新月异的变化，也使她坚信只有善于改变，善于跟上潮流才能生活得更好。于是黄秋琼就下定决心，闯一闯自己酿酒自己创业的路子。回到家和父母说了自己的想法之后，父亲当场表态非常支持她去试一试。母亲也询问她是否有需要父母帮忙的地方。家里人的支持更加坚定了黄秋琼的决心。心细的黄秋琼并没有急于求成而是打算采取稳扎稳打的策略。开始时，黄秋琼会向要求买自酿酒的顾客介绍自己家酿的酒，陆陆续续就有了一些顾客。就这样边打工边卖自家酿的酒，黄秋琼家里有了一份较为稳定的收入，家里经济状况有了一些好转。由于自家的酿酒工艺确实好，喝过她家酒的人不仅自己成了老顾客，还介绍了很多顾客前来，好酒换来了好口碑。客户逐渐增加后，家里现有设备的产酒量就有些吃紧，加上旧设备的老化也给酿出的酒的质量带来了一些影响。面对这种情况，黄秋琼表现出了女强人的果敢，毕竟是见过世面也有文化底子，黄秋琼拿出将近2000元的积蓄更新了设备，这在当时是一个不小的数目，更别说对于一名农村妇女了。设备更新之后，黄秋琼背上了更大的压力，工作的干劲更足了。在做好本职工作的同时，黄秋琼想方设法争取更多的顾客。通过观察，黄秋琼发现，很多顾客来合作社买酒发现没有传统的自酿酒很可能就不买了，因为去她家的村子尚有一段距离，很多顾客并不愿意再跑很远的路。黄秋琼开始意识到销售渠道的重要性。虽然那时候都没听说过“销售渠道”这个课本里才有的专业术语，但是作为一个精明的生意人，她知道如果能给顾客带来便利，她的酒就能卖出去更多。经过多番努力，黄秋琼终于想到了解决的办法。那时候镇上有很多个体户，经常卖一些合作社买不到的商品。黄秋琼委托其中一个个体户代销她的自酿酒。这么做虽然增加了家里人的劳动量，但是对销量的促进很明显。由于酒的质量好，甘爽可口，味道又很地道，深受当地人的喜爱，黄秋琼的酒开始有了些名气。这些使黄秋琼觉得一番艰苦的奋斗终于有了回报，事情似乎越来越顺利了。

但是酿酒生意越来越红火也给黄秋琼带来了新的烦恼。一是随着父母年龄的增长身体一年不如一年，对于酿酒父母是越来越力不从心，黄秋琼要挑起更多的担子。同时，她又不想放弃现在的工作，时间上总是很吃紧，安排不开。二是由于黄秋琼的酒是代销，利益分配上越来越不好处理，双方的合作经常闹得不是很愉快。随着生意越做越大，那么多的酒没地方存放，也是一个很严重的问题。黄秋琼感到了压力和紧迫感，苦苦思索之后，她只好先让小儿子回家帮忙。儿子回家后很多重体力劳动都可以不让父母参加了，另外他也可以送酒到镇上。在特别忙的时候，黄秋琼还会从村里雇佣帮工过来帮忙。帮工主要做洗米之类的杂活。工钱按洗米的重量来算，基本是600斤米给50元钱的工资，帮工和黄家一直保持着稳定的合作关系。

黄秋琼家酿的酒名气越来越大，邻村很多人也慕名前来买黄家的酒，加上黄秋琼的勤劳、肯干、善于经营，她家酒的生意越来越好。通过他们一家人将近5年齐心协力的辛勤劳动，不但赚回了当初买设备所花费的钱，还使黄秋琼小有积蓄。随着整个中国经济的发展，当地人民的生活水平也有了显著提高，但此时的黄秋琼敏锐地感觉到，伴随着生活的改善，大家对自酿酒的需求也在慢慢减少，新的商品特别是酒类产品层出不穷，很多高档品牌酒也来到了五指山。此外，这种自酿酒的销售有较强的季节性，夏天这种自酿酒的销量就会明显减少，于是黄秋琼开始琢磨新的投资方向。一次偶然的机会，黄秋琼发现邻村开了个小商店生意很好，她眼前一亮觉得新的路子找到了。她自己本来就一直从事零售行业，对这个行业颇为熟悉，这样很多经营上的事情就可以顺手拈来，又有一定的人脉关系和购货渠道，办起事情来也更加方便。经过多年的积攒，家里资金也足够开展新的事业。于是，2002 年开始黄秋琼就积极筹备开商店——选地址、建房子、联系供货商、办营业执照等，忙得不可开交，于是她把大女儿也叫回了家，一是希望女儿安家到自己身边，二是可以帮帮她。2003 年，黄秋琼家的小商店正式开张。这一年，恰逢番茅村步上了经济发展的新台阶，村民的收入越来越高，日子也越过越好。对于黄秋琼一家来说，村里经济形势好，商店顾客就多，生意也越发的好。在商店开业的第二年，大女儿找到了归宿，也算是了了黄秋琼的一桩心事。平时，黄秋琼早上早早地来商店开门，盘点货物，看一下各种商品的销量调整策略，防止断货。白天营业的时候，商店就由大女儿照料，她自己忙酿酒和其他事情。经过多年的用心经营，黄家的小商店声誉一直很好，大的批发商也可以为其先供货，等货卖完再结款，这就极大地减轻了流动资金的压力。好动脑子的黄秋琼还做起了小额的批发生意，开阔了经营思路，也带来不少利润。另外这个商店刚好成为了她家自酿酒的售卖点，不仅方便了来来往往的顾客，也拓展了商店生意。顾客既可以亲自过来买东西，也可以留下电话，如果购买金额满 50 元就可以送货上门。

到 2008 年，由于越来越多的青年都到城市里打工，村里这些年轻劳动力是自酿酒的主要消费群体，酿酒生意开始越来越不好。又恰逢国内物价普遍上涨，一方面是原材料价格上涨造成了酒的价格上涨，另一方面是通货膨胀导致实际购买力水平下降，自然自酿酒的销量也受到了较大影响。她家自酿酒的生意主要集中在一些传统节日特别是春节期间。黄秋琼说："好在还有小商店，家里的生活不会受到太大的影响。多年的积累，自己酿的酒有口碑，有一些固定的客户，生意虽然没有以前好，也还过得去。"

黎族人一直保持着喝自酿酒的文化传统，所以春节前后黄秋琼特别的忙碌。对于酿酒的工艺，作为黎族文化的重要组成部分，黄秋琼也很详细地给我们介绍了一番。

作为介绍的开始，黄秋琼拿出一坛酒款待我们。她郑重地对我们说，这坛酒是不卖的，卖出去的酒都是很快就出缸，自己家喝的至少要放三个月以上。她拿出的这坛酒已经放了六个月，味道已经算是非常好的了。如果酒能放三年就更好喝，因为酒是越陈越香。黄秋琼先介绍了家里的酿酒设备。她做酿酒生意已经有十多年，这段时间里设备总共更换了三次。现在的设备一缸能放 200 斤稻米，共有 4 个炉灶。酿酒过程是：每次先把买来的糯米淘洗干净，然后放到大蒸笼里边蒸熟，大蒸笼每次可以蒸20斤糯米。4个炉灶一块使用的话，一次能蒸80斤糯米。燃料主要是靠木柴，这样成本较低，也可以保持酒的传统口感。蒸好后，糯米就变成了糯米饭，要马上把糯米饭拿出来晾干，所以蒸酒前要选择好天气。一般的时候，晾干大概需要1小时的时间，视当天的日照和风力而定。在糯米饭放凉的过程中，要时时翻动。黄秋琼说“这个懒偷不得，这就和炒菜一样，炒菜如果不翻动，菜就有生有熟，入味也不均匀。晾晒糯米更严重，如果不时时翻动，糯米的下层在高温的情况下很容易变坏”。晾干之后就开始放酒曲。20斤糯米饭放半斤酒曲。糯米饭和酒曲的比例与酿出酒的口感息息相关。放好酒曲之后，要把酒曲和糯米饭搅拌均匀，放到缸里密封起来。一定要把密封的缸放到阴凉处。如果见到太阳酒会变酸，里边不可以放水放糖。一般四天出酒，这也是经验得来的，说不清里边的道理。天越热酒越浓，浓度的高低与气温是紧密相关的。时间放得越久，酒就会变得越浓烈、越香甜。在酿酒的过程中，洗米是费时、劳动量又大的一个工作，她丈夫平日并不帮忙干这些事情，“男人都粗心，不适合干这种细活”她说。酿酒用的酒曲是每包0.5元，每包是一两的重量。糯米是市场浮动价，每年都不一样，近些年来，糯米的价格一直上涨，卖酒的利润也就越来越少。200斤糯米加上酒曲大概能酿出200斤酒。现在，每斤酒是8~10元，淡旺季价格有些变动，夏天天气热喝酒的人少，价格就便宜；冬天天冷，又逢过节，价格就贵。介绍完酿酒的基本流程，黄秋琼略带骄傲地和我们说，现在有很多人向她请教酿酒的工艺，她把酿酒秘方也大方地告诉了来访的人。10多年间，黄秋琼也尝试过很多的酒曲，最后发现海南当地产的酒曲“甜酒曲”效果最好，市场上其他五六种牌子酿出来的酒多不如甜酒曲。每次她都直接向来讨教的人推荐这个牌子的酒曲。他们回去之后一尝试，发现酿出的酒比以前好喝了，但和黄秋琼的比还是有些差距。说到这里，黄秋琼爽朗地一笑，天分和经验确实会影响技艺。黄秋琼的商店里还卖一种白酒，白酒是两块五一斤，店里卖的白酒都是她妹妹酿的。白酒是用普通稻米也就是粳米来做，前边流程基本一样，不同之处在于：加好酒曲七天后加水，50斤米加20斤水，然后密封两天，再拿出来用大锅蒸，50斤的蒸一早上，100斤的要蒸一天。蒸的时候要严密监测温度。温度从50度降到20度就是蒸好了。蒸的时候要用特制的蒸笼，一边用管子连着，出来的就是酿好的白酒，另一边就是剩下的酒渣。酒渣有多种用途，可以用来煮鱼汤，味道鲜美可口，多的话也会拿来喂猪。她还特别强调说，在酿酒过程中一定不能接触到油。谈完酿酒黄秋琼又提了一下现在自酿酒的现状，她说，2008 年开始生意慢慢不好了，现在自己年纪也越来越大，酿酒费时很多，也很麻烦，需要非常细心，所以现在酒酿得较少。酒酿好之后如果开始售卖，最长也就只能放一个月。现在她一般只在冬天酿一些酒，平时多数时候都是酿少量供自己家饮用。

黄秋琼的奋斗过程在当地村民中很具有代表性，也可以说是乡村少数民族中手艺人奋斗的典型。凭借自己独特的传统酿酒手艺和自强不息的奋斗精神，黄秋琼用自己的酿酒工艺，既让村民们方便地喝到了地道的自酿美酒，同时也改善了自家人的生活。然而，由于小作坊的生产性质以及迫于当前市场竞争的压力，黄秋琼的酿酒工艺并没有走出当地的生活圈子，也没有借助当地政府全力打造的旅游业做出品牌。尽管如此，黄秋琼却在客观环境受限制的情况下，充分调动自身的主观能动性，使自己和家人过上了小康生活，可谓是我国少数民族群众自强不息的一个缩影。

（四）橡胶种植大户黄慧琼

黄慧琼，女，黎族，36 岁，初中文化水平，普通话流利，无宗教信仰。黄慧琼是一个典型的黎族家庭妇女。刚见到她的时候，她正在家里专心致志的织着黎锦。得知我们调研组的来意后，黄慧琼明显有些害羞，总推辞说自己“讲不好，讲不好……”在我们再三请求之后，她才微笑着接受了我们的采访。

黄慧琼的丈夫名叫黄照连，今年 36 岁，和黄慧琼一样，也是黎族，也是初中毕业后就没有再上学。黄照连是土生土长的番茅村人，黄慧琼则是隔壁村的。二人小时候同在冲山镇中心小学上学，是同班同学，因此很早就认识了。不过黄慧琼坦言，上学期间两人并没有过多的交往，只是到了谈婚论嫁的年纪时，经人介绍，二人情投意合才走到了一起。黄慧琼说，她觉得找对象时应该找那些比较熟悉的人，双方比较了解，谈起来比较容易，以后在一起生活也会比较融洽。而她现在的老公就是这样一个人。聊起这些，黄慧琼脸上漾起了幸福的微笑。

黄慧琼家的住房是砖瓦结构，三间一共 70 多平方米。房子是在他们结婚那年盖起来的。16 年来，房屋虽未经翻新，但仍然坚固。屋子里虽然简陋，但电视机、电饭煲和液化气等一应基本所用倒也齐全。值得一提的是，在黄慧琼家，虽然有现代化的厨房用具，但她们仍然保留着传统的灶台，使用木柴做饭。黄慧琼介绍说，平时人少的时候用煤气灶电饭煲够做一家四口的饭，但当家里亲朋好友聚会的时候，就得改用大灶大锅做饭。灶锅使用木柴烧火做饭，对于木柴的来源，黄慧琼介绍说，橡胶树有一定的生长期，一定年限后才能割胶，而割一定年限后又会因为老而不再出胶，这时这些树就会被砍掉，把土地让出来栽种新苗。每年国营农场都会有大量这种老橡胶树被砍掉，拿到木材市场上出售。而黄慧琼就会选择这个时候去农场捡砍树留下的木屑和树枝，拿回家里当做木柴，这样既有效利用了资源，又可以节省买柴的费用，是一个不错的主意（2009 年家庭耐用消费品情况见表 15 - 7）。

表 15 - 7　　**2009 年家庭耐用消费品情况**

项目	数量	项目	数量
电视（台）	1	拖拉机（台）	1
电冰箱（台）	0	卡车（辆）	0
洗衣机（台）	0	小轿车（辆）	0
照相机（部）	0	电话（部）	1
影碟机（台）	1	组合音响（套）	1
电动车（辆）	0	手机（部）	2
摩托车（辆）	1	自行车（辆）	0

数据来源：根据黄慧琼口述整理，2010 年 7 月。

20 世纪 80 年代村里按人口对耕地进行了分配，每人分得四分八，黄照连家共分得 2 亩 4 分地。结婚以前一家人共同经营这些土地，婚后家里老人年纪渐长，加之为了黄照连两口子生活考虑，便将所有耕地交与黄照连二人耕种，父母的赡养任务也落在他们二人身上，平日里吃饭生活均与他们在一起。黄慧琼家的土地状况如表 15 - 8 所示。其中水浇地 2 亩，主要种植水稻；旱地为 4 分，主要种植各类蔬菜，如白菜、青瓜和豆角等。2009 年黄慧琼家的收入主要来源如下（主要经济收入情况见表 15 - 9 和表 15 - 10）：种植水稻 2 亩，亩产 800 斤左右，一年两季共 3200 斤，按照稻米市价 1.3 元左右一斤，种植水稻这项折合收入约为 4160 元。虽然这项收入比较可观，但黄慧琼表示，家里人口多，这些粮食仅能保证自家温饱，偶有结余才拿到市场上出售，因此粮食不构成黄家主要的货币收入来源。我们在番茅村采访到的许多家庭都没有农用机械，到了农忙需要的时候再去别家租来使用，黄家则不同，家里拥有许多机械化设备，如犁田机、脚踩收割机和一个中型拖拉机等。黄慧琼介绍说，她家以前用牛耕田，但效率较低，2005 年后才将耕牛卖掉，买来各种农用机械，不仅省力而且干活效率也大大提高。到了农忙时期还可以将机器租借给同村人使用以换取一定量货币收入，可谓一举两得。当遇到收割期太忙的时候，便按一亩地 100 元的价格雇人收割。院子里养着三头猪，主要用于在市场上出售换取货币收入，每头 700 元左右，仅此项去年就获得 2000 元左右的收入。而当自己想吃肉的时候再去市场上买，毕竟吃的是小数，赚的钱才是大数。黄慧琼家这种初级的商品经济思想在封闭边远的番茅村，着实比较可贵。我们发现，番茅村的贫困是典型的货币缺乏型贫困，村民们的温饱问题不难解决，但自然条件恶劣（粮食及经济作物受台风、干旱、病虫害影响很大），主要收入来源单一直接限制了村民们货币收入的增加，制约了村民们进一步发展的需要。自给自足的自然经济在番茅村仍然留有很大的影子。开展多种经营，利用市场规律发展商品经济，拓宽货币收入的来源渠道是番茅村村民脱贫的必然之路。

表 15－8　　**2009 年家庭承包土地情况**　　单位：亩

总面积	水浇地面积	旱地面积	良田面积	荒地面积
2.4	2	0.4	2.4	0

数据来源：根据黄慧琼口述整理，2010 年 7 月。

表 15－9　　**2009 年家庭农作物、牲畜、家禽情况**

种类	亩数	折算价值（元）	种类	亩数	折算价值（元）	种类	个数	折算价值（元）
玉米	0	0	瓜果	0	0	羊	0	0
麦类	0	0	花草	0	0	牛	0	0
薯类	0	0	烟草	0	0	马	0	0
棉花	0	0	油料	0	0	驴	0	0

续表

种类	亩数	折算价值（元）	种类	亩数	折算价值（元）	种类	个数	折算价值（元）
蔬菜	0.4	1000	糖茶	0	0	猪	3	2000
水稻	2	4160	橡胶	55	13200	禽类	0	0
大豆	0	0	药材	0	0			

数据来源：根据黄慧琼口述整理，2010 年 7 月。

番茅村家庭经济的支柱就是橡胶种植，黄慧琼家也不例外。刚结婚时，由于两人之前都没有接触过这一领域，因此便把所有心思都放在那两亩多的耕地上。但他们逐渐发现，耕地上获得的钱越来越少，而同村人从橡胶上获得的钱却越来越多。出于改善经济生活的需要，2001 年黄慧琼夫妇在番茅村种植了 7 亩橡胶。与此同时，黄慧琼突然想到，在自己的娘家那里，尚有 48 亩林地一直空置，何不一并用来种植橡胶，于是便和母亲议定，由夫妻二人出资出力，将这空闲多年的 48 亩地再次利用起来，为家里换取货币收入。由于不懂技术，一切都是从零开始，种植初期时的困难可想而知。但黄慧琼夫妇耐心求教，从选苗到栽种，从培育到收割，每一个过程都虚心向经验丰富的前辈们学习，战胜了一个又一个困难，2001 年种植的 55 亩橡胶林在 2009 年已经可以开割。黄慧琼介绍说，村口设有私人收购站，村里人的橡胶基本都在这里出售，每斤按 10 元计算，仅橡胶一项，黄家 2009 年就收入 13200 元。但谈到今年的收成时，黄慧琼面露难色。今年我国南方大部分地区广受干旱影响，番茅村所在的五指山市地区也未能幸免。番茅村已经很久没有下雨了，橡胶喜雨水，干旱条件下出胶量将大受影响。可以预期，今年橡胶收入将有一定幅度减少。黄慧琼二人在系统学习种胶技术三四年后，橡胶种植逐步进入正轨，各项技术都已基本掌握，夫妻俩又于 2005 年在番茅村增种 17 亩的橡胶。此时技术相对成熟，经验相对丰富，种植情况比刚开始时大有改善，预计这一批橡胶将在两三年后开割，到时又将是一笔不小的收入。黄慧琼结合自身经历着重提到，对于农民来说，非常重要的一点就是农业技术的提高，只有技术提高，收入才有可能增加。以种植橡胶来讲，在不掌握技术的种植初期阶段，各个工作都进行得比较艰难。即使向前辈们学习了三四年之后，也会由于整体技术水平不高，而限制了进一步的增收。国营农场技术先进，种植六七年即可开割，而番茅村村民们最好的也得七八年，差的甚至要十年才可开割。在黄慧琼的印象里，政府极少培训村民学习先进的种植技术。而村民在这方面却有着极大的需求，扶贫工作应该以此为突破口。

表 15－10　　2009 年家庭收入来源情况　　单位：元

职业	收入	职业	收入
从事种植业	18360	本乡镇就业工资	0
从事渔业	0	外出打工	0
家庭手工业	6000	从事运输业	0
从事畜牧业	0	政府补贴和社会救济	0
从事养殖业	2000	出租耕地、房屋等	0
从事旅游业	0	其他经营收入	0
总收入合计	26360		

数据来源：根据黄慧琼口述整理，2010 年 7 月。

除了种植水稻、橡胶外，黄慧琼还有一门特别的手艺，那就是织锦。番茅村里不少妇女都从事织锦这个行业，房前屋后，经常可以看到一些妇女坐在地上，投入地织着锦线。黄慧琼说，现在织锦已经成为生活中重要的一个部分，平日早上出去割完胶后便来到厂里织锦，闲来无事在家的时候也靠织锦打发时间，三两个姐妹坐在门口，一边织锦还一边聊天，日子过得倒也惬意。这样一个月下来能织两条黎锦，每月固定能收入五六百元。

表 15－11　　2009 年家庭支出情况　　单位：元

总支出	生产性	生活性	看病	教育	娱乐	红白喜事	交通	通信	住房
11100	400	6000	2500	200	0	1000	0	1000	0

数据来源：根据黄慧琼口述整理，2010 年 7 月。

经过访谈，我们发现黄慧琼家的收入在番茅村来讲确实不少，但她仍感觉一年下来没存下多少钱，似乎挣多少就花了多少。2009 年，黄慧琼家的支出情况如表 15－11 所示。化肥农药等生产性消费一年有 400 元，各项生活消费在 6000 元左右，红白喜事的礼金一次 20 元至 50 元不等，一年下来也有约

1000 元。2009 年家庭里最大的一项开支便是黄慧琼的医疗费用。去年她生了一场病，花了不少钱，不过由于参加了新型农村合作医疗，一部分钱由国家报销，自己实际花费三四千左右。所幸孩子还小，都是义务教育，花费不多。谈到孩子，黄慧琼脸上又露出一丝苦涩。

黄慧琼夫妇俩于 1994 年结婚，婚后育有两个男孩。大儿子今年 15 岁，二儿子今年 7 岁。二儿子今年上小学一年级，热爱学习，成绩优秀，夫妇俩很是欣慰，希望他今后能一如既往的认真读书，将来可以找到一个好工作。但是，当聊到大儿子的时候，黄慧琼脸上明显泛起了愁容。她告诉我们说，大儿子已经上初中了，但是不认真学习，整日沉迷于网络游戏之中，几乎天天泡在网吧里不愿意回家，饿了就在网吧里面买着吃，有时甚至忘记了吃饭。两口子虽然也严厉管教，但无奈游戏的力量实在太强大，孩子有时会晚上偷偷跑出去，一玩就是一个通宵。在这种情况下，孩子的学习成绩直线下滑，甚至已经被学校勒令休学。令人啼笑皆非的是，当真正不用上学之后，孩子反而又想读书了，并保证以后再也不去网吧。夫妇俩思考再三后还是决定让孩子回到学校继续念书。“只是不知道上了学之后会不会又像以前一样了……”黄慧琼明显对孩子的前景比较担忧。按照国家规定，未满 18 周岁的孩子是不允许进入网吧的，各网吧的门口也都贴着“未成年人禁止入内”等明显的标志。但许多网吧老板为了获得更多的利润，往往对国家规定视而不见，对未成年人的光顾不仅听之任之，而且提供各种“周到”服务，让孩子们的心离“家”越来越远。去年网络上风靡一时的一则留言“贾君鹏，你妈喊你回家吃饭”正揭示了这一现实，而这句话的流行正说明了全国各地的网吧中不知道聚集了多少如同黄慧琼长子这样的“贾君鹏”。孩子是祖国的未来，孩子的教育不仅是家长的责任，更是社会的责任。和黄慧琼以及千万个黄慧琼似的母亲一样，我们真诚的希望国家有关部门能够切实负起责任，不要让国家对未成年人的保护空流于一张告示而已。更希望各网吧的老板们不要被利益冲昏头脑，为下一代多做一些应该做的事情。

（五）织锦能手刘连英

上午九点左右，设立在番茅大队福建村的“五指山市黎族织锦传习所”内，已有些干完家务活的黎族妇女开始在各自的垫子上织锦了。在这里，我们见到了稍微年长一些的刘连英，她衣着大方得体，肤色较一般的黎族妇女倒稍显白皙，脖子上的白色珍珠项链更显出家境的殷实。此时她还未铺展开织锦工具，正端着一小碗粥喂一岁多的小孙子吃早饭，一勺一喂极尽爱意。

上前探询，得知其名叫刘连英后，倒是一阵惊奇。连日来，在这村子里见到的人基本都姓黄，据说在黎语里原本并无姓氏之说，只是按家族血缘来相互区分，新中国成立后启用汉族姓名，这村子里的人便被统一划归为“黄”姓。即使是很多外村嫁过来的媳妇，往往也是姓黄的。碰上个特别的姓的人，便对其经历特别感兴趣。

原来刘连英的娘家在五指山市河那边的另一个黎族村寨里，21 岁时经人介绍嫁给番茅大队福建村年长她一岁的黎族小伙黄启峰，在携手共度 30 来年后，现在两人已分别 52 岁和 53 岁了。他们共育有三女一男，女儿均已出嫁，作为老二的儿子也于两年前经自由恋爱与外村的一位黎族姑娘结婚成家，刚刚刘连英所喂的一岁小男孩便是这两个年轻人的爱情结晶。除此之外，男主人黄启峰 70 多岁的姑姑因无子嗣，在丈夫死后也由刘连英夫妇赡养，老人身体健康，平时很少生病。如此一家四室同堂，六口人生活得其乐融融，幸福的感觉时时洋溢在受访人刘连英的脸上。

问及家里的基本收入情况（家庭收入来源见表 15 - 12），相比村里的其他家庭，刘连英家的收入来源倒比较多元化，主要有种植业（包括橡胶、槟榔、水稻和蔬菜）、养殖业（鸡、鸭和猪）、织锦，以及儿子当保安的收入等。

刘连英的老公黄启峰管理着家里的 2 亩橡胶地，虽然种植面积不大，但是一共栽了 1000 株橡胶树，现在都在出胶期。一直以来，都是男主人黄启峰起大早去地里割胶或者管理植株，再将晒干的橡胶拿到市里去卖或者直接卖给来村里收购橡胶的人。尽管橡胶树不是每天都能割胶，割两天后得隔上一天才能再割，但这样平均下来，每天依靠卖橡胶仍然能赚得 100 多元，一个月就差不多是 3000 来元，按照每年 4 月到 12 月长达 9 个月的割胶期来算，一年通过割橡胶、卖橡胶可以获得 2.7 万元左右的收入。依靠种植大量的橡胶树和良好的管理，便能获得一笔相当不错的收入。

在经济作物方面，刘连英家还种植了 1 亩地的槟榔树，一共有 340 株，每年能收 100 多斤槟榔，这些槟榔全都用来出售，按每斤 1.3 元到 1.5 元的市场价格，也能收入 200 元左右。据介绍，相对于橡胶树来说，槟榔树需要更多的管理，但是每株槟榔树栽种后四五年便可开始结果，比橡胶树出胶所需要的年头要短。

刘连英家还种植了2亩地的水稻，每年第一季栽种的水稻每亩能产1000斤左右，等到第二季的时候亩产只有七八百斤稻谷了，通常每年家里还能卖出四五百斤稻谷。按每斤水稻1.30元的市场价来计算，种植水稻可收入2160元左右。

由于整个福建村的土地都比较紧张，人均才4.8分地，刘连英家分得的菜地也比较少，只有一两分地，平均每个月能收50斤左右的蔬菜，按市场上蔬菜平均价格为1元/斤来算，靠种菜每年大概能获得600元的收入。种植的蔬菜只够家里日常食用，没有多余的出售，不过买菜的时候也比较少，买得比较多的是油、盐、肉之类。

刘连英家2009年还养了2头猪，等它们长到一两百斤的时候 就全部卖掉，按市场价每斤猪肉7元左右来计算，能获得2000元左右的收入。因为当地的饮食习惯是吃鲜猪肉，不像有些地方留大量的肉用来腌制或者风干，所以一家人在短时间内也吃不完那么多肉，平时要吃的话再临时去市场购买。

另外，刘连英家还养了不少家禽，一共有一二十只鸡和一二十只鸭，平时儿媳妇在家喂养它们。喂到足够大就全部卖掉，一批鸡鸭大概能卖得七八百元钱。刘连英家每年往往会养两三批鸡鸭，总共能卖得2400元左右。

刘连英这一家里，老公黄启峰忙着田间地里的一些较重的农活，比如橡胶地里、槟榔地里、水稻田里的活；儿媳妇包揽着全部家务活、菜地里部分活以及喂养牲畜和家禽。这样，儿子就会有足够多的时间外出打工，现在他在五指山市里的菜市场当保安，每个月能有1000元左右的工资。再者，刘连英每个月还能织四条黎锦，每条能收入300元左右，依靠织锦这个家庭每月就有1000元左右的收入。

表15-12　**2009年家庭收入来源情况**　单位：元

职业	收入	职业	收入
从事种植业	29960	本乡镇就业工资	12000
从事渔业	0	外出打工	0
家庭手工业	12000	从事运输业	0
从事畜牧业	0	政府补贴和社会救济	0

续表

职业	收入	职业	收入
从事养殖业	4400	出租耕地、房屋等	0
从事旅游业	0	其他经营收入	0
总收入合计	58360		

数据来源：根据刘连英口述整理，2010 年 7 月。

通过刘连英的介绍，我们同时了解到他们家承包土地的情况以及主要的生产性固定资产情况，详细数据见表 15－13、表 15－14。

表 15－13　**2009 年家庭承包土地情况**　单位：亩

总面积	水浇地面积	旱地面积	良田面积	荒地面积
5.2	2	3.2	3	0

数据来源：根据刘连英口述整理，2010 年 7 月。

表 15－14　**2009 年家庭主要生产性固定资产情况**　单位：台

汽车	拖拉机	犁田机	收割机	机动三轮车	牛车	脱谷机	水泵	其他
0	1	1	1	0	0	1	1	0

数据来源：根据刘连英口述整理，2010 年 7 月。

说起织锦，对于刘连英来说，倒是干了大半辈子了。还是十四五岁的小姑娘时，作为大女儿的她便跟着母亲开始学习了，当然母亲也是由姥姥一手教出来的，所以说黎锦是代代相传的传统手艺一点都不为过。不过现在早已不局限于此了，出现了村里的黎族姐妹相互学习或者组织织锦培训班请专门的老师一起来教等多种方式。

刘连英织锦的手艺好、速度也快，一条黎锦六七天就能织完，而且还会设计新的黎锦花样。不过，对于刘连英来说，最得意的恐怕还是教出了一个比自己的织锦技艺还高一筹的妹妹刘香兰，如今妹妹不仅在 2006 年建立了"五指山市黎族织锦传习所"，还在 2009 年被五指山市政府选为"黎族传统纺染织绣技艺代表性传承人"。回想起来，那还是 20 世纪 80 年代的事，妹妹刘香兰因在五指山市上中学便寄宿在姐姐刘连英家，由此便跟着织锦技艺高超的姐姐学习织锦。一来姐姐刘连英织锦技艺高妙、教导有方，二来妹妹刘香兰悟性绝佳，织锦的技艺越来越好，直到后来渐渐占据上风。当然这也因为刘香兰除了对黎锦的基础手法比较精湛外，自身还添加了很多设计创新的成分，让黎锦花纹既保留了传统特色，又满足了各种新的需求。

自从2006年妹妹刘香兰设立“五指山市黎族织锦传习所”后，姐姐刘连英便协助其打点传习所，特别是当妹妹在外联系订单、参加各种贸易交流活动的时候，刘连英便负责解决黎族姐妹织锦时遇到的技术难题。就在我们访谈的过程中，刘连英旁边的一个垫子上坐着个十一二岁的小姑娘正在用小型的织锦工具学织黎锦，她便是一开始就在刘连英的指导下学习的。像这样从头教人织锦，刘连英自己也说不上一共教过多少人了，村里的姐妹们在遇到问题时也乐于向这位大姐请教学习。开朗且乐为人师的刘连英对此也特别开心，这样一方面帮助了黎族姐妹，另一方面还发扬了织锦这一传统的黎族文化，有越多的黎族女性来学习织锦、学得越认真，对这项国家级的非物质文化遗产（黎锦于2009年底成功申请到了“国家级非物质文化遗产”）的传承作用越大，何乐而不为呢？

除了织锦，刘连英还有一大特长就是歌唱得特别好，去年参加市文体局组织的“五指山市‘三月三’节民间对歌比赛”拿了个一等奖回来。

回想起自己还只有十二三岁时，便喜欢上了唱歌。那时候，经常能听到老人在山间、田野里用黎语唱着各种山歌，有不经意的自娱自乐，也有相互间的对唱，听得年少的刘连英如痴如醉。当然，听得最过瘾的是在结婚办喜事的时候，根据黎族的传统习俗，在接亲的路上、在接新娘子时、在结婚当日的酒席上、闹新房时，主人和客人之间以及宾客相互间，都会有各种形式的对唱，即兴唱出来的这些黎族歌曲，或俏皮、或祝愿、或喜庆、或清新、或故意刁难、或斗智斗勇，包含着黎族文化的精髓。

那时候的刘连英便喜欢跟着哼唱这些歌曲，当地的一些黎族老人很喜欢这个喜爱唱歌且有副清脆好嗓音的小女孩，便时不时地教上几句。由于黎族歌曲本身就来源于黎族人民日常的生产和生活，而且歌词曲调又往往应时应景，所以小刘连英学得也特别快。再加上她从小胆量就比较大，不怕在人前展露歌喉，这样边学边唱，进步特别快。刘连英说之前从来没有专门系统地去学习唱歌，这些都是在日常生活、劳作的间隙习得的。

年龄再大些的时候，刘连英便跟着村里接亲的队伍去迎接新娘，在这一过程中就有足够多的机会尽兴唱歌。特别是在婚宴觥筹交错后，胆量愈发地大，就敢当着客人的面唱歌了，通常是与客人相互对歌，你方唱罢我又开喉，好不热闹。到后来，不仅是婚宴酒席后，平时家里来了客人，刘连英也会与客人对唱几句。就在这些日常的生活中，不仅将黎族人民的生活娱乐方式不断传承和发扬，也将自己身上的唱歌特长、热情好客的特性发挥得淋漓尽致。嫁到番茅大队福建村后，刘连英喜好唱歌且擅于唱歌的名声不胫而走，谁家有喜事时也喜爱请她前去与客人对对歌、助助兴。

2009 年“五指山市‘三月三’节民间对歌比赛”，冲山镇便挑选了刘连英及其他几位唱歌能手一同参加比赛。这个“三月三”节是海南黎族群众纪念先祖、喜庆新生、赞美生活、追求爱情的传统节日，早在 1984 年，根据黎族人民的意愿和要求，广东省人大和广东省人民政府便决定将“三月三”确定为黎族的传统节日，该节日已于 2005 年底被列入第一批全国非物质文化遗产名录。如今，每年农历三月初三，海南黎族各聚居区都要举行规模盛大、内容丰富的庆祝活动，不但继承了昔日的对歌、射箭、摔跤、荡秋千、跳打柴舞、粉枪射击等传统的内容，而且还增加了黎族传统歌舞、现代歌舞表演，书画、传统纺织品、工艺品、文物等展览，竞技性体育项目如球、棋类、田径比赛等新的内容，新时代的味道越来越浓厚。“三月三”节已成了集商贸、旅游、文化娱乐及节日欢庆为一体的节日，成为海南黎族人民弘扬优秀传统文化、增进各族人民的了解和友谊、促进民族地区经济发展的重要盛会。①

已经成功举办了好几届的“五指山市‘三月三’节民间对歌比赛”，也是“三月三”节的一个重要活动项目，每年有来自五指山市各乡镇的数十位选手参加。在去年的比赛中，共有各乡镇的 36 名选手参加比赛，大家均抽签分组决定谁跟谁对唱。经过几轮激烈且充满乐趣的角逐后，刘连英在所有参加比赛的选手中获得一等奖的殊荣。提及这个奖项，刘连英介绍说主要是因为平时爱好唱歌而且想唱就唱，渐渐地记住的歌曲就比较多，而且胆量和临场反应都锻炼出来了。不过，还得要感谢市文体局和文化馆在赛前所组织的

---

① 张杰．首届海南乡土文化节·非物质文化遗产介绍把酒对歌黎族“三月三”[N]．海南日报，2006－03－31（2）.

培训，除了详细地讲解了比赛规则、得分原则外，还将歌曲调法、歌词语言规范、有效对歌范畴等做了讲解，让这群只是口口相授的民间歌手对参赛对歌有了更规范的认识。

不管是“三月三”节的对歌比赛，还是平日里大家相互对唱的歌，歌词都是黎语的，而黎族只有语言没有文字，因此要将这些反映黎族人民质朴敦厚的民风民俗、独特的生活习惯、颇具特色的民族文化和风情的民间歌曲传承下去，也只有通过相互之间传授的方式。可是随着汉化倾向逐渐明显，大部分会唱黎族民歌的都是老人，年轻人中大概只有一半的人会唱，精通于此的人就更少了。

据刘连英介绍，继2009年底黎锦成功申请成为国家非物质文化遗产后，今年黎族的各官方政府或民间团体正在积极努力地推动黎族民歌申请成为国家非物质文化遗产。当然，这是保存并展现黎族瑰丽的民族文化的一种重要形式，但是要想真正地把这些民族文化传承并发扬，最重要的还是要培养出更多喜好并精通于此的年轻人。一种文化，只有扎根于民众的日常生活中，才能有足够的基础和空间去发展壮大。黎锦文化在当地的黎族群众中有很好的基础，番茅村基本上家家户户都在织锦，虽然这在很大程度上是由经济利益推动的，但也正是基于此的推动力才会有如此的广泛性和持久性，同时也使黎锦文化得到了传承和创新，并发掘出了黎锦更广泛意义上的价值。而对于黎族民歌，尽管市政府积极组织民间歌手进行对歌比赛，当地文化组织也已经编辑出版了翻译成中文的黎族民间歌曲集，但是在黎族民众间特别是年轻人之间相互学习、传唱黎族民歌的风气尚不浓厚，由此应该加大力度推广黎族民歌学习以及传唱，这样才能使灿烂的黎族民间文化得以传承并发扬。

刘连英长于织锦、还擅于唱歌，并都取得了不俗的成绩，这不得不让人感叹其天赋的优异。但是，仅仅有天赋还不够，还要去发现自己的特长，这在很大程度上受到个人性格、兴趣爱好和生活环境的影响，比如刘连英受母亲影响开始学织锦，其妹妹刘香兰又是在姐姐的影响下接触织锦；刘连英是听见黎族大人们在田间地里、酒席喜事时一展歌喉，方才激起了对唱歌的浓厚兴趣。如果仅仅是发现了自身特长尚且不够，还需要虚心请教、不断学习、勤加练习才能将天赋真正转化为特长，最好能再加入自己的理解和创意，便可比前辈更胜一筹，比如刘连英在民歌对唱比赛中战胜各个年龄段的选手而获得一等奖，再比如妹妹刘香兰超越了曾经是授艺师傅的姐姐刘连英而成为“黎族传统纺染织绣技艺代表性传承人”。至于黎锦、黎族民歌，亦或是其他形式的黎族民族文化，要想能够传承并发扬下去，需要众多有天赋的年轻人能够依此路径不断努力。

附录1：海南省2008年民营橡胶良种补贴项目实施操作程序

根据农业部《天然橡胶良种补贴项目资金管理办法（试行）》和《农业部办公厅关于印发2008年天然橡胶良种补贴项目实施方案的通知》规定，为了规范我省橡胶种苗生产管理，加快橡胶良种推广，公开、公正、透明、合理地组织好补贴项目的实施工作，特制定以下实施工作程序，请各市县主管部门、定点供苗基地、种植户严格按程序操作。

一、广泛深入宣传补贴政策

2008年天然橡胶良种补贴的政策是：袋装苗每株3元，每亩补贴33株。经综合多方面意见后议定，今年享受补贴项目销售的橡胶袋装苗最高价格为每株7元，上已封顶，下不定保底，供苗基地在最高限价下可灵活掌握。种植户购买袋装苗时，按每株3元扣除后，其余部分苗款和运费由植胶户承担。

有下列情况之一者，不列入享受补贴范围：1. 在坡度25度以上山地种植的；2. 毁坏水源林、生态林种植的；3. 植胶户没有备好植胶土地的；4. 植胶户提供资料不实或有弄虚作假行为的。

项目市县主管部门及定点供苗基地，要把国家的补贴政策和我省的相关补贴规定，通过召开乡镇、村委会分管领导会议和广播电视，印发宣传单、悬挂横幅、村务公开栏公布等形式，多种渠道进行广泛深入地宣传，让群众了解和掌握有关政策，自觉自愿申报新种植面积和需购买的橡胶种苗数。

二、严格审批手续、熟练掌握补贴项目申报审批流程

（一）按需要申请，严把审核关。凡申请橡胶良种补贴的植胶户（含农户、个体企业、地方国有、集体农场）都要领取《海南省天然橡胶良种补贴苗木购买审批表》，按申请表所列内容要求如实填写，留下随时可以联系的电话号码。要求农户对申报内容作出承诺并签名：所填报情况真实，如有虚假，将按有关规定处理。

凡属农户填报申请的报所在村委会，由村委会将申请农户的姓名、种地面积、拟购苗数量等内容张榜公布 7 天。无异议后，由农户所在地的村委会或乡镇政府核实身份、面积后作审核意见，审核人签名并盖章后上报市县主管部门（盖章单位留一份）。

凡属种植企业、国有农场、集体农场申请的，填报并盖单位公章后，报所在市县橡胶补贴主管部门（农业局或热作中心），将申请单位的姓名、种地面积、拟购苗数量等内容张榜公示 7 天。无异议后，由所在地主管部门（市县业务管理部门或乡镇政府）核实身份、种植面积后作审核意见，审核人签名并盖主管部门公章（盖章单位留一份表）。

（二）市县主管部门严格审批。植胶户持已审核过的申请表、附上户主身份证或户口本或企业营业执照等复印件（一式两份），送本市县橡胶良种补贴主管部门审核，主管部门在 7 天内作出审批意见。在审批前，市县主管部门要认真核实植胶户的情况，要实地核实，了解植胶户备地、备耕、备肥情况，没有做好“三备”的不得审批，情况属实的作同意审批意见（留一份申请表和身份证明备案）。情况不实的，经更正后审批。经办审批人对审批意见负责，因工作造成失职的，将追究责任。

（三）签订合同，办理购苗手续。市县主管部门作出审批意见后，植胶户持审批申请表到定点种苗基地购买橡胶苗，种胶户在购买种苗时与供苗基地签订《海南省天然橡胶良种苗木购销合同》一式四份，供苗基地、市县热作中心、村委会、植胶户各存 1 份。结算交纳橡胶苗款时，供苗基地要开具有户主姓名和地址的 5 联收据（发票）。供苗后市县主管部门和供苗基地要做好审批表、合同书、身份证明和收据（发票）等资料建档工作，按乡镇、村委会、种植户和地方农场建档。各定点种苗基地和市县主管部门每周五下午，将植胶户申请、供苗、种植情况报省农业厅南亚办，同时将有关数据录入“农业部天然橡胶良种补贴管理数据库”。供苗基地对出售种苗数量真实性和品种质量纯度负责，如有虚假，将追究其责任。

三、做好跟踪监督服务工作

市县主管部门要对植胶户的种植情况进行检查，通过实地抽查或采用 GPS 卫星定位测量仪进行。要经常对定点种苗基地的育苗数量和质量进行检查监督，包括苗木品种、增殖芽条来源、种苗出圃销售情况，以及植胶户购买种植情况等进行抽查。既要督促种苗基地按质按量繁育、生产、供苗，又要督促植胶户科学种植，规范种植，提高种植成活率，确保达到95%以上。同时，要做好各类材料的收集和归档工作，按植胶户一户一档建档，同时建立电脑管理档案，保证各种材料完整、规范。

四、做好项目总结和验收报告工作

各市县在项目实施结束后，主管部门要对供苗基地和植胶户所种植的橡胶进行初审验收；将享受补贴的植胶户情况列表造册；写出专项工作总结上报省南亚办。

全省验收时间初定为11月份。验收程序为：市县上报验收申请，由省农业厅、财政厅组成主管处室领导、财务、纪检和有关专家组成验收组逐个市县进行验收。验收采取到实地用GPS测量核实种植面积、电话抽查植胶户、检查有关档案等方式，对项目市县的实施情况，种苗基地的种苗供应情况，档案材料管理情况进行验收。验收合格的，报省农业厅领导审批，送省财政厅审核后，将补贴资金拨付给种苗基地。

附录2：五指山市2008年地方民营天然橡胶良种苗木补贴项目实施方案

根据农业部《天然橡胶良种补贴项目资金管理办法（试行）》（农垦〔2006〕2号）和海南省农业厅《关于印发2008年天然橡胶良种补贴项目实施方案的通知》（琼农字〔2008〕91号）精神，结合我市民营橡胶生产实际，特制定本实施方案。

一、基本原则和思路

以党的十七大精神为指导，全面贯彻落实科学发展观，在优势植胶区域内，以天然橡胶良种补贴项目为手段，加快天然橡胶良种推广，实现品种与环境类型区域对口使用，逐步提高橡胶良种覆盖率，促进我市民营橡胶产业的升级。在项目实施过程中，一方面保证补贴资金坚持专款专用，公平、公开、公正、透明原则，完善补贴手续，确保补贴资金分文不少补贴到农户手上。另一方面开展橡胶树种植技术培训工作，提高种植成活率。

二、总体目标

（一）通过实施良种补贴，使补贴种苗的良种率达100%，切实保护好受补贴植胶户的根本利益。

（二）开展橡胶种植技术培训，确保补贴项目的橡胶苗成活率在95%以上，且苗木长势良好。

三、补贴区域、对象、品种、方式

（一）补贴区域与对象：我市区辖内（不含农垦）的地方橡胶农场、种胶企业和植胶农户。

（二）补贴品种：热研7－33－97、大丰95、PR107和RRIM600。

（三）补贴方式：采取实物补贴方式，即直接补贴良种橡胶苗。

四、补贴规模和标准

（一）根据海南省南亚办《关于印发2008年民营橡胶良种补贴计划安排表的通知》（琼南亚〔2008〕第11号）的有关规定，我市2008年民营橡胶良种补贴面积为2000亩，共需袋装苗6.66万株，补贴金额19.8万元。

（二）补贴苗木标准：袋装苗要求长出1～2蓬叶并已老化，健壮无病虫害，出圃时对破损袋进行加固，做好护芽、包装和病虫害检疫工作。

（三）补贴标准。袋装苗每株补贴3元，每亩补贴33株。

五、种苗基地审核和种苗价格议定

（一）根据海南省南亚办《关于印发2008年民营橡胶良种补贴计划安排表的通知》（琼南亚〔2008〕第11号）文件的种苗基地安排，我市2008年民营橡胶良种补贴计划所需的袋装苗全部由儋州万煌公司乐东基地提供。

（二）种苗价格议定。综合今年全省橡胶苗的市场价格，经省农业厅多方征求意见，初步议定2008年袋装苗销售价格为每株7元，上已封顶，下不保底。享受补贴的袋装苗每株补贴3元，不足部分由植胶户负担。

六、补贴申报条件和程序

（一）申报。植胶户有种植橡胶的土地，做好了备地、备肥、备耕工作的，填写《海南省天然橡胶良种补贴苗木购买审批表》（附件1），经所在村委会公示审核后上报农业局。有下列情况之一者，不列入享受补贴范围：1. 在坡度25度以上山地种植的；2. 毁坏水源林、生态林种植的；3. 植胶户没有备好植胶土地的；4. 植胶户提供资料不实或有弄虚作假行为的。

（二）公示。植胶户的购苗申请要在本村委会公示7天。

（三）审批。公示后，植胶户将购苗申请送村委会和乡镇政府审核，再由乡镇政府统一送农业局审批，审批前须对申报情况进行核实。植胶户凭《审批表》与定点种苗基地签订《海南省天然橡胶良种补贴苗木购销合同》（附件2），交纳补贴以外的胶苗款后购买橡胶苗。

（四）验收和资金拨付。由省农业厅和财政厅组织项目验收组，对我市情况和种苗基地供苗情况进行验收，按《天然橡胶良种补贴项目验收办法》（附件3）进行。为确保补贴资金安全有效使用，采取事后补贴方式。资金拨付方式是：市县和种苗基地完成任务后提出验收申请，经验收合格，依据购销合同结算，将补贴资金拨付给定点种苗基地。

七、有关要求

（一）成立项目监管工作小组。为了强化对良种补贴项目的监管，设立市民营橡胶良种补贴项目监管工作小组，组长由市农业局局长吴教孚担任，副组长由市农业局副局长欧福明担任，成员从市农业局相关处室抽调，监管工作小组下设办公室，负责做好项目的指导和实施工作。各乡镇也要相应的成立项目监管工作小组，对补贴农户要逐步建立档案以便监督检查。

（二）实行分级负责。市农业局负责做好种苗基地监督，苗木质量检测、培训、组织项目实施和验收工作；市财政局负责做好配套资金的落实工作，配套资金主要用于项目的宣传、培训、检查等方面；各乡政府负责做好宣传和监管工作，广泛宣传补贴政策，使胶农主动申请，参与监管，确保项目顺利实施。

（三）建立周报制度。项目实施后，各乡镇要在每周四下午，将植胶户申请、供苗、种植情况报厅市农业局，同时将有关数据录入“农业部天然橡胶良种补贴管理数据库”。联系人：李刚，联系电话：86622376、13637620506。

（四）违规处理。任何单位和个人不得套取、挤占、截留、挪用天然橡胶良种补贴资金，如发现上述行为将取消补贴资格。违纪违法的按有关规定处理。

八、天然橡胶良种补贴项目验收办法

为了保证国家天然橡胶良种补贴项目的顺利实施，切实将国家的补贴政策落实到橡胶户手中，促进天然橡胶产业快速发展。通过检查总结项目实施的情况和经验，分析存在问题，为今后更好地实施补贴项目提供指导。依据《天然橡胶良种补贴项目资金管理办法（试行）》（农垦发〔2006〕2号）《关于印发〈海南省天然橡胶良种补贴项目资金管理办法实施细则（试行）〉的通知》（琼农厅字〔2006〕15号）和年度补贴项目实施方案制定本验收办法。

（一）验收主体

本年度补贴项目基本完成后，由项目实施市县热作部门和各定点种苗基地自查自验，提出验收申请报省行政主管部门，由项目省农业厅、财政厅主管部门组成联合验收组，对项目市县和定点种苗基地进行全面检查验收。验收结果报农业部和财政部。

每年12月31日为项目截止时间，验收时间为11月份。

（二）验收内容

1. 项目市县执行情况

（1）是否通过各种渠道宣传天然橡胶良种补贴政策；

（2）是否在项目区内公布良种苗木供应基地名单、享受补贴的农场及植胶户名单和补贴苗木的议定价格；

（3）项目管理档案是否规范完整（档案内容包括：项目执行情况自查自验报告、植胶户种苗购买申请表、购苗者身份证复印件、供苗方与植胶户的种苗购销合同、植胶户购买苗木登记表、购苗发票等）。

2. 苗木定点供应基地执行情况

（1）良种苗木生产、供应情况。包括：苗木品种、类型、数量、质量等，提交《天然橡胶良种补贴项目定点供苗基地良种苗木生产供应情况表》；

（2）是否按主管部门批准的《审批表》给植胶户供苗，买卖双方的购销合同是否规范；

（3）档案材料是否完整规范；

（4）橡胶种苗售后相关技术服务的情况。

3. 植胶户执行情况

（1）补贴苗木种植情况。包括：是否按申请地点种植，申请补贴的苗木是否全部完成种植、苗木定植成活率；

（2）植胶户对补贴苗木质量和服务是否满意。

4. 存在问题分析

在补贴项目组织实施、补贴资金发放、苗木生产、苗木质量、种植情况等方面存在哪些问题及其原因。

（三）验收程序与方法

1. 提交项目验收申请

项目补贴区市县热作主管部门，向省行政主管部门提交项目验收书面申请。根据本办法的项目验收内容组织预验收，准备相关验收材料。

2. 成立项目验收小组

成员由项目省农业厅、财政厅主管处室领导、技术专家、财务、纪检人员组成。

验收小组遵循实事求是、客观公正的原则，对各申报验收的单位按照验收内容逐项检查、审查、核实和评价。验收过程中涉及的证据不足、缺乏评价依据、标准不明确等情况的事项暂不作结论性评价，但必须有文字说明。验收工作过程中，如出现需要调查核实的事项，应通过查阅有关文件资料、实地查看或向有关单位和个人调查，取得证明材料，计入验收工作底稿。验收人员收集证明材料时，应不少于两人，且证明材料需有提供者和验收取证人员的签名或盖章。

3. 胶苗种植现场验收

采取随机抽样的方法，对项目市县和农场提供的植胶户的基本情况，到农户或用电话查问植胶户姓名、身份证、住址是否对应相符，抚管成活率是否达到95%以上。补贴区域内每个县（市）随机抽取5～10个农户或企业。

（四）验收结果评价

1. 项目市县按照年度补贴项目实施方案的规定实施，完成年度种植计划面积90%以上（含90%），认定为完成项目，按计划100%拨付补贴资金。

2. 项目市县未按照年度补贴项目实施方案的规定实施，完成年度种植计划面积不足60%的，认定为不完成项目，取消当年良种补贴计划，不拨付补贴资金。

3. 受客观因素制约，完成年度种植计划面积60%以上，但不足90%，按实际完成的面积和数量结算，拨付相应数量的补贴资金。

4. 对验收结果有重大异议的，自验收结果在本地网上公示第一天起15天内，项目市县主管部门可以书面提出复查申请，报请项目省行政主管部门组织重新验收。项目省行政主管部门在接到申请后1周内做出决定，认为需要进一步评议的，再次组织验收，并根据再次验收结果做出评价。该验收评价为最终评价。

5. 验收完毕，验收结果由验收小组成员签名，单位盖章；验收报告和相关附件上报项目省行政主管部门和农业部农垦局。

6. 每年9月底农业部农垦局将资金拨到项目省财政主管部门，种植面积达到计划面积65%以上时，由项目省主管部门分批给定点的供苗基地预拨部分资金。验收工作结束，项目省行政主管部门向农业部农垦局提交验收结果评价报告，农业部农垦局对项目省行政主管部门项目验收结果作出批复，省行政主管部门12月31日前将决算后的资金全部拨付完成。

附录3：五指山市新型农村合作医疗管理办法

一、将《国家基本药物目录（基层部分）》全部纳入我市新农合医疗药品目录，不另行设定个人自付比例，其药品费用金额计入新农合报销范围。

（一）一级医疗机构门诊统筹使用《国家基本药物目录（基层部分）》药品费用按50%报销。不得超目录使用药品。

（二）参合农民在一级医疗机构住院，住院费用在200元（含200元）以下的使用《国家基本药物目录（基层部分）》药品费用按50%报销；住院费用在200元以上，使用《国家基本药物目录（基层部分）》的，药品费用按90%报销。

（三）各级定点医疗机构使用《国家基本药物目录》内的药品，不设定个人自付比例，全部纳入新农合报销范围，按原级别定点医疗机构报销标准进行报销。

（四）各级定点医疗机构使用《国家基本药物目录》之外的甲、乙类药物，但须在《海南省基本医疗保险和工伤保险药品目录》内的药物，药品费用个人自付10%后才进入报销范围，报销标准按原级别定点医疗机构报销比例给付。

（五）一级定点医疗机构住院使用《国家基本药物目录》之外的甲、乙类药品种类比例不得超过10%，若超出10%，医疗机构自付药品费用的50%，参合农民自付50%。二级定点医疗机构使用《海南省基本医疗保险和工伤保险药品目录》外的药品比例不得超过15%，三级定点医疗机构使用《海南省基本医疗保险和工伤保险药品目录》之外的药品比例不得超过20%，在此范围内须征求患者或家属同意签名，于事前报经办机构批准方可使用。如遇急诊、急救等特殊情况可先使用，但24小时内应将病情、治疗情况等材料报市合管办备案。二、三级定点医疗若超出以上规定范围用药，发生的药品费用将由医疗机构承担。

（六）村卫生室在《国家基本药物目录（基层部分）》内使用药品。不得超目录外用药。

二、一级定点医疗机构门诊使用抗生素静脉输液每月不得超过门诊服务总量的50%；超过50%的，经二次警告不做整改的，产生的医疗费用由定点医疗机构承担，并不予支付当月医疗服务质量保证金。

三、在二级医院住院的，住院起付线300元，报销比例由原来的70%调整为65%；经二级医院转院，经市合管办同意到省三级定点医院住院的，住院起付线600元，报销比例由原来的60%调整为55%。

四、定点医疗机构使用高值检查项目，检查费在100元（含100元）内，新农合按不同级别医疗机构报销标准给予补偿，超出100元以上部分，由患者自付。使用这些检查项目须征求患者或家属同意签字，方能使用。

五、0~14岁儿童重大疾病的医疗保障

（一）儿童急性淋巴细胞白血病，儿童急性早幼粒细胞白血病的报销标准在省卫生厅确定的三级定点医疗机构调整为70%，封顶线（包括门诊化疗费用）为10万元，起付线为600元。

（二）儿童先天性房间隔缺损、儿童先天性室间隔缺损、儿童先天性动脉导管未闭、儿童先天性肺动脉瓣狭窄，在省卫生厅确定的三级定点医疗机构报销标准为70%，封顶线为5万元，起付线为600元。

（二）以上6种儿童重大疾病，若属于民政医疗救助家庭，其患儿医疗救助比例为住院费用的20%，个人自付费用10%；若属于困难边缘人群，其患儿医疗救助比例为住院费用的10%，个人自付费用20%。若不符合民政救助对象范围的患儿家庭，由于儿童急性淋巴细胞白血病、急性早幼粒细胞白血病治疗费用多而导致家庭致贫，可向民政部门申请医疗救助。

（四）患以上6种儿童疾病的，二级医疗机构接诊后，应及时向省卫生厅指定的海南省人民医院、海南省农垦总局医院、海南医学院附属医院、海南省农垦三亚医院、海口市人民医院转诊，不得截留病儿。

（五）新农合报销和医疗救助程序

市民政局给新农合经办机构提供低保，特殊困难对象名单，并在农合号中增加民政编号，每年民政部门预付一定经费给市合管办。若是这些对象的患儿出现上述病种的，由新农合经办机构按补偿比、医疗救助比例与定点医院直接核算；之后，经办机构和民政部门核算。若是不符合民政救助对象范围的患儿家庭，因治疗费用多而导致家庭致贫，可向民政部门申请救助。医疗机构若是有这些对象的患儿出现上述病种的，经农合信息网报批，同时电话告知当地民政部门，民政部门按医疗救助比例与定点医疗机构直接核算。

六、结核病人的门诊检查治疗费用纳入慢性病门诊报销范围。但须提供门诊病历、处方复印件、检验单复印件。

七、门诊统筹补偿封顶线：参合农民每人每年门诊费用补偿最高限额400元，60岁以上最高限额600元。

八、慢性病门诊年补助由2000元提高到3000元。在定点医疗机构就诊的，补偿比例为60%；在非定点非营利公立医疗机构就诊的，补偿比例为45%。

九、与本办法有关规定不一致的，以本办法规定为准。

十、本办法于2010年6月1日执行。

附录4：关于建设番茅黎族乡土博物馆的建议

一、番茅村的发展历程和现状

番茅村位于我市西面，和市区相连，有5个村小组，总户数317户，总人口1259人，其中黎族1146人，汉族2人。是五指山地区黎族社会发展的一个缩影。从1950年海南岛解放以前的原始的“合亩制”到1954年成立海南岛第一个少数民族合作社，再到1958年番茅高级农业生产合作社改为番茅大队，黎族百姓的生产关系和生产方式发生了翻天覆地的变化。粮食播种面积不断扩大，学习外省的种植技术后，总产量明显提高。成为“合亩制”地区农业合作化的一面旗帜和黎族村寨中的“样板村”而名声大噪。朱德等8位国家领导人曾经前来视察，苏联等36个国家的知名人士曾先后来此参观学习。

改革开放30年以来，番茅村进入了新的发展阶段。20世纪90年代初，番茅村的黎族农民筹资几十万元，创办了海南第一个民族风情旅游景点——番茅旅游黎寨，吸引了不少国内外游客，名噪一时。近年来，我市加大了对番茅村黎锦的扶持力度，帮助妇女掌握黎锦纺织技术，以挖掘、保护和传承黎锦工艺。自2006年以来，番茅村因地制宜，已经组织起数十名黎族妇女集体进行黎锦纺织，使黎锦纺织初步走向产业化，其产品远销日本、中国香港、广东等地，堪称“海南黎锦第一村”，吸引了众多游人、公司集团前往参观游览和洽谈合作。2007年全村委会的总收入371万元，其中农业收入184万元，林业收入85万元，牧业收入83万元，外出劳务收入36万元，农民人均收入2380元。

但是，由于多方面的因素，番茅村在全国经济飞速发展的浪潮中仍然趋于落后。该村目前发展比较缓慢，当地农民的收入主要是来源于种植业，依赖橡胶、槟榔、水稻、蔬菜等传统作物的种植和生产方式，没有现代化的加工业和高技术的现代农业，农民收入偏低，生活质量较差。这与该村20世纪

50年代成立第一个黎族合作社和20世纪六七十年代受到党和国家领导人关怀的“海南大寨”的番茅村昔日的辉煌相比，已经是天壤之别。

二、番茅村历史文化遗产的主要内容、特色及其价值评估

番茅村具有丰富的历史文化遗产资源，这些资源是五指山市乃至海南岛的特色文化遗产，具有较高的开发、利用价值。

（一）番茅村历史上是“大寨式”的黎族名村，曾引起党和国家领导人和国际友人的高度重视和访问，名人效应影响力很大。

（二）以番茅农业合作社遗址为代表的历史文物资源独特，中西合璧，保存完好，具有重要的观赏价值和教育意义。

（三）番茅村中不少人是辉煌历史的创造者和见证人，他们中的很多人现在还健在，能够对番茅村辉煌的历史娓娓道来，生动有趣。

（四）番茅村保存有被列入联合国教科文组织首批世界急需保护的非物质文化遗产名录——黎锦传统纺染织绣技艺，黎锦工艺可开发性强，有利于推进社会主义新农村建设，并带动周边地区的发展。

（五）番茅村具有多样性的黎族文化资源，包括衣食住行等诸多方面，具有独特性和可观赏性，旅游开发的前景良好。

三、建议

在我省建设国际旅游岛的大背景下，鉴于番茅村发展的历史和现状，为充分挖掘、开发利用其丰富的历史文化遗产资源，建议从以下各方面入手进行保护和开发。

（一）对番茅村进行重新定位和包装，建设海南、乃至中国的旅游名村。乡村旅游是政府大力扶持的加快农村经济发展的新兴产业，在市场推动和政府引导下，乡村旅游业能够带动和促进地方社会经济的发展。番茅村有较为丰富的黎族历史民俗文化遗产，这些宝贵的遗产为乡村旅游的开展提供了有利的条件。另一方面，番茅村地处五指山市的郊区，离市中心不到两公里，邻近三星级酒店的旅游山庄，交通较为便利，旅游可进入性强。未来的海南省三亚市到五指山的高速公路的开通以后，将会带动五指山市旅游业的发展，而番茅村将是五指山市旅游的一个著名的新亮点。市第二次党代会提出“旅游立市”的发展战略，应该尽快给番茅村做规划和立项，把番茅村做成一个有民族特色的品牌旅游项目。给番茅村作出新的定位：一是海南省乡村旅游示范点；二是联合国教科文组织首批急需保护的非物质文化遗产黎锦传统纺染织绣技艺保护和传承示范点；三是黎族地区第一个乡村博物馆示范点；四是海南省新农村建设与生态文明村建设一体化示范点；五是五指山地区乡村休闲娱乐中心区。

基于番茅村新的定位，目前应该对番茅村相关的旅游景点进行设计和包装。一是建设“世界黎锦第一村”门楼；二是修建大型巨石路标；三是建设五指山至番茅村的人工绿化带；四是包装黎族酿酒坊。

（二）打造“世界黎锦第一村”，建设世界非物质文化遗产黎锦保护和传承的示范点。

（三）建立全国首家黎族乡土博物馆——番茅村乡土博物馆，集文化遗产保护、旅游观光休闲和爱国主义教育于一体。

“乡土博物馆”是中国社会主义新农村建设的重要内容，它对于保护和传承乡土历史文化，复原缺失的历史，具有重要的意义。我们计划创建的“番茅村黎族乡土博物馆”是黎族地区的第一座乡村博物馆，也是全国首家黎族乡村博物馆。其与传统的博物馆相比，既是乡土的，又是观光型的，它的建成，对于推动黎锦文化遗产的保护，促进乡村旅游业的发展，推动爱国主义教育，具有重要的示范意义。该博物馆设计三个陈列厅：一是党和国家领导人来访纪念厅；二是世界非物质文化遗产黎锦展示厅；三是黎族文化多样性陈列厅。

旅游是文化的载体，文化是旅游的灵魂。番茅村黎族保存有比大陆壮族和傣族现存文化更原始的文化遗产，有郁郁葱葱的热带生态环境；有世界级非物质文化遗产黎锦，有多样性的黎族文化。这些都是现在番茅村赖以生存和发展的良好的资源，值得保护和开发。

附录5：关于冲山镇番茅村委会原番茅大队旧址列为省级文物保护对象的建议

原番茅村番茅大队旧址位于冲山镇番茅村委会番茅村小组，距离市区500米，是一栋具有“苏联”式建筑风格的老式建筑，始建于1954年，至今已有53年的历史，该房见证五指山通什地区率先进入“合作化”，番茅村一带成立了黎族地区第一个“番茅初级农业生产合作社”。此前，于1952年7月1日海南中部山区成立了“海南黎族苗族自治区”，1955年区府从乐东移至通什改称为“海南黎族苗族自治州”。番茅大队曾来访过朱德、许世友、陈永贵、西哈努克亲王等36位国家领导人和国外友人。1975年新建了番茅大队文化室，原番茅大队合作社文化室从此不再办公。这样，这栋旧房便荒废了30年，但建筑质量仍保存完好，具有很高的文物价值。省民宗厅陈志荣厅长等省领导多次前来视察都建议将这栋旧房修缮作为历史文物保存下来见证番茅建队的历史。为了保护这个文化遗产，恳求将原番茅村番茅大队旧址列为省级文物保护对象，同时建议市政府出资给予修缮。

附录6：问卷选

调查问卷统一编号：

中央民族大学国家“985工程”
区域经济社会发展调查

农区家庭问卷

地 区 别	代 码
海南 自治区、省	□□
自治州、盟、市、地区	□□
五指山 自治县、旗、市、区	□□
冲山 乡、镇	□□□
番茅 村委会	□□□

调查时间		
	开始时间	2011年7月10日9时30分
	结束时间	2011年7月10日12时15分

调查员 秦丹萍

指导员 王玉珍

一、姓名黄慧琼　二、性别　1. 男 2/女　三、年龄 43

四、文化程度 1. 大专及以上 2. 高中（中专） 3. 初中 (4) 小学 5. 文盲半文盲

五、婚姻状况 1. 未婚 (2) 初婚有配偶 3. 再婚有配偶 4. 离婚 5. 丧偶

六、你是哪个民族 黎族

七、你信仰什么宗教　1. 佛教　2. 伊斯兰教　3. 基督　4. 道教　5. 天主教
6. 撒满教 7/不存在

八、你家共有几口人（包括户籍人口和外来半年以上人口数） 5 人

九、你家 16 岁及以上劳动人口数 4 人

十、去年以来，你和你家人是否患过大病（达到住院程度的疾病）1. 是 2/否

十一、　你是否会讲普通话 (1) 能流利讲 2. 讲不很好 3 不会讲

十二、　2009 年你家的收入为 28000 元（包括政府补贴和社会救济）

十三、　2009 年你全家收入来源情况

职业	收入（元）	职业	收入（元）
从事种植业	5500	本乡镇就业工资	
从事渔业		外出打工	12000
家庭手工业	7500	从事运输业	
从事畜牧业		政府补贴和社会救济	
从事养殖业	1800	出租草场耕地房屋	
从事旅游业		其他经营收入	1200

十四、　制约你家农副业收入增长主要原因（限选三项）1. 自然灾害 2/市场（销路、价格）3. 政策 4. 缺少劳动力 (5) 土地少 6/缺少资金技术信息等 7/缺少项目　8. 不存在

十五、　2009 年你家的农作物、牲畜、家禽情况

种类	亩数	折算价值（元）	种类	亩数	折算价值（元）	种类	个数	折算价值（元）
玉米			瓜果			羊		
麦类			花草			牛		
薯类	0.25	400	烟草			马		

棉花			棉瓜	3	1800	驴		
蔬菜	0.20	800	糖茶			猪	3	1500
水稻	2	2500	[illegible]			禽类	15	300
大豆			药材					

十六、 你家住房主要建筑类型是什么

1. 砖瓦石房 2. 窑洞 3. 土坯房 4. 钢筋水泥房 5. 其他________

十七、 你家住房建筑面积是____90____平方米

十八、 你家住房取暖设施 1. 炉子 2. 火炕 3. 土暖气 4. 其他________ 5. 不存在

十九、 你家饮用水主要类型是什么 1. 自来水 2. 水窖水 3. 井水 4. 河湖水

二十、 你家院子里是否有厕所 1. 有 2. 没有

二十一、你家做饭主要燃料是什么

1. 煤气液化汽 2. 电 3. 煤炭 4. 木柴 5. 其他________

二十二、你家承包土地情况（单位：亩）

总面积	水浇地面积	旱地面积	良田面积	荒地面积
2.5	2	0.5	2.5	0

二十三、你家农业生产水源情况

1. 湖泊水库水 2. 降雨 3. 井水 4. 河流水 5. 泉水 6. 其他____水渠____

二十四、你家主要生产性固定资产数量情况 （单位：个）

汽车	拖拉机	打草机	收割机	机动三轮车	牛车	马驴车	水泵	其他
		1	1					1 走耕机

二十五、你家农业生产耕、收手段情况 1. 人工 2. 机器 3. 人工机器混用 4. 不存在

二十六、2009 年你家支出情况（单位：元）

总支出	生产性	衣服	食品	看病	教育	娱乐	红白喜事	交通	通讯	住房
105000	2000	1800	5000	100	200	0	1200	800	200	0

二十七、2009 年你家耐用消费品情况（单位：个）

项目	个数	项目	个数
电视	1	农用车（拖拉机）	

电冰箱		卡车	
洗衣机		小轿车	
照相机		电话	
影碟机		组合音响	1
电动车		手机	3
摩托车	2	自行车	

二十八、如果你们这里有新型合作医疗制度，你是否参加了

1. 已参加 2. 没参加 3. 不存在

二十九、如果你们这里有社会养老保险，你是否参加了

1. 已参加 2. 没参加 3. 不存在

三十、近三年你家接受政府、社会补贴救济金（包括低保金）0 元.

三十一、 如果你家是贫困家庭，难以脱贫的主要原因（限选三项） 1. 疾病或工伤 2. 教育费用 3. 建房或结婚负债 4. 劳动力少 5. 自然灾害及自然条件差 6. 失去土地 7. 文化水平低 8. 不存在

三十二、你闲暇时间主要做什么（限选 3 项） 1. 看电视 2. 聊天 3. 文体活动 4. 下棋 5. 看书 6. 打牌 7. 上网 8. 闲逛 9. 其他________

三十三、如果你家耕地被占用，得到了什么补偿（限选 3 项）

1. 金钱 2. 食物 3. 牲畜 4. 土地 5. 没补偿 6. 安排工作 7. 不存在

三十四、你认为耕地被占用的补贴标准是否合理 1. 合理 2. 不合理 3. 说不清

三十五、你家外出劳动力情况

姓名	性别（男填 1，女填 2）	年龄	外出距离（公里）	如没有外出劳工力填零
黄素英	2	24	50	
黄明耀	1	20	5	

三十六、你家距离最近的医疗点有多远 1 公里

三十七、你家距离最近的柏油马路有多远 0.3 公里

你家是否有电话，请留下电话号码：（　　　　　　　　）

调查问卷统一编号：

中央民族大学国家“985工程”

区域经济社会发展调查

农区家庭问卷

地区别			代码
海南 自治区、省			□□
自治州、盟、市、地区			□□
五指山 自治县、旗、市、区			□□
冲山 乡、镇			□□□
番茅 村委会			□□□
调查时间	开始时间	2010年7月10日8时30分	
	结束时间	2010年7月10日12时00分	

调查员 段静静、吴桂林 宋奇

指导员 王云芳老师

妻子：黄锦香 47岁

一、姓名黄利群　　二、性别 ✓1.男 2.女　　三、年龄 1961出生 49岁

四、文化程度 1.大专及以上 2.高中（中专）✓3.初中 4 小学 5.文盲半文盲

五、婚姻状况 1.未婚 2.初婚有配偶 3.再婚有配偶 4.离婚 5.丧偶

六、你是哪个民族 黎族

七、你信仰什么宗教 1.佛教 2.伊斯兰教 3.基督 4.道教 5.天主教 6.撒满教 ✓7.不存在

八、你家共有几口人（包括户籍人口和外来半年以上人口数）6 人

九、你家16岁及以上劳动人口数 5 人

十、去年以来，你和你家人是否患过大病（达到住院程度的疾病）1.是 2.否

十一、 你是否会讲普通话 ✓1.能流利讲 2.讲不很好 3.不会讲

十二、 2009年你家的收入为________元（包括政府补贴和社会救济）

十三、 2009年你全家收入来源情况

职业	收入（元）	职业	收入（元）
从事种植业		本乡镇就业工资	450×12=8400
从事渔业		外出打工	
家庭手工业	3000元	从事运输业	
从事畜牧业		政府补贴和社会救济	~~150~~ 100+~~240~~
从事养殖业		出租草场耕地房屋等	
从事旅游业		其他经营收入	

十四、 制约你家农副业收入增长主要原因（限选三项）1.自然灾害 2.市场（销路、价格）3.政策 4.缺少劳动力 ⑤土地少 ✓6.缺少资金技术信息等 7.缺少项目 8.不存在 ~~缺少~~

十五、 2009年你家的农作物、牲畜、家禽情况

种类	亩数	折算价值（元）	种类	亩数	折算价值（元）	种类	个数	折算价值（元）
玉米			瓜果			羊		
麦类			花草			牛		
薯类			烟草			马		

棉花			油料			驴		
蔬菜	半亩	3000元	糖茶			猪	5-6头	6000
水稻	[illegible]		桑麻			禽类	20只	25/只
大豆			药材					

十六、 你家住房主要建筑类型是什么

1. 砖瓦石房 2. 窑洞 3. 土坯房 4. 钢筋水泥房 5. 其他________

十七、 你家住房建筑面积是 110 平方米

十八、 你家住房取暖设施 1. 炉子 2. 火炕 3. 土暖气 4. 其他____ 5. 不存在

十九、 你家饮用水主要类型是什么 1. 自来水 2. 水窖水 3. 井水 4. 河湖水

二十、 你家院子里是否有厕所 1. 有 2. 没有

二十一、你家做饭主要燃料是什么

1. 煤气液化汽 2. 电 3. 煤炭 4. 木柴 5. 其他________

二十二、你家承包土地情况（单位：亩）

总面积	水浇地面积	旱地面积	良田面积	荒地面积
10	1.26	8.74	10	0

二十三、你家农业生产水源情况

1. 湖泊水库水 2. 降雨 3. 井水 4. 河流水 5. 泉水 6. 其他________

二十四、你家主要生产性固定资产数量情况 （单位：个）

汽车	拖拉机	打草机	收割机	机动三轮车	牛车	马驴车	水泵	其他
								[illegible]

二十五、你家农业生产耕、收手段情况 1. 人工 2. 机器 3. 人工机器混用 4. 不存在

二十六、2009 年你家支出情况（单位：元）

总支出	生产性	衣服	食品	看病	教育	娱乐	红白喜事	交通	通讯	住房
	1450	800	25×365	6000	0	120	1000	500	5700	600

二十七、2009 年你家耐用消费品情况（单位：个）

项目	个数	项目	个数
电视	1	农用车（拖拉机）	

电冰箱		卡车	
洗衣机		小轿车	
照相机		电话	1
影碟机	1	组合音响	1
电动车		手机	4
摩托车	1	自行车	

二十八、如果你们这里有新型合作医疗制度，你是否参加了

1.已参加 2.没参加 3.不存在

二十九、如果你们这里有社会养老保险，你是否参加了

1.已参加 2.没参加 3.不存在

2009: 100
2010 100+420=520.
补补 520.

三十、近三年你家接受政府、社会补贴救济金(包括低保金) 1140 元.

三十一、 如果你家是贫困家庭，难以脱贫的主要原因（限选三项） 1.疾病或工伤 2.教育费用 3.建房或结婚负债 4.劳动力少 5.自然灾害及自然条件差 6.失去土地 7.文化水平低 8.不存在

三十二、你闲暇时间主要做什么（限选3项） 1.看电视 2.聊天 3.文体活动 4.下棋 5.看书 6.打牌 7.上网 8.闲逛 9.其他______

三十三、如果你家耕地被占用，得到了什么补偿（限选3项）

1. 金钱 2.食物 3.牲畜 4.土地 5.没补偿 6.安排工作 7.不存在

三十四、你认为耕地被占用的补贴标准是否合理 1.合理 2.不合理 3.说不清

三十五、你家外出劳动力情况

姓名	性别（男填1，女填2）	年龄	外出距离（公里）	如没有外出劳工力填零

三十六、你家距离最近的医疗点有多远__1__公里

三十七、你家距离最近的柏油马路有多远__3__公里

你家是否有电话，请留下电话号码：（ 13976207704 ）

参考文献

[1] 马克思恩格斯选集，第三卷［M］．北京：人民出版社，1995.

[2] 高和曦．黎族合亩地区的文化变迁及其发展对策［C］．首届黎族文化论坛文集．北京：民族出版社，2007.

[3] 苏东坡．儋州志［M］．卷10，艺文志十三，儋州文史办公室档案馆重印本．

[4] 华南热带作物学院．橡胶栽培学［M］．北京：中国农业出版社，1990.

[5] 杨孚．异物志．南越王五主传及其他七种［M］．广州：广东人民出版社，1982.

[6] 李时珍．本草纲目［M］．北京：华夏出版社，1999.

[7] 王学萍．中国黎族［M］．北京：民族出版社，2004.

[8]［后魏］．贾思勰．齐民要术［M］．卷十．椰．异物志．

[9] 中国民族信息年鉴编委会．中国民族信息年鉴［M］．北京：中国年鉴出版社，2006.

[10] 符桂花．黎族传统织锦［M］．海口：海南出版社，2005.

[11] 海南省民族研究所．海南民族研究（一）［M］．昆明：云南民族出版社，2004.

[12] 海南省民族研究所．海南民族研究（二）［M］．昆明：云南民族出版社，2004.

[13] 五指山市人民政府文件〔2010〕49号．五指山市农村特困村特困户调查摸底和落实帮扶措施实施，2010－07－14.

[14] 五指山市人民政府文件，五府〔2010〕21号，五指山市人民政府关于补充完善五指山市新型农村合作医疗管理办法的通知．

[15] 五指山市人民政府文件，五指山市优抚对象医疗保障暂行办法．

[16] 海南省五指山市人民政府．五指山市优抚对象抚恤补助标准自然增长暂行办法．

[17] 农业科技110橡胶树丰产栽培技术. http://www.qionghai.gov.cn/110/index.asp.

[18] 海南大学MBA教育中心. 如何依靠科技，防范台风，促进热带作物产业持续发展. http://www.hainu.edu.cn/mba/asp_hainu_show.asp.

[19] 槟榔栽培技术. 中国经济网. http://www.ce.cn.

[20] 陈光良. 海南槟榔经济的历史考察. 华南民族文化网. http://www.gdin.edu.cn.

[21] 海南省人民政府——民族民俗. http://www.hainan.gov.cn/code.

[22] 何俊鑫. 王莉. 农村人地矛盾的双视角分析. 中华人民共和国国土资源部网: http://www.mlr.gov.cn/zljc/201007/t20100719_725088.htm.

[23] 民族志. 黎族. 海南史志网: http://www.hnszw.org.cn/data/news.

[24] 李浩波，刘海兰. 黎族语言如何用文字形式记录. 天涯社区: http://www.tianya.cn/publicforum/Content/hn/1/18815.shtml.

[25] 海南省五指山市人民政府——黎族艺术. http://www.wzs.gov.cn.

[26] 海南省人民政府——黎族舞蹈. http://www.hainan.gov.cn.

[27] 中国农业网: http://www.zgny.com.cn/.

[28] 百度百科: http://baike.baidu.com/view/40340.htm.

[29] 中国退耕还林网: http://www.tghl.gov.cn.

[30] 中华人民共和国中央人民政府网: http://www.gov.cn/zwgk.

[31] 中华人民共和国国土资源部网: http://www.mlr.gov.cn/zljc.

[32] 张杰. 首届海南乡土文化节·非物质文化遗产介绍把酒对歌黎族“三月三”. 海南日报，2006-03-31 (2).